Erinnerungen an Kindheit und Jugend in den 60er Jahren.

Mach des Gekreisch aus!

Oberhessen erzählt

ovag Gruppe

Ein Buch-Projekt der
ovag Gruppe

Hanauer Straße 9-13
61169 Friedberg

Herausgeber
Rainer Schwarz
Rolf Gnadl

Redaktion
Andreas Matlé
Silke Scriba
Julian Klein

Korrektorat
Katy Weber

Layout-Konzept
Wirz & Hafner, Frankfurt am Main

Layout-Umsetzung
Mario Berk

2., überarbeitete Auflage März 2017
Druck: Wetterauer Druckerei, Friedberg

ISBN: 978-3-9815015-9-9

****

Inhaltsverzeichnis

****

Vorwort

****

Ein wenig überrascht waren wir schon vom Erfolg des von uns herausgegebenen Buches „Des ist kei Fräulein, des is a aalt Hex", welches Erlebnisse von Menschen während der Fünfzigerjahre vereint, die in dieser Zeit ihre Kindheit und Jugend in Oberhessen verbracht haben. Ein Buch, das mittlerweile bereits in der dritten Auflage erschienen ist.

Den Erfolg führen wir unter anderem darauf zurück, dass hier, neben allem anekdotischen Gehalt, ein authentisches Zeitdokument entstanden ist - gewissermaßen als „Geschichtsschreibung von unten". Ein Werk, welches fernab der abrufbaren und konservierten Chroniken der weltpolitischen und nationalen Ereignisse die Begebenheiten und Erfahrungen festhält, welche die Menschen in Oberhessen direkt beschäftigten und betrafen, ihren Alltag beeinflussten. Somit steht dieses Buch sicherlich repräsentativ für ähnlich strukturierte Regionen in Deutschland. Diese Begebnisse, Eindrücke und Episoden waren für die Menschen nicht selten wichtiger als das, was sich fernab auf der „großen Bühne" abspielte, nicht zuletzt deshalb, weil es in ihren persönlichen Kosmos eingriff. Würden diese Erinnerungen nicht aufgezeichnet, gingen sie unwiderruflich in Vergessenheit, wären sie für die Geschichtsschreibung ein für allemal verloren. Was allein schon ein Verlust wäre für die, die nach dieser Zeit geboren sind.

Es ist natürlich nicht die allererste Aufgabe unseres Unternehmens, hier in die Bresche zu springen. Allerdings fühlen wir uns als in der Region Oberhessen seit über einhundert Jahren verwurzeltes und für das Wohl der Allgemeinheit mitverantwortliche Unternehmen verpflichtet, uns für Land und Leute auf freiwilliger Basis zu engagieren, sei es auf sportlichem, gesellschaftlichem oder kulturellem Gebiet, sei es zur Pflege der Umwelt. Aus diesem Geist heraus entstehen in unserem Haus gelegentlich Bücher, die unmittelbar mit dem Unternehmen oder der Region zu tun haben.

Nach dem Erfolg des Buches über die Fünfzigerjahre fühlten wir uns ermutigt, nun mit den Sechzigern fortzufahren. Wir glauben, dass hier abermals etwas Repräsentatives entstanden ist, etwas von Dauer, etwas, was Gefühle, Leben und Träume einer Generation widerspiegelt, wovon in den offiziellen Annalen nicht zu lesen ist.

Die Fünfzigerjahren waren weitgehend gekennzeichnet vom Wiederaufbau, vom Aufbruch. Diese rastlose Beschäftigung drängte eine ausführliche Auseinandersetzung, die Beschäftigung, eine Diskussion über das, was Deutschland und die ganze Welt nur wenige Jahre zuvor in den Abgrund gerissen hatte, in den Hintergrund. Das Schweigen behielt die Oberhand als hätten sich alle im Geheimen darauf geeinigt.

Die Sechzigerjahre sind ein verwirrendes, ein widersprüchliches Jahrzehnt. Obwohl das Wirtschaftswunder immer noch auf vollen Touren drehte, wenngleich es erste Ermüdungserscheinungen zeigte, obwohl es, gerade im ländlichen Bereich, immer noch viel Nachholbedarf gab (die zunehmende Werbung öffnete die Augen für so manche vermeintlich wichtige oder attraktive Anschaffung), brach nun der Firnis über das Verdrängen, über das Schweigen, über dieses Nicht-Beantworten auf. Nun stießen Welten aufeinander und dabei rumste es gewaltig im Karton. Auf der einen Seite das „Weiter so" und „Keine Experimente", auf der anderen Seite Revolte, Provokation, Anderssein. Dazwischen die Erkenntnis, dass sich die Gesellschaft veränderten Zeiten anpassen, Gesetze weiterentwickeln mussten. Daß über das, was vor gut zwei Jahrzehnten geschehen war, endlich gesprochen werden konnte.

Teilweise standen sich diese Weltanschauungen misstrauisch, unversöhnlich gegenüber. Zuweilen betoniert in Dogmen, gebündelt in Parolen wie „Unter den Talaren der Muff aus Tausend Jahren", „Geht doch rüber, wenn es euch hier nicht passt", „Trau keinem über Dreißig"oder schlicht: „Mach des Gekreisch aus!"

Musik und Moden, Fortschritt und Auf-der-Stelle-treten, Forderungen und Vorbehalte - das alles finden Sie in diesem Buch wieder. Sie finden Skepsis und Optimismus, Mief und einen ungeheuren Drang nach Aufbruch, nach neuen Möglichkeiten, sich selbst darzustellen, sich auszuprobieren. Dazu gehörte sicherlich auch das Aufbegehren gegen jene Form von Bigotterie, die es jungen, unverheirateten Paaren verbot, eine Nacht im selben Zimmer zu verbringen. Diese vermeintliche Moral gipfelte vor dem Hintergrund des Vietnam-Krieges in dem naiven Flower-Power-Slogan „Make love, no war". Allerdings war der absolute Gehorsam gegenüber Autoritäten oder solchen, die man dafür hielt, noch nicht gebrochen. Stellvertretend dafür ein Zitat: „Man hat sich eben gefügt."

Was besonders auffällt: Teilweise nur wenige Kilometer voneinander entfernt, klafften zwischen einer größeren und einer kleineren Kommune Gegensätze, wie sie heute nicht mehr vorstellbar sind. Ist hier von der Pille, von wechselnden Freunden und vom ersten Urlaub auf Mallorca die Rede, lesen wir nur wenige Seiten weiter über die Dankbarkeit, nicht gleich in den Beruf einsteigen zu müssen, sondern erst noch eine Ausbildung absolvieren zu dürfen und davon, dass der erste Freund mit 16 Jahren dann natürlich jener war, den man heiratete. Diese gravierenden Unterschiede haben sich in Oberhessen im Laufe der Jahre verändert, die Chancen sind mittlerweile ungleich besser verteilt.

Wir wünschen Ihnen bei dieser Reise in die Vergangenheit viel Lesefreude. Gleich, ob Sie sich bei der Lektüre selbst an Ihre persönlichen Sechziger Jahre erinnern, gleich, ob Sie, sozusagen als Nachgeborener auf Entdeckungsreise gehen und am Ende zur Erkenntnis kommen: „Was, das ist erst ..." oder „Was, das ist schon fünfzig Jahre her!"

Rainer Schwarz
Vorstandsvorsitzender
der OVAG

Rolf Gnadl
Vorstand
der OVAG

****

Atemberaubend: Französische Miniröcke

****

1961 war für mich in vieler Hinsicht eine meine Kindheit und Jugend prägendes Jahr. Bis dahin wohnte ich mit meinen Eltern in der Friedrich-Ebert-Straße 2, direkt gegenüber dem „Polytechnikum", wie alte Friedberger die Technische Hochschule heute immer noch nennen.

Einschulung 1960

Ich spielte noch in den Trümmern des von einer Bombe zur Hälfte zerstörten Mehrfamilienhauses in der Wilhelm-Leuschner-Straße 14. Doch dann zogen wir um ins Postamtsgebäude in der Mainzer-Tor-Anlage 8. Mein Vater war als Hausmeister eingestellt worden, damit verbunden war der Einzug in die Dienstwohnung im Dachgeschoss. Die Wohnung bestand aus vier hintereinander liegenden ehemaligen Büroräumen. Von der Küche gings ins Wohnzimmer, dann weiter ins elterliche Schlafzimmer und schließlich in mein Zimmer. Die Toilette lag neben der Küche am Ende eines schmalen Flurs, der ebenfalls ins Wohnzimmer führte. Das hatte somit gleich drei Türen und war ideal zum Rundherumlaufen, womit ich meine Eltern oft nervte. Ein Bad hatten wir auch, das war aber „außen liegend". Es befand sich ein Stockwerk tiefer in der einstigen Wohnung des Postamtsleiters, die als Büroräume genutzt wurde.

Ende der Sechziger Jahre wurde unsere Wohnung umgebaut. Wir bekamen ein 40 Quadratmeter großes Wohnzimmer mit Blick auf die Mainzer-Tor-Anlage. Wenn ich mich weit aus dem Fenster beugte, konnte ich die heute noch vorhandene Aufschrift „Postamt" lesen.

Das große Gelände der Post war für mich in den ersten Jahren nach unserem Umzug ein einziger großer Spielplatz. Abends und am Wochenende fuhr ich im großen Hof Rad oder spielte mit Freunden Fußball. Glücklicherweise waren die Fenster des Haupthauses vergittert. Es grenzt an ein Wunder, dass nie eine Scheibe eines der dort abgestellten gelben Postfahrzeuge zu Bruch ging. Die ein oder andere „Balldelle" in der Karosserie fiel niemandem auf.
Doch auch im Haus mit seinen beiden großen Treppenhäusern tobte ich gerne herum. Jeder kannte mich. Ich konnte ungehindert in der Paketannahme und -ausgabe herumrennen. Besonders interessant war die Zeit, in der die Fernsehlotterie die Pakete mit den damals noch verlosten Sachpreisen an die Gewinner verschickte.

Mitte der Sechziger Jahre kam die Überraschung: Ein Fernsehlotterie-Paket war an uns adressiert. Kaum war das Paket in Friedberg angekommen, wusste es die ganze Post, und alle waren gespannt, was „die Schuchardts" gewonnen hatten. Nun, es war eine

Der „alte Postler", Fasnacht 1968

Konfirmation, Pfingsten 1967
vor der Post, Mainzer-Tor-Anlage

elektrische Kaffeemaschine, zu jener Zeit ein Luxusgegenstand, den kaum einer in seiner Küche hatte. Bei uns war die Hölle los. Jeder wollte das Wunderwerk der Technik in Aktion sehen und natürlich eine Tasse Kaffee trinken. Die Maschine bestand diesen Härtetest mit Bravour und hielt etliche Jahre.

Gerne ging ich zu den Briefzustellern im Erdgeschoss. Einigen durfte ich sogar beim Sortieren der Briefe und Zeitungen in die Fächer für die einzelnen Straßen und Hausnummern helfen. Noch vor der Schule holte ich fast jeden Morgen unsere Post. Das war ein festes Ritual. Das hatte später den großen Vorteil, dass ich meine „Blauen Briefe" – und es waren einige – allesamt mühelos abfangen konnte.
Mein Lieblingsort war jedoch das Kellergeschoss mit seinen vielen Räumen. Vor allem das von meinem Vater verwaltete „Formblattlager" war für mich ein Paradies. Hier gab es alle Vordrucke, vom „Schmucktelegrammblatt" über die gelbe Paketkarte bis hin zu Hunderten interner Formulare. Kugelschreiber, Stempel oder Bleistifte sowie alles, was damals im Postdienst benötigt wurde, lagerten hier.
Lange habe ich mich gefürchtet, in den großen Heizungskeller zu gehen. Der lag noch etwas tiefer als die anderen Kellerräume. Einige Stufen führten vom großen, doch recht breiten Kellergang hinunter in den dunklen Raum mit den beiden großen Öfen. Zwar hatte die Post im Winter einen Heizer eingestellt, doch am Wochenende und bei Ausfall des Heizers musste mein Vater den Koks in die Öfen schippen. Irgendwie war mir der schwarze, schmutzige Raum ohne Tageslicht unheimlich.

Dagegen ging ich gerne in unseren privaten Kellerraum. Darin standen Cola-, Fanta- und Sprite-Kästen, denn mein Vater befüllte den Getränkeautomaten im Erdgeschoss. Er wunderte sich manchmal, dass das Geld, das er aus dem Automat holte, nicht mit der

Zahl der verkauften Flaschen übereinstimmte. Warum wohl?
Mit acht Jahren jedenfalls stand mein Berufswunsch fest. Ich wollte Paketfahrer werden. Stundenlang schaute ich nachmittags aus dem Fenster meines Zimmers und beobachtete das Treiben im Hof. Auf der Paketrampe saßen oft ältere Frauen und Männer mit Körben. Die warteten nach ihrem Einkauf in der Stadt auf die sogenannten „Kurswagen", die sie nach Hause in die umliegenden Dörfer brachten. Die „Kurse" waren die größeren Postwagen, die nach einem bestimmten Plan die Poststellen auf dem Land belieferten und damals noch zusätzlich Fahrgäste mitnahmen.

Bei uns in der Wohnung war Anfang der Sechziger Jahre viel los. Bei Fußballübertragungen kam schon mal der Nachtdienst, der Telegramme ausliefern musste, vorbei, um sich ein Spiel anzuschauen. Die Telegramme blieben einfach so lange liegen. „Ich war unterwegs", hieß es dann. Stimmte ja auch irgendwie.

Im ersten Stock war die Vermittlung des Fernmeldeamts untergebracht. Die war rund um die Uhr besetzt und es arbeiteten dort ausschließlich Frauen, selbst an Weihnachten und Silvester. Meine Mutter backte jede Menge Plätzchen, und nach der Bescherung an Heiligabend brachten wir einen Teller hinunter.

An diesem für die Menschen doch besonderen Abend war mein Vater allerdings immer „komisch drauf", was ich als kleiner Junge zunächst nicht verstand. Dazu muss man wissen, dass mein Vater im Zweiten Weltkrieg viel Schlimmes erlebt hatte, worüber er allerdings bis zu seinem frühen Tod 1976 kaum sprach und nur selten kurze Andeutungen machte. Jedenfalls war er erst am 24. Dezember 1950 aus russischer Kriegsgefangenschaft entlassen worden. Das kam bei ihm jedes Jahr an Heiligabend hoch. Nach dem Krieg wurde er ein überzeugter Waffengegner und SPD-Anhänger, auch wenn er nie bei den Sozialdemokraten Mitglied wurde. Wie sagte er immer: „Ich trete nie mehr in eine Partei ein."

WETTERAUER ZEITUNG

Schüler gegen die Notstandsgesetze

Demonstration in Friedberg verlief ohne Zwischenfälle — Diskussion mit dem Landrat

Ein Schnappschuß vom gestrigen Protestmarsch Friedberger Oberschüler in der Bismarckstraße. Foto: gb

Viel Beifall fanden die jungen französischen Sängerinnen bei einem Singen in der Kaiserstraßen-Anlage unmittelbar vor dem „Verschwisterungs-Wegweiser". (Foto: gb)

Zeitungsartikel aus einer bewegten Zeit

Je älter ich wurde, desto weniger interessierte mich das Treiben in der Post, vielmehr nervte es mich, dass mein Vater in Friedberg fast jeden kannte. Auch die Nähe von Post und Augustinerschule, die ich ab der 5. Klasse besuchte, war nicht gerade hilfreich, eine Schulstunde zu schwänzen so gut wie unmöglich. Irgendjemand sah mich immer und erzählte es prompt meinen Eltern.

Ende der Sechziger Jahre war die „Schillerlinde" bei uns 14- und 15-Jährigen der Treffpunkt schlechthin, doch nicht für mich. Die Postangehörigen erhielten zu jener Zeit von der Bundespost Essenszuschussmarken, da es in Friedberg keine Postkantine gab. Diese Marken konnten in der „Schillerlinde" eingelöst werden. Dort wimmelte es nur so von Postlern, also war die Apfelweinkneipe für mich tabu.

Meine ersten Zigaretten rauchte ich mit meinem Freund Peter entweder auf der Toilette der Augustinerschule oder im „Buschgang" an der Seewiese. So nannten wir den schmalen Trampelpfad, der durch dickes Gebüsch verlief, wo heute der Fußweg vom Parkplatz Ockstädter Straße vorbei am TG-Gelände zur Seewiese verläuft.
In der Toilette der Augustinerschule wurden damals nicht nur Zigaretten geraucht. Oft mischte sich ein süßlicher Duft in die Rauchschwaden. Da konnte ich nicht widerstehen. Der Unterricht war nach ein paar Zügen an einem Joint eines älteren Mitschülers doch irgendwie viel entspannter.

Ein besonders guter Schüler war ich wahrlich nicht, eher ein „Revoluzzer", der – besonders in der Schule – machte, was er wollte und was ihm gerade so in den Kopf kam. Das bekam übrigens in den Neunziger Jahren unser Sohn zu spüren. Der wurde von einigen älteren Lehrern immer wieder mit „Harald" angeredet und das war nicht positiv gemeint. Jedenfalls fühlten wir uns in der achten Klasse schon als „richtige Männer". Als dann 1968 die Protestwelle gegen die „Notstandsgesetze" Friedberg erreichte, war ich mit meinen 14 Jahren der Meinung, ich müsste unbedingt mit protestieren, auch wenn die Mittelstufenschüler dies gar nicht durften. Das war mir aber ziemlich egal. Ich mischte bei allen Demonstrationen mit, ganz nach meinem persönlichen Motto: „Hauptsache kein Unterricht." Ich bewunderte unsere „Oberprimaner", die den Protest organisierten. Das waren unter anderem Herfried Münkler – heute angesehener Professor in Berlin – und der heutige Friedberger Bürgermeister Michael Keller.

Unvergessen bleibt die große Demonstration, die am 29. Mai 1968 vom Burggymnasium zur Augustinerschule führte. Direktor Dr. Günther Schönbrunn – ein CDU-Mitglied und erbitterter Gegner solcher „Umtriebe" – verschloss das gesamte Schulgebäude, weil er Angst hatte, die Demonstranten würden das Gebäude besetzen. Doch er hatte nicht mit unserer Cleverness gerechnet. Wir wussten, dass von der Wohnung unseres Hausmeisters Heinrich Weitzel – ein gestandener Sozialdemokrat – eine Tür in den Flur des Erdgeschosses führte.

Also klingelten einige Schüler an der Hausmeisterwohnung. Weitzel öffnete die Tür und ließ die ersten Demonstranten herein. Die stürmten sofort durch den Schulflur und öffneten von innen den Haupteingang. Angeblich soll Dr. Schönbrunn die Aussage von Heinrich Weitzel – „Die haben mich überrannt" – nie geglaubt haben. Womit er richtig lag.

Noch zwei Ereignisse aus dem Jahre 1968 sind mir unvergessen geblieben: Anfang April gastierte der Rennbahncircus Franz Althoff samt einer separaten Gorillaschau auf der Seewiese. Natürlich schauten wir schon beim Aufbau zu und liefen durch die Wagenburg der Artisten.

Da sprach uns ein Mann an und fragte, ob wir sein Auto waschen würden, dafür dürften wir dann umsonst in den Zirkus. Wie sich später herausstellte, handelte es sich um Jean Lemon, einen der besten Jongleure jener Zeit. Also wuschen und polierten wir seinen Opel Commodore. Jeden Tag durften wir als Freunde von Lemon kostenlos in die Vorstellungen. Auch in die Tierschau und die Gorilla-Show durften wir rein, so oft wir wollten. Wir sammelten gebrauchte Eintrittskarten der zahlenden Besucher. Die klebte ich als Erinnerung in ein kleines Album. Auf der Seite daneben befindet sich ein Foto aus der Wetterauer Zeitung vom 27. Juli 1968. Das zeigt den „Chorale Faidoli" aus Villiers-sur-Marne, der französischen Partnerstadt Friedbergs.
Dabei handelte es sich um einen Mädchenchor mit vielen Mädchen in unserem Alter, die atemberaubend kurze Miniröcke trugen. Mit denen suchten Peter und ich nach einem „Freiluft-Konzert" auf dem heutigen Elvis-Presley-Platz das Gespräch. Ich glaube, wir „verliebten" uns in den halben Chor. Jedenfalls erinnere ich mich noch, dass wir mit einigen Mädchen auf dem Adolfsturm waren und sogar Adressen austauschten. Doch die anschließende Brieffreundschaft war nur von ganz kurzer Dauer. Die französische Sprache lag weder Peter noch mir. Außerdem gab es ja auch in der Wetterau schöne Mädels.

Die Zeitungsbilder konnte ich mit freundlicher Unterstützung der Stadtbibliothek Friedberg abfotografieren.

Diese originelle und einmalige Dressur, Indische Elefanten und Dänische Tigerschecken, wird von Bob Fröchte dargeboten. Was diese Tiere zeigen, hielt man bisher für ausgeschlossen. Elefanten tanzen mit Pferden und ergreifen sogar zum Schluß der Darbietung die Zügel, um sich mit den Tigerschecken im Walzertakt durch die Manege zu drehen.

Harald Schuchardt, geboren 1953, Friedberg

****

Gepanzert: Die Playboyhefte

****

Ich bin in Friedberg geboren und in Ossenheim aufgewachsen und wurde früh auf originale Persönlichkeiten in unserm Dorf aufmerksam. Daher zunächst einige gute Sprüche vom Onkel Emil (Gübler), der aus der Familie im Nachbarhaus stammte. „Onkel" wurden damals alle männlichen Freunde unserer Familie genannt.

„Als ich auf die Welt gekommen bin, hab' ich als erstes meinen Vater in Manchesterhosen hinter'm Kachelofe gesehe un mir gesacht: Emil, des Lewe is viel Arbeit."
Damals haben die Altvorderen häufig vom Krieg erzählt. Wir Kinder haben natürlich die Ohren gespitzt, sodass ich Onkel Emil ebenfalls fragte, wo er im Krieg war. Emil: „Stell dir vor, ich war bei de Kavallerie. Wie wir in Russland eingeritte sinn, war der Schlamm so tief, dass er mir bis an de Sattel ging. Trotzdem hab ich gemerkt, dass unner mir im Schlamm noch einer geritte is. Ich rief ihm zu: ‚Kumpel, du reitest in de falsche Richtung.' Er aber rief hoch: ‚Ich bin noch von 14/18. Ich will jetzt heim.'"

Eine Geschichte führte aber vorerst zum Verdruss. Emil: „In einem Spezialitätenrestaurant bestellte jemand Elefantenpopo. Der Kellner kam mit einem riesengroßen Topf an den Tisch und macht' de Deckel auf. Der Gast meint erschrocke: Da ist ja gar nix drin. Dann sagte der Kellner: Da hawwe wir wohl des Loch erwischt." Am nächsten Morgen meinte ein Mitschüler, der Witz hätte „soooo einen Bart." Ich ließ mir vom Vater den Begriff erklären und sann auf Rache. Als dieser Mitschüler einmal einen Witz erzählte, meinte ich, wegen seinem Witz hätten sie schon bei der Einweihung der Cheopspyramide eine Bartwickelmaschine vorgestellt.

Richard Dietz war ein genialer Schreinermeister und in der Lage, beispielsweise die Beine von barocken Stühlen des Assenheimer Grafen original zu rekonstruieren. Sogar die Wurmlöcher wurden imitiert, indem in der Scheune mit kleinem Schrot auf das Stück geschossen wurde. Das besorgte aber der Graf selber. Richard hatte die Angewohnheit, wenig zu sagen und seinen Unmut mit deftigen Ausdrücken zu zeigen. So wurde er einmal eingeladen, den Erweiterungspavillon einer Arztpraxis anzusehen. Der Bauherr wollte eine Kassettendecke einbauen, in die runde Oberlichter einzufügen waren. Anhand von Plänen wurde das dem schweigenden Dietze-Richard zwei Mal erklärt. Schließlich wagte der Bauherr die Frage: „Haben sie verstanden, was wir wollen." Der hatte wohl verstanden und antwortete mit einem Wort: „Architektefürz!"

Seinen wohlverdienten Feierabend genoss er in der Dorfgaststätte schräg gegenüber. Er bestellte immer ein Pepsi, setzte sich meist alleine an einen Tisch und beobachtete die

Leute. Nach etwa einer Stunde drückte er ein 50-Pfennigstück auf den Tisch und sprach: „Ich geh jetzt haam, piß, bet und leesch mich." Als der Spruch noch jung war, grinsten die anderen Besucher in Hörweite, was mit der Zeit aufhörte. Eines Tages allerdings sprach er: „Ich geh jetzt haam, piß, bet und setz mich ins Bett." Sofort gingen alle Köpfe erschrocken herum, bis einer den Mut hatte, zu fragen: „Warum dann des?" Richard konterte trocken: „Dann kann ich mich leesche, wann ich will."
Immer im Herbst besuchte ich Richard in seiner Werkstatt, um mir feine Leisten für den Drachen zu besorgen. Ich sah sofort, dass Richard beschäftigt war: Neben der Hobelmaschine standen zwei Hüllen eines Möbelstücks im spanischen Stil schräg übereinander. Der Dialog entwickelte sich wie folgt:

Ich: „Tach, Herr Dietz."
Dietz: „..."
Ich (lauter): „Tach, Herr Dietz."
Dietz: „Hmn."
Inzwischen war ich bei den Möbelstücken gelandet und fragte: „Gibt des e Truhe?"
Dietz: „Naa."
Ich: „Was gibt 'n des dann?"
Dietz: „Zwaa Truhe."

Selbstverständlich erhielt ich einwandfreie Leisten und finde heute, die Wartezeit war den Dialog wert.

Lustiges Beisammensein der Sängergemeinschaft Ossenheim, August Köhler (2.v.l.) hat den Witz vom Lebkuchenherz erzählt.

Richard Dietz mit Ehefrau Emmi und den Söhnen Adolf und Karl-Wilhelm in Ossenheim vor der Werkstatt

Wie schon betont, war die Ausdrucksweise heftig, vor allem, wenn er jemanden nicht leiden konnte. So hat er jemanden einmal mit der Bemerkung bedacht: „Wenn ich den im Aasch hätt, würd ich bis nach Frankfurt laafe und en in de Maa scheiße." Um dieses Vokabular ging es auch beim Skat. Samstagabends traf sich eine illustre Gesellschaft, meist Alterskollegen aus der Schulzeit, beim größten Bauern zum Skat. Gäste waren unter anderem der Dietze-Richard, der Köhleraugust (Opa von Joachim Marquart) und, das gab der Sache einen gewissen gesellschaftlichen Glanz, der Schwiegersohn des Bauern, der Probst in unserer Region.

Dietz hatte an diesem Abend kein Glück. Als er wieder einmal ein schlechtes Blatt erwischte hatte, sprach er seinen Unmut aus: „Wenn ich in de Skat greif, greif ich in die Scheiße. Awwer wenn ich emal e paar Gute finne, dann riskier' ich aach mein Aasch." Schon beim ersten Halbsatz hatten sich die Damen am Nebentisch schamvoll abgewendet, beim Nachsatz wurden sie blass. Bedenkt man aber, wer alles die Geschichte nach draußen trug, so kann die Scham nicht allzu groß gewesen sein.

Der schon besagte Köhleraugust war Weißbinder und kannte in Ossenheim jedes Haus. Im Gegensatz zum Dietze-Richard war er sehr lebendig und ging gerne zu Geburtstagen, und zwar ohne Einladung. So erschien er einmal bei uns gegen Abend mit einem Pinsel und Farbeimer und erklärte, er hätte doch vor Wochen die Küche neu gestrichen, über dem Fenster, wir hätten es wahrscheinlich noch nicht bemerkt, sei noch eine Stelle nachzuarbeiten. Er fing sofort an, die besagte Stelle zu streichen, ohne dass jemand feststellen konnte, ob dort wirklich Nachholbedarf bestand. Als er sich rumdrehte, wurde ihm eröffnet, dass zufällig die Erna Geburtstag hätte. Die obligatorische Frage: „Trinkts' de ein' mit" wurde bejaht.

Der Köhleraugust kam aber nicht nur zur Nacharbeit, er war Geschäftsmann genug, um zu sehen, wo Aufträge anstehen könnten. Bei meinem Elternhaus führte die Haustür direkt in den Flur. Das zog im Winter entsetzlich, sodass die Familie beschloss, ein kleiner Vorbau müsse her. Ehemalige Schüler meines Vaters waren Maurer. Für die war es eine Ehre, nach Feierabend ihrem Lehrer die zwei Mäuerchen hinzusetzen. Am zweiten Nachmittag wollte man unbedingt fertig werden, sodass man in die Dunkelheit hinein arbeitete. Mein Vater hatte sogar die Stehlampe mit drei Trichterleuchten aus dem Wohnzimmer geholt. Da kam der Köhleraugust um die Ecke und sprach: „Das sinn die richtige Schwarzarbeiter." Ich bildete mir dann ein, Schwarzarbeit finde immer in der Dunkelheit statt. Später war ich Jahrzehnte in der Industrie tätig und lernte, dass dunkle Geschäfte meist beim Mittagessen verabredet werden. Die Verputzarbeiten am Vorbau hat natürlich der Köhleraugust erledigt.

Der schon besagte Enkel vom Köhleraugust, mein Freund Joachim Marquart, wurde Mitte der Sechziger Jahre Geschäftsführer bei Friedel Münch. Münch war ursprünglich bei Horex in Bad Homburg als Meister in der Entwicklung tätig, fuhr selbst Rennen und hatte eine Begabung für die Konstruktion von Motorrädern. Als Horex in die Insolvenz geriet, wurde das Werk in Bad Homburg von Daimler-Benz übernommen, wo die Fertigung von Ventilen für den Konzern konzentriert wurde. Friedel Münch machte sich unter Nutzung der väterlichen Werkstatt in Florstadt selbständig und konstruierte die berühmte Münch-Mamut. Da sich in der kleinen Werkstatt keine Serienfertigung aufbauen ließ, übersiedelt der Betrieb nach Ossenheim. In einem stillgelegten Bauernhof wurden Räume für Kleinserien hergerichtet. Das Motorrad mit dem selbstgebauten Rahmen, Motoren vom NSU Prinz TTS, Weber Doppel-Fallstromvergasern, Doppelscheinwerfern und Bremsscheiben war damals neu und aufsehenerregend, zumal es kaum Motorräder gab. Viele dieser Eigenschaften wurden später Standard. Münch redete auch nicht viel, und wenn, dann sehr direkt und treffend.

Natürlich waren die Maschinen entsprechend teuer. Als Münch auf der Zweiradmesse (nach meiner Erinnerung in Köln) zwei Maschinen auf schrägen Podesten ausstellte, war das natürlich der Hingucker. So wurde der Stand auch vom Wirtschaftsminister (nach meiner Erinnerung Riemer) besucht. Der bewunderte die Maschinen, ließ sich die technischen Details erklären und fragte am Ende nach dem Preis.

Münch: „13.000 Mark."
Riemer: „Das ist aber sehr teuer."
Münch: „Ei kaaf d'r doch en Mercedes."

Friedel Münch auf einem seiner legendären Motorräder

Der hohe Preis war auch zugleich das Problem für den wirtschaftlichen Erfolg. Ich konnte die Ereignisse recht gut verfolgen, da ich freitagnachmittags meist vom Studium in Frankfurt zurückkehrte, die Bushaltestelle gegenüber dem Betrieb lag und ich regelmäßig beim Münch „Guten Tag" sagte.

Einmal, gegen fünf Uhr, blätterten Münch und Marquart (wie mein Freund von allen genannt wurde) in Playboyheften. Der Panzerschrank, der eine größere Sammlung dieser Hefte enthielt, aber sonst keine Wertgegenstände, stand offen. Da keiner einen Ton sagte, nahm ich mir ein Heft und blätterte ebenfalls. Plötzlich klopfte es. Keiner sagte etwas. Dann machte ein Mann vorsichtig die Tür auf und sagte „Guten Tag." Keiner verzog eine Mine. Der Gast (ein Gläubiger, wie sich herausstellte) wiederholte den Gruß etwas lauter und recht bestimmt. Keine Reaktion. Dann schaute er Münch an und fragte: „Bin ich hier richtig bei der Firma Münch?" Münch blätterte weiter, hob den Kopf nicht und sagte schlicht: „Am Apparat."

Bei einem Geschäftsbesuch in Italien wegen der Tanks wurde Marquart eine Perserkatze geschenkt. Wegen der Quarantänebestimmungen wäre die Einfuhr nach Deutschland problematisch geworden. Marquart setzte das Tier daher in die Reisetasche, die er im Flugzeug unter dem Vordersitz abstellte, und ließ den Reißverschluss etwas offen. Das spielfreudige Tier hatte jedoch gleich die Pfote in der Öffnung, sodass Marquart die Tasche fest verschloss, zumal die Stewardess gerade kam.

Als die Lady vorbei war, öffnete Marquart den Verschluss wieder und schlief ein. Münch sah nach einiger Zeit nach und fasste Marquart entsetzt am Arm: „Marquart, die Katz' is fort." Dann machten die beiden sich auf die Suche, unterstützt von den Passagieren, hoch über den Alpen, die Katze zu finden. Dies gelang, die Tasche wurde bei der Zollkontrolle in Frankfurt geschlossen. Hinter Marquart machte sich ein Typ wichtig und rief dem Zöllner zu: „Der Mann hier hat eine Katze in der Tasche." Die Dame hinter Marquart, die sich an der Suche beteiligt hatte, reagierte prächtig: „Ja, eine zum Aufblasen." Alle lachten, auch der Zöllner. Und so wurde in Ossenheim eine Katzendynastie begründet.

Marquart sprach gut Englisch und hatte ein gutes Händchen, Sponsoren für den Betrieb zu finden. So interessierte sich ein Verleger von Motorsportzeitschriften, Floyd Clymer aus Los Angeles, für den Betrieb. Marquart flog daher wiederholt in die USA, was damals in Ossenheim eine Sensation war.
In der Dorfkneipe musste Marquart dann alle Einzelheiten haarklein erzählen. So wurde er auch gefragt, ob er mit Münch in einem Indianerreservat gewesen sei. Das war für Marquart das Stichwort: „Wir sind mit einem Leihwagen dahingefahren. Beim Eingang wurde uns schon gesagt, dass wir nur die Touristenwege begehen dürfen. Andernfalls sei es sehr gefährlich. Als kein Mensch in der Nähe war, sind wir hinter ein paar Hecken zu einem Wigwam gegangen und haben reingeguckt. Da fing auf einmal eine Indianerin hysterisch an zu schreien, und schon rannten einige Jungens weg, um Hilfe zu holen. Wir

sind dann schnell in Richtung einer Anhöhe, die Indianer hinter uns her, die hatten sogar Gewehre dabei. Auf der Anhöhe bin ich noch auf einen Felsabsatz gestiegen, dahinter war Schluss. Senkrechter Absturz. Und die Indianer haben angelegt."
Atemlose Stille. Marquart in aller Ruhe: „Lili, noch ein Bier."
Die Gesellschaft war wie gelähmt. Endlich fragte einer: „Und was dann?"
Marquart: „Ei, dann haben sie mich erschossen."

Zur Ergänzung sei noch festgehalten: Clymer, den ich auch kennenlernte, entschloss sich zur Zusammenarbeit, nachdem er sich mit seinen 70 Jahren eine Mammut entlieh und auf dem Nürburgring einige Runden drehte. Dann war er vom Projekt überzeugt. Kaufmännischen Erfolg hatten diejenigen, die eine Maschine kauften. Der Sammlerwert steigt noch immer.

Dr. Volker Hoffmann, geboren 1944, Friedberg

****

Legendär: Die Jungs von der Burg

****

Nach meiner Schulzeit 1964 – die Mädels waren noch sehr „züchtig" gekleidet – begann ich eine Ausbildung als Industriemechaniker bei den Kleiderwerken Bücking in Alsfeld. Für mich als Stift ungewohnt, die manchmal derben Worte von Gesellen, beispielsweise: „Wenn de net spurst, tret ich der in de A..." Ich habe es überlebt. Nach abgeschlossener Ausbildung 1967 wurden Führerschein und Auto angepeilt. Beides geschafft dank Vater und Opa mit Moneten.

Gerhart-Hauptmann-Schule 1963

Fahrschule
R. Böckler
6314 Ulrichstein
Telefon 287

RECHNUNG Nr. .... Tag 24.9.68

für Herrn Norbert Hares Altenburg

Für die Ausbildung zur Erlangung der Fahrerlaubnis zum Führen von Kraftfahrzeugen der Klasse 3 erlaube ich mir zu berechnen:

	DM	Pf
Grundgebühr für Klasse 3	70	–
10 2/3 Übungsfahrten Klasse 3 à DM 16	170	70
Übungsfahrten Klasse ...... à DM		
Vorstellung zur Prüfung Klasse 3 DM 16	16	–
Lehrmittel (Vorstellung zur Prüfung Klasse ...... DM ......)	20	–
Sa.	276	70
Auslagen 5,5% Mehrwertsteuer	15	20
Lehrmaterial		
Gesamt-Summe	291	90
Bereits bezahlt		
Rest-Summe		

1 Übungsfahrt: 45 Minuten

Das Ausbildungshonorar ist vor der Prüfung fällig.

Außer genannter Summe sind zu entrichten: Verauslage Gebühren fur TÜV-TÜA

Betrag dankend erhalten. [illegible], den 24.9. 1968

Erfüllungsort und Gerichtsstand ist für beide Teile Sitz der Fahrschule

Als junger Kerl war man natürlich in einigen Vereinen in Altenburg, etwa beim Posaunen-Chor, MGV und Sportverein.
1966 wollten mein Cousin Berthold Spahn und ich musikalisch etwas auf die Beine stellen, nämlich eine Tanzkapelle gründen. Die Anfänge waren nicht einfach. Wo die Musiker finden, die ihr Instrument beherrschten und mit Noten umgehen konnten? Es hat einige Zeit gedauert, um nach vielen Proben brauchbare Musik zu hören. Kleinere Auftritte hatten wir schon, damals als „Kapelle Spahn". Da wir beide Altenburger sind, wurde nach vielem Überlegen der Name geändert in „Castle Boys" – die legendäre Band war geboren. Sie war die Tanzkapelle mit den „Sandy Flys", Enden der 60er und Anfang der 70er Jahre im Vogelsbergkreis und Umgebung. Wir hatten eine wunderbare Zeit.

Norbert (18 Jahre) mit einem DKW

Original „Castle Boys" v.l. Manfred, Berthold (Chef) Norbert, Hans, Horst

Kapelle Spahn: Hans, Berthold, Horst und Norbert

Norbert Kares, geboren 1954, Lauterbach

****

Beim Pit: Wieder mal Ohrfeigen

****

Bis 1967 habe ich in Groß-Felda gelebt. Dort gab es den „Pit". Die Sitze waren Bierfässer und es war jeden Samstag Tanz. Aus dem ganzen Kreis Alsfeld kam die Jugend. Aber wir – ich hatte noch drei Schwestern – durften natürlich nicht in diesen „Sündenbabel". Zu Hause wurden abends die Türen abgeschlossen. Aber als die Eltern im Bett waren, sind wir durch die Fenster und ab zum „Pit". Nach Hause kommen war schwieriger – wir mussten klingeln und dann gab es halt Ohrfeigen, aber das war uns egal, wir waren aber beim „Pit" gewesen.

Zu dieser Zeit gab es bei uns noch einen Gendarmen, der überall geguckt hat. Als ich an einem Abend meinen späteren Mann kennengelernt hatte – ich war 18 –, brachte er mich nach Hause. Meine zwei Jahre jüngere Schwester blieb noch beim „Pit". Wir standen also vor unserer Haustüre, meine Mutter rief vom Fenster: „Hoffentlich kommst du bald rein, sonst hole ich dich rein." Da kam der grüne VW mit dem Gendarmen und meiner Schwester an, die er beim „Pit" aufgegabelt hatte. Da ging das Theater so richtig los. Natürlich kamen die Nachbarn dazu und es folgte wieder mal Ausgangssperre, die wir aber durch unsere Fensterkletterei immer selber außer Kraft setzen.

Dann gab es noch das Café Seeger. Dort war manchmal samstags Tanz. Da gingen dann unsere Eltern mit uns. Sie saßen unten, wir oben beim „Tanzen". Dann mussten wir aber brav mit ihnen nach Hause gehen.

Ende der Sechziger: Elke Stegbauer mit Sohn und dem Ford P5 beim Urlaub im Allgäu

1962 mit Schwester

Elke Stegbauer
Urlaub im Allgäu

Oder die jungen Männer kamen mit ihren ersten Autos von Köddingen und Ehringshausen. Wir waren dann sechs, sieben oder noch mehr Leute und dann ging es auf die nächste Kirmes oder in die Glastanzdiele nach Kirtorf. Von wegen Freund mit nach Hause bringen, oder Aufklärung, nichts dergleichen.

Unser Sohn sagt immer: „Erzähle noch ein paar Stories ..." Meine Schwiegermutter stammte aus dem Böhmerwald und kommentierte meinen Minirock:
„Schomst die fei net, bis verheirat, host en Mo un en Bur, dei ganzes Aschei schaut raus."
Auf Deutsch: „Schämst du dich nicht, bist verheiratet, hast einen Mann und ein Kind, dein ganzer Hintern schaut raus."

Elke Stegbauer, geboren 1948, Feldatal

****

Aufgeklärt: Kolle geguckt

****

Im April 1959 bin ich mit fünf Jahren in die Volksschule Brauerschwend eingeschult worden. Nach acht Jahren wechselte ich auf die Hauswirtfachliche Berufsfachschule in Alsfeld. Mein Berufswunsch: „Ich will Kinderpflegerin werden und im Kindergarten arbeiten." Aber mit diesen Worten zerplatzten sogleich meine Träume. Denn das hätte ein Jahr länger Schule und ein weiteres Jahr Praktikum bedeutet. Meiner Mutter aber war es wichtig, dass ich rasch Geld verdienen sollte.
So hielt ich nach zwei Kurzschuljahren 1966/68 den mittleren Schulabschluss in den Händen. Anschließend betreute ich in einem Fabrikantenhaushalt zwei Kleinkinder und half bei den hauswirtschaftlichen Tätigkeiten.

Ich war gerade mal 15 Jahre alt und durfte nur alle zwei Wochen am Wochenende nach Hause. Der Monatslohn betrug 50 Mark. Das meiste davon sparte ich für die Aussteuer. Meinen heutigen Mann lernte ich im Sommer 1968 kennen und lieben. Er war 18 Jahre und besuchte mich zweimal in der Woche an meinem Arbeitsplatz, abends nach Feierabend. Bis 22 Uhr hatte ich Ausgang. Das war knapp bemessen für uns Jungverliebte.

An meinen freien Wochenenden machten wir Ausflüge, zum Beispiel zum „Petards"-Festival auf die Burg Herzberg. Der Eintritt kostete fünf Mark; für uns eigentlich zu viel Geld. Oder wir schauten uns mit hochrotem Kopf, aber händchenhaltend, die Aufklärungsfilme von Oswald Kolle an. Zum Tanzen trafen wir uns auf der Glastanzdiele in unserem Ort. Wolfgang Schwalm (Wildecker Herzbuben) blies dort samstags in einer Band die Trompete. Und bevor mich mein Freund nach Hause brachte, wurde erst ausgiebig auf der durchgehenden Sitzbank in seinem Ford Taunus 12M geknutscht. Den Freund mit nach Hause bringen, nein, das war nicht erlaubt. Eine spannende, unbedarfte und aufregende Zeit. Verlobt haben wir uns am 2. Weihnachtsfeiertag 1969 und geheiratet haben wir an meinem 17. Geburtstag im Mai 1970. Es war damals fast normal, so früh zu heiraten.

Silvester 1969: mit Freunden in der Glastanzdiele

30. Mai 1970

Meine Ausbildung zur Kinderpflegerin und späteren Erzieherin begann ich 1994, nachdem ich drei Töchter großgezogen hatte. Ich wollte nochmal durchstarten und es mir selbst beweisen, vielleicht auch ein bisschen meiner Mutter. Es ist mir gelungen und ich habe viele Jahre mit viel Freude im Kindergarten gearbeitet.

Das Knutsch-Auto: Ford Taunus 12M

Doris Keipp, geboren 1953, Lauterbach

****

Im Nachttopf: „Hot water"

****

Es waren die Jahre der Beatles und später der Rolling Stones. Mein Zimmer schmückte ich mit lebensgroßen Postern der Pilzköpfe, die es in der „Bravo" gab. Unsere Scheune wurde in einen Beatles-Club umgewandelt. Der zweite Film der Beatles kam ins Kino, auf den wir wochenlang hinfieberten. Ein Kinobesuch war schon etwas Besonderes und so durften meine Cousine und ich in den Film „Help" gehen. An diesem Tag trug ich einen neuen Pullover mit Courreges-Muster.

Meine erste Schallplatte, „I want to hold your hand", bekam ich von einem Amerikaner namens Lee Smith. Er war als GI in Kaiserslautern stationiert. Der Liebe wegen kam er nach

Ortenberg, wie er damals erzählte. Die Liebe wurde aber nie erwidert. Er übernachtete im Hotel „Zur Post". Für meinen Vater und seine Stammtischbrüder war Lee natürlich eine willkommene Abwechslung. Da er beinahe jedes Wochenende von Kaiserslautern kam, wurde er durch fast alle Familien der Stammtischbrüder herumgereicht. Meistens war er in unserer Familie Gast. Einmal ging er sonntags sogar, mit schwarzem Mantel und Melone bekleidet, mit meiner Großmutter in die katholische Kirche nach Stockheim.

Nach dem Mittagessen wurden oft Spaziergänge gemacht. Eines Tages stand er mit dem Nachttopf in der Küche der Gaststätte und wollte „hot water" zum Rasieren. Die Wirtin muss wohl entsetzt laut aufgeschrien haben, als er so vor ihr stand. Ein anderer Stammtischbruder ließ ihm ausrichten: „Ei häff labour for you." Was Lee natürlich nicht verstand. Er sollte den Rasen mähen. Gemeint war allerdings mit labour – „Arbeit", abgeleitet von der englischen Labour-Partei. Lee muss sich köstlich amüsiert haben.

Irgendwann kam Lee nicht wie gewohnt freitags nach Ortenberg, sondern erst am Sonntagmittag. Er erzählte, er habe irrtümlich in Frankfurt den Zug nach Ortenberg in Baden genommen. Aber er ließ es sich nicht nehmen, trotz des Umweges dann noch nach Ortenberg in Hessen zu fahren. Ich denke, das lag an den Kochkünsten meiner Mutter.

Die Weihnachtstage verbrachte Lee in unserer Familie. Einmal kam er mit drei afroamerikanischen GIs in einem alten VW-Käfer zu uns nach Hause. Nach ein paar Wochen kamen die vier noch einmal und brachten meinen Eltern einen schweren selbstgeschmiedeten Aschenbecher aus irgendwelchen US-Beständen als Dank für deren Gastfreundschaft. Es war wohl das Abschiedsgeschenk, da Lee wieder in die Vereinigten Staaten zurückmusste.

Ortenberger Weihnacht mit amerkanischem Besuch

Bei uns wurden die Familienfeste recht fröhlich gefeiert. Da mein Vater kölscher Herkunft war und ein genialer Verkleidungskünstler, erschien er im Laufe des Abends mit Perücken oder Hüten meiner Oma, was natürlich die Stimmung auf den Höhepunkt trieb. Selbst ein holländischer katholischer Pater, der von einem Onkel mitgebracht wurde, hatte in unserer Familie seinen Spaß. Dieser Pater erinnerte mich sehr an den holländischen Showmaster Lou van Burg.

Mit 15 Jahren besuchte ich mit meiner Kusine die Tanzschule. Für den bevorstehenden Abschlussball hatten wir unsere Schuhe mit Silberbronze angestrichen. Bald merkten wir, dass wir silberne Spuren hinterließen. Aber Gott sei Dank merkte es keiner in diesem Trubel.

Der Liebe wegen ... Lee

Unterwegs mit der Kusine

„Ei häff labour for you."

Dagmar Moravec, geboren 1952, Büdingen

****

Abgehakt: Das Doppelzimmer

****

Ich war 18, hatte ein Motorrad und eine Freundin. Es war Liebe pur, aber lange Zeit nur knutschen. Natürlich träumten wir auch vom gemeinsamen Aufwachen und Schmusen. Aber die Freundin zum Übernachten mit nach Hause nehmen, das war unmöglich. Erstens hätten wir uns geschämt – ja, das gab es noch – und zweitens gab es den „Kuppelparagrafen". Wenn zwei Unverheiratete in einem Zimmer übernachteten, wurde das bei einer Anzeige mit Gefängnis bestraft. Man könnte sagen: Liebe war kriminell.

Erste Verabredung ...

... und spätere Heirat

Um der ganzen Paragraferei zu entgehen, planten wir eine Woche Spessarturlaub mit dem Motorrad und dem Hintergedanken, dass wir irgendetwas ohne den Paragrafen finden könnten und der Traum vom gemeinsamen Doppelzimmer doch noch wahr würde. Wir fuhren bis in den tiefsten Spessart und fanden tatsächlich ein kleines Dorf mit einem Waldsee zum Baden und einem kleinen Gasthaus, ein wenig außerhalb gelegen. Doch schon bei der Anmeldung, als wir uns in das Gästebuch unter Vorlage des Personalausweises eintrugen, konnten wir den Wunsch mit dem Doppelzimmer abhaken. Wir bekamen zwei Einzelzimmer und um 23 Uhr klopfte die Wirtin an die Tür und wünschte eine gute Nacht. Also hatte auch hier der Paragraf zugeschlagen. Jede Woche kam die Polizei und kontrollierte das Gästebuch, ob nicht doch ein Doppelzimmer an Unverheiratete vermietet worden war.
Erst zwei Jahre darauf bekamen wir dort unaufgefordert ein Doppelzimmer und unser Traum vom „gemeinsamen Aufwachen" wurde endlich wahr. Mit dem Ergebnis: Sie wurde schwanger, wir heirateten, bekamen eine Tochter und dreizehn Jahre später noch einen Sohn. Der aber hatte nichts mit dem Spessart zu tun.
Übrigens: Das Motorrad fahre ich noch heute!

Motorradausflug im Spessart: Die damalige Freundin und heutige Frau Edith.

Horst Lehr auf seinem Motorrad, welches er heute noch hat.

Die Wirtsleute im Spessart

Wirtin Frau Uhl stößt Butter im Butterfass.

Horst Lehr, geboren 1934, Ronneburg

****

Ausgesorgt: Gäbelchen und Nippes

****

Etwa 1963 war es, als meine Schwägerin und mein Schwager ein Fernsehgerät bekamen. In ihrem Haushalt lebten nicht nur die Eltern, sondern auch noch die recht betagten Großeltern. Als Opa Karl hörte, dass sich die Familie diesen Apparat anschaffen wollte, hat er geschimpft. Er meinte, das sei eine Geldverschwendung und überhaupt, was wohl „die Leute" dazu sagen würden. Aber keiner ließ sich von den Überlegungen abschrecken. Und wer saß später Tag für Tag auf seinem Stammplatz vor dem Fernseher? Opa Karl!
Zum ersten Mal in seinem Leben sah er dabei Reklame. Eines Tages auch die Werbung für Zahnpasta und die dazugehörende Zahnbürste. Im Brustton der Überzeugung verkündete Opa Karl der versammelten Familie: „So e Ding kimmt mir moi Läewe nejd eans Maul!" Und daran hat er sich gehalten.

Opa Karl

Der neue Apparat

Endlich war es soweit. Ich war Konfirmandin. Zwei Jahre lang saßen meine Kameraden und ich jede Woche einmal im Konfirmandenunterricht. Jetzt gehörten wir zu den Großen! Gleichzeitig war es ein ungeschriebenes Gesetz, dass wir Sonntag für Sonntag die Kirchenbank drücken mussten. Da gab es viel zu sehen, denn die Kirche war zu meiner Kinderzeit, im Gegensatz zu heute, noch recht gut besucht. Zu unserem Konfirmandenunterricht gesellten sich auch die Kinder aus Stornfels, für deren Kirche unser Pfarrer ebenfalls zuständig war. Kein „Taxi Mama" fuhr sie bis direkt vor die Haustüre. Sie kamen auf Schusters Rappen oder im Sommer mit dem Fahrrad. Noch heute fühlen wir uns auf eine geheimnisvolle Weise miteinander verbunden.

Wenn der Pfarrer zusammen mit seiner Frau als Letzter die Kirche betrat, mussten wir Konfirmanden aufstehen. „Frau Pfarrer" hatte selbstverständlich ihren Stammplatz, den ihr nie jemand streitig gemacht hätte. Im Gegensatz zu den übrigen Gottesdienstbesuchern durften wir Konfirmanden noch „gemischt" sitzen. Erst nach unserer Einsegnung gingen Jungen und Mädchen, getreu dem Ulfaer Kirchengrundsatz, getrennte Wege. Männer saßen oben, verheiratete und verwitwete Frauen unten rechts und auf dem linken kleineren Teil nahmen die ledigen Mädchen Platz. Oben saß auch der Bürgermeister, der zu den Herren vom Kirchenvorstand gehörte. Er genehmigte sich während der Predigt hin und wieder ein Schläfchen, was ihm der eine oder andere Mann gleich tat. Aber vielleicht tue ich den Herren damit auch Unrecht und sie haben sich lediglich durch das Schließen der Augen besonders auf die Predigt konzentriert.

Pünktlich auf die Minute läutete der Kirchendiener die drei Glocken. Ebenso war er es, der während des Gottesdienstes die Kollekte einsammelte, indem er einen so genannten „Klingelbeutel", der an einer langen Stange befestigt war, durch die Reihen schob. Klingelbeutel nannte man ihn deshalb, weil unten an dem Beutel ein Glöckchen lustig vor sich hin bimmelte. Manchmal wurde er so schwer, dass er zwischendurch geleert werden musste. Man munkelte, dass sich hin und wieder auch mal ein Hosenknopf in die Kollekte verirrt hatte. Aber das waren sicher nur böse Gerüchte.

„Die Kulisse unseres Nachbarn wurde gerne als Hintergrundmotiv genutzt."

Zu dem absoluten Muss eines gewissenhaften Konfirmanden gehörte es, zum anschließenden Kindergottesdienst dabei zu bleiben. Ja, war das der gleiche Pfarrer, der vorher steif und unnahbar den Gottesdienst zelebrierte? Jetzt kam der Pfarrer als Mensch zum Vorschein und er erzählte uns herrliche Geschichten. Pfarrer W. Schmitt hat uns viel gelehrt, und ich denke, er hat uns allen eine wertvolle christliche Grundlage vermittelt. Wenn er auf der Kanzel stand oder Lieder sang, schauten wir Konfirmanden wie gebannt auf seine Lippen. Denn es bildete sich manchmal ein leichter Schaum in seinen Mundwinkeln und diesen Anblick wollten wir uns nicht entgehen lassen.

Unter anderem war am Erntedankfest das Aufsagen von Gedichten angesagt. Ich liebte das und wollte stets das längste Gedicht vortragen. Andere Kinder wieder waren unglücklich darüber. Am Tag vor dem Erntedankfest brachten die Dorfbewohner ihre Früchte von Feld und Garten, um den Altar zu schmücken.

Ein Gedicht, obwohl es nicht ich, sondern ein größerer Junge aufsagen musste, ist mir stets in Erinnerung geblieben:

„Kartoffel, Kartoffel, wer isst euch nicht gern / die Armen, die Reichen, die Bauern, die Herrn / Und fehlt es am Fleischwerk und fehlt es am Schmalz / dann rutschen sie abgepellt auch durch den Hals".

Stolz und erwartungsvoll: Vom „Konfirmandensaal" in die Kirche. Im Hintergrund die Herren des Kirchenvorstands, selbstverständlich mit Zylinder.

Eines Tages durften wir alle in den Kirchturm steigen und uns die alten Glocken anschauen und anhören. Wer einmal direkt neben läutenden Glocken stand, weiß, dass sie sehr laut sind. Für uns war es faszinierend, etwas ganz Besonderes. Damals wussten wir in Ulfa noch nicht, dass unser vollständig erhaltenes Dreiergeläut das älteste von ganz Hessen ist; vielleicht sogar von ganz Deutschland.

Schneller, als wir gedacht hatten, und doch nicht schnell genug, gingen die beiden Konfirmandenjahre vorbei und endeten mit der so genannten „Vorstellung" und der zwei Wochen später stattfindenden Konfirmation. Bei der Vorstellung mussten wir der Kirchengemeinde zeigen, was wir in den beiden Jahren gelernt hatten und das war nicht wenig.
Wir freuten uns alle sehr auf die Konfirmationsfeier, besonders natürlich auf die Geschenke von den geladenen Gästen, den Großeltern, Freunden, Verwandten und Nachbarn. Danach war ich mit Handtüchern bis zu meiner Goldenen Hochzeit eingedeckt und einen Mangel an silbernen Löffeln und Gäbelchen bestand ebenso nicht. Nicht zu vergessen die Sammeltassen und anderer „Nippes". Ich kann mich nicht erinnern, dass wir damals Geld bekamen. Alle Geber dachten nur an meine Zukunft und wollten daran beteiligt sein, dass es meinem späteren Mann in unserem Haushalt an nichts fehlte.
Nach diesem Ereignis mangelte es den Jungen sicher nicht an Socken, Unterhosen und Herrentaschentüchern, denn die Aussteuer hatten ja die Mädchen mit in die Ehe zu bringen.

Nach der Konfirmation kam das große Seufzen, denn die „Pflichtkirchgänge" waren zu unserem Leidwesen immer noch nicht beendet. Um später auch einmal das Amt eines Paten übernehmen zu können, mussten wir uns in vierzehntägigem Abstand der „Christenlehre" unterziehen. Dazu trafen wir uns eine Stunde vor dem sonntäglichen Kirchgang in dem „Konfirmandensaal" und im Anschluss ging es gemeinsam zum Gottesdienst.

Kurz nach der Konfirmation klapperten in Ulfa die Frisörscheren, denn endlich durften sich die Mädchen ihrer Zöpfe entledigen und rein äußerlich erwachsen werden. (Ich gehörte zu den wenigen, die bereits bei der Konfirmation kurze Haare hatten.) Stolz und erwartungsvoll zugleich ging es vom „Konfirmandensaal" in die Kirche. Unser Einmarsch wurde von den Herren des Kirchenvorstandes begleitet. Selbstverständlich mit Zylinder.

***

„Mama, wie sahst du denn aus? Das ist ja furchtbar!" Das musste ich mir anhören, wenn meine Kinder alte Fotos betrachteten. Merkwürdig mutet es die jungen Leute schon an, wenn sie sehen, wie sich meine Haare zu „Bienennestern" oder geflochtenen Bergen auftürmten. Solche Hochsteckfrisuren hatte nicht jede Frau und man war sich der heimlichen Bewunderung sicher, wenn man genug Geschicklichkeit besaß, sie selbst herzustellen.

Zwischen zwanzig und dreißig Minuten dauerte das morgendliche „Kämmritual". Toupieren, mit Klammern versehen, Strähne für Strähne in die richtige Lage bringen usw. Danach durfte man die dicke Wolke von widerlich parfümiertem Haarspray nicht vergessen. Schließlich musste diese Pracht den ganzen Tag halten und sollte bei Wind nicht auseinander fallen. Zu erwähnen ist noch, dass es sich nur um eigenes Haar handelte, ohne künstliche Hilfsmittel.

Einmal bin ich mit stolz geschwellter Brust aus einem Frisörladen gegangen. Ich hatte nur eine Haarbürste gekauft und bekam eine „saftige" Rechnung. Man hatte mir nicht nur meinen Einkauf berechnet, sondern auch: Waschen und „hochstecken", einschließlich „flüssigem Haarnetz", wie man damals in Frisörkreisen das Haarspray nannte. Die Dame an der Kasse war ziemlich verdutzt, als ich ihr selbstbewusst erklärte, dass ich diese Frisur bereits mitgebracht und auch noch selbst gezaubert hatte.

Bienennest auf dem Kopf

Karin Bach, geboren 1947, Nidda-Ulfa

****

Gepoltert: Schrott vor dem Tor

****

Wir waren ein junger, fröhlicher und tatkräftiger Freundeskreis. Alle hatten vor, ein Haus zu bauen und erst nach der Fertigstellung zu heiraten. Wir hatten ein Familienhaus mit Terrasse und einen großen, frei tragenden Balkon. Wir hatten alle wenig Geld und so musste vieles in Eigenregie durchgeführt werden. Alle Kameraden halfen freiwillig und unentgeltlich bis zur Fertigstellung. Jeder half jedem.

Jeder Bauabschnitt wurde freudig gefeiert, vor allem das Richtfest. So kam der 24. Mai 1964, der Tag, an dem meine Braut Rita und ich unsere Hochzeit feiern konnten. Davor kam der Polterabend in der Nacht von Samstag auf Sonntag vor dem Hochzeitstag. Nach Mitternacht kamen meine Freunde und brachten einen großen Anhänger mit Blechdosen und anderem Gerümpel zu meinem Elternhaus und kippten das Hoftor zu. Auch meine Braut Rita wurde in Nieder-Mörlen nicht verschont. Dort wurde ebenfalls das Hoftor zugekippt. Selbst vor unserem neuen Haus zierten alte Schrottautos bis zur Haustüre das Gelände.

16. Juni 1962: Kameraden beim Ausheben der Fundamente

26. Mai 1964: Reste vom Polterabend

Alfons König, geboren 1938, Ober-Mörlen

****

Vor dem Appell: Wenn ein Mann eine Frau liebt

****

Mit 14 Jahren bewarb ich mich bei der Firma Hassia Verpackungsmaschinen in Ranstadt als Maschinenschlosser. Nach einer Aufnahmeprüfung begann ich meine Lehre am 1. April 1960. Da ich nur 154 Zentimeter groß war, kam ich nicht an den Schraubstock. Was nun? Man holte eine Holzpalette und schon war das Problem gelöst.

Die Musik der 60er hatte es mir besonders angetan. Beatles, Rolling Stones, Lords, Rattles. Mein Kofferradio hatte ich immer dabei. Auch in der Region gab es viele Beat Bands wie die Starfighters, The Rangers, Magics und Petards. Zu den Starfighters fuhren wir mit dem Fahrrad von Bobenhausen nach Echzell in die Schafshalle. Kein Weg war uns zu weit, um unsere Band zu sehen und zu hören. Die Rangers von Köppern spielten oft in Ranstadt in der „Westside", dem heutigen „Black Inn". Bei denen spielte übrigens Marek Lieberberg von der heutigen Konzertagentur.

Ich war Mitglied beim Gesangverein Eintracht Lißberg. Für eine Weihnachtsfeier sollten die jüngeren Sänger etwas vortragen, also wurde eine Gesangsgruppe gegründet. Die Feier wurde ein toller Erfolg. Einige Nachbarvereine hatten von uns gehört und so wurden wir auch für ihre Feiern eingeladen. Wir schafften uns Instrumente an, Gitarre und Keyboard, später kam ein Schlagzeug dazu. Während einer Probenpause setzte ich mich ans Schlagzeug und trommelte ein wenig. Unser Gitarrist Reiner sagte: „Du spielst besser als unser Schlagzeuger."

Im Westside: Marek Lieberberg ...

... und die Ranger

Irgendwie hatte der auch gar nicht so rechte Lust. Dann hatten wir einen Auftritt bei einem Fest in Lißberg. Wir strengten uns an, aber in der vorderen Reihe wurde gelacht und auf die Bühne gezeigt. Wir wunderten uns – bis wir unseren Schlagzeuger sahen, der den Clown spielte. Er hielt das Becken am Kopf wie ein Chinesenhut und machte seinen eigenen Vers. Wir trennten uns daraufhin von ihm, ich kaufte das Schlagzeug.
Reiner hatte eine Idee: „Wollen wir drei nicht eine Tanzband gründen?" Das machten wir: Reiner Gitarre und Gesang, Rudi Keyboard und Gesang, Jürgen Schlagzeug und Gesang. Unser Bandname: The Old Fellows. Die erste Zeit war nicht einfach, wir spielten praktisch umsonst. Die Verstärkeranlage musste ja bezahlt werden. Als die Schulden bezahlt waren, spielten wir noch zehn Jahre für unser Publikum.

1967 rief die Bundeswehr. In Nagold im Schwarzwald im Fallschirmjägerbataillon, in der Ausbildungskompanie 3/9. Ein Kamerad aus der Pfalz brachte nach einem Wochenende die Single der Gruppe Chryn Strings aus Hauenstein mit. Titel: „Monja". Dieses Lied ging ins Ohr, die gesamte Kompanie wollte die Platte haben. Roland W. und die Flippers spielten den Titel nach.

Morgens vor dem Appell war aus den Stuben zu hören „When a man loves a woman" von Percy Sledge. Dieser Hit verschönerte einem die miese Laune bei der Ausbildung.
Die Ausbilder nannte man Nagoldschleifer. Das durfte man nicht laut sagen, aber es stimmte. Am Ende der Grundausbildung hatte ich rund acht Kilo abgenommen. Das kam aber auch von den vielen Nudelgerichten. Denn in Hessen essen wir nun mal gerne Kartoffeln. Da wurden wir benachteiligt. Wer mag schon Schnitzel mit Nudeln?
Dann kamen wir nach Hamm zum Erste-Hilfe-Lehrgang. Der Feldwebel fragte: „Was machen wir in Sport?" Alles schrie: „Fußball!" „Wer ist dagegen?" Ich meldete mich. Der Feldwebel sagte zum Unteroffizier: „Machen Sie mit dem Mann einen Dauerlauf!" Meine Kameraden sahen mich mitleidig an, als wir aus der Kaserne liefen. An einem schönen, schattigen Plätzchen sagte der Unteroffizier plötzlich: „Nach rechts, hinlegen." Wir haben uns eine Stunde über Gott und die Welt unterhalten. Dann standen wir auf, ich musste mein Hemd öffnen, die Haare durcheinander bringen, dann zurück zur Kaserne getrabt.
Einmal auf der Heimfahrt, mit Uniform, das war in Hamm so Vorschrift. Unsere Bundeswehr-Mützen lagen hinten auf der Ablage. Gerade hatten wir eine Raststätte bei Hagen aufgesucht. Ich hatte das Nummernschild BÜD PN 20. Ein älterer Mann kam zur Tür der Gaststätte herein und fragte laut: „Wer ist hier von Büdingen?" Wir meldeten uns. Er sagte zum Wirt: „Gib denen mal drei Bier." Er kam an unseren Tisch. „Ich bin von Dillsem" – Düdelsheim – „und habe eure Bundeswehrkappen im Auto liegen sehen. Da musste ich euch einen ausgeben." Das bekamen die anderen Gäste mit und haben Beifall geklatscht.
Von Hamm kam ich in das Bundeswehrlazarett Gießen, wo ich den Rest der achtzehn Monate als Sanitäter verbringen sollte. Ich kam auf die HNO-Abteilung, Hals, Nasen, Ohren. Alles in Ordnung. Nur eine Sache war mir unangenehm: Nach den OPs musste ich Spritzen verabreichen. Davon war ich überhaupt kein Freund. Ich sah nur eine Spritze, da wurde es mir schon schlecht.

Der Fähnrich und ich standen wieder einmal vor dem Bett eines frisch Operierten. Er setze die Spritze an, ich drehte mich kurz vor dem Einstich um zur Seite, was er bemerkte. „He, du sollst das lernen. Schau gefälligst hin." Auf einem Schaumgummikissen übten wir täglich das Spritzen. Der Dienst auf der HNO machte mir immer mehr Spaß. Ich gab dann zwischen zehn und 15 Spritzen am Tag und es machte mir nichts mehr aus.

Als Lehrling mit den Großen

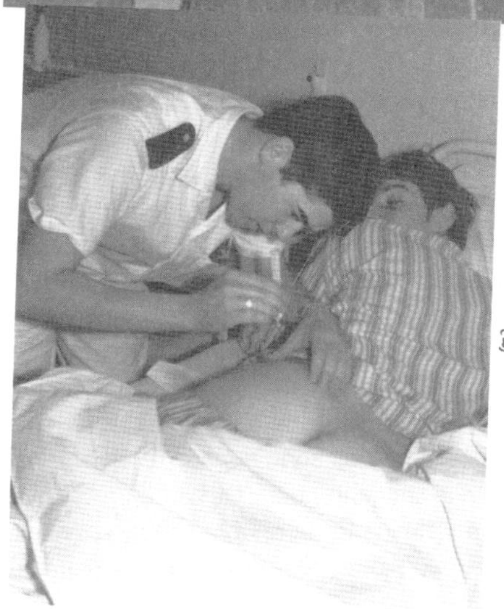

Beim Spritzen

Hans-Jürgen Lamek, geboren 1946, Ortenberg

****

Abgesichert: Der Herrenschlips

****

Mit 14 Jahren waren wir noch halbe Kinder, entdeckten im Spiel mit der Puppenküche und -stube die Fähigkeiten, die eine Hausfrau und Mutter haben sollte, und im „Schule spielen" wurden die Lebenskonflikte und Erfahrungen mit den Lehrern, Mitschülern und Eltern nachgespielt. Mutterkind war noch das Beliebteste und so lernten wir nicht nur in der Schule, sondern auch in unserer Freizeit, meist auf der Straße, im Hof, in der Scheune (wir hatten eine große direkt hinter dem Haus Kaiserstraße 119 in Friedberg) oder Wohnung und Balkon, die uns Freiraum boten.
Dann kamen der Wechsel von der Schillerschule (höhere Töchterschule früher, dann Gymnasium) zur Haushaltungsschule und der „Ernst des Lebens".
In der Freizeit begegnete einem auf Schritt und Tritt viel Amerikanisches. Die Musik und das Original Elvis Presley (meine Freundin Gerda wurde zum Autogramm holen geschickt) ließen meinen Cousin Norbert und mich zu tanzenden und rockenden Teenagern werden, die mit Schlips um den Hals (zum Festhalten beim Nachhintenbeugen des Herrn) und einem kräftigen Milchshake (es gab inzwischen Milch- und Plattenbars) auf dem Speicher ausflippten. An den Wänden hingen Schauspieler und Sänger (aus der „Bravo" ausgeschnitten; in jeder Ausgabe ein Teil des großen Portraits).

Mit 15, 16 Jahren durfte ich in Begleitung Erwachsener bis 22 Uhr in Lokale oder öffentliche Veranstaltungen – der erste BH, von Cousinen geerbt, passte endlich. Immer mal wieder hockte ich nebenan bei Firma Breitenfelder zum Schallplattenhören; man saß dort auf Barhockern (wie bei dem Lied: „In einer Plattenbar ...") oder ging in eine Milchbar und zu Tanzveranstaltungen der Gemeinde ins Hotel Trapp oder ins Casino. Abends hörte ich Hitparade im Radio. Die Tänze der 60er Jahre klappten toll, wie „Let Kiss", „Halligalli" und vor allem Twist, bei dem man eine Zigarette (die man mit 16 offiziell rauchen durfte) austrat. Manche übertrieben die Amerikanisierung und stürzten sich auf alles Neue, wie Niethosen und Jeans (damit sie noch enger wurden, stiegen sie in die Badewanne und ließen Wasser einlaufen), fuhren ihren Idolen nach und machten sie vor allem nach. Ich sammelte so manches Bild, das ich in ein Schulheft klebte und so manches Autogramm kam im Laufe der Jahre hinzu. Dann die Sturm- und Drangjahre, die erste große Liebe und viele, viele Tränen. Mit 18 durfte man zwar schon vieles, war aber noch nicht erwachsen, erst mit 21. Mein Leben spielte sich in Friedberg, Frankfurt und Mainz ab und war real und umwerfend interessant, zumindest für mich. Ich lernte meinen Mann kennen, der hier im Poly studierte (der heutigen TH), pflegte mit ihm das Studentenleben (katholische Studentenverbindung Arminia, nicht schlagend), das in der Gemeinde eingebettet war. Ich lernte andere Ansichten kennen und das Diskutieren, das freie Sprechen, das wir in der Schule nicht gelernt hatten. Am Ende des Studiums zogen die Studenten durch Friedberg, von einer Musikkapelle angeführt bis zur Burg, wo am Georgsbrunnen der Abschluss stattfand.

Im Keller bei Häfners mit Bar und Musik

Steinernes Kreuz bei Friedberg

Meine Freundinnen Gerda und Evmarie

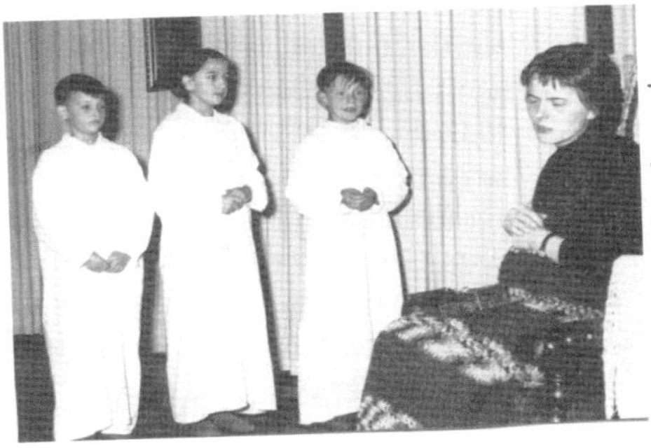

Theaterspiel in der Gemeinde - Mariä Himmelfahrt

Umzug zum Ende des Studiums durch Friedberg

Keller bei Häfners

Monika Lumma, geboren 1946, Friedberg

****

Geskiffelt: Waschbrett und Teekistenbass

****

Die Musik der Sechziger Jahre war gekennzeichnet von Schlager, Beat, Jazz und Folk. 1964 gab es meine ersten musikalischen Versuche in Mittelhessen. Harte Zeit des Umbruchs. Die ersten Versuche im Duo mit Akkordeon und Banjo zeigten deutlich den Zwiespalt: hier die Volksmusik und da der Jazz. Auf der Minneburg, einem längst abgerissenen Kleinod in Wetzlar, übernahm Kurt Reichmann die Regie. Er ist heute der renommierteste Instrumentenbauer von Drehleiern in Deutschland. Er organisierte am 27. Juni 1964 die „1. Skiffle and Folk Party". Mit dabei die „Worried Skiffle Gamblers". Auch hier noch ein Hinweis auf die Unentschiedenheit der Szene, sich zwischen Volksmusik und Jazz zu entscheiden: Ein Gitarrenbanjo wurde gespielt. Dies ist ein Zwitter aus Gitarre und Banjo, der allerdings alsbald wieder in der Versenkung verschwand. Ich stellte die Gruppe zusammen. Die Besetzung bestand des Weiteren aus den damals typischen Instrumenten: Waschbrett, selbstgebauter Teekistenbass und Gitarre. Noch im gleichen Monat ging es mit der Gruppe in die Stadthalle von Grünberg zu einem Bandwettbewerb auf Landesebene. Aber irgendwie wollte der Durchbruch nicht gelingen. Am 4. Juni 1965 wurde in Wetzlar ein Jazzkeller eingerichtet. Im Keller des Domgemeindehauses wurden Wände durchbrochen und einfachste Sitzgelegenheiten geschaffen. Der Eintritt betrug 49 Pfennige. Die Blues- und Gospellieder kamen an: Auftritte im Westernclub Wetzlar, im Domizil Gießen, selbst in den hohen Westerwald verschlug es uns. Die Krönung: Am 31. März 1967 nominierte die aus

1965
The Worried
Skiffle Gamblers

Journalisten bestehende Jury in Hamburg die Worried Skiffle Gamblers zum „Deutschen Skiffle Meister". Welch ein Sieg in der Jazz- und Skifflehochburg Hamburg! Als das Jahr 1967 zu Ende ging, fiel auch die Gruppe auseinander. Ich gründete 1973 in Gießen die Lahn River Jazzband, die ich bis 1993 leitete. Viele Auslandstourneen und Langspielplatten gehören zur Geschichte dieser Band. Meine Geschichten leben fort: Das Hessenjazz Festival in Idstein, das Festival Golden Oldies in Wettenberg und das Blues Schmus und Apfelmus Festival in Laubach gehen jeweils auf meine Initiative zurück.

Peter Turczak, geboren 1948, Lenn

****

Gewonnen: Ring und Schinken

****

Ich wurde in Nieder-Wöllstadt als Tochter des Polizeibeamten Friedrich Wolf geboren, habe noch einen älteren und einen jüngeren Bruder.
Da ich mit nicht ganz sechs Jahren in die Volksschule kam und dort acht Jahre lang eine gute Schülerin war, kam ich im April 1960 für drei Jahre in die Lehre ins Landratsamt des Kreises Friedberg. Außerdem besuchte ich zwei Jahre die Berufsschule in Gießen und ein Jahr das Verwaltungsseminar in Gießen.

Ich war immer der jüngste Lehrling und wurde natürlich mit „Fräulein Wolf" angeredet. Das war zunächst ziemlich ungewohnt. Zuerst kam ich ins Kreisbauamt. Da ich Steno und Schreibmaschine schon im 8. Schuljahr erlernt hatte, musste ich mich mit Baubescheiden usw. beschäftigen. Ich saß bei einem Sachbearbeiter in einem Zimmer. Wenn er aus dem Zimmer ging, hoffte ich, dass das Telefon nicht läuten würde. Privatleute hatten zu dieser Zeit selten ein Telefon.

Mit langen Hosen durfte man nicht zur Arbeit kommen. Im Winter habe ich mich auf der Toilette umgezogen. Man musste einen Rock tragen. Eines Tages habe ich einfach die Hose angelassen. Daraufhin wurde ich zum Personalchef bestellt. Dieser sagte: „Der Herr Landrat möchte nicht, dass sie im Amt weiterhin lange Hosen tragen."
Eigentlich machte die Arbeit Spaß, aber ich fühlte mich eingesperrt. Ich war doch fast noch ein Kind. Dann folgten weitere Abteilungen und als die drei Jahre vorbei waren, wurde ich Sekretärin beim Leiter der Staatlichen Abteilung.

In dieser Zeit lernte ich Elvis Presley persönlich kennen. Er regelte den Verkehr für die Amerikaner auf der Kreuzung der B 3 in Nieder-Wöllstadt. Ich rannte mit einer Autogrammkarte auf ihn zu, aber ich musste mich noch ein wenig gedulden. Er fragte nach meinem Namen und vermerkte diesen auf der Karte.

Zu Hause tanzten wir Rock'n'Roll. Wir trugen unter den weiten Röcken Petticoats und die wurden von der Mutter gestärkt. Wenn wir unsere Haare mit Lockenwicklern aufwickelten, nahmen wir Zuckerwasser. Das hielt dann länger. Aber beim Auskämmen rieselte es Zucker. Die Tanzstunde durften wir nicht versäumen. Die Jungs saßen auf der einen Seite, die Mädchen auf der anderen. Die Jungs mussten immer, wenn getanzt wurde, rennen, damit sie das hübscheste Mädchen abbekamen. Mit einem Jungen tanzte ich nicht so gern, der war ziemlich groß und roch nach Knoblauch und atmete auf mich herab. Partys privat waren ebenso beliebt, aber wahrscheinlich gegen heute ziemlich harmlos.

Eines Tages wurde meine Familie von einem Fotografen der Firma Saubert in Friedberg aufgesucht. Er fragte mich auf dem Heimweg von der Arbeit nach meinem Vater. Da dieser Polizist war, erzählte er mir, mein Vater hätte den ersten Preis beim Preisausschreiben der Stadt Friedberg gewonnen. Es waren immerhin eintausend Mark. Das hatte mein Vater

Tanzstundenabschlussball, Rosemarie Meiß - hintere Reihe, 2 von links

mir zu verdanken, da ich für die Familie die Karten mit den Lösungen fortgeschickt hatte. Mein Vater regte sich immer sehr darüber auf, dass ich so viel Porto für Preisausschreiben ausgab. Nun aber war die Freude groß. Ich bekam ein wunderschönes hellblaues Kleid und einen Ring. Alle anderen Familienmitglieder bekamen auch etwas ab und für alle wurde viel gekochter Schinken gekauft; den gab es nicht jeden Tag. In den nächsten Tagen war ein Bild (ich an der Schreibmaschine) in der „Wetterauer Zeitung".

Ein Kollege, der mit mir die Lehrzeit bzw. Anlernzeit durchgemacht hatte, wurde 1966 mein Ehemann. Da ich noch sehr jung war – 16 Jahre – wurden wir, wenn wir in der Mittagspause auf der Kaiserstraße spazieren gingen, von meinem Vater oder einem Kollegen im Polizeiauto sitzend überwacht. Ich wurde zu Hause ausgeschimpft, weil ich halt noch so jung war. An sich hatten sie nichts gegen meinen Freund, aber das Alter.
1965 haben wir uns im Schwarzwald verlobt und haben in zwei verschiedenen Häusern gewohnt. Die Familie mit Oma wollte uns dort besuchen oder uns kontrollieren, aber wir haben an diesem Tag einen Ausflug gemacht. Die Verlobung wurde ziemlich groß gefeiert, als wir zurückkamen.

Manchmal legte ich mich mit Jeans in die Badewanne, damit sie ganz eng wurde.

Betriebsausflug des Landratsamtes - Rosemarie Meiß, 2 von rechts

Rosemarie Meiß, geboren 1946, Niddatal

****

Adrett: Kostüm und Jackett

****

Hosenanzug nur auf dem Rad

Friedberg galt in den 1960er Jahren als die Stadt der Schulen in der Wetterau. Drei Gymnasien waren in der Kreisstadt angesiedelt: Die Augustinerschule unterrichtete damals nur Jungen, in der Schillerschule in der Burg tummelten sich ausschließlich Mädchen, und die Aufbauschule, die ebenfalls in der Burg lag, beherbergte Schülerinnen und Schüler ab dem siebten Schuljahr. Man wollte hier den Kindern aus den umliegenden Gemeinden die Möglichkeit geben, bis zum sechsten Schuljahr in den dort ortsansässigen Grund- und weiterführenden Schulen unterrichtet zu werden. Erst ab der Quarta, der siebten Klasse, kamen sie mit Bus oder Bahn in die Kreisstadt oder wohnten in dem der Schule angegliederten Internat. Die aufsteigenden Klassen wurden traditionell noch mit Namen genannt. So hieß die achte Klasse Untertertia, die neunte Obertertia, die zehnte Untersekunda, die elfte Obersekunda, die 12. nannte man Unterprima und die Abschlussklasse, die 13., hieß Oberprima. Eine Sexta, die fünfte Klasse, und eine Quinta, die sechste Klasse, gab es an der „Aufbau" nicht.

Die Gemeinsame Musterschule, eine Grund-, Haupt- und Realschule, lag in der Altstadt von Friedberg. Dort wurde ich eingeschult und sollte nach vier Grundschuljahren in die Mittelschule wechseln. Mein Klassenlehrer, wir nannten ihn liebevoll, aber nicht respektlos, den „Musik-Koch", hielt mich allerdings für das Gymnasium geeignet, was meinen Eltern gar nicht so recht war, meinten sie doch, dass es sich für ein Mädchen nicht lohnen würde, ein Gymnasium zu besuchen und Abitur zu machen. Ein Mädchen heirate doch sowieso und bekomme Kinder. Dann müsste sie ja zu Hause bleiben, und die Schulzeit und das Studium wären ja schlichtweg umsonst. Trotz seiner privaten Besuche in unserem Hause und der Interventionen meines Klassenlehrers kam ich doch auf Wunsch meiner Eltern in die Realschule. Im siebten Schuljahr allerdings begehrte ich auf und wollte gerne in ein Gymnasium wechseln, um meinen damaligen Berufs- und Studienwunsch realisieren zu können. Dieses Vorhaben ließ sich nun aber nur noch mit einem Besuch der Aufbauschule ermöglichen, wenn ich nicht ein ganzes Schuljahr verlieren sollte. Es kostete mich bei meinen Eltern sehr viel Überredungskunst und auch Durchsetzungsvermögen, Beharrlichkeit und Tränen. Im Jahr 1962 wurde ich aber endlich glückliche Gymnasiastin an der Aufbauschule, in der ich mich bis zum Abitur sehr wohl fühlte. Noch heute pflegen wir ehemaligen „Aufbauer" intensive Kontakte, sowohl untereinander als auch mit unseren damaligen Lehrern, wie beispielsweise mit Dr. Rübeling, einem von uns Schülern sehr verehrten und beliebten Pauker.

Unter- und Oberprima gestalteten sich jedoch noch sehr anstrengend, da beide Schuljahre stark verkürzt in jeweils einem dreiviertel Jahr durchgestanden werden mussten: In Hessen entschied man sich 1966 und 1967, den Schuljahresbeginn von bislang Ostern zukünftig auf die Sommerferien zu verlegen.

Oft aß ich als Externe in der Küche des Internats, da meine Mutter berufstätig war. Die Pfannkuchen und die Eintöpfe mochte ich besonders gerne essen, dazu gab es kalten Früchtetee aus großen Aluminiumkannen, von denen ich heute noch zwei im Garten als Blumenvasen stehen habe. Nach der Auflösung des Internats hatte ich viele Jahre später die glückliche Gelegenheit erhalten, sie zu erwerben. Sie stehen noch heute auf meiner Veranda und erinnern mich an die Schuljahre in der alten Burg.

Es existierten noch Klassenverbände, im Aufbaugymnasium gab es zwei bis drei Parallelklassen. Mehr Jungen als Mädchen besuchten das Gymnasium, in meiner Oberprima waren es damals elf Jungen und nur sechs Mädchen! Jungen und Mädchen kamen immer gut und adrett gekleidet in die Schule: die Jungen mit Jackett, die Mädchen mit Kostüm oder Kleid. Lange oder gar kurze Hosen waren im Unterricht für Mädchen nicht üblich, Jeans gab es noch nicht.

Die Mädchen aus allen unseren Parallelklassen wurden gemeinsam im Fach Sport unterrichtet. Der Unterricht, zu dem ich gerne mit dem Fahrrad fuhr, fand am Nachmittag in der alten Schulsporthalle der Burg oder auf dem Sportplatz „Burgfeld" statt. Man stelle sich vor, dass Mädchen auf dem Fahrrad auch mit Röcken fuhren! Nur zum Skilaufen besaßen wir Keilhosen.

Mit meiner Mutter fuhr ich gerne zum Einkaufen. Ich war damals 14 Jahre alt, als wir nach Frankfurt aufbrachen, um in den Geschäften zu stöbern. Im Frühjahr wurden ein Kostüm und eine dazu perfekt passende Bluse für mich gekauft. Vernünftige Schuhe gehörten selbstverständlich dazu. Doch dann entdeckte ich in einem Kaufhaus einen sehr schicken hellblauen Hosenanzug, der geriet sofort zum unbedingten Objekt meiner Begierde. Ich probierte ihn ganz aufgeregt an, er passte prächtig und wurde alsdann nach einiger Diskussion ob des höheren Preises zu meiner Freude doch noch gekauft.
Wieder zu Hause in Friedberg angekommen, hatte ich allerdings nicht mit dem vehementen Widerstand meines Vaters gegen Hosen tragende Mädchen gerechnet, als ich ihm den in meinen Augen wunderschönen Hosenanzug am Abend unseres Einkaufsbummels stolz präsentierte: „Den ziehst du mir nicht in die Schule an! So läufst du mir nicht rum!" Trotz der verbalen Unterstützung meiner verständnisvollen Mutter ließ mein Vater nicht mit sich reden. Sein Standpunkt wankte nicht. Ein Mädchen im Hosenanzug galt in seinen Augen als unschicklich. Der Anzug sollte zurück ins Geschäft gebracht werden. Da war guter Rat teuer, jedoch nicht unmöglich. Nach dem Abendessen – mein Vater saß zufrieden und satt im Sessel – nutzte ich die Gunst der Stunde und die Gelegenheit zu einem weiteren Anlauf, der meinem Ansinnen Erfolg bringen sollte. Ausschließlich auf dem Weg mit dem Fahrrad zum Sportunterricht oder ins Schwimmbad wollte ich ihn anziehen, ansonsten würde ich den Hosenanzug bestimmt nicht tragen. Nur zum Sport! Versprochen! Ehrenwort! Mit

weiteren mein Anliegen unterstützenden Argumenten meiner Mutter konnten wir meinen ansonsten sehr zugänglichen Vater überzeugen. Überzeugen? Ganz sicher bin ich mir da nicht mehr. Möglicherweise wollte er einfach in Ruhe seine Zeitung lesen, oder er dachte, dass er gegen diese seine „Weiber" doch nichts ausrichten könne.

Den Hosenanzug trug ich als brave Tochter anfangs selbstverständlich ausschließlich auf dem Fahrrad, wenn ich zum Sportunterricht in die Schule fuhr oder zum Schwimmen ins Bad Nauheimer Parkbad. Der Anzug erschien mir allerdings zu schade, um ihn nicht öfter zu tragen: In der Schule, zum Spazierengehen, mit Freundinnen in der Eisdiele, ins Kino, zu Geburtstagsfeiern ...

Mein Vater sah mich ja untertags nicht, und später musste er sich sowieso nicht nur an Hosen tragende Mädchen und Frauen gewöhnen, sondern an diese sehr kurzen Miniröcke, die wenige Zeit später von Mary Quandt in die Modewelt gebracht werden sollten.

Inge Ranner-Gensrich, geboren 1949, Bad Nauheim

****

Schmerzfrei: Inventur bis zum bitteren Ende

****

Für mich waren die Jahre 1967 und 1968 prägend. 1967 war der Beginn meiner Lehrzeit und somit durfte man abends auch etwas länger wegbleiben. Es war die Zeit der Hotpants, der Miniröcke und der Discos. Wenn ich abends das Haus verließ, hatte ich fast immer eine zweite Tasche bei mir. Je nachdem, wo das angestrebte Ziel lag, musste sich eventuell noch umgezogen werden, damit man in das jeweilige Umfeld passte.

Arbeiten musste ich sechs Tage in der Woche, wobei wir nach der Berufsschule noch den Betrieb aufsuchen „durften." Samstags nach offiziellem Ladenschluss bzw. dem Ende im Lager hieß es: Hof und Straße kehren. Am 31. Dezember, nach dem offizielle Ende der Arbeitszeit, wurde Inventur gemacht! Ach ja, die Inventur Ende Dezember. Sie dauerte solange, bis alles gezählt war. Egal, ob noch ein Bus nach Hause fuhr oder ob man zur Silvesterfeier wollte. Meine Chefin war in dieser Beziehung ziemlich schmerzfrei.

Wir haben alle Veranstaltungen im Umkreis der Kernstadt mitgemacht, egal ob Kirmes, Fastnacht oder Sonstiges. Wobei es Sonstiges nicht allzu viel gab. Und von wegen hinfahren, alles wurde auf Schusters Rappen erreicht. Wie oft sind wir in stockdunkler Nacht von Wingershausen oder Eschenrod über den „Schönen Stein" heim gestolpert. Manches Mal waren wir so früh, dass, damit die Eltern nichts merkten, man Brötchen vom Bäcker mitbrachte. Brötchen gab es nur beim Bäcker, sonst nirgendwo.

1968 hatte ich einen guten Freund, der ein Auto besaß. Es war ein wirklich guter Freund – nicht mehr. Unsere Freundschaft bestand, bis er leider durch einen Verkehrsunfall ums Leben kam.

Margit Wallisch, geboren 1952, Schotten-Rainrod

****

Weihnachtlich: Familie statt Paris

****

In meiner Kindheit wohnte unsere Familie in drei Generationen in Erbstadt. In den Sommerferien fuhren wir nicht in den Urlaub, Beschäftigungsmöglichkeiten fanden wir Kinder in der Umgebung genug. Aber in diesem Jahr, 1964, sollten unsere Ferien ganz anders verlaufen als bisher.

In unserer Nachbarschaft wohnte Familie Ziemer, ein älteres Ehepaar ohne Kinder. Im Sommer erhielten Ziemers Besuch aus Frankreich. Marcel und Benitta Gloaquen und ihr 12-jähriger Sohn Michel besuchten die beiden. Die Gloaquens kannten Ziemers aus der Kriegszeit.
Marcel war als französischer Kriegsgefangener in unserem Dorf einem Bauern als Zwangsarbeiter zugeteilt worden. Seine Ehefrau Benitta hatten deutsche Soldaten als junge Frau zum gleichen Zweck aus Polen nach Deutschland verschleppt. Beide hatten sich in dieser Zeit angefreundet und wollten nach Ende des Krieges in Frankreich eine Familie gründen. Allerdings hatten die Sieger des Krieges beschlossen, dass die in deutscher Gefangenschaft lebenden Ausländer in ihre Heimatländer zurückkehren sollten.
Von den Amerikanern war Gustav Ziemer als Bürgermeister eingesetzt worden. Ein Hauptgrund war, dass seine Frau Lenchen, die als junge Frau eine Zeitlang in Amerika gelebt hatte, die englische Sprache beherrschte. So war eine Verständigung zwischen den Besatzern und dem Bürgermeister möglich. Als nun Benitta und Marcel von diesen Bestimmungen

hörten, dass sie nicht zusammenbleiben konnten, waren sie verzweifelt. In ihrer Not baten sie Lenchen Ziemer um Hilfe. Die Eingabe von der Frau des Bürgermeisters wurde vom amerikanischen Kommandanten positiv beschieden und somit wurde sie zur „Ehestifterin".

Jetzt, 1964, besuchte Familie Gloaquen den Ort ihres Kennenlernens. Beide kannten auch die Nachbarschaft der Familie Ziemer. Benitta fand bei Besuchen unserer Familie für ihren Michel Spielkameraden in meinem Bruder und mir. Wir waren in ähnlichem Alter.
Die Besuche der Familie Gloaquen bei meinen Eltern waren sehr herzlich. Mein Großvater hatte mir Jahre zuvor die „Erzfeinde" aus Frankreich ganz anders geschildert. Immer wieder erzählte er mir, wie grausam die Franzosen seien. Den Kindern die Ohren abschneiden und sie umbringen, so würden sie mit Fremden umgehen.
Ganz anders jetzt, beide Seiten freuten sich über das Wiedersehen, fielen sich gegenseitig in die Arme und Freudentränen wurden vergossen. Meine Mutter lud zum Kaffeetrinken mit Zwetschgenkuchen ein.
Seltsam, wie „Erzfeinde" miteinander umgingen und sich im Urlaub besuchen. Mir kam der Gedanke, dass die Feindschaft nur von den Regierenden und Machthabern für ihre Zwecke geschürt wurde.
Für mich waren die Erzählungen zweitrangig geworden, dass mein Urgroßvater 1871 mit im Spiegelsaal von Versailles bei der Kaiserkrönung anwesend, dass Opa im Ersten Weltkrieg aus St. Avold war.
Wichtig war mir, dass ich, der in der Schule gerade begonnen hatte, Französisch zu lernen, wunderbar mit Michel die Ferien verbringen konnte. Wir zeigten uns Gegenstände und erklärten deren Namen. Beliebt war auch der Austausch von Schimpfwörtern in beiden Sprachen. Unbeschwerte Sommerferien trotz der Sprachprobleme.
Zum Ende des Urlaubes gab mir Michels Mutter Benitta die Anschrift der Familie in Paris. Sie meinte, wir sollten Kontakt halten, um damit auch unsere Sprachkenntnisse zu verbessern. So kam es auch, wir schickten uns Karten zu Weihnachten.
Im nächsten Jahr besuchte die Familie erneut Familie Ziemer. Wir stromerten wieder durch die Gegend, fingen Frösche und Stichlinge im Krebsbach. Gegen Ende dieses Besuches bekam ich von Michels Mutter eine Einladung, zu Weihnachten und Silvester nach Paris zu kommen. Ich war begeistert. Schon im Sommer ließ ich mir nach der Schule im Friedberger Bahnhof eine Zugverbindung nach Paris heraussuchen. Man plant ja beizeiten! Zu Hause wurde mein Ansinnen, das Weihnachtsfest und den Jahreswechsel in Paris zu verbringen, abgelehnt. Zu diesen Feiertagen sei die Familie gemeinsam daheim, so die Aussage von Oma und meiner Mutter. Also blieb es bei einer Karte mit „Bon Noël".
Im Jahr darauf verlebte Familie Gloaquen die Ferien in England. Von dort sendete Benitta auch eine Ansichtskarte mit schönen Grüßen. Mein Ehrgeiz, Französisch zu lernen, erlahmte, eine Portion Faulheit kam auch dazu. Der Kontakt schlief ein. Viele Jahre lang.

1966 besuchte ich die 10. Klasse der Musterschule in Friedberg. In diesem Jahr bot die Landeszentrale für Politische Bildung Hessen ein mehrteiliges Seminar für politisch interessierte Jugendliche an. Drei Wochenendseminare fanden in Wiesental im Taunus statt.

Die Anwesenheit bei diesen drei Terminen zum Thema „Weimarer Republik und Drittes Reich" berechtigte zur Teilnahme an einer einwöchigen Fahrt nach Berlin. Kursleiter war der damalige Schulleiter von Rodheim, Georg Schlaga, der ehrenamtlich für die Landeszentrale arbeitete. Jahre später erlangte er für den damaligen Landkreis Friedberg das Mandat für den Bundestag in Bonn.
Die Reise nach Berlin sollte für uns alle ereignisreich werden. Nicht nur touristische Ziele waren eingeplant. Ein Treffen mit dem Bezirksbürgermeister von Tempelhof war vorgesehen, wie der Besuch der damals gerade fünf Jahre alten Berliner Mauer.
Auch Diskussionen über Jugendbetreuung und die systematische Beeinflussung junger Menschen im Dritten Reich wurden in unserer Gruppe intensiv geführt. Wir vertraten die Meinung, dass eine solche zielgerichtete Erziehung in die gewünschte politische Richtung des Staates wie damals, heute nicht mehr möglich sei. Diese Ansicht wurde von Herrn Schlaga energisch zurückgewiesen. Er warnte uns vor diesem Glauben, trotz der schon damals zur Verfügung stehenden Informationsmöglichkeiten. Wie recht er doch hatte.
Kein Jahr war es her, dass wir uns im Friedberger „Roxi-Kino" den 1944/45 entstandenen Film „Kolberg" ansahen. Dieser Film wurde gegen Ende des Zweiten Weltkrieges auf Veranlassung von Joseph Goebbels zur „Stärkung des Durchhalte-Willens und der Kampfkraft des deutschen Volkes" gedreht. Zur Aufklärung über die Vorgehensweise der Beeinflussung der Bevölkerung wurde dieser umstrittene Film, kommentiert mit erklärenden Passagen, 1965 erneut in den Kinos gezeigt. Trotz vorheriger intensiver Vorarbeit im Geschichtsunterricht, die die Beeinflussung der Kinogänger zum Kriegsende deutlich machen sollten, waren wir so von den aufstachelnden Reden begeistert, dass wir überhaupt nicht merkten, dass wir, genauso wie die Jugendlichen zwanzig Jahre vorher, ebenso den Führern hinterhergelaufen wären.

Zu unseren Besuchszielen in Berlin gehörte auch die Hinrichtungsstätte der Nazi-Diktatur und jetzige Gedenkstätte Plötzensee, eine der schlimmsten Stätten der Nazi-Barbarei. Nach einer sachkundigen Führung durch das Gebäude begegneten wir einer französischen Reisegruppe, die aus gleichaltrigen Jugendlichen bestand.

Vor den Gedenktafeln des Mahnmals hielt die Gruppe inne und legte eine Schweigeminute ein. Hinterher schämten wir uns. Diese Geste an diesem Ort hätte vielmehr uns zur Besinnung einfallen müssen.

Ein Tag unseres Aufenthaltes war dem Besuch Ost-Berlins gewidmet. Die Stadtführerin, die gleich am Übergang Oberbaumbrücke eingestiegen war, geleitete uns zum Pergamon-Museum auf der Spreeinsel. Den Abriss ganzer Häuserzeilen in Mauernähe und die Schließung von Straßen erklärte sie mit dem gestiegenen Verkehrsaufkommen in der Innenstadt. Einleuchtend war uns diese Argumentation nicht. Die Straßen waren, abgesehen von einigen Trabis, leer. Die Mittagspause verbrachten wir im International-Hotel. Hier nutzte die Stadtführerin die Möglichkeit, die weltweite Ausrichtung der DDR zu dokumentieren. Wir hörten viele Sprachen aus West und Ost, nur schienen wir die einzigen deutschsprachigen Besucher zu sein. Schon vor unserer Pause wies die Stadtführerin dringend darauf hin, dass wir zeitig am Bus sein sollten. Sie wollte uns die Wachablösung der Nationalen Volksarmee an der Neuen Wache um 14.30 Uhr zeigen. Pünktlich waren wir zur Stelle. Nur einer fehlte, Georg Schlaga. Er zog es vor, unserer Stadtführerin dieses Schauspiel der Deutschen Demokratischen Republik zu vermiesen.

Bei einer Stadtrundfahrt durch West-Berlin sahen wir große Hinweistafeln zu dem Film „Westside-Story", der im Europa-Center gerade anlief. Mein Schulfreund Rolf Schuh und ich waren uns sofort einig: Das müssen wir sehen! Allerdings begann die Aufführung recht spät. Der Film dauerte länger als andere und wir mussten quer durch die Stadt in unsere Unterkunft in die Tempelhofer Albrechtstraße zurück. Uns war eigentlich klar, dass wir vor Toresschluss um 23 Uhr nicht zurück sein konnten. Ohne etwas über unser Ziel und eine spätere Rückkehr zu sagen, genossen wir den Film. Ärger gab es mit den Kollegen noch in derselben Nacht und am nächsten Morgen mit Georg Schlaga. Hätten wir doch vorher unseren Wunsch angekündigt, vielleicht hätte er uns den Besuch empfohlen oder sogar angeordnet. Wir hätten uns auf alle Fälle viel Ärger erspart.
Ein besonderes Ereignis fand am 11. August abends statt. Die Fußball-Nationalmannschaft kam als Vize-Weltmeister aus England zurück und sollte in Berlin empfangen werden. Für uns war es eine klare Sache, dass wir da dabei sein mussten. Mit der U-Bahn fuhren wir zum Schöneberger Rathaus. Gegen 20 Uhr kamen dann offene Limousinen, in denen unsere „Helden" saßen. Sofort wurden die Wagen von Jugendlichen umringt. Ganz nah waren wir Hans Tilkowski, Jürgen Grabowski, Uwe Seeler, Willi Schulz und Helmut Schön. Unter „Uwe, Uwe"- und „Bravo"-Rufen, Klatschen und Händeschütteln verschwand die Mannschaft im Rathaus. Mir war es gelungen, Autogramme von Jürgen Grabowski aus Frankfurt und dem Bremer Tormann Günter Bernhard zu ergattern.
Nach einigen Stunden vor dem Rathaus kehrten wir nach und nach wieder in die Albrechtstraße zurück. Ein Schulkollege, Jürgen, erzählte uns ganz begeistert, dass es ihm im allgemeinen Durcheinander gelungen sei, durch die Kontrollen vor dem Rathaus zu schlüpfen und mit der Mannschaft in das Gebäude zu gelangen. Kein Wort glaubten wir ihm, erzählen konnte der Jürgen uns ja viel ... Am nächsten Tag galt die Schlagzeile der Bild-Zeitung dem Empfang im Rathaus. Ein Foto vom Betreten des Gebäudes auf der Außentreppe zeigte die Mannschaft, unter der auch Jürgens Blondschopf heraus leuchtete.

Benitta im Kreise ihrer Familie

Norbert Kliehm, geboren 1949, Altenstadt-Höchst

****

Satisfaction: Tanz in der Kajüte

****

Anfang der Sechziger stand der Umzug aus dem kleinen Haus, in dem ich geboren wurde, in eine Wohnung mit einem richtigen Bad an. Da es im Elternhaus meiner Freundin Kornelia (die noch heute meine beste Freundin ist) noch kein Bad gab, durften sie und ich ab und zu bei uns zusammen baden. Großes Gekicher war garantiert. Und als mein Vater das erste Fernsehgerät mit nach Hause brachte, war das schon eine Sensation. Nicht zu vergessen: Im April 1961 wurde ich eingeschult. Als einziges Mädchen ging ich mit Schürze in den Unterricht und war auch noch stolz darauf.

Die meiste Zeit verbrachte ich bei meinen Großeltern in der Hauptstraße (heute Vogelsbergstraße). Meine Oma putzte die „Bürgermeisterei" und ich durfte ihr dabei helfen. Am tollsten fand ich den Freitag, denn da durfte ich mit einem riesigen elektrischen Bohner die vorher von Oma geputzten und gewachsten Holzdielen in den Büros auf Hochglanz bringen. Im Sommer wurde die große Außentreppe aus Sandstein geschrubbt und dabei konnte man so schön mit dem Wasser spritzen.

Wenn meine Oma samstags mit dem Wohnungsputz fertig war, gab es frischen Hefekuchen (den sie frühmorgens in eine Bäckerei zum Backen brachte) und frisch aufgebrühten Kaffee. Die Holztreppe zu der Wohnung meiner Großeltern war frisch gewachst und poliert und diese Mischung aus Bohnerwachs, frischem Kaffee und Kuchen habe ich noch heute in der Nase.

Erholungskur 1962, in St. Peter Ording

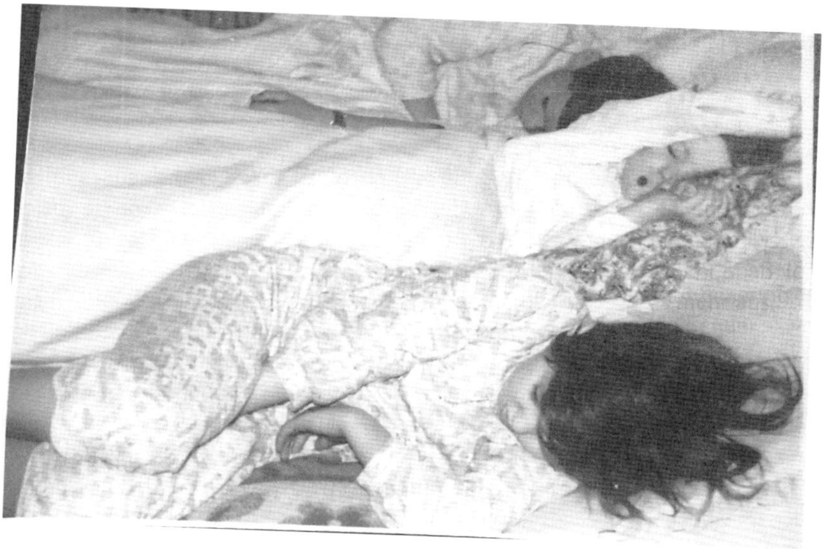

Marion mit Brüdern

Die Abende im Winter sind mir ebenfalls unvergessen: Es gab geschälte und in Spalten geschnittene Äpfel, die im Keller auf dem Apfelbett gelagert wurden. War es besonders kalt, bekam ich zwei Bettwärmer aus Metall ins Bett gelegt und ein zweites riesiges Federbett wurde auf mich gedeckt, damit ich bloß nicht friere. Es gab ja keine Heizung, nur einen Kohleofen im Schlafzimmer der Großeltern. Am Morgen waren auf den Fensterscheiben die schönsten Eisblumen zu sehen.

Da ich als Kind als „zu dünn" galt, wurde ich 1962 zum ersten Mal zur Erholungskur nach St. Peter Ording geschickt. Sechs Wochen von zu Hause weg – zum Glück waren aus Altenstadt auch zwei ältere Mädchen mit mir im gleichen Erholungsheim, die mich unter ihre Fittiche nahmen. Das Heimweh plagte mich schon sehr. Ganz anders mein zweiter Aufenthalt in St. Peter Ording im Jahr 1964: Es gefiel mir so gut im „Kinderhaus Frisia", dass ich gar nicht mehr nach Hause wollte. Noch heute verbringe ich den Urlaub am liebsten in Schleswig-Holstein. Besonders viel an Gewicht zugenommen hatte ich übrigens nicht, dafür brachte ich 1964 den „Mumps" als besonderes Andenken mit.

Der 22. November 1963 hat sich mir – obwohl erst acht Jahre alt – besonders eingeprägt: Im Fernsehen kam die Nachricht von der Ermordung J. F. Kennedys. Ich erinnere mich sehr gut daran, wie schockiert ich war und wie leid mir das tat. Ich lag am Abend in meinem Bett und weinte um den ermordeten Präsidenten der Vereinigten Staaten und um seine Kinder, die nun keinen Vater mehr hatten.

Im Jahr 1964 trat ich mit meiner Freundin in den Spielmannszug ein. Eine tolle Zeit begann. In den Jahren 1966/1967 wurden für den Verein historische Uniformen angefertigt. Die Anproben waren streng geheim und wir durften niemandem erzählen, wie die Uniformen aussehen würden. Beim großen Festumzug anlässlich der 1200-Jahr-Feier von Altenstadt war es endlich soweit: Stolz marschierten wir mit „unserem" Verein an der Spitze des Festzuges und genossen das Aufsehen und den Applaus. Viele schöne, aufregende, aber auch teils anstrengende Auftritte folgten.

Der Umzug in unser neues Haus im Jahr 1966 war ebenfalls ein einschneidendes Erlebnis: Endlich hatten meine Brüder und ich jeder ein eigenes Zimmer. Jetzt konnte meine Freundin an den Wochenenden auch öfter bei mir übernachten und die Nächte waren erfüllt mit Kichern und Gackern. Wir waren verliebt in Paul McCartney von den Beatles und Barry Gibb von den Bee Gees. Die Röcke wurden immer kürzer, die Musik konnte nicht laut genug sein. Die Disco „Kajüte" wurde eröffnet und zu „Satisfaction" von den Rolling Stones wurden die ersten Discotänze ausprobiert. Aber wehe, unser Pfarrer sah, dass wir am Sonntagnachmittag dort hineingingen. In der nächsten Konfirmandenstunde war ein Rüffel garantiert.

Der 21. Juli 1969 war ein besonderer Tag: Die erste Mondlandung stand an. Und das wurde auch noch live im Fernsehen gezeigt! Mein großer Bruder und ich haben die ganze Nacht vor dem TV-Gerät verbracht. Zwischen den Berichten wurden Filme gezeigt. Und dann war es endlich soweit: Apollo 11 setzte auf dem Mond auf. Bei diesem großartigen Ereignis „live" dabei zu sein, das war schon ein tolles Gefühl.

Und noch ein Datum im Jahr 1969 war sehr wichtig für mich: Am 1. September begann ich meine Ausbildung in Frankfurt. Der Ernst des Lebens begann!

Oma, Mutter und Marion

Marion Trand, geboren 1955, Altenstadt

****

Neckisch: Zugenäht

****

Wintersemester 1961/62, frühmorgens 6:45 Uhr, unsanft riss uns der Gong aus dem Schlaf und unseren Träumen. Zwar war von der Morgendämmerung noch nichts zu sehen, aber alle begannen brav mit der Morgentoilette. Danach versammelte Fräulein Ruth Bock die Mädchen zum morgendlichen Singen, häufig erklang ihr Leib- und Magenlied: „O du schöner Rosengarten" aus unseren noch nicht ganz wachen Kehlen, manchmal kamen die Jungens dazu. Da sie nicht mit im Internat leben konnten wie wir, mussten sie jeden Tag zum Unterricht mit der Bahn von zu Hause anreisen.

Wir lebten von Montag bis Samstag mittags im Internat: Unsere Schlaf- und Unterrichtsräume lagen mit der Lehrküche im ersten Stock der Landwirtschaftsschule Friedberg, die Anfang der Fünfziger Jahre neu erbaut worden war. Im selben Stockwerk wohnten die Leiterin der Hauswirtschaftsabteilung, Fräulein Bock, und der Hausmeister, sodass wir immer unter Aufsicht waren. Überhaupt herrschten strenge Regeln, der Unterricht fand für Mädchen und Jungen in fast allen Fächern getrennt statt, für die Jungen gab es im Parterre eigene Unterrichtsräume. Wir zukünftigen Bäuerinnen wurden nur ein Wintersemester unterrichtet. Für die Landwirte gab es zwei Semester, jeweils eine Unter- und eine Oberklasse, da der Unterrichtsstoff für die späteren Betriebsleiter umfangreicher war.
Sie mussten sich bis auf Ausnahmen von unserem Stockwerk fernhalten. Aber wir durften die Pausen zusammen mit ihnen im unteren Stockwerk verbringen. Die abendliche Freizeit wurde im gesellschaftlichen Bereich gemeinsam organisiert. Bei den Tanzabenden im Hotel Trapp in Friedberg oder im Kurhaus in Bad Nauheim, zu denen die Lehrkräfte uns zur Aufsicht begleiteten, durften die Jungen nicht fehlen.

Abwechslung zwischen theoretischem und praktischem Unterricht brachte die Weihnachtsfeier. Gemeinsam besuchten wir auch eine Fastnachtsveranstaltung in Burgholzhausen. Gut in Erinnerung ist ein Lied, das wir auf der Bühne des Zoogesellschaftshauses in Frankfurt bei einer Veranstaltung des Hessischen Landwirtschaftsverbandes sangen. Wir trugen alle selbstverständlich unsere „Schuluniform", ein schwarzes Ausgangskleid, während wir an normalen Schultagen helle Kleider mit Blümchenmuster mit einer weißen Schürze darüber anzogen.

Die Trennung von den Jungen reizte uns Mädchen zu Neckereien: Beispielsweise schlichen wir während des Unterrichts heimlich ins untere Stockwerk und nähten die Ärmel zu, sodass die Jungen vor dem Nachhauseweg nicht mehr in ihre Jacken schlüpfen konnten, die sie morgens an den Garderobenhaken im Flur aufgehängt hatten. Aber die Jungen ließen diesen Schabernack nicht auf sich sitzen, sondern zahlten es uns heim. Eines Tages waren unsere weißen Schürzen verschwunden. Zwei Tage später tauchten sie an exponierter Stelle und gänzlich schwarz wieder auf: Die Jungens hatten sie erst im Keller unter dem Kohlenvorrat versteckt und dann gänzlich verdreckt und weithin sichtbar an der Fahnenstange gehisst.

Die Abende, die nicht anderweitig verplant waren, verbrachten wir Mädchen in unserem Unterrichtsraum, wir nähten oder strickten. Das Radio spielte laut die Melodien der Hitparade. Bei bekannten Schlagern sangen alle begeistert mit, einzelne hopsten herum und schließlich wurde nach der Musik auf den Tischen getanzt. Zigaretten waren verpönt: Rauchen wurde uns streng verboten. Aber Anfang der Sechziger Jahre ließen sich viele Verbote und Verhaltensregeln, die wir Jugendlichen damals für unangemessen, einengend und ungerecht hielten und heimlich umgingen, nicht mehr aufrechterhalten. So wurde in der Schule das strikte Rauchverbot gelockert: Im Wintersemester nach uns gab es ein besonderes Raucherzimmer. Um zehn machte die Lehrerin ihren Rundgang, schickte auch die Letzten ins Bett, in die Schlafräume und das Licht wurde gelöscht.

Schülerinnen und Schüler der Landwirtschaftsschule in Friedberg

Beim Kochunterricht nur für die Mädchen in der Lehrküche in unserm Stockwerk wurde das Mittagessen gekocht und zubereitet. Die notwendigen Naturalien dafür brachten wir von Zuhause mit. Bei unserer Anreise am Montag hatten wir deshalb ziemlich schwere Koffer vom Bahnhof zur Schule zu schleppen. Da die Jungen zur gleichen Zeit ankamen, war dies eine Gelegenheit, dass wir sie als Kofferträger einspannten und so nähere Kontakte schlossen.
Mittwochs nachmittags hatten wir für drei Stunden Ausgang für Stadtbummel und Einkäufe. Um 19 Uhr waren wir pünktlich wieder in der Schule.

Renate Bender, geboren 1944, Münzenberg-Gambach

****

Umschwärmt: Bosse Liddy

****

Bis 1965 wurde in Landenhausen regelmäßig auf dem Festplatz auf den Rödern, dem ehemaligen Fußballplatz, das Jugendfest gefeiert. Es war das Ereignis für uns Schüler, unsere Lehrer, eigentlich für das ganze Dorf.

Sobald der Termin im Sommer feststand, ging es los mit den Vorbereitungen. Unter der alten Eiche, bei den beiden Blockhäusern mussten Sitzgarnituren aufgestellt werden, damit alle Gäste Platz fanden. Der hiesige Musikverein und der Männergesangverein wurden in das Programm mit einbezogen, genau wie der Kinderchor, der unter der Leitung von Hauptschullehrer Philipp Steckenreuter neue Volkslieder einübte. Zur Musik eines Akkordeonspielers studierten die kleinen und großen Schulmädchen, teilweise kostümiert, Reigen und Volkstänze ein. Wir Jungen allerdings sollten zeigen, was wir auf dem Gebiet der Leibesübungen gelernt hatten. Auch waren wir für die Utensilien verantwortlich, die zum Sackhüpfen, Eierlaufen und Topfschlagen benötigt wurden.

Eine große Freude hatten wir Kinder, als wir mit dem Förster und unseren Lehrern in den Wald gingen, um den Kletterbaum, eine Fichte, zu schlagen. Vor dem Aufstellen wurde die Rinde bis zur Krone entfernt, denn er sollte ja mit nackten Füßen erklettert werden. Dann wurde der von den großen Mädchen gewickelte und mit bunten Bändern geschmückte Fichtenkranz daran befestigt. An ihm waren zwei Seile befestigt, die zum Hochziehen und Herunterlassen dienten. Am Sonntag hingen an diesem Kranz Brezeln, die es zu ergattern

galt. Außerdem schmückten die Mädchen den Festplatz mit Fichtenreisen.
Wenn der Ablauf für den Sonntag feststand, mussten wir Kinder das Programm auf die Seite eines Malblocks schreiben und bunt ausmalen, damit wir es am Festtag auf die Tische legen konnten.

In der Woche vor dem Jugendfest wurden wir Schüler gebeten, wem es möglich wäre, dem hiesigen Bäcker am Freitag Mehl, Zucker, Milch und Fett zur Verfügung zu stellen, damit er 150 Brezeln backen konnte, die am Sonntag kostenlos an die Kinder verteilt wurden. Auch die Sieger der einzelnen Spiele wurden mit Brezeln belohnt.

Jedes Jahr war Bosse Liddy mit ihrem Süßwarenstand dabei. Die von ihr angebotenen Schokoküsse und mit bunter Zuckerschrift verzierten Lebkuchen waren nicht nur bei uns Kindern der Renner, sondern auch bei so manchen Erwachsenen, die ein Lebkuchenherz um den Hals hängen hatten.

Ankommen der Gäste beim Jugendfest

Festgäste unter der Buche

Beim Eierlaufen mit Lehrer Habermehl

Sonntag, 13 Uhr, war es soweit: Der Festzug wurde bei der alten Post aufgestellt, voran die Musikkapelle, wir Kinder mit unseren Lehrern hinterher. Es schlossen sich unsere Eltern und alle Bewohner des Dorfes an. Es war ein langer Festzug durch das Dorf, hoch zu den Rödern. Das Fest begann mit einer Rede unseres Hauptschullehrers. Kinderchor, Männergesangverein und Musikverein schlossen sich an und gaben viele Zugaben. Auf dem Sportplatz begannen die Vorführungen von uns Kindern. Beim Sackhüpfen, Eierlaufen und Topfschlagen machten auch die Erwachsenen mit. Bis spät am Abend wurde gelacht, gefeiert, gegessen und getrunken. Alle waren der Meinung, dass man das „mal wieder machen sollte." So manche zarte Bande wurde beim Jugendfest auf den Rödern in Landenhausen geknüpft, die bis heute anhält ...

Vorbereitung zum Reigen

Werner Rodemer, geboren 1941,
Wartenberg-Landenhausen

****

Gehen: Zum Frisör oder nach drüben

****

Ich war der dritte Junge aus Okarben überhaupt, der das Augustiner-Gymnasium in Friedberg besuchen durfte. Wenn der Pfarrer oder der Lehrer sagte, das Kind hat das Zeug dazu, hörten die Eltern darauf. Dazu muss ich noch erwähnen, dass ich aus einem antifaschistischen Elternhaus stamme. Mein Großvater hatte während der Nazizeit Berufsverbot, mein Vater, ein Versicherungsvertreter, war sozialdemokratisch.

Um das Jahr 1965 wurde ich politisiert, habe begonnen, gegen die Eltern zu revoltieren. Das kam hauptsächlich aus Empörung über den Vietnam-Krieg, aus der Selbstverständlichkeit heraus, mit der die Amerikaner dort Krieg geführt haben. Als die Sowjets später in Prag einmarschiert sind, wussten meine Freunde und ich nicht, was wir davon halten sollten. Es sollte noch dauern, bis ich erkannte, dass das natürlich auch eine Form des Imperialismus war.

1968 habe ich mit anderen die erste Demonstration in Okarben organisiert, das war vor einer Kommunalwahl. Wir waren so fünfzig, sechzig Jugendliche, haben Plakate gebastelt auf denen Slogans standen wie „Aktion bewusstes Wählen" – das war im Grunde natürlich an den Haaren herbeigezogen. Die Okarbener, die am Straßenrand standen, haben den Mund vor Staunen nicht zubekommen. Das, was sie bislang im Fernsehen gesehen hatten, war nun vor ihrer Haustür. Ich war plötzlich so etwas wie ein Buhmann. Ja, es gab sogar Väter, die ihre Töchter ausdrücklich vor dem Umgang mit mir gewarnt haben.

Auch meine Eltern waren stinkig. Ein, zwei Jahre habe ich mit meinem Vater nur wenig geredet. Er war wie gesagt sozialdemokratisch, aber kein Revoluzzer. Er, wie viele in der SPD und in den Gewerkschaften, hatte sich arrangiert, weil man endlich an die Macht wollte.

Wir trugen Parkas – was für ein Widerspruch: Parkas, in denen die amerikanischen Soldaten in Vietnam kämpften. Und natürlich trug ich die Haare lang. Da bekam ich öfters Sprüche an den Kopf geworfen wie „Geh doch mal endlich zum Frisör" oder „Geh doch nach drüben."

Eine große Sache war die neue Musik. Beatles und Rolling Stones, das war gewissermaßen das Fundament, das alle gehört haben. Aber bei mir waren es darüber hinaus besonders Jimi Hendrix und all die, die in Woodstock aufgetreten sind.

Wir sind uns schon so etwas wie die Avantgarde vorgekommen, die voranmarschiert. Viele Jahre später hat man darüber etwas anders gedacht. Auch politisch. Erst war ich bei den Jusos, dann mal bei der DKP, und auch das erste Mal in der DDR und dachte mir: Na, das ist auch nicht das Wahre, so geht es ja nun auch nicht.

Ich war bei den ersten Demos in der Augustinerschule dabei, mit dem heutigem Politikwissenschaftler Herfried Münkler, der hat eine Parallelklasse von mir besucht. Da ging es vornehmlich auch gegen den Vietnam-Krieg. Bei einer Demonstration in Frankfurt habe ich von einem Polizisten, der auf einem Pferd saß, einen Knüppel auf den Kopf bekommen. Das hat mein Verhältnis zum Staat für eine Zeitlang doch ziemlich gestört ...

Ein beliebter Treffpunkt war das Café Rosenschon in Friedberg. Dorthin kam man zum Hausaufgabenmachen oder zum Schule schwänzen. Dort wurde ungeniert Haschisch geraucht. Die Wirtin, die 65-jährige Frau Gerd, hat immer gesagt: „Was raucht ihr da so komisch riechende Zigaretten? Das sollt ihr doch nicht. Das ist doch nicht gut für die Gesundheit."
Als mir der Joint gereicht wurde, habe ich die ersten drei-, viermal nichts gespürt. Ich dachte: So ein Betrug, da passiert ja überhaupt nichts. Einmal aber nach ein paar Zügen in dem Café war es plötzlich so, als säße ich unter einer gläsernen Glocke und ein riesiger Gong schlüge dagegen. Zwei Mitschüler von mir, die sahen, was mit mir los war, hakten sich cool bei mir links und rechts ein, begleitet mich zum Zug und dann nach Hause und beruhigten meine Mutter richtig professionell: „Keine Sorge, Frau Ried, dem Eckhard ist nur etwas schlecht geworden. Morgen früh ist der wieder auf der Höhe."
Das Marihuana gab es oft von den amerikanischen Soldaten zu kaufen. Dann aber setzten sich – ich nenne sie mal junge deutsche Unternehmer aus Friedberg – mit ihrem R 4 in die Türkei in Bewegung, brachten acht bis zehn Kilo Haschisch versteckt in ihren Radkappen mit und verkauften das hier wahnsinnig billig.

Eckhard Ried, geboren 1951, Glauburg

****

Süß und saftig: Mollebusch

****

Der Keller in unserem Haus war eine Schatzkammer. Im Juni kamen zunächst die Erdbeeren dran. Sie wurden im Garten reif gepflückt, gewaschen, vom Stielansatz befreit, in Gläser geschichtet und mit Zuckerwasser übergossen, bis das Glas randvoll war. Jetzt bekamen die Gläser einen Gummiring aufgelegt, den Deckel drauf und wurden mit einer Spannklammer verschlossen. Auf dem Küchenherd stand schon der zinkene Einkochtopf, mit Wasser gefüllt. Da hinein wurden etwa fünf bis sieben Gläser gestellt. Das sogenannte Einkoch-Thermometer musste beobachtet werden, denn die Temperatur durfte nicht über 80 Grad steigen. Stieg das Thermometer höher, wurden die Erdbeeren matschig und schmeckten gar nicht mehr so gut. Die eingekochten Erdbeeren wurden gerne zu Mittag, zusammen mit Reisbrei, Nudeln usw. gegessen. Auch schmeckten sie auf einem Obstboden recht lecker.

Nachdem Kirschen (süße und saure), Reineclauden, Mirabellen, Zwetschen, Bohnen, Karotten und Gurken, dazu noch Mixed Pickles, Senfgurken, polnische Gurken und Rote Bete eingeweckt waren, wurden zeitgleich alle Beerensorten, wie Himbeeren, Johannisbeeren und Stachelbeeren zu Marmelade und Gelee gekocht. Auch wurden von den Beeren Säfte im sogenannten Entsafter hergestellt, der war eine große Errungenschaft. Die Säfte waren dann im Winter, verdünnt mit Leitungswasser, ein vorzüglicher Durstlöscher.

Bei der Apfelernte wurden die Äpfel sortiert. Die tadellosen Äpfel, die weder schrumpelig noch schorfig waren, sind im Keller eingelagert worden, nach Sorten sortiert im „Apfelbett", das war ein massives Holzregal, das Vater gezimmert hatte. An die Apfelsorten Landsberger, Kaiser Wilhelm, Gravensteiner, Boskop, Goldparmänen, Kaiser Wilhelm, Winter-Rambor kann ich mich noch gut erinnern. Die Äpfel, die dem Auge nicht so ganz entsprachen, wurden für die Apfelsaft- und Apfelweinherstellung verwendet.

Das war natürlich auch ein besonderer Tag im Herbst, wenn gekeltert wurde. Vater hatte selbst eine Apfelmühle und auch eine Kelter zusammengebaut, sodass sogar viele Leute aus dem Dorf zu uns kamen, um ihre Äpfel zu keltern. Aus dem gewonnenen Saft der Äpfel wurde ein Großteil in Flaschen gefüllt, mit Gummikappen versehen und in der Waschküche im Waschkessel, in den ein Holzrost gelegt war, eingekocht. So war den ganzen Winter Apfelsaft – naturtrüb und ohne Zuckerzusatz – unser Getränk.

Auf dem „Apfelbett" wurden natürlich auch die Birnen gelagert; verschiedene Sorten. Ich erinnere mich nur an die Sorte „Mollebusch", sehr süß und saftig. Ein Wermutstropfen war allerdings, dass sie etwas körnig waren. Das tat aber der Einkochlust keinen Abbruch.

Ein Teil des Apfelsaftes wurde in große Glasflaschen gefüllt (rund 20 bis 50 Liter pro Flasche) und zum Gären in einer dunklen Ecke im Keller deponiert. Als die Glasflaschen noch nicht auf dem Markt waren, kam der Apfelsaft in Holzfässer zum Gären. Einige Wochen gingen ins Land, ehe der Apfelsaft durch das Gären zu Apfelwein geworden war. Hernach saßen die Eltern öfter abends auf der Bank vor dem Haus und warteten darauf, dass ein paar Nachbarn kämen, um den Apfelwein zu probieren.

In den Wintermonaten gehörte der Apfelwein zum Abendessen, verdünnt mit Leitungswasser, und schmeckte Vater sowie auch Mutter und sie meinten, dass der Apfelwein zur besseren Verdauung beitrüge.

So kam es des Öfteren vor, dass meine Schwester oder ich beauftragt wurden, einen Krug Apfelwein aus dem Keller zu holen. Während meine Schwester ohne Furcht und Skrupel in den Keller hinabstieg, war das für mich eine größere Hürde. Sobald ich den Stromschalter für den Keller herumgedreht hatte, begann ich lauthals zu singen und bildete mir ein, dass sich die Mäuse in ihre Löcher verkriechen würden, sobald sie meinen Gesang hörten.

Außer dem Apfelwein-Krug wurde uns noch ein roter Gummischlauch von zirka einem Meter Länge mit auf den Weg gegeben, damit sollte der Apfelwein aus den großen Glasflaschen oder gar aus dem Fass „gezogen" bzw. „gesogen" werden. Der Schlauch wurde in die Glasflasche gehängt, wir pusteten alle Luft aus den Lungen und sogen den

Apfelwein an. Nicht, dass wir nur den Mund voll Apfelwein hatten, sondern wir waren außerdem besudelt von oben bis unten. Mit viel Geschick und Glück wurde dennoch der Krug voll.
Nicht zu vergessen die – für die Eltern – unterhaltsamen Abende, wenn zum Birnenschälen eingeladen wurde. Hierzu kamen Nachbarn und Freunde. Während sich die Frauen mit Birnenschälen beschäftigten, saßen die Männer in der guten Stube, ließen sich den Apfelwein und vielleicht noch das eine oder andere Schnäpschen gut schmecken und erzählten sich die Neuigkeiten aus dem Dorf. Kam man in die Stube, war vor lauter Zigarren- und Zigarettenrauch niemand mehr zu erkennen.
Die geschälten Birnen – vorwiegend die Sorte Mollebusch – wurden in Essigwasser gelegt und am nächsten Tag in Gläser eingeweckt. So halfen sich die Frauen gegenseitig beim Birnen-Einwecken. Auch war man sich beim Zwetschenkernen behilflich, die in großen Mengen gekernt wurden und zu Pflaumenmus (sprich: Quetsche-Marmelade) verarbeitet wurden.

Die Kartoffeln waren das Hauptgut im Keller. Die waren in Säcken vorsortiert nach Kartoffeln zum Schälen, kleine für Salat-Kartoffeln und angeplotzte und ganz kleine für die Schweinemast. Vom Acker aus kamen sie direkt über das Kellerloch, das von der Straßenseite aus erreichbar war, in den Keller – die großen Kartoffeln mittels einer Holzrutsche in das eine Kellerloch und die kleinen Kartoffeln über das zweite Kellerloch. Die Kartoffeln für das Schweinefutter kamen in den „Kiel-Keller" in der Scheune.

Heimfahrt von der Kartoffelernte 1961

Der besagte Kiel-Keller barg aber noch mehr Schätze: Da standen die Sauerkraut-Töpfe, die irdenen Töpfe, in denen im Spätsommer die Bohnen eingeschnitten und zu „sauren Bohnen" vergoren wurden. So kamen im Winter häufig Sauerkraut mit Rippchen oder mit Bauchlappen auf den Tisch, oder aber die von mir heute noch geliebten sauren Bohnen, in denen auch ein gutes Stück Fleisch gekocht wurde.
Die Sauerkraut- und Bohnen-„Fässer" bedurften im Winter einer gewissen Pflege. Am Sonntagmorgen wurden wir mit zwei Eimern Wasser und ein paar Lappen in den Kiel-Keller geschickt, um das Sauerkraut und die Bohnen „abzuwaschen". Diese Fässer wurden beim Einstampfen des Weißkrautes mit Salz zum Schluss mit einem sauberen Tuch, ein paar Holzbrettchen, die genau den Durchmesser des Fasses hatten, und einem großen Basaltstein beschwert. Darüber bildete sich eine Salzlake, die zur Gärung des Krautes und der Bohnen führte. All diese Beschwerungs-Utensilien galt es herauszunehmen und in einem Eimer sauber abzuwaschen. In dem zweiten Eimer war abgekochtes Wasser, das anschließend wieder über den Stein gegossen wurde.

In unserem Keller gab es auch eine Sandecke. Hier wurden im Herbst, nachdem die Gärten abgeerntet waren, einige Gemüsesorten eingelagert. Diese hielten sich über Monate frisch, als kämen sie direkt aus der Erde. Dazu gehörten beispielsweise Karotten, Schwarzwurzeln, Sellerie, Lauch und Meerrettich. Der Meerrettich wurde nicht wie heute in Gläsern gekauft, sondern im Feld an feuchten Wiesenrändern oder an Gräben gestochen, im Winter aus dem Sand geholt, geputzt und gerieben, bis die Augen „übergingen." In den Monaten August und September pflückten wir auf dem Feld und im Wald

Vesper bei der Kartoffelernte 1961

Brombeeren, entsafteten und verarbeiteten sie zu Gelee. In früheren Jahren brachen wir per Bahn in Richtung Bad-Orb auf, ausgerüstet mit Eimern und Schüsseln, um dort in den Wäldern Heidelbeeren zu pflücken – eine mühselige Arbeit. Die Heidelbeeren wurden ebenfalls in Gläsern eingeweckt, und im Winter zu allerlei Mehlspeisen gereicht. Nicht zu vergessen: Sah man im Sommer an den Feldrändern die Kamillen in Blüte, brachen die Eltern auf, um Kamillen in größeren Mengen zu ernten. Seinerzeit konnte man die Kamillen am Feld- oder Wegesrand mit ruhigem Gewissen abschneiden, sie waren weder mit Hundekot noch sonstigen Exkrementen verunreinigt. Die Kamillen wurden mit Stumpf und Stiel abgeschnitten, in mitgenommene alte Bettbezüge gestopft und zu Hause zum Trocknen aufgehängt. Waren sie gut abgetrocknet, zupften wir die Blüten von den Stielen und bewahrten sie wiederum in Säckchen – genäht aus alten Gardinen – auf dem Dachboden auf. Die Kamille war das Allheilmittel im Winter: bei Erkältungen als Tee, bei Ohrenschmerzen als warmes Säckchen auf das Ohr, bei Husten und Bronchitis als Umschlag auf die Brust, als Fußbadzusatz, zum Gurgeln bei Halsschmerzen und vor allem als Tee zum Abendessen. Zu den Kamillen kamen noch Pfefferminzblätter, die ebenfalls „wild" im Garten wuchsen. Dieser Tee ist mir heute noch in schlechtem Gedächtnis: Er schmeckte einfach scheußlich, sollte aber sehr gesund sein, wurde uns gesagt.

Es war Brauch, dem Brautpaar bei der Hochzeitsfeier, die üblicherweise im Haus der Braut stattfand, durch die Dorfjugend ein „Ständchen" zu bringen. Wenn man es noch nicht durch die „Dorfglocke" gehört hatte, dass wieder ein Brautpaar Hochzeit feiern wollte, so konnte man es an der Bürgermeisterei, in dem sogenannten „Aufgebots-Kästchen", lesen. Das Brautpaar bestellte beim Bürgermeister, der zugleich auch Standesbeamter war, seine standesamtliche Trauung. Ein paar Tage später hing ein amtliches Formular in einem Kästchen am Rathaus, das bekannt gab, wer wann heiratet. Dieses Aufgebot musste vier Wochen hängen bleiben. In dieser Zeit konnte, wer wollte, seine begründeten Bedenken bezüglich der Trauung beim Standesbeamten anmelden.
Sobald die Schulkameraden der Braut oder des Bräutigams Wind von der Sache bekommen hatten, wurde das Aufgebots-Kästchen geschmückt. Vom Bürgermeister bekam man den Schlüssel, und so dekorierten die Freunde des Brautpaares das Aufgebot mit Blumen aus Mutters Garten.
Am besagten Hochzeitstag – bei Anbruch der Dunkelheit – machten sich vorwiegend die unverheirateten Buben und Mädchen auf den Weg zum Haus der Braut, um dem Paar mit ihrem Gesang ihre Glückwünsche darzubringen. Als der Bräutigam mit der Braut am Arm an der Haustür erschien, wurde das erste Lied angestimmt – mehrstimmig: „Schön ist die Jugend bei frohen Zeiten, schön ist die Jugend, sie kommt nicht mehr ..."
Jetzt war es an der Zeit, dem Brautpaar gebührend zu gratulieren. Dies übernahm ein guter Freund. Er gratulierte mit voller Stimme und folgenden Worten: „Im Namen der Bleichenbacher Jugend gratuliere ich dem Brautpaar recht herzlich und wünsche ihm für die Zukunft alles Gute. Das Brautpaar es lebe hoch, hoch und abermals hoch." Hier stimmte die Jugend lautstark mit ein. Der Bräutigam – sichtlich gerührt – bedankte sich

mit den Worten: „Im Namen meiner Frau und mir danke ich euch für das dargebrachte Ständchen und lade euch ein zu einem Fässchen Bier in die Gastwirtschaft ein." Etwa „Zur Traube", „Zum weißen Ross" oder in die „Quelle".
Zum Dank wurde jetzt noch einmal aus vollen Kehlen gesungen: „Als ich dich zum ersten Mal erblickte, da war es mir, ich weiß ja gar nicht wie ..." Als Zugabe sangen wir noch: „Ich hab dir geschaut in die Augen, ich hab dir ins Herz geblickt ..." Nun war es aber an der Zeit, dass man schnell in das Lokal zum Freibier kam.

Marianne Lack, geboren 1940, Ortenberg-Bleichenbach

****

Gerockt: Lords im Appel

****

Es war die Zeit der fortgeschrittenen Sechziger Jahre, da hörte man als Teeny donnerstags um 19 Uhr die internationale Hitparade mit Werner Reinke. Aus einem winzig kleinen Kofferradio – ich natürlich heimlich, denn was da für eine neue faszinierende Musik zu hören war, war völlig anders als die Musik, die sonst in meinem Elternhaus üblicherweise aus dem Radio erscholl. Es war außerdem die Zeit, als man pünktlich um 19 Uhr in der legendären Disco „Big Appel" in Wölfersheim samstagabends am Eingang anstand, dafür aber spätestens um Mitternacht wieder zu Hause war.
Es waren aber auch harte Zeiten für meine Eltern, besonders für meinen Vater, der noch eine genaue Vorstellung davon hatte, wie ein „gutes deutsches Mädchen" auszusehen und sich zu benehmen hatte und sich kleiden sollte.

Dann erscholl eines Tages aus dem Wohnzimmer vom alten knisternden Plattenspieler ein beständiges „Yeah Yeah Yeah" oder ein ohrenbetäubendes Gitarrensolo von Jimi Hendrix. Die Beatles und die Rolling Stones hatten in unsere familiäre Idylle Einzug gehalten.
Mein Vater befürchtete den nahenden Untergang der „deutschen Kultur." Dieser Krach, der unmöglich Musik sein konnte, und dann auch noch nicht einmal in Deutsch. Er war fassungslos!

Der anständige Pagenkopf verwandelte sich in eine lange blonde Mähne und das deutsche Mädel trug eng sitzende Levis-Jeans (in einer dreißigminütigen Prozedur setzten wir Mädels uns mit der neuen Jeans in eiskaltes Badewasser, um die Jeans besonders enganliegend zu bekommen), T-Shirt statt Bluse, Turnschuhe statt Lackschuhe. Und ich rauchte

– nach meines Vaters Überzeugung rauchte eine gute deutsche Frau nicht – Peter Stuyvesant, der Duft der großen weiten Welt. Heimlich geraucht, damit der Ärger nicht noch größer wurde. Natürlich wurden meine Freundin Alexa und ich in die örtliche, renommierte Tanzschule geschickt. Das war allerdings bei uns nicht von großem Erfolg gekrönt. Diese Musik, die Kleiderordnung und die Jungs waren so ganz und gar nicht nach unserem Geschmack.
Dann noch das Malheur mit dem Abschlussball. Spielten doch an diesem Samstag just im „Big Appel" die Lords. Da musste man hin, die musste man rocken ... Der Eklat war vorprogrammiert.

Am Samstagmorgen des bevorstehenden Abschlussballs – DAS Ereignis an diesem Wochenende in Nidda – wurde ich im Beisein meiner Mutter zum Friseur geschleppt, um eine anständige Frisur verpasst zu bekommen. Das Ergebnis war natürlich nicht nach meinem Geschmack. Eine konservative Lockenhochsteckfrisur. Kaum war ich wieder zu Hause, wurden sogleich die drei Päckchen Nadeln aus den Haaren herausgefischt und alles in eine lange blonde Mähne verwandelt. Ja, und dann hing da noch das Rüschenabendkleid für den Abschlussball am Kleiderschrank, mit den dazu passenden Lackstöckelschuhen. Da stand mein Entschluss fest: Rein in die knackig engen Jeans, T-Shirt übergestreift, Turnschuhe an und mit einem Bekannten (der mein späterer Mann wurde) mit dem getunten, auf deutlich mehr PS gebrachten VW-Käfer ab zu den Lords in die Disco.

Mit diesem jungen Mann (Hans Vinson) und seinem tollen Käfer ging es in die Disco.

„Kein gutes deutsches Mädchen …"

The Rolling Stones in London März 1965, fotografiert von Heidi Vinson-Fischer

Das anschließende Familiendrama wegen des verpassten Abschlussballs (die Schande, die ich über die Familie gebracht hatte), möchte ich hier nicht beschreiben. Nur so viel: Es dauerte viele, viele Wochen, bis die Wogen sich wieder einigermaßen geglättet hatten, von meinem Abschlussballpartner gar nicht zu reden.
Bei dieser Verrohung der Sitten und der völlig ausschweifenden Musik, die ich hörte, drohte kein „gutes deutsches Mädchen" aus mir zu werden. Meine Eltern waren in großer Sorge.

Heidi Vinson-Fischer, geboren 1953, Ranstadt

****

Debütiert: Gestöckelt und gefallen

****

Die Konfirmation war ein besonderes Ereignis, so auch 1964 für uns. Anders als heute üblich durfte man dann das erste Mal „richtig" zum Friseur, mit Haare waschen, Lockenwickler eindrehen, toupieren, Haarspray und allem Drum und Dran. Wer Zöpfe hatte, durfte diese – vorausgesetzt, die Eltern hatten zugestimmt – abschneiden lassen und sich eine schicke „Friseurfrisur" machen lassen. Vorher war man mit der Mutter allenfalls zum Herrenfriseur gegangen und hatte die Haare „trocken" geschnitten bekommen. Das war teilweise schmerzhaft, weil die Maschine oft stumpf war und es dementsprechend ziepte.
Auch die ersten „Stöckelschuhe" bekam man zur Konfirmation und hatte beim Kirchgang sein Debüt mit ihnen. Wenn ich daran denke, läuft es mir noch heute eiskalt den Rücken herunter.

Noch nicht viele Leute besaßen ein Auto. Meine Freundin Christel hatte Verwandte in Offenbach, die schon Autobesitzer waren und als Gäste zu deren Konfirmation kamen. An unserem Konfirmationstag war herrliches warmes Wetter, so lud uns der Verwandte aus Offenbach vor der Konfirmation noch zu einer kleinen Spritztour mit dem Auto ein, es war ja noch fast eine Stunde Zeit, bis wir in der Kirche sein mussten. Nach einigen Kilometern stimmte mit dem Auto irgendetwas nicht, es qualmte und stank. Es musste erst einmal abkühlen, und das dauerte. Furchtbar, denn der Uhrzeiger rückte immer weiter auf 10 Uhr vor. Da mir beim Autofahren immer übel wurde, war es auch an diesem Tag nicht anders. Ich musste mich übergeben und fühlte mich auch dementsprechend. Lieber wäre ich nach Hause ins Bett als in die Kirche gegangen. Als das Auto wieder fahrtüchtig war, ging es nun mit Vollgas zurück nach Grebenau. Die anderen Konfirmanden warteten schon in Aufstellung auf uns. In Zweierreihen schritten wir nun hinter dem Pfarrer in Richtung Altar.
Aber, o Graus – ich erwähnte ja schon, dass ich das Laufen mit Stöckelschuhen nicht gewohnt war – mit einem Absatz blieb ich in dem Lüftungsgitter für die Bodenheizung hängen. Ich konnte noch vermeiden, dass ich nicht der Länge nach hinfiel. Den Schuh aus dem Lüftungsgitter, an den Fuß und schnell hinter den anderen her, die ja gemächlich weitergelaufen waren.
Ich möchte noch anmerken, dass man keine Umschläge mit einigen Scheinen geschenkt bekam. Nein. Die Paten schenkten in der Regel ein Goldkettchen mit einem Kreuz oder Wäsche für die Aussteuer, Handtücher, Besteck oder Bettwäsche. Die Oma kaufte das Gesangbuch. Nachbarn, Freunde und Bekannte gaben Geschirrtücher, Tortenschaufeln aus Plastik, Taschentücher oder Sammeltassen.

Im Winter waren alle Kinder draußen im Schnee, sobald die Schule aus und die Hausaufgaben erledigt waren. Wer schon ein paar Skier besaß, nutzte diese, die anderen fuhren die

abschüssige Dorfstraße mit Karacho hinunter. Hier wurde aber immer eine Karawane gemacht, das heißt, es wurden mehrere Schlitten hintereinander gebunden und so ging es teilweise bis an das Ende des Dorfes, wobei es aber keinen Unterschied zwischen Buben und Mädchen oder kleinen und großen Kindern gab. Die Kleinen waren immer dabei, die Großen mussten diese beaufsichtigen.
Ziemlich am oberen Anfang der Schlittenbahn wohnte ein alter Mann, der „Schodewag", er war gehbehindert, da er im Krieg ein Bein verloren und ein Holzbein hatte. Aus Angst, auf dem vereisten Schnee hinzufallen, streute er immer Asche auf unsere Bahn, was uns natürlich überhaupt nicht gefiel. In unserem dummen kindlichen Leichtsinn wussten wir nicht, dass der „Schodewag" uns nicht ärgern wollte, sondern nur zu seiner eigenen Vorsicht streute. Uns muss wohl der Teufel geritten haben, als einem aus der Gruppe die Idee kam, dass wir uns „rächen" sollten! Also wurden von überall her große Schneerollen mit dem Schlitten vor das Haus gefahren. Die größeren setzten nun Rolle für Rolle in die Haustüröffnung und keilten auch noch Schneebälle in die Zwischenräume, sodass der arme Mann die Tür auf gar keinen Fall öffnen könnte. Glücklicherweise hatte er noch einen zweiten Ausgang durch den Stall. Mit großer Mühe hackte der arme Mann dann den Schnee aus der Türöffnung.
Ich schäme mich heute nachträglich dafür, dabei gewesen zu sein, jemandem so übel mitgespielt und darüber auch noch gelacht zu haben.

Konfirmation: v.l. Inge Stiebing, Gisela Vaupel, Antonia, Christel Bernges und Waltraud Stumpf

Hilde Kaufmann geb. Kranz (links) und Antonia

Antonia Ziesing, geboren 1950, Schotten

****

Trampes: Heiße Höschen

****

Im Alter von zehn Jahren bin ich in den Homberger Spielmannszug eingetreten. Damals engagierte man sich noch recht rege in den lokalen Vereinen. Während man heutzutage oft keinen Vereinsvorsitzenden mehr findet, gab es in den Sechziger Jahren regelrechte Kampfabstimmungen um fast jedes Ehrenamt.
An meine Anfangszeit im Spielmannszug denke ich gerne zurück. Zuerst marschierten wir Jungs bei Festzügen in Lederhosen (die hatte sowieso jeder) und weißen Kniestrümpfen. Anfangs hielten wir uns manchmal in Ermangelung der schwarzen, hölzernen Querflöten einfach schwarze Trommelstecken vor die Lippen. Na ja, die Täuschung war nicht immer perfekt. Und auf den Gleichschritt kam es natürlich in erster Linie an. Nach dem Motto „Links, links, hinterm Hauptmann stinkt's" hatte unser damaliger Wehrführer Heinrich Becker uns den gleichen Schritt und Tritt ausgiebig eingebläut. Den Heinrich Becker bewunderten wir Jungs schon etwas, denn vor jeder Ehrentribüne legte er einen einwandfreien Stechschritt hin, ein Überbleibsel von den Paraden des Zweiten Weltkriegs. Und kam mal einer von uns aus dem Gleichschritt, wirbelte von ganz hinten ein Paukenschläger vom Peter Vorbach heran, oftmals als Volltreffer.
Die Älteren im Zug, die die Kriegsjahre noch aktiv miterlebt hatten, waren gar oft auf den besuchten Festen in Schlägereien verwickelt. Dann gab es auf der Heimfahrt im Bus immer eine kräftige Standpauke vom Stab- oder vom Wehrführer. Das nahm man sich schon zu Herzen – bis zum nächsten Feuerwehrfest.

Und im Bus auf der Heimfahrt wurde gesungen, Lied um Lied ohne Pause. Kurz vor Homberg wünschte sich unser Wehrführer immer sein Lieblingslied „Nach der Heimat geht mein heimlich Sehnen", das ihm oftmals die Tränen in die Augen trieb.

Ludwig, genannt „Trampes", war schon eine Kanone. Die Posaune passte gerade noch in seine Isetta hinein. Aber der Transport seines zweiten Instruments war ein echtes Abenteuer. Auf dem Dach seiner winzigen Isetta festgebunden, überragte die Bassgeige das Fahrzeug sowohl vorne als auch hinten. Manchmal auf den Festzügen war der Trampes dermaßen auf seine Blaserei konzentriert, dass er die Schwenkung in einer Kurve nicht richtig mitbekam und fröhlich musizierend geradeaus weiter marschierte, sehr zum Gelächter der Festzugbesucher, in deren Reihen er sich dann wiederfand. Dann musste er wieder dem Zug hinterherlaufen. Aber das war vergessen, wenn er im Festzelt auf den Tischen seine Lieblingslieder „In jeder Woche Tausend Mark" oder „Heiße Höschen" zum Besten gab. Und nach dem Feuerwehrfest in Mardorf ist der Ludwig mal in den falschen Bus eingestiegen, statt nach Homberg nach Momberg. Eine Ortschaft weiter in Schweinsberg haben es die Businsassen gemerkt und er durfte dort aussteigen. Einen Tag später war er wieder zurück in Homberg, allerdings ohne Instrument, das hing mehrere Monate lang unbeachtet in einer Schweinsberger Bäckerei.

Der Rühle-Heine war auch so ein Original. Er war der Beckenschläger. Einmal ist auch er in einer Kurve weitermarschiert, immer weiter im Takt die Becken schlagend. Aber das geschah nicht aus Unaufmerksamkeit. Auf den Festplätzen schnappten nämlich oft die Kinder mit ihren Mündern nach Würsten, die an einer Art Angel hochgezogen und runtergelassen wurden. Der Rühle-Heine also direkt hin marschiert. Im Takt schlugen seine Becken zu und die Wurst war ihm.

„Karl, Karl, Honnert, mir hu die Honnert, mir hu die Honnert gepackt, guck off'n Tacho!" („Karl, wir fahren jetzt hundert Stundenkilometer!", frei übersetzt). So schrie der Dannenröder Heinrich voller Begeisterung auf meinen Vater ein, als wir in seinem Auto auf der Autobahn nach Gießen unterwegs waren, um einen Konfirmationsanzug für mich zu kaufen. „Hundert" auf der Autobahn, das war für Heinrich und sein bereits betagtes Auto eine Sensation. Da schwor ich mir, sobald ich ein Auto habe, wolle ich das auch versuchen: Hundert auf der Autobahn.
Nun gut, es dauerte noch ein paar Jährchen. Im ersten Lehrjahr bei der Kreissparkasse Alsfeld verdiente ich 50 Mark im Monat. Die Hälfte davon musste ich zu Hause abgeben, für Essen und Unterkunft sowie die Ansparung für mein späteres Auto. Die andere Hälfte durfte ich behalten. So kam es, dass ich, wenn ich öfter abends in die Wirtschaft Wismar zur „Omi" ging, gerade mal eine Mark dabeihatte. Das reichte aber. Das gab nämlich zwei Bier und ein Solei (das Bier kostete 40 und das Solei 20 Pfennige). Nebenbei verdiente ich mir noch ein paar Mark durch Zeitungsaustragen.

Der aufgemotzte Kadett

Ich war 18, schon fast 19 – und machte meinen Führerschein. Fahrlehrer Krakau war nicht besonders nett zu mir. Einmal schickte er mich in eine Einbahnstraße – natürlich entgegen der Fahrtrichtung. Das habe ich ihm ein paar Tage später aber heimgezahlt. Als ich mitten auf einer belebten Kreuzung das Fahrschulauto ständig abwürgte – und er mich nur angrinste – bin ich einfach ausgestiegen und fort gegangen. Das hatte er davon. Die Führerscheinprüfung ein paar Wochen später habe ich trotzdem bestanden.

Dann war es soweit. Wir zelteten oberhalb des Schächerbachs hinter der Pletschmühle. Dahin hatte sich tatsächlich ein Verkäufer eines Homberger Autohauses verirrt, um mir einen Gebrauchtwagen anzubieten (wir hatten damals alle „Gebrauchte", einen Neuwagen konnte sich keiner leisten).

ALS-S 66, ein hellgrüner Opel Kadett A Coupé. Dass die nette junge Schadenbacher Dorfwirtin von diesem Auto begeistert war, machte auf mich noch keinen sonderlichen Eindruck. Dann kam es aber knüppeldick: Attribute eines Autos der Sechziger Jahre, wo man einfach nicht „Nein" sagen konnte, wurden nun aufgelistet: Doppelter aufgemotzter Auspuff – das röhrte so schön, wenn man durch Homberg fuhr. Vorne am Auto eine regelrechte Scheinwerferbatterie (zwei zusätzliche Fern- und zwei Nebelscheinwerfer). Liegesitze – ganz wichtig. Denn wie oft musste ich später im Verlauf einer Kirmes mein Auto zu fortgeschrittener Zeit an meine Kumpels ausleihen (Leihgebühr meistens ein Körbchen Bier für die, die nicht so viel Glück mit dem weiblichen Geschlecht hatten). Und dann das entscheidende Kaufmomentum: Der ALS-S 66 war schon mal in der Sahara unterwegs gewesen (wo er allerdings öfter mal freigeschaufelt werden musste, wie ich später erfuhr). Ein wüstentaugliches Auto musste doch wohl auch für Oberhessen ausreichen! Also Handschlag und gekauft für 1500 Deutsche Mark. Die Hälfte hatte ich bereits gespart, die andere Hälfte als Darlehen von meinen Eltern aufgenommen.

Dann gings los. Es gab aber schließlich so einige Aktionen mit meinem Auto, die mir klarmachten, dass mein neuer Gebrauchter doch schon ein sehr Gebrauchter war. Und nicht immer funktionierten Schalter, Hebel und Bremsen so, wie sie eigentlich sollten. Spätestens an dieser Stelle sollten junge Leute, insbesondere heutige Fahranfänger, nicht mehr weiterlesen, denn die folgenden Passagen sind absolut nicht zur Nachahmung geeignet.
So fuhr ich einmal mit weiblicher Begleitung ins „Why Not" nach Renzendorf. Es schneite unablässig. Gerade wollte ich meinen Arm um meine neue Flamme legen, da fiel der Scheibenwischer aus. Also Fenster runtergekurbelt und beim Fahren mit weit heraushängendem Oberkörper mittels eines Wischers immer wieder den Schnee auf einem kleinen Teil der Frontscheibe entfernt. Total durchgefroren und durchnässt erreichte ich schließlich die Disco. Die Heimfahrt war angenehmer, es hatte aufgehört zu schneien.

Einmal hatte ich nach einem Auswärtsfußballspiel der Homberger Germania die heimwärts fahrende Fahrzeugschlange überholt und mich an die Spitze des Konvois gesetzt. Da brach mir der Schalthebel ab. Den zweiten Gang bekam ich gerade noch so rein. Was musste ich mir, in Homberg angekommen, Verwünschungen anhören. Aber eigentlich ist es ja gar nicht so schlimm im Stau, wenn man ganz vorne ist.

Mit den Bremsen hatte ich öfter Probleme. Einmal fuhr ich auf der Autobahn nach Hannover, um von dort mit der „Katholischen Jugend Wuppertal" (das ist kein Scherz) nach Moskau zu fliegen. Auf einer Anhöhe angekommen – unter mir in einer Senke ein Unfall. Ich bremste stark ab, die Bremsen gaben ihren Geist auf und ich rauschte weiter (was sollte ich auch machen), zwischen Unfall, Polizei und Leitplanke vorbei. Ich habe im Nachhinein von dieser Attacke nie was Behördliches gehört, die Polizei war wohl zu verdutzt.
In Homberg war es ja nicht ganz so schlimm, wenn die Bremsen mal wieder nicht richtig funktionierten. Wenn ich mit meinem Auto zu „Helltag's" wollte, schaltete ich mit Zwischengas kurz vorher schon die Gänge sanft krachend zurück, und stieß dann sachte und soft gegen die massive Grundmauer des Homberger Rathauses, um zum endgültigen Stillstand zu kommen.
Einmal musste ich mit meinem Auto im strengen Winter nach Gießen zu einem dringlichen Arzttermin, aber beide Vordertüren schlossen nicht richtig. Also kurzerhand zur Tat geschritten und die Türen von innen fest mit einer starken Kordel verbunden. Vor mir den Knoten fixiert und los ging´s. Dieser lockerte sich aber etwas, und so ging dann in Gießen bei jeder Rechtskurve die linke Türe und bei jeder Linkskurve die rechte Tür einen Spalt weit auf.

Übers Geifenspielen mit dem Auto (wer angeditscht wurde, der kam dran) mitten in Homberg will ich weiter nichts schreiben, denn vielleicht ist das noch nicht verjährt ... und sicher kein gutes Beispiel für die heutigen Fahranfänger.

Trommeln und Pfeifen ...

Einmal hat mein Auto sogar gebrannt. Ich war spätabends auf dem Weg nach Rüddingshausen in die Tanzbar Lang. Kurz vor Gontershausen stieg plötzlich starker Rauch vor mir aus dem Motorenbereich. Ich hielt an und öffnete die Kühlerhaube. Naja, da brannte und glühte es lichterloh. Gottseidank hatte es kurz vorher geregnet und einige Pfützen waren am Straßenrand. Also die Hände zu einer Schüssel geformt und mit der Hilfe einer zufällig vorbeikommenden Bekannten immer hinein mit dem Regenwasser auf Verschmortes und Brennendes. Schließlich wars geschafft, der Brand war besiegt und es zischte nur noch ein wenig. Aber welche Überraschung, als ich die Tür zum Wageninneren öffnete, die ich beim Aussteigen ordnungsgemäß zugemacht hatte. Dicker Qualm und beißender Gestank kamen mir entgegen. Also etwa eine halbe Stunde richtig durchgelüftet. Und dann stieg ich ein. Und erneut eine unheilvolle Überraschung. Das Armaturenbrett aus Plastik war teilweise verschmort und hing in langen, schwarzen Strängen mit Tröpfchenbildung am unteren Ende um einige Zentimeter tiefer als vorher. Also brach ich nach dem Erkalten die verschmorten Plastikteile einfach ab, damit meine Beine wieder hinreichende Bewegungsfreiheit hatten. Dann den Motor gestartet – der lief noch, gottseidank. Lichtschalter an – aber, oh Schreck, hier tat sich nichts. Ich musste aber dringend wegen einer Verabredung zur Tanzbar Lang.
Also ehrlich – es war dies das einzige Mal, dass ich bei Dunkelheit ohne Licht nach Rüddingshausen und zurück gefahren bin – schön langsam – mangels Scheinwerfer nur im Schein des strahlenden Vollmonds.

... mit einigen Originalen

Hartmut Kraus, geboren 1950, Homberg/Ohm

****

Geknickst und verbeugt: Auf die Tanzfläche

****

Es war die Zeit, in der ich erwachsen wurde, mich verliebte, heiratete und die ersten beiden Kinder bekam.
Erwachsen wurden wir Mädchen mit etwa 14 Jahren. Man bekam eine Dauerwelle, einen Hüfthalter und einen Büstenhalter und damit war man erwachsen. So ganz richtig erwachsen eigentlich nach der Schulentlassung beziehungsweise nach der Konfirmation, aber wenn man mit den genannten Dingen aufwarten konnte, war man kein Kind mehr.
Bei mir passte der neue Strumpfhalter eigentlich ganz gut. An Häkchen konnte man ihn verstellen und die Strümpfe wurden daran komfortabel befestigt. Damals gab es noch keine Strumpfhosen. Der Büstenhalter war mir allerdings viel zu groß, denn ich hatte einen Minibusen und die rosafarbenen, festen gesteppten Körbchen blieben leer. Bei mir wurde alles immer so gekauft, dass ich hineinwachsen konnte. Den Büstenhalter trug ich nicht lange, denn ich hatte das Gefühl, als trage ich Luft vor mir her und wenn ich irgendwo dagegen kam, hatte ich „Beulen" nach innen. Das sah unmöglich aus. Die Dauerwelle übrigens sah mit der Zeit auch unmöglich aus, denn bei Regen verwandelten sich die Löckchen in Kraushaar.

Nach der Volksschule, wie es damals hieß, besuchte ich die Handelsschule in Gießen. Ein Arbeiterbus brachte mich morgens um 6 Uhr nach Gießen und am Abend wieder zurück nach Ermenrod. Das war eine sehr strapaziöse Zeit und man würde das heute niemandem zumuten.

Ganz wichtig waren die Tanzveranstaltungen. Unser beliebtester Tanz war Rock ‚n' Roll. Für mich war dieser Tanz Freiheit und Lebenslust, Aufbruch und ein neues Leben. Die Petticoats verschwanden und die Damenmode wurde kurz und kürzer. Keine Kirmes im Umkreis wurde ausgelassen. Damals wurden die Damen mit einer Verbeugung zum Tanz aufgefordert. Die Dame knickste kurz und ging mit auf die Tanzfläche – für zwei oder drei Tänze. Dann wurde sie wieder zu ihrem Platz begleitet und der Herr verbeugte sich erneut.

Aufgeklärt hatte mich niemand, aber auch meine Freundinnen waren mehr oder weniger unaufgeklärt. Alles, was mit Jungs zu tun hatte, war irgendwie aufregend und geheimnisvoll. Zurückhaltend würde ich die Jugend von damals beschreiben. Kein Mädchen ließ sich mir nichts, dir nichts mit einem Jungen ein. Da musste schon der richtige kommen und das sollte einer sein, den man auch heiraten konnte. Damals verlobte man sich noch. Niemand nahm die „Pille", und wenn, dann heimlich und aus gesundheitlichen Gründen. Obwohl die Gesellschaft mit dem Wirtschaftswunder „lockerer" wurde, galt es immer noch als Schande, ein uneheliches Kind zu bekommen, und das passierte auch selten.

Die Mädchen heirateten in den oberhessischen Dörfern sehr früh – oft mit 18 Jahren und meistens war ein Kind unterwegs. Paare lebten nicht ohne Trauschein zusammen. Das wäre unmöglich gewesen. Mehrere Generationen lebten allerdings oft unter einem Dach zusammen. Die standesamtliche Trauung und die kirchliche Hochzeit lagen dicht beieinander. Oft war es sogar so, dass am Vormittag die standesamtliche Trauung und am Nachmittag die Trauung in der Kirche stattfand. Das ganze Dorf nahm Anteil. Der Brautzug wurde im Hof aufgestellt und nun ging es in gemächlichem Schritt zur Kirche. Kleine Kinder streuten Blumen und die Braut trug ein langes, weißes Kleid mit Kranz und Schleier, im Arm einen großen Strauß Rosen als Zeichen der Liebe. Am Straßenrand und bei der Kirche standen die staunenden Dorfbewohner. Gefeiert wurde oft noch zu Hause. Die Stube wurde ausgeräumt und alle Nachbarn halfen. Viele Kuchen wurden gebacken und im Dorf verteilt. Die Aussteuer bestand aus Bergen von Handtüchern, Bettwäsche, Tischdecken und Goldrandgeschirr. Die Paten schenkten Silbergäbelchen und silberne Tortenschaufeln. Die Nachbarn brachten Tortenplatten.

Am Vorabend der Hochzeit, am Polterabend, traf sich die Dorfjugend vor dem Haus der Braut zu einem Ständchen. Scherben bringen Glück – und die Kaffeetasse mit dem Sprung und die Vase mit dem Loch wurden auf die Steintreppe geworfen. Dann kam das Lied: „Hoch im Vogelsberg steht ein Bauernhaus ..." Der Brautvater kam und schenkte eine Runde Schnaps aus. Alle tranken aus einem Glas. Es wurde immer weitergereicht. Es folgte ein weiteres Lied: „Schön ist die Jugend ..."

Mit 19 Jahren dachte ich, dass ich vielleicht eine alte Jungfer werde, denn ich konnte mir nicht vorstellen, dass mich jemand heiraten würde, denn ich fand alles an mir unzureichend. Ich hatte immer irgendwelche Pickel und dann der Busen, der sich nicht entwickeln wollte. Aber es kam anders, denn wie kann es anders sein, bei einer Kirmes in Ruhlkirchen lernte ich meinen späteren Mann kennen. Für ihn sei es Liebe auf den ersten Blick gewesen, sagt er immer. Es habe ihn fasziniert, wie ich auf meinen Stöckelschuhen gelaufen sei und er habe gleich am Abend des Kennenlernens beschlossen, mich zu heiraten. Nun, ich brauchte etwas mehr Zeit. Was mich allerdings sofort anzog, war die Tatsache, dass er einen Opel Rekord mit Weißwandreifen fuhr. Das Auto gehörte seinem Vater, aber das wusste ich ja nicht. Nun waren wir bald in jeder Glastanzdiele zu Hause und ich verliebte mich mit der Zeit auch in ihn.

1964 verlobten wir uns und ein Jahr später wurde geheiratet. Tochter Susanne kam 1966 zur Welt und ein Jahr später Sohn Peter. Zum Frauenarzt (welche Aufregung wegen diesem berüchtigten Untersuchungsstuhl) ging ich erst zum Ende der Schwangerschaft in meinem neuen Umstandskleid. Es war ein dunkelblauer Trägerrock – sehr weit, damit der dicke Bauch eher verborgen blieb. Man zeigte damals den Babybauch nicht so offenherzig – schon gar nicht nackt. Der Bauch war eher Privatsache. Vor der Geburt besuchte mich die Hebamme. Mit einem Holzrohr hörte sie meinen dicken Bauch ab und stellte zufrieden fest, dass der Herzschlag des Kindes in Ordnung sei. Was würde es wohl werden? Ein Mädchen oder ein Junge? Die Erstlingsausstattung für das Baby, der Kinderwagen und das Bettchen wurden erst aufgestellt und gekauft, als das Kind gesund zur Welt gekommen war. Da war man noch abergläubisch. Schwangerschaftsgymnastik, Rückbildungsgymnastik, Vorbereitungskurse – so etwas gab es nicht. Kein Mann ging mit in den Kreißsaal und nahm Anteil an der Geburt. Ich lag mit fünf weiteren Frauen im Krankenzimmer – keine der Frauen stillte. Das ist mir bis heute ein Rätsel. Wir mussten fünf Tage nach der Geburt im Bett bleiben und durften nichts trinken, keinen Schluck, damit nicht doch die Milch einschießt. Wir hatten ja abgestillt!
Zu gern hätte ich gestillt, denn dann hätte man mir meine Kleine alle vier Stunden aus dem Kinderzimmer gebracht. So bekam ich sie nur einmal am Tag zu sehen ... leider. Nach dem ersten Kind wollte ich kein weiteres mehr, aber ein Jahr später hatte ich wieder ein kleines Wunder im Arm. Die Welt hatte sich weitergedreht. Wir schrieben das Jahr 1968 und ich nahm auch die „Pille", kaufte mir den ersten Bikini meines Lebens. Ja, die Jugendzeit war dahin, aber ich wusste, wer Oswalt Kolle ist.

Monika Eichler, geboren 1944, Romrod

****

Pause. „Schulz auf Szymaniak." Pause

****

Das erste Mal bekam ich 1962 ein Gefühl dafür, welche Bedeutung die Anwesenheit amerikanischer Soldaten bei uns in der Nachbarschaft, in der Ayers-Kaserne hatte – während der Kuba-Krise.

Das mulmige Gefühl, das sich für einige Tage meiner bemächtigte, speiste sich aus dem Transistorradio, das ich mir von meinen Ersparnissen gekauft hatte. Ein modernes Grundig-Gerät der Marke „Concert Boy", der Korpus in schilfgrün. Das war eine Reise für sich, die ich – besonders abends im Bett liegend – im Dunkeln antreten konnte. Nur die Skala leuchtete matt und geheimnisvoll. Links begann die Reise bei – glaube ich – „Nürnberg" und „Luxembourg", weiter ging es über „Hilversum" (wo immer das liegen mochte) und „Paris" und endete am rechten Rand in „Beromünster", ein weiterer geheimnisvoller Ort, der auf dem Globus nicht zu entdecken war. Mal von ferne krächzend und verzerrt, mal sehr nahe und deutlich klingend, war dieses Gerät Informationsquelle und Unterhaltung. Mein Bruder angelte sich regelmäßig die Kopfhörer, um die „Frankfurter Schlagerbörse" des Hessischen Rundfunks zu hören, moderiert von Hans Verres. Leise drang Conny Froboess mit ihren „Zwei kleinen Italienern" durch die Schwärze der Nacht, Peter Kraus mit der Beschwörung seiner „Schwarzen Rose, Rosemarie", die leicht infantile „Hämmerchen Polka" von Chris Howland oder Gus Backus, der vom „Alten Häuptling der Indianer" jaulte, für den er den „Löwen" von Radio Luxemburg erhalten hatte. Das alles war nicht unbedingt meine Welt. Mein Interesse galt eher dem Sport. Wenn beispielsweise durch den Äther die sich überschlagende Stimme des Reporters drang, der vom Nürburgring den Zweikampf zwischen Graham Hill und Jim Clark kommentierte. Oder als die Dortmunder Borussen im Endspiel um die Deutsche Fußballmeisterschaft (die Bundesliga stand erst kurz bevor) den 1.FC Köln 3:1 besiegte. Oder die Nachtübertragungen von der Fußball-Weltmeisterschaft 1962 in Chile. Die ARD hatte eigens eine Radiostation nach Südamerika gekarrt. Fernsehübertragungen gab es nicht, auch keine zeitversetzten, nur Filmberichte, die aber erst einige Tage später Deutschland erreichten. So war Rudi Michel unsere Stimme aus Chile und in seiner Mischung aus Nüchternheit und gedämpftem Optimismus vermittelte er uns die unspektakulären Spiele der Herberger-Mannschaft. „Schulz auf Szymaniak." Pause. „Szymaniak zurück auf Schnellinger." Pause. „Schnellinger zu Hans Schäfer." Pause. „Schäfer steil auf Seeler." Pause. „Tor." Lange Pause.

All diese Übertragungen – ob vom Sport oder von der Politik – beeindruckten mich, sie ließen genug Raum für die persönliche Interpretation – beeinflusst vom Temperament des Berichterstatters.

Für mich hörten sich auch die Berichte und Reportagen des Rundfunks teils wie epische Erzählungen an. Erzählungen, an denen ich unmittelbar teilnahm, als stünde ich ganz nah am Geschehen. So bei der Sturmflut von Hamburg, als im Februar 1962 Tausende von Menschen um ihr Heim oder gar um ihr Leben kämpften. Oder die Reden aus dem Bundestag, welche die Menschen damals noch live am Radioapparat verfolgten. Oder auch nur einzelne Regierungserklärungen. Gut kann ich mich an eine Rede von Bundeskanzler Konrad Adenauer vom August 1961 nach dem Mauerbau in Berlin erinnern, genauer gesagt, an die Regungen, die sie in mir hervorrief. Da war die Forderung von „erforderlichen Gegenmaßnahmen", und dass die Bevölkerung der Regierung und den Alliierten vertrauen sollte. Oder an eine Kundgebung vor dem Schöneberger Rathaus, als der Berliner Bürgermeister Willy Brandt mit seiner knarzigen Stimme an die Angehörigen des „Zonenregimes" appellierte, sich nicht zu „Lumpen" machen zu lassen. „Schießt vor allem nicht auf die eigenen Landsleute!", rief Brandt damals erregt. Was da vor sich ging, das erschloss sich mir als Elfjährigem nur schwer. Schon eher, als in einer Reportage vom Berliner Sender RIAS (der Rundfunk im amerikanischen Sektor) das unangenehme Rattern von Bohrern zu hören war, als der Reporter schilderte, vor dem Brandenburger Tor werde ein Graben gezogen und dass er selbst den Bürgersteig nicht mehr betreten dürfe, weil der zum Osten zähle. Als ein Kollege von ihm von der Bernauer Straße bildhaft schilderte, wie er durch „rostigen Stacheldraht kriegsmäßig aufgerüstete Volkspolizisten" erblickte mit Helmen und aufgesetzten Bajonetten. Noch mehr ängstigte ich mich aber bei den Übertragungen von der Kuba-Krise. Was ich vom Bau der Mauer mitbekommen hatte, das klang wesentlich überschaubarer, weil es sich viel näher bei mir abspielte. Hier war plötzlich die Rede vom Weltkrieg. Da war die Rede von Atomwaffen. Was das alles letztlich für Konsequenten barg, erschloss sich mir damals natürlich nicht. Dass es sich dabei jedoch um etwas handelte, das selbst mein überschaubares und friedliches Leben in Dornholzhausen bedrohen könnte, das wurde mir sehr wohl klar, als die Reporter von sowjetischen Schiffen sprachen, die Kurs auf Kuba nahmen, die amerikanische Marine einen ersten Frachter stoppte, als die amerikanischen Streitkräfte weltweit – also auch in meiner unmittelbaren Nachbarschaft, folgerte ich – in erhöhte Einsatzbereitschaft versetzt wurden. 56 US-Flugzeugträger, Kreuzer und Zerstörer, manche von ihnen mit Atomwaffen bestückt, sollten die Blockade von Kuba sicherstellen, als Castro für den Fall einer amerikanischen Invasion Kubas den atomaren Erstschlag forderte. Damals, als Ende Oktober 1962 ein US-Zerstörer mit dem Abfeuern einer Granate ein sowjetisches U-Boot zum Auftauchen zwang.

Als wenige Tage später die Krise als beigelegt galt, atmete ich erleichtert durch. Aber erstmals hatte ich ein Gespür davon bekommen, dass die Welt da draußen doch eine andere war als in meiner idyllischen Umgebung.

Rainer Schwarz, geboren 1951, Langgöns

****

Improvisiert: Sangria und Schwarzwälder

****

Als Kinder turnten wir bei Lehrer Rudolf Höhn, damals Oberturnwart des Sportkreises Büdingen und waren auf allen Gau-Kinderturnfesten vertreten. 1962 machte aber Wilfried Grauling, gute Seele der Handballabteilung der TSG Bleichenbach, uns Mädchen das Kleinfeld-Handball so schmackhaft, dass viele Sportler vom Turn- in das Handballlager überwechselten. Beide Sportarten auszuüben war zeitlich nicht vertretbar. Herr Höhn musste immer mehr Abwanderer hinnehmen, was ihn sehr schmerzte.
Wilfried Grauling zog drei Jahrzehnte lang bis in die Neunziger Jahre als Abteilungsleiter die Fäden. Er gründete 1962 die Handball-Damenmannschaft im Kleinfeld, bei der ich mitspielte. Trainiert wurden wir von Dieter Kraft.
Aller Anfang ist bekanntlich schwer: Gegen unseren Nachbarn TV Ortenberg wurde das erste Spiel ausgetragen. Eine Ortenberger Spielerin nahm den Ball unter den Arm und rannte damit auf unser Tor zu. Alle Zuschauer lachten. Auch uns unterlief in der Hitze des Gefechts ein Fehler, eine Spielerin warf den Ball ins eigene Tor. Das Gebrüll der Leute höre ich heute noch. So fing alles an ...
Am 3. Januar 1963 fuhren wir mit einem großen Bus zu einem Handball-Hallenturnier nach Fulda. Trikots kaufte der Verein uns Mädchen noch nicht, man wollte erst sehen, wie sich die Spielerinnen entwickeln. Im schwarzen Turndress liefen wir Hand in Hand schüchtern und ängstlich auf das Spielfeld. Wieder wurde außen geschmunzelt, wie sie uns Mädchen vom Lande sahen.

Turnier in Fulda 1963 ...

... im beschmunzelten schwarzen Turndress

„Im dritten Spiel glich die voll besetzte Halle einem wahren Hexenkessel, als diese Anfängermannschaft ein beachtliches Unentschieden (0:0) gegen Bundesligist Grün-Weiß Frankfurt erzielte!" So ein Zitat aus der Zeitung.
Damals war ich als Torfrau scheinbar ganz unbefangen und blockte jeden Ball der Gegnerinnen ab. Sie waren schier verzweifelt. Unsere Anhänger trugen mich auf Händen aus der Halle. Mit dem Bus fuhren wir anschließend nach Steinau zur Brathähnchenfarm und ließen es uns gut gehen.
Nun bekamen die erfolgreichen Damen richtige Trikots in der Vereinsfarbe rot-weiß. Im Mai 1963 fuhren wir nach Aschaffenburg zum Turnier. Stolz liefen wir mit dem neuen Outfit der TSG ein. 0:1, 0:2, 0:3 ... 21 Mal griff ich hinter mich und musste den Ball aus dem Tor holen. Fast ohnmächtig schlichen wir vom Spielfeld. So kann es kommen.
Danach fuhr ich auf Klassenfahrt nach Venedig. Moni übernahm in dieser Zeit meine Vertretung im Tor und meisterte die Sache prima. Mein ehemaliger Traum von der Torfrau war geplatzt wie eine Seifenblase. Aber mit Erleichterung spielte ich dann außen als Kreisläuferin und in der Abwehr als vorgezogene Zerstörerin. „Zerstörerin" nahm ich zu wörtlich. Grauling musste mich gleich beim ersten Einsatz auf diesem Posten mit verletztem Daumen ins Krankenhaus fahren.

Damenmannschaft / Kreismeister Feldrunde 1969

TSG Bleichbach

hinten von links: Regina Kröll, Elke Borgner, Eleonore Passing mit Töchterchen Ute, Annemarie Hennich, Inge Deckmann, Dieter Kraft
vorne von links: Ursula Kraft, Marita Wenzel, Monika Bastian, Birgit Kraft, Reni Kraft

Feier der Meisterschaft 1969

Zum Leidwesen unseres Trainers liebte ich Rückhandwürfe. In Ortenberg stand ich alleine frei vor dem gegnerischen Tor, anstatt den Ball ins Tor zu werfen, drehte ich mich mit dem Rücken zur Torfrau und warf per Rückhandwurf ein Tor. Anstatt Lob bekam ich von Dieter einen Tadel. Verstehen konnte ich das nicht, der Ball war doch im Netz gelandet.
An Pfingsten 1964 fand zum ersten Mal ein großes internationales Handballturnier auf dem alten Sportplatz „Schönau" statt. Die Damenmannschaft durfte dem Hobbykoch Rühr beim Erbsensuppe kochen helfen und austeilen. An so Begebenheiten erinnert man sich gerne. Wir Bleichenbacher Damen errangen zu oft leider „nur" den zweiten Platz des Kreises Friedberg/Büdingen. Gar manche Träne rollte über unsere Wangen.1965 aber wurden wir Kreismeister der B-Klasse, 1969 gewannen wir die Kreismeisterschaft in der Feldrunde. Trainer Dieter Kraft war stolz. Er stellte sein Wochenendhäuschen am Bleichenbacher Waldrand zu einer schnell improvisierten „Meisterschaftsfeier" zur Verfügung. Wir bekamen eine Schwarzwälder Torte und viel spanische Sangria spendiert. Die Feier war lustig.

Ursula Wenzel, geboren 1948, Ortenberg

****

Pech: Zu viel Liebe

****

Ja, die Sixties waren eine tolle Zeit. Meine erste Liebe in der Musikwelt war George Harrison von den Beatles, das erste Mal richtig von den Beatles hörte ich 1963 in einer Zeitung, und dann kamen sie auch im Radio. Man besaß kein eigenes Radio, sondern musste das der Eltern benutzen. Die „Schlagerbörse" war damals donnerstagabends die Sendung, die „Bravo" war die Zeitung, die ich schon ab 1960 las. Meine erste Schallplatte, die ich mir kaufte, war „A hard days night" von den Beatles. Vier Mark waren 1964 sehr viel Geld für einen Schüler.
Die Popgruppen schossen wie Pilze aus dem Boden: The Rolling Stones, Seachers, Animals, Manfred Mann, The Who, The Kinks, The Beach Boys, um nur einige Namen zu nennen. In Deutschland waren es The Lords und The Rattles. Seit 1965 gilt meine größte Bewunderung und Verehrung der am längsten bestehenden und in fast unveränderter Besetzung bestehenden besten Band der Welt, The Rolling Stones. Es ist für mich und auch für meinen Mann wirklich so, es gibt die Sonne, den Mond, die Luft zum Atmen und die Rolling Stones. Über die Jahrzehnte habe ich alles, was ich mir ermöglichen konnte, über diese Gruppe gelesen, gesehen und gesammelt.

Nach meiner Tanzstundenzeit und nach dem Abschluss meiner Schulzeit und dem Eintritt ins Berufsleben fing ich an, auszugehen, man ging zu lokalen Bands auf Beatpartys, meistens sonntagnachmittags. Auch Privatpartys waren angesagt, man hatte einen Partykeller, hörte Musik, trank etwas und war getrennt von den Eltern. Als ich 1964 Schülerin der Friedberger Handelsschule war, bestand als Szeneclub noch ein Eiscafé in Friedberg, das „Venezia". Nach der Schule aß man dort ein Eis oder trank eine Cola und hörte Musik aus der Musikbox. Auch gab es damals schon Mädchen und Jungs, die als obercool galten.
1967 begann die Flowerpowerzeit, die Beatles gingen zu ihrem Guru nach Indien, Scott McKenzie sang „If you going to San Francisco", Mick und Keith von den Stones verbrachten eine Nacht im Gefängnis wegen des Besitzes von Rauschgift und standen auch vor Gericht, Jimi Hendrix war ein neuer Star am Musikhimmel. Ich erinnere mich noch, wie ein Arbeitskollege zu mir sagte, da gibt es einen, der spielt mit der Zunge Gitarre – das war Jimi Hendrix.

Ich hatte immer einen Boyfriend, aber eine feste Bindung wollte ich nicht. Meine Berufsausbildung und meine Musik waren mir immer wichtiger, auch die Pille wollte ich nicht nehmen, über meinen Körper und alles andere wollte ich immer selbst bestimmen, das ist

Weihnachtsfeier in der Firma

3. Juli 1969: Der Tag, an dem Brian Jones (Rolling Stones) starb

bis heute so geblieben. Es kam das Jahr 1968, die Studentenbewegung, Rudi Dutschke, Uschi Obermaier und die erste Kommune. Eine Disco nach der anderen wurde eröffnet. Beat- und Hausparties waren out. Ein besonderer Sound kam aus den USA: The Doors mit Bandleader Jim Morrison.
1968 war auch mein Jahr. Ich besuchte Discos in Frankfurt, Bad Homburg und wo sonst noch überall. Aber die für mich beste Diskothek besteht heute noch in Friedberg, das „Central", eigentlich unglaublich, nach so langer Zeit besteht sie immer noch. Ich hatte nie so viele Freunde wie in dieser Zeit. Die Musik, die Mode – alles war top. Im Frühjahr 1969 beendete ich meine Lehrzeit mit Erfolg, das Geld stimmte, ich konnte auch unter der Woche mal ausgehen, ohne ein schlechtes Gewissen wegen der Berufsschule haben zu müssen.
Donnerstags fanden im Central diverse Wettbewerbe statt, unter anderem Tanzwettbewerbe. Besonders liebte ich den Soulwettbewerb, bei dem ich mal einen Preis gewann. Eine große Liebe von mir war der DJ. Pech war, dass ihn viele Damen auf einmal liebten.
Im Juli 1969 flog ich mit zwei Freudinnen in den Urlaub nach Mallorca, nach Arenal, da steppte der Bär. Um Mitternacht ging man in die Disco, wo es freien Champagner gab, der lauwarm war. Auch ansonsten war das Jahr 1969 sehr ereignisreich, der erste Mensch landete auf dem Mond, Brian Jones ertrank in seinem Pool und reihte sich in den Club derjenigen ein, die mit 27 Jahren starben. Woodstock fand statt, bis heute unvergesslich. Die Musik wurde immer besser, auch der Soul war in, Michael Jackson sang mit seinen Brüdern, The Jackson Five. Led Zeppelin und Black Sabbath legten den Grundstock für die Heavy Metal-Musik.

So endete ein Jahrzehnt, das unvergleichbar ist mit allem, was heute als „normal" bezeichnet wird, die sexuelle Befreiung (Oswalt Kolle war überall eingezogen, Aufklärer der Nation), Musik, Mode und noch vieles mehr. Ich bin stolz darauf, in dieser Zeit meine Jugend erlebt zu haben und die Zeit ist für mich immer da, es ist wie gestern und ich bin und fühle mich – und bin es auch – so jung und fit wie damals.

Landung in Mallorca am 20. Juli 1969, als Neil Armstrong den Mond betrat

Waltraud Hirthe,
geboren 1950, Friedberg

****

Mahlzeit: Kirschsteinspucken

****

Ich habe 1959 geheiratet, im August 1960 kam unsere erste Tochter zur Welt. Mein Mann brachte ein Motorrad, eine 125 DKW, mit in die Ehe. Auf diesem Motorrad sind wir drei zu Besuchen oder zum Einkaufen oder sonntagsspazieren gefahren. Ich auf dem Sozius, unsere Tochter verkehrt herum auf meinen Schoss, sie schaute nach hinten. Wir hatten weder Motorradkleidung an, noch einen Helm auf den Kopf. In der Zwischenzeit war noch eine Tochter dazugekommen, sodass das Motorrad jetzt zu klein war. Da viele Neuerungen in Haus und Hof nötig waren, freuten wir uns sehr, als wir von unserem Onkel aus Offenbach ein gebrauchtes Auto geschenkt bekamen, einen grauen VW. Mit diesem Auto – es war für uns herrlich – konnten wir nun weitere Strecken fahren.

Sonntagmorgen, während mein Mann und ich die Stallarbeiten verrichteten, stellte meine Mama in einer Jenaer Glasform Schinkelnudeln her und kleidete die zwei Mädchen sonntaglich an. Ging unser Ausflug in die Natur, bekamen sie farbige Strumpfhosen an, die weißen hätten schnell grüne Knie bekommen. Das hätte unschön ausgesehen. Aus der Vorratskammer wurde ein Anderthalb-Liter-Glas mit eingekochten Kirschen geholt, Schinkennudeln und ein rustikales Tischtuch, Bestecke und Teller und für meinen Mann ein Klappstuhl ins Auto gepackt (er hatte Malheur im Rücken, er konnte sich nicht auf den Boden setzen). Zur Mittagszeit wurde an einem Waldrand oder an einer schönen Wiese Rast eingelegt. Jeder freute sich auf die Mahlzeit. Der größte Spaß dabei war das Kirschsteinspucken.

Der Erntekindergarten in Feldatal

Weite Strecken konnten wir nicht fahren, weil mein Vater und Schwiegervater im Krieg gefallen waren. Deswegen war niemand zu Hause, der die Kühe versorgen konnte.
Wir haben auf unseren Wiesen oder im Garten auch gezeltet. Es war nur ein kleines Zelt. Mit Koldern oder Decken wurde das Zelt ausgelegt. Aber diese Lösung war für uns zwei „Alte" viel zu hart und unbequem. Deshalb wurde das Zelt mit ausgedienten, dreiteiligen Matratzenkissen ausgelegt. Bis alle im Zelt einen Schlafplatz hatten, war das eine Gaudi. Mit einer alten, noch brauchbaren Pfanne wurden selbstgeschlachtetes Fleisch oder Würstchen gebrutzelt, in einem Kochtopf manchmal Nudelsuppe gekocht. Zum Trinken gab es Wasser aus der Wasserleitung, welches in Flaschen mitgenommen wurde, oder Apfelsaft der Mosterei im Dorfgemeinschaftshaus, der von unseren eigenen Äpfeln hergestellt worden war. Mein Mann und ich haben alles mitgemacht, wenn auch am nächsten Morgen alle Glieder wehtaten.

Die Mädchen hatten Kleidchen und Strumpfhosen an. Die Kleidchen hatten Faltenröckchen oder gekrauste Röckchen, später kamen die ausgestellten Glockenröckchen dazu. Bei manchen Kleidchen war ein passendes Jäckchen oder Bolero dabei. Ein Geschäftsmann aus Lauterbach (de Lappelein) bot nachmittags in der Schule günstige Stoffreste an. Ich hatte mir bei meines Mannes Gote in zwei Wintern ein wenig das Schneidern beigebracht. Von den Stoffresten konnte ich für die zwei Mädchen nähen und sticken.

Das 1955 gebaute Dorfgemeinschaftshaus – eines der ersten in Hessen – beinhaltete auch den Erntekindergarten, der nur im Sommer geöffnet war, geleitet von einer jungen Frau aus unserem Dorf. Dieser Kindergarten war ein großer Fortschritt und eine Hilfe für die Mamas und Omas. Die Arbeiten in Haus und auf dem Feld konnten ruhiger betrieben werden. Morgens und nachmittags mussten die Kinder hingebracht werden und heim brachte sie die Kindergärtnerin. Es waren viele Kinder. Sie mussten sich an einem langen Seil links und rechts festhalten. Wenn die Angehörigen eines Kindes noch nicht zu Hause waren, nahm es die Kindergärtnerin mit zu sich nach Hause.

Einschulung 1966

Um die politischen Verhältnisse in der Welt haben wir uns nicht so gekümmert. Nur bei der Kuba-Krise haben wir gebetet, dass die führenden Politiker Vernunft annehmen und alles zum Besten lösen, damit die Welt unseren Kindern und Nachkommen erhalten bleibt.

Waltraud Steuernagel, geboren 1937, Feldatal

****

Gehochzeitet: Hering und Forstmeister

****

1961 kauften meine Eltern einen größeren Schlepper, den McCormick. Es wurde ja noch am Hof gedroschen und dieser Traktor konnte die Dreschmaschine alleine ziehen. Vorher hatten wir einen Porsche-Traktor, da musste der Nachbar immer noch vorspannen. Im Herbst kam dann die Kartoffeldämpfmaschine, auch das war ein kleines Fest. Der Cormick kostete 12.000 Mark – das war für einen Nebenerwerbslandwirt viel Geld.

1963 beendete ich in unserem Dorf die Schule. Nach der vierten Klasse kam der Lehrer zu meinem Vater in den Stall und sagte, ich solle doch eine weiterführende Schule – damals in Lauterbach – besuchen. Ich habe keine Geschwister und so sollte ich die Landwirtschaft übernehmen. Ich ging dann bei uns in die Spankorbfabrik. Wir arbeiteten im Akkord und die Körbe gingen nach Bremerhaven in die Fischverarbeitung. Auch musste ich in die Berufsschule, jede Woche einen Tag. Man lernte dort nähen, kochen, gärtnern, alles für den späteren Haushalt. Ich wäre gerne ins Büro gegangen, aber man fügte sich halt.
1965 kaufte mir mein Opa mein erstes Auto, er hatte lange darauf gespart. Einen DKW F 12, kirschrot mit einem weißen Dach. Damals ein schönes Auto. Ich machte schon mit 17 Jahren meinen Führerschein, bekam ihn aber erst mit 18 ausgehändigt.
Damals gab es noch in jedem Dorf große Kirmesveranstaltungen, unsere Gaststätte war bekannt für leckere Grillhähnchen. Als ich 16 war, lernte ich auf unserer Kirmes meinen späteren Mann kennen, er war damals 19 Jahre alt. 1967 heirateten wir, es wurde zwei Tage lang Hochzeit gefeiert mit 105 Personen. Am Sonntag gab es Heringssalat und Forstmeister (lange Brötchen mit Kümmel). Das war Tradition.
1968 musste mein Mann zur Bundeswehr. Als unser Sohn geboren wurde, war der Aufstand in der Tschechoslowakei, der „Prager Frühling". Er durfte fünf Wochen lang nicht nach Hause. Wegen der angespannten Lage war strikte Ausgangssperre.

Irmtraud Gröger, geboren 1949, Schlitz-Willofs

****

Statt cool: Toll und super

****

Die „braven" Fünfziger endeten, die Sechziger begannen und es wurde bunt! Zumindest in meinem Fotoalbum und dem meiner Eltern. Den Anfang hierbei macht ein professionell geschossenes Foto, das mich am Friedberger Herbstmarkt von 1960 zeigt. Dieses Motiv ist sicher in ähnlicher Form in vielen Friedberger Fotoalben zu finden: nämlich ein Kind auf dem Arm eines Eisbären! Seit und bis zu welchem Jahr der Fotograf mit seinem Pseudo-Eisbären beim Friedberger Herbstmarkt auf Kundenfang ging, weiß ich nicht; auch ist mir nicht bekannt, wie lukrativ das Geschäft war. Ich weiß nur noch, dass ich im zarten Alter von dreieinhalb Jahren keine Angst vor dem Eisbären hatte, sondern sogar unbedingt auf dessen Arm wollte. Gefressen hat er mich jedenfalls nicht; der von meiner Mutter hübsch gestrickte Woll-Zweiteiler und die obligatorische Propeller-Schleife im Haar hätten ihm sicher nicht gemundet ... Außerdem war ich viel zu dünn. – Eine Fahrt auf dem Kinderkarussell kostete 1960/61 übrigens 20 Pfennige. Das zum Thema Preisentwicklung auf dem Jahrmarkt. Die meisten folgenden Fotos sind erst mal wieder ein paar Jahre schwarzweiß, bis sich meine Eltern dann Ende der Sechziger einen anderen Fotoapparat zulegten.

Friedberger Herbstmarkt 1960

Vergnügen auf dem Karussell für 20 Pfennige

Meine frühen Sechziger waren hauptsächlich geprägt von den Erlebnissen in dem Haus, in welchem wir zur Miete wohnten, vom Hausbau meiner Eltern und von meinen ersten Schuljahren ... von Neuanfängen und von Abschieden. Meine Eltern und Großeltern stammen aus dem Sudetenland (heute Tschechien). Nachdem sie – jeder auf seine Weise – den Krieg überlebt hatten, wurden sie aus ihrer Heimat vertrieben – beraubt ihrer Häuser, ihrer Habe und ihrer Würde. Ob jeder von ihnen mit den pro Person erlaubten vierzig Kilogramm Gepäck in Friedberg ankam, wage ich zu bezweifeln. Auf der langen Reise zu Fuß und im Viehwagon musste so mancher Wegzoll geleistet werden. Meine Mutter wurde mit ihren Eltern in Friedberg-Dorheim irgendwo einquartiert, mein Vater, der meine Mutter bis dato nicht kannte, kam in Lich-Bettenhausen unter. Meine Mutter erinnerte sich an erste einheimische Kommentare über die „Flüchtlinge": „... jetz' komme die Zijeuner!" und auch an die Behauptung, man habe vorher in Erdlöchern gehaust. Die Entwürdigung ging also erst einmal weiter. Die Quartiere wechselten. Jeder versuchte, sich sein Brot mit irgendwelchen kleinen Arbeiten zu verdienen: Meine Mutter strickte, nähte und bügelte für andere Leute; mein Vater schnitzte auf Bestellung Figuren aus Holz. Nach den eigentlich erlernten Berufen fragte keiner.

Die zahlreich stationierte amerikanische Armee benötigte für ihre Soldaten sauberen Nachschub an gereinigten und gebügelten Uniformen. Von der nächsten großen Hauptstelle der amerikanischen Armeewäscherei in Frankfurt war in Dorheim eine Zweigstelle eingerichtet worden, wo viele Menschen – egal, ob Flüchtlinge oder Einheimische – eine neue Verdienstmöglichkeit fanden. Dort begegneten sich dann auch meine Eltern. Sie beschlossen, zusammenzuziehen, zu heiraten, eine Familie zu gründen und fanden schließlich in Dorheim, in der Melbacher Straße 11, Luise M. eine lustige Vermieterin, die vorurteilslos an Menschen aller Herren Länder vermietete, was für mich sehr spannend war! Wir wohnten im ersten Stock. Als ich etwa viereinhalb Jahre alt war, zog im Parterre eine indische Familie ein: für Anfang der Sechziger sehr exotisch! Lakshmi (die Glücksgöttin) in ihren wunderschönen farbenprächtigen Seidensaris, mit ihren klimpernden Goldarmreifen, die sie nie abzulegen schien, mit ihren kajalumrandeten, ausdrucksstarken Augen und mit ihrer stets perfekt gestylten Frisur war der absolute Hingucker neben ihrem Mann Pishu und der süßen kleinen Tochter Monica, die damals gerade erst ein paar Monate alt war. Neugierig drückte ich mich bei deren Einzug an ihrer Haustür herum, bis man mich (endlich!) hereinbat.
Familie Idnani sprach Englisch mit mir – das störte mich jedoch nicht. Als mich dann meine Mutter suchte und im Erdgeschoss wiederfand, schimpfte sie mit mir, ich solle die neuen Mieter nicht belästigen – beleidigt entgegnete ich ihr, dass man mich doch von selbst hereingebeten habe.
Aber auch zwischen meinen Eltern und den exotischen Mitbewohnern entwickelte sich eine herzliche Nachbarschaft. Meine Mutter und Lakshmi unterhielten sich mit Händen und Füßen, tauschten Rezepte aus und kochten zusammen. In dieser Zeit entstand in mir ein ungebrochenes Faible für Indien. Etwa fünf Jahre später zog Familie Idnani aus beruflichen Gründen, inzwischen noch mit der zweitgeborenen Tochter Anita, nach London. Ich bekam zur Erinnerung den Verlobungssari von Lakshmi geschenkt.

Auch wenn wir in der Melbacher Straße 11 eine unkomplizierte Vermieterin und nette Nachbarn hatten, war das Ziel meiner Eltern, sich etwas Eigenes zu schaffen und nach den im Zweiten Weltkrieg erlittenen Verlusten mit der inzwischen neu geschöpften Hoffnung ein Haus zu bauen. Mithilfe meiner Großeltern, der Bank und dem mittlerweile Angesparten erstanden meine Eltern – wahrscheinlich günstig – ein Grundstück im Dorheimer Kuhweidweg. Ich erinnere mich noch sehr gut an die großen, alten Kastanienbäume mit ihren dicken Stämmen, die mitten auf unserem und den Nachbargrundstücken standen. Wer also hier bauen wollte, musste zusehen, wie er die Kastanien vom Grundstück bekam. In gegenseitiger Hilfe unterstützte man sich mit Äxten und Handsägen. Ich kann mir kaum vorstellen, welche Kraft das erfordert haben muss. Abgesehen davon, dass wir und unsere Nachbarn dann für viele Jahre Kastanienholz zum Beheizen der damals noch im Hause installierten Kohleöfen hatten, ging in dieser Zeit einer der schönsten und lauschigsten Plätze in Dorheim verloren. Aber es war die Zeit des Neuanfangs, der Wohlstandsbildung. Mit Altem und Rückständigem wollte man nichts mehr zu schaffen haben und auch an Natur- oder „Ensembleschutz" verschwendete man bei der Vergabe von Bauplätzen keinen Gedanken. Viele Apfelbäume (Dorheimer Streifling) und der einstige „Hechtgraben" sind dem Bauboom der Sechziger in Dorheim ebenfalls zum Opfer gefallen.

Um Geld zu sparen, tat man sich beim Hausbau für Sammelbestellungen zusammen und jeder packte in irgendeiner Form körperlich mit an. Es wurden Hohlblocksteine geliefert, die dann jedoch selbst abgeladen werden mussten. Man half sich gegenseitig, wo es ging. Nachbarschaftshilfe wurde groß geschrieben. Für die Maurerkolonne hatte Bier bereitzustehen sowie der ein oder andere Schnaps; dies mag dann wohl auch erklären, warum so manche Wand nicht ganz gerade geworden ist. Da viele handwerkliche Dinge in eigener Regie erledigt wurden, ging es mit dem Hausbau recht langsam vor sich, man hatte als Berufstätiger ja nur am Abend oder Wochenende Zeit. Ich frage mich manchmal, wie man – in unserer Familie insbesondere mein Vater – das gemacht hat. Um fünf Uhr morgens ging es (inzwischen) mit dem Bus nach Frankfurt in die amerikanische Armeewäscherei und dann jeden Abend auf die Baustelle.
Meine Großeltern schöpften ebenfalls wieder Hoffnung und freuten sich über das stetig wachsende Haus, in welchem wir dann alle gemeinsam wohnen würden. 1964 konnten wir endlich in den Neubau einziehen. Es war gerade mal eine Woche vergangen, als mich meine Mutter vom Spielen im Hof hereinrief: Meine Großmutter fühlte, dass es Zeit für sie war, zu gehen, und verabschiedete sich meine Hand haltend für immer ... Sie konnte das Leben loslassen, weil sie wusste, dass jetzt alles wieder gut war.

Zwei, drei Jahre später zog eine weitere für mich interessante Familie im Nebengebäude des Hauses mit einer neuen Sprachmelodie ein: Familie Di M. aus Sizilien mit Tochter und Sohn. Es war genau die Zeit, zu der man die ersten Gastarbeiter ins Land holte und Familie Di M. aus Palermo waren Gastarbeiter der ersten Stunde. Auch sie waren ohne jegliche Deutschkenntnisse angekommen, was meine Eltern und sie jedoch nicht davon abhielt, sich ebenfalls anzufreunden.

Ich war immer noch ein dünnes Kind. Man musste offenbar ein gewisses „Grundgewicht" haben, um eingeschult werden zu dürfen. Zusammen mit zwei weiteren Mädchen wurde ich noch einmal zurückgestellt und dann über den Caritasverband sechs Wochen zur „Erholung" geschickt. Das Ziel war ein im Hunsrück liegendes Kindererholungsheim, welches von Nonnen geleitet wurde. Es war schrecklich. Mit knapp sechs Jahren das erste Mal alleine von zu Hause weg zu sein, dazu noch so lange. Die Nonnen waren, bis auf eine Ausnahme, kühl, strenger als notwendig und alles andere als kinderlieb. Die Krönung war, dass man uns Kleine mit einem Abendessen erwartete, das aus Rollmops in Aspik bestand. Diesen ekelhaften Geruch und Geschmack wurde ich nie mehr los. Nicht nur die Natur, auch Kinder wurden noch mit anderen Augen gesehen und behandelt.

Der erste Sommer im neuen Zuhause wurde spannend: Plötzlich fuhr eine Kolonne von Mercedesstern-gekrönten Autos mit Wohnanhängern im Kuhweidweg vor. Abgestellt wurde der Fuhrpark unter den damals noch existierenden Dorheimer Streiflingen, die nur drei bis vier Häuser von uns entfernt standen. Zu dieser Zeit war man politisch-rhetorisch noch nicht ganz so korrekt und stellte fest, dass hier „Zigeuner" ihr Lager aufgeschlagen hatten. Die Kulisse hatte entsprechend ein gewisses wildromantisches Flair. Da es unter den Apfelbäumen weder Wasser- noch Stromanschlüsse gab, gingen die in den Sechzigern noch weitberockten „Zigeunerinnen" mit ihrer Kinderschar und mit Eimern bewaffnet in die nächstliegende Nachbarschaft und baten auf diese Weise mehrere Tage hintereinander um Wasser, welches sie auch – zumindest von meiner Mutter – erhielten. Schließlich waren wir ja auch mal „Zijeuner" gewesen.

Herzliche Nachbarschaft zu Familie Idnani

Die Schulzeit: Ich war zwar immer noch dünn, aber allmählich wurde es Zeit für die Einschulung. Die nach dem neusten Standard als Zweckbau geplante Grundschule war noch in ihrer Bauphase, also erlebte ich meine Einschulung in der alten Volksschule, die heute ein Teil des Dorheimer Bürgerhauses darstellt. Die Schiefertafel mit Kreide und Schwamm, sowie der langlebige Lederranzen mit Schnalle waren noch Standard. Die Helden unseres Sprachlehrbuchs hießen Hans und Lotte und nicht Kevin und Britney. Die darin beschriebenen Situationen und Geschichten waren recht bodenständig. In der Pause wurden für ein paar Pfennige Milch und Kakao an die Schüler ausgegeben.
Im 4. Schuljahr kam dann Antonina aus Sizilien mit ihrem jüngeren Bruder in unsere Klasse: die ersten „Gastarbeiterkinder", die neugierig von allen Mitschülern beäugt wurden. Weil ich sie ja bereits aus unserer ehemaligen Mietwohnung vom Spielen her kannte, schenkte ich ihnen meine alten Bücher von der Einschulung. Eines Tages teilte mir meine Klassenlehrerin, Frau H., mit, dass ich beim Rektor vorsprechen solle. Ich konnte mir nicht vorstellen warum und hatte eine Heidenangst. Hatte ich etwas verbrochen? Rektor P. erwartete mich jedoch mit strahlendem Gesicht und dankte mir, dass ich mich um Antonina und ihren kleinen Bruder kümmern würde, er habe davon gehört. Zwar freute ich mich über sein Lob, konnte jedoch nicht so recht nachvollziehen, warum er mich eigentlich lobte – das war doch normal.

Wie Lehrer teilweise in den Sechzigern Kinder noch zu behandeln pflegten, schildert folgendes Erlebnis in der 4. Klasse beim Schwimmunterricht im alten Hallenbad in Friedberg, erste Schwimmstunde: Es gab eine Lehrerin (Frau M.) und einen Lehrer (Herr S.), die sich geschlechtsspezifisch um die ihnen anvertrauten Schützlinge kümmern sollten. Das bezog sich wohl vornehmlich auf die Nutzung der getrennten Sammelumkleiden. In der Halle mussten sich dann alle wieder gemeinsam aufstellen und man fragte die Reihe durch, wer denn schon schwimmen könne und wer nicht. Den Schwimmern unter uns wurde schon mal irgendeine Aufgabe gegeben, die Nichtschwimmer mussten sich unterdessen hintereinander aufreihen, am Beckenrand vor dem tiefen Schwimmerbecken! Man wollte dann offensichtlich nach FFFF-Methode (frisch, fromm, fröhlich, frei) aus den Nichtschwimmern gleich in der ersten Stunde Schwimmer machen.
Ich war vorher noch nie im Leben in einem Schwimmbad gewesen. Diese vor mir liegende, unendlich scheinende Tiefe lähmte mich. Ich kann mich nicht mehr daran erinnern, wie viele Kinder vor mir dran waren und teilweise tatsächlich todesmutig in Froschmanier sprangen. Zu sehr war ich mit mir selbst beschäftigt. Wer nicht von sich aus sprang, wurde einfach geschubst. Ein Entkommen erschien mir unmöglich bis zwecklos. Ich sprang jedenfalls nicht und fand mich kurz darauf in einer mir völlig neuen Situation. Man hatte wohl erwartet, dass jeder Nichtschwimmer die „normale" Reaktion zeigen und drauflosrudern würde, um an die Oberfläche zurückzukommen. Mit meiner Reaktion hatte man allerdings nicht gerechnet: Ich ließ mich einfach sinken, nicht mehr wissend wo unten und oben ist und akzeptierte widerstandslos, dass wohl meine letzte Lebensminute angebrochen war. Herr S. und Frau M. mussten mich dann tauchend aus der Tiefe holen. Als ich den Vorfall zuhause meinen Eltern erzählte, wurde ich fortan mit irgendwelchen Gründen vom

Schwimmunterricht entschuldigt. Das Schwimmen erlernte ich zwar erst im 7. Schuljahr, es machte mir dann jedoch richtig Spaß.

Eine weitere in der Freizeit der Grundschuljahre und in meiner Erinnerung ausschließlich von Mädchen in den Schulpausen praktizierte sportliche Betätigung war der „Gummitwist". Hierzu benötigte man ca. 3 Meter Hosengummi, der damals noch in jedem Haushalt zu finden war. Man knotete ihn an den Enden zusammen, zwei Personen mussten in den Gummiring steigen und ihn in Knöchelhöhe zu zwei Parallelen dehnen. Eine dritte Person „erhüpfte" sich dann mit Geschick und Technik jeweils die nächste Schwierigkeitsstufe, indem der Gummiring eine Etage höher gespannt wurde. Heutige Schülerinnen würden sagen, dass sie das nächste Level erreicht haben und vielleicht gibt es „Gummitwist" mittlerweile auch als mitspielervernetztes Handygame, falls man gerade keinen Hosengummi zur Hand hat.

Als Ausdruck der Begeisterung sagte man in den Sechzigern noch nicht „cool" oder „geil", sondern bestenfalls „toll" oder „super".

Den nächsten Lebensabschnitt bildete der Wechsel von der gemischten Grundschule in Dorheim in die Schillerschule (reines Mädchen-Gymnasium) in Friedberg zusammen mit zwei weiteren Klassenkameradinnen. Die ersten Schuljahre waren im Haus des Handwerks untergebracht. Sehr schnell mussten wir feststellen, dass es Unterschiede zwischen uns Dorfmädels und den Mädchen aus der Kreisstadt gab. Sie redeten „hochdeutscher" und die meisten Städterinnen hatten einfach mehr modischen Chic. Kein Wunder: In Friedberg gab es die Kaufhäuser Langer und Wieland sowie einige moderne Fachgeschäfte. Bei uns gab es damals nur zwei, drei „Tante-Emma-Läden", ein Kurzwarengeschäft, und falls die Mütter nicht selbst nähten, ging man zur Schneiderin. Die dort angebotenen Kleider-Schnitte waren meist recht brav.

Im Fernsehprogramm gab es mittlerweile allerhand zu sehen, was ein heranwachsendes Mädchen interessierte. Mode war wohl eine Messlatte für den eigenen Reifegrad und den sich herausbildenden Geschmack; vorher zog man halt meistens an, was einem von der Mutter hingelegt wurde. Die aufkeimende Hippiebewegung interessierte mich brennend! Love (von der ich damals noch absolut nichts wusste), Peace und Flower-Power fand ich toll. Obwohl ich gar nicht so genau verstand, worum es hier eigentlich ging, kam bei mir ein Gefühl von Glück, Freiheitsdrang und Nächstenliebe an.
Eigentlich war ich noch viel zu jung. Aber ich war schon mal damit zufrieden, dass meine Mutter mir meine Jeans mit bunten Blumen bestickte. Vom damals aus der Mode kommenden Dirndl wechselte ich zum Minirock, den ich erstaunlicherweise tragen durfte. Probleme gab es allerdings in den kommenden Schuljahren, die ich in der Friedberger Burg absolvierte, mit einem ganz anderen Kleidungsstück: Ich schielte immer auf die älteren Mitschüler und sah, dass sie teilweise grüne „Amijacken" (Armeejacken) trugen, auf denen sie dann in Hippiemanier Peace-Zeichen, Blumen, Herzen und irgendwelche Statements

mit Filzstift aufgemalt hatten; auch die Namen favorisierter Stars und Musikgruppen waren darauf zu finden. Na, solche „Rohlinge" hingen doch bei uns im Keller in einem alten Kleiderschrank. Mein Vater saß ja gewissermaßen an der Quelle. Diese Teile wurden von meinen Eltern bei der Gartenarbeit oder beim Holzmachen getragen; was für eine Verschwendung! Da hätte ich doch eine viel bessere Verwendung dafür. Ohne lange zu überlegen, suchte ich mir das schönste Stück aus, zog es an und wollte mich damit auf den Schulweg begeben. Allerdings hatte ich nicht mit meinem Vater und dessen Reaktion gerechnet. Aus dem Amijacken-Tragen wurde leider während meiner gesamten Schulzeit nichts mehr.

Die „Amis" hatten jedoch auch auf andere Weise Spuren hinterlassen. Daran war nicht nur Elvis schuld (1958-1960 Militärdienst in Friedberg). Bereits in den Fünfzigern war der Englischunterricht an weiterführenden Schulen zum Pflichtfach geworden. Es hatte damals besonders dort Sinn, wo man mit einer englisch sprechenden Besatzungsmacht verknüpft war. Ebenfalls in der Musikszene gewannen die englisch gesungenen Aufnahmen immer mehr an Bedeutung und Beliebtheit bei jungen Leuten. Während sich meine Eltern in den Fünfzigern noch gar keine englisch besungenen Platten anhörten und kauften, war dies für mich in den Sechzigern normal. So war „Eloise" von Barry Ryan 1968/69 meine allererste Single, die ich mir von kleinem Geld kaufte (und heute immer noch liebe!) ... Da war ich zwölf. Es folgten Platten von den Beatles und Fleetwood Mac, die ich mir von meinem Ersparten kaufte. Meine Eltern waren entsetzt. Weil ich nicht nur gern Musik hörte, sondern auch gerne welche machen wollte, bat ich meine Eltern darum, mich für klassischen Gitarrenunterricht anmelden zu dürfen. Die Antwort hierzu war ein striktes „Nein" mit der Begründung, dass ich dann sowieso nur solche Ami-Musik spielen würde. Was ich früher oder später sicher auch getan hätte. Aus der Gitarre wurden dann ein Klavier und ein Tonbandgerät. Da ich hiermit im Auftrag meiner Eltern deren Musikwünsche aufnahm, nahmen sie hin, dass ich mich bei der Internationalen Radio-Hitparade im Hessischen Rundfunk mit Hannes Verres nach meinem Geschmack bediente.

In den Sechzigern habe ich mir im Kino mit meiner Mutter zusammen noch den „Schatz im Silbersee" angesehen, da ich großer Karl-May-Fan war. Später begeisterten mich jedoch auch Thriller wie „Psycho" (1960). „Die Reifeprüfung" (1967) wurde mir jedoch irgendwie vorenthalten.

Ein besonderes Erlebnis war die im Fernsehen am 21. 07. 1969 live übertragene erste Mondlandung! Damals befand ich mich zusammen mit anderen Mädels gerade auf einer katholischen Kinder- und Jugendfreizeit in Bingen am Rhein. In der Jugendherberge musste man früh ins Bett und einen Fernsehapparat gab es dort auch nicht. Doch auf die vier ältesten Mädchen der Jugendgruppe wartete eine Überraschung! Glück gehabt, ich gehörte dazu. Weil wir unser Zimmer stets in Ordnung hielten und auch sonst keinen Unfug trieben, durften wir unseren Kaplan zu Freunden begleiten, bei welchen wir mit Spannung und mit für uns extra frisch zubereitetem Popcorn dem Ereignis entgegenfieberten. Es lag damals völlig außerhalb meiner Vorstellungskraft, dass man zum Mond fliegen könne, hatte ich bis dahin noch nicht einmal ein normales Flugzeug aus der Nähe gesehen. In den Sechzigern verreiste man hauptsächlich mit dem Auto oder der Bahn, und auch noch nicht so weit. Italien war schon etwas Besonderes!

Essen! In den Sechzigern gab es wohl in den meisten Familien noch „Deutsche Hausmannskost"; von Pizza und Pasta war erst einmal nicht die Rede. Für diese Bereicherung haben dann unsere neuen italienischen Mitbürger gesorgt. Wenn ich mich recht entsinne, wurde die erste kleine Pizzeria in Friedberg in der Wolfengasse eröffnet und die Cucina Italiana trat allmählich ihren Siegeszug in deutschen Landen an. Bis hieraus Fertigprodukte entstanden, dauerte es allerdings noch etwas. Die ersten Kartoffelchips gab es ebenfalls in den Sechzigern! Ich kann mich noch genau an ihr Aussehen, ihre Konsistenz und ihren Geschmack erinnern. Lecker! Die Idee dazu kam allerdings eher aus den USA. Aus einer Seltenheit, die ich bei der Tochter unserer damaligen Vermieterin probieren durfte, ist mittlerweile ein Massenprodukt mit unzähligen Varianten geworden.

Politik? Interessierte mich in den Sechzigern noch nicht! Dass im Hintergrund der Vietnamkrieg tobte, bekam ich erst später mit. In Berlin wurde 1961 die Mauer gebaut, mit welcher der letzte Zugang zwischen Westdeutschland und der DDR geschlossen wurde. Das betraf auch meine Familie, denn bei der „Vertreibung" gingen manche Familienmitglieder unterwegs verloren und blieben im deutschen Osten hängen. Als meine Mutter über das

1964: Bald steht das neue Haus

Rote Kreuz ihre Schwester wiederfand, dauerte es nicht mehr lange, bis ein Wiedersehen durch eine unüberwindlich scheinende Grenze erschwert wurde. Die Verbindung bestand aus Briefen und „Ostpäckchen", die wir regelmäßig schickten. Da meine Tante einen freien Geist hatte und ihre politische Meinung auch in Briefen äußerte, kam hin- und wieder auch einmal einer mit geschwärzten Zeilen an! Schockiert war ich allerdings über die Ermordung John F. Kennedys 1968, der sich doch so sympathisch zum „Börrliner-Sein" bekannt hatte. In den Sechzigern hatten wir zwar bereits ein eigenes Haus, jedoch noch kein Auto und kein Telefon. Und ich glaube, wir waren damit nicht die Einzigen!

Im Übrigen bin ich jetzt kein dünnes Kind mehr ...

Claudia Mariano, geboren 1957, Friedberg

****

Getwisted: Popocatepetl

****

Das erste herausragende Ereignis in dieser Zeit fand für mich 1960 mit der Tanzschule statt. Tanzlehrer Michel aus Ortenberg war nach Burkhards gekommen, um Mädchen und Jungen ab zwölf Jahren das Tanzen beizubringen. Die meisten der Teilnehmerinnen und Teilnehmer waren dreizehn oder vierzehn, aber es gab auch eine Zwölfjährige und Jungs um die zwanzig.

Wir lernten Langsamen Walzer, Wiener Walzer, Foxtrott, Rumba, Cha Cha Cha, Tango, Paso Doble und eine Art Rock ‚n' Roll. Nebenher gab uns Herr Michel auch Nachhilfe in „Etikettefragen". Unter anderem lernten wir Mädchen, einen formvollendeten Knicks zu machen, und die Jungs einen Diener, wobei sie starr auf ihre Fußspitzen sahen. Da sie aber ihr Gegenüber anschauen sollten, sahen sie so krampfhaft nach oben, dass oft nur noch das Weiße des Augapfels zu sehen war. Auch beim großen Finale, dem Abschlussball, war das so.

Die noch nicht konfirmierten Jungen trugen an diesem besonderen Tag zum ersten Mal eine Krawatte und um die Kleider der Mädchen wurde ein großes Geheimnis gemacht. Unsere Nachbarin, meine Mutti und ich strampelten bei heißem Sommerwetter mit den Fahrrädern nach Schotten, um bei Arcularius die schönsten und duftigsten Stoffe zu erstehen. Meine Freundin Ursula bekam einen weißen Perlon-Flockdruck und ich einen zartgelben. Aber auch wir haben das natürlich niemandem verraten. Mutti kaufte mir dazu noch den tollsten bauschigsten Tüllpetticoat, den ich jemals besessen hatte. Ursula und ich durften zum Ball sogar schon Stöckelschuhe (kleine High Heels) tragen. Freundin Inge hielt uns für verrückte Hühner. Sie mochte nicht einmal Perlonstrümpfe anziehen, ihre Kniestrümpfe waren ihr lieber.

Diener und Knicks bei der Tanzstunde

Das nächste Highlight war ein Jahr später die Konfirmation. Nach zwei Jahren Konfirmandenzeit, in der man sich nicht einmal zum Kindermaskenball am Nachmittag verkleiden durfte, weil sich das für Konfirmanden nicht gehörte, war man nach der Konfirmation „ledsch" (ledig) und durfte abends ausgehen. Zur Konfirmation trugen die Jungs ihren ersten Anzug und die Mädchen ein schwarzes Kleid, das selbstverständlich langärmelig und hochgeschlossen sein musste. Dazu waren schwarze Strümpfe und schwarze Handschuhe ein Muss!

Für jedes Mädchen wurde außerdem noch ein „Beikleid" aus einem hellen Stoff genäht, das zur „Prüfung" (Vorstellung) und am Abend der Konfirmation getragen wurde. Mutter und ich konnten uns nicht zwischen einem weinroten Samt und einem lila Sommerstoff entscheiden und so bekam ich zwei Beikleider. Auch das erste eigene Gesangbuch war von großer Wichtigkeit.

Die Häuser wurden zur Konfirmation mit bunten Papierblumen und Kränzen geschmückt. Nur hatten die Konfirmanden diese alle selbst herstellen und auch die Fichtenäste aus dem Wald herbei schaffen müssen.
Am Nachmittag des Festes war dann der „Rundgang" durch unsere Kirchengemeinde Burkhards-Kaulstoß angesagt. Vom Pfarrer begleitet, zogen wir von Feier zu Feier, sagten religiöse Verse auf und wurden zu Essen und Trinken eingeladen. Am Abend wurde die gleiche Runde ohne Pfarrer gedreht. Dieser zweite Rundgang ist manchen Jungs nicht so gut bekommen und sie hatten am nächsten Tag ihren ersten Kater.

Unsere Zimmer wurden nach und nach mit Starfotos aus der „Bravo" so voll gekleistert, dass man keine Tapete mehr sah. Rock Hudson hatte ich in Lebensgröße. Ich amüsierte mich, wenn Leute mein Zimmer betraten, und sich vor ihm erschreckten. Der Windhauch beim Türöffnen bewegte das leichte Papiergebilde, sodass es aussah, als kauere dort ein Fremder.

Um unsere „Aussteuer" anzuschaffen, aber auch für unseren „Stoat" (schöne Kleider), gingen die meisten Mädchen aus den umliegenden Dörfern zum Arbeiten nach Gedern in die „Deutschen Kleiderwerke".

Dann ging es los: Osterball, Tanz in den Mai, Johannisfeuer, Kirmes, Strohnickels, Lange Nacht, Weihnachtsball, Silvester und Fastnacht. Wir ließen nichts aus!

Inge,
Klaus,
Ursula

Der Höhepunkt war natürlich die Kirmes, zu der extra Kirmeskuchen im Backhaus gebacken und Besuch geladen wurde. Sie dauerte drei Tage. Am Samstag wurde die Kirmes „angetrunken" (begonnen), aber der wichtigste Tag war der Kirmese-Sonntag, an dem alle Frauen und Mädchen ihr neues Kirmese-Kleid trugen. Samt, Brokat und Perlon waren sehr beliebt und Anfang der Sechziger waren die weiten Röcke mit Petticoat noch en vogue.
Als ich 17 war, hatte ich ein besonders hübsches weißes Kleid genäht bekommen mit einem Tellerrock, an dem fünf Meter Stoff verarbeitet worden waren. Es wurde allgemein bewundert. Aber nach einer Stunde auf dem Tanzboden trappten Freundin Heidemarie und ich nach Hause, schmissen unsere duftigen Ballkleider aufs Bett und zogen uns „Twiströcke" an – der letzte Schrei! Das waren simple, schmal geschnittene Kleiderröcke aus einem rustikalen Stoff. Dazu gehörte die obligatorische „Perlonblus", eine weiße 08/15-Hemdbluse aus Nylon mit Löchern an den Ärmelbündchen, durch die möglichst auffällige große Manschettenknöpfe gesteckt wurden. So gestylt marschierten wir wieder zur Kirmes – die Mamas waren geschockt.
Kirmesmontag ging unsere Dorfkapelle von Haus zu Haus und spielte dort das Wunschlied der Bewohner. Mein Opa hat sich zeitlebens das gleiche Lied gewünscht. Die Musikanten wussten schon, dass der Schumm Karl „Nach meiner Heimat möcht ich wieder" hören wollte. Natürlich gab es für die Musikanten an jedem Haus einen kleinen Obolus. Ein oder zwei Wochen später fand dann noch eine Nachkirmes statt, die aber nur einen Abend dauerte.

Ganz allmählich verschwanden die Petticoats von der Bildfläche, die Röcke wurden eng, und wir tanzten „Twist". In der Gaststube von „Handches" und „Käspersch" hörte man kaum noch andere Musik. Die Jungs spendierten immer wieder zwanzig Pfennig oder mehr für die Musikbox und wir Mädchen durften die Musik auswählen. 1963 war der Tophit der „Popocatepetl-Twist" mit Caterina Valente. Auch der „Peppermint-Twist" auf der Rückseite der Schallplatte wurde oft gedrückt (Taste auf der Musikbox). Wir twisteten, was das Zeug hielt und die Älteren schüttelten die Köpfe.

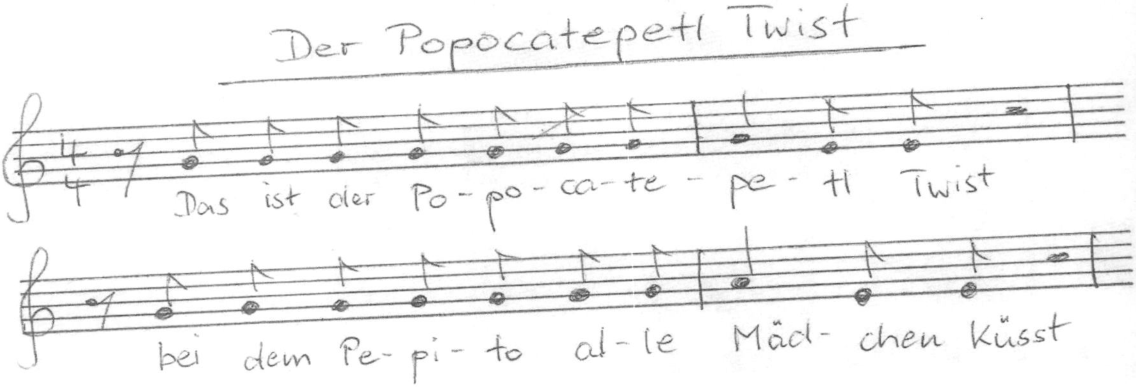

Unser Kultgetränk war der „Puschkin", ein Wodka mit einer Cocktailkirsche, die auf einem roten Plastikstäbchen im Glas steckte. Nachdem Kirsche und Puschkin genossen waren, steckten wir die Stäbchen an unsere Parallelo-Strickjacke, und fühlten uns superstark, wenn sich dort eine lange Reihe angesammelt hatte.

Zur Fastnachtszeit fand jährlich bei „Handches" oder „Käspersch" im Wechsel ein Maskenball statt. Die jungen Männer wurden frühzeitig in den Tanzsaal geschickt, damit die Mädchen und jungen Frauen sich zu Hause ungestört verkleiden konnten.
Sie amüsierten sich köstlich, wenn sie beim Tanz sogar von ihren Partnern nicht erkannt wurden. Um etwa 23 Uhr ging es dann „Über den Stuhl", das heißt, in der Saalmitte wurden die Lehnen zweier Stühle gegeneinander gestellt und alle Maskierten mussten mit ihren jeweiligen Tanzpartnern auf diese Stühle steigen, die Maske abnehmen und sich küssen lassen, ob sie wollten oder nicht.
Mich zu verkleiden und in eine andere Rolle zu schlüpfen, bereitete mir großes Vergnügen. Darum war ich auch Feuer und Flamme, als Herr Benoni, unser ehemaliger Lehrer, fragte, ob ich Lust hätte, bei der Burkhardser Laienbühne Theater zu spielen. Alle anderen Jugendlichen waren ebenfalls mit Freude dabei. Wenn einer von uns mit 15 oder 16 Jahren einen alten Menschen darstellen sollte, hatte Herr Benoni große Mühe, unsere jungen Gesichter mit Schminke in ein faltenreiches Antlitz zu verwandeln. Diese Anstrengungen könnte er sich heute sparen. Theater haben wir aber nur im Winter gespielt, im Sommer war dafür keine Zeit. Rundum gab es Tanz und Gaudi in den Kirmeszelten, wo wir natürlich hinmussten und wir fuhren oft zum Schwimmen an den Gederner See.
Er war damals noch nicht eingezäunt, es gab kaum Camping und keine Absperrung, und es kostete keinen Eintritt! Durch den Wald an den „Sturne Bänk" (Steinernen Bänken) vorbei und ruckzuck war man dort.
Wenn im Dorf mal gar nichts los war, fuhren wir auf dem Rücksitz der Motorräder mit den Burschen nach Eschenrod oder ins Seemental.

Ab 1965 waren wir mit einem Ford unterwegs. Mein Freund (und späterer Ehemann) hatte sich fast sechstausend Mark zusammengespart; damit konnte er sich einen neuen Ford Taunus 12M leisten. Auch Cousine Karin aus Braunschweig, die all ihre Ferien nur in Burkhards verbrachte, weil ihr die Freiheit auf dem Land so gut gefiel, war sehr oft mit von der Partie.

August 1963: Sommerferien in Burkhards

Cousine Karin Juli 1966

Die Mode hatte uns inzwischen den Courrèges-Stil beschert; knappe Minikleidchen mit Kontrastblenden, dazu gehörten quietschbunte Lackschuhe mit kleinem Blockabsatz.

In Schotten gab es nun neben einer Eisdiele, die wir oft besuchten und in der wir alles probierten, auch eine Glastanzdiele, etwas ganz neues. Da mussten wir natürlich auch hin!

Auch die Hochzeiten im Dorf boten für die Bewohner eine Möglichkeit zum Feiern und Tanzen. Sie waren ein Ereignis, an dem alle teilnahmen. Jeder wusste, wann und wo eine solche stattfand, weil das Brautpaar doch „im Kasten gehangen" hatte. Vier Wochen vor der Trauung wurde das Aufgebot mit den Namen der Brautleute in einem Schaukasten an der Bürgermeisterei bekannt gegeben. Die Hochzeit wurde im Haus der Braut oder des Bräutigams gefeiert, wofür zwei oder drei Zimmer leer geräumt wurden. Im Hochzeitshaus wurden auch die Hefekuchen von den Patentanten gebacken, wo es auch schon mal zum Eklat kommen konnte, weil jede der Damen ihr Kuchenrezept für das Beste hielt. Die sogenannten „Feine Kouche" (Torten) zauberten die meist jungen „Offwärtersche" (Bedienerinnen). Diese Torten mussten dann in den Kühlraum des dörflichen Gefrierhauses getragen werden. Karin, die Cousine aus Braunschweig, und ihre Freundin fanden es als Großstadtpflanzen urkomisch, als sie einmal zwei Torten auf der flachen Hand durch den Ort tragen sollten. Unter wildem Gekicher klatschten sie die kunstvoll verzierten Torten zusammen, sodass die Tortenbäckerinnen noch einmal von vorne beginnen mussten.

Die Bedienerinnen (Offwärtersche)

Die standesamtliche Trauung fand einen Tag vor der kirchlichen statt. Der Bürgermeister fungierte als Standesbeamter und war dafür bekannt, dass er nach jeder Trauzeremonie bemerkte: „So etz deaft ihr ach beienaner schloffe." Am Morgen des Hochzeitstages schmückte die Jugend den Weg des Brautpaares zur Kirche mit Kreisen aus Sägemehl und Blumen. Das nannte man „strah" – streuen. Wenn das Brautpaar dann Arm in Arm zur Kirche schritt, war das ein Weg mit Hindernissen. Damals war das „virschäise" im Dorf noch üblich. Das bedeutet: Zwei Burschen mit Stuhl und Teller „bewaffnet" stellten diese vor das Paar, und erst, wenn der Bräutigam einen Geldschein darauf gelegt hatte, durfte es den Weg zur Kirche fortsetzen. Das konnte drei bis viermal oder mehr geschehen. Deshalb musste genug Geld im Jackett des neuen Anzugs stecken, sonst konnte es schwierig werden. Die „Fotosession" nach der Trauung war dagegen eine einfache Sache. Die Frischvermählten wurden schnell mal zu Foto-Kaltenhäuser nach Schotten gekarrt, vor einen Vorhang gestellt und dann wurden drei bis vier Bilder geschossen. Noch eines im Sitzen – und fertig war die Geschichte.

Ein Weg mit Hindernissen: Das Virschäise

Am Abend der Feier gab es etliche Ständchen für das junge Paar. Die Jugend und die Jungverheirateten sangen immer ihre drei obligatorischen Lieder, und zwar „Das Ehestandsliedchen", „Schön ist die Jugend" und „Das Vogelsberglied". Danach gingen die Sänger „auf den Saal" der Gaststätte, wohin die jungen Eheleute sie eingeladen hatten. Später am Abend ließen sich Braut und Bräutigam dort auch noch sehen, um den Brauttanz zu absolvieren. Am nächsten Abend auf der „Nochbräut" (Nachhochzeit) wurden die fleißigen Helfer vom Vortag von der Familie bedient und die Reste verzehrt. Oft ging es da noch lustiger zu als am Tag der Hochzeit. Es wurden viele lustige Streiche gespielt. So hatte meine Nachbarin mit anderen zusammen einmal einen Menschen aus Stroh nachgebildet, ihm Männerkleider angezogen und diesen „Strohmann" bei meiner Patentante aufs Plumpsklo gesetzt. Als diese das stille Örtchen aufsuchte, hatte sie sich natürlich maßlos erschreckt. Die anderen freuten sich!
Alle Paare waren vor der Verheiratung eine kürzere oder längere Spanne verlobt gewesen, auch wenn es mit der Hochzeit manches Mal eilte (pressierte).

Die Sechziger Jahre waren für mich und meine Altersgenossen eine sehr ereignisreiche Zeit. 1960 waren wir noch Kinder, verlebten in der Mitte unsere wilden Jugendjahre und als sich das Jahrzehnt seinem Ende entgegenneigte, waren die meisten von uns schon verheiratet und hatten eigene Kinder.

Heidelore Hainz, geboren 1946, Burkhards

****

Bekannt: Graham, Randolph, Willy

****

Meine Eltern hatten ein Lebensmittelgeschäft an der Kaiserstraße in Friedberg, „Lind und Richter". Das war ein Einzelhandel, lag direkt neben der Gaststätte „Dunkel". Mein Vater belieferte aber auch alle möglichen anderen Geschäfte in der Umgebung. Wir hatten sowohl verpackte Waren als auch lose. So wurden beispielsweise Mehl und Zucker noch in Tüten abgefüllt. Dass angeschrieben wurde, war völlig normal. Wir wohnten im selben Haus, das war ein Dreigenerationen-Haus. Meine Zwillingsschwester und ich halfen dann auch öfters im Geschäft aus.
Nach der Konfirmation meldeten uns die Eltern 1965 in der Tanzschule Wiedemann an. Meine Freundinnen waren auch dabei. Ich habe eigentlich schon immer für mein Leben gerne getanzt.

Das Lebensmittelgeschäft der Eltern auf der Kaiserstraße

1962
Der erste
Schnee

1964 Herbstmarkt auf der Seewiese

Die Kaiserstraße in Friedberg

1966 Willy Brandt in Friedberg

12. Juni 1966, Hessentag

Faschingsumzug auf der Kaiserstraße

Im Central-Studio: Randolph Rose ...

... Cindy und Bert

Wir trugen später zwar auch diese Röcke (finde ich heute furchtbar), aber wir waren im Prinzip schon „brav." Und es wurde uns erlaubt, das „Central-Studio" zu besuchen – freilich mussten wir um halb elf abends zu Hause sein, da gab es kein Vertun. Wen wir da alles gesehen und gehört haben: Cindy und Bert, Peter Maffay, Graham Bonney, Randolph Rose. Die hat alle Klaus Niethammer geholt, der das „Central" führte.
Damals war eigentlich viel los in Friedberg: der Hessentag, die Faschingsumzüge, Elvis Presley hat man ab und zu gesehen, die tollen Faschings-Partys im Hotel Trapp. Und Willy Brandt habe ich gesehen, bei einer Wahlkampfveranstaltung 1965. Da hat er vor dem Trapp eine Rede gehalten. Die Straße war schwarz vor Menschen. Politisch war ich damals nicht interessiert, aber es war eben ein bekannter Mann da und den wollte man sehen.
Wir sind gerne ins „Mühlrad" essen gegangen, an der Stadtkirche. Da gab es hervorragendes Essen. Ich arbeitete dann bei der Oberhessischen Bank und wir bekamen für das Mittagessen Märkchen. Die haben wir gerne im „Mühlrad" eingelöst.

Margit Flach, geboren 1951, Kronberg

****

Flexibel: Ab in die Tüte

****

Das Modehaus Nobel gibt es nicht mehr. In den Sechziger Jahren war es eines der Spezialgeschäfte für Damen-, Herren- und Kinderbekleidung auf der Kaiserstraße in Friedberg. Ich begann im Jahre 1968 dort meine Ausbildung als „Bürokaufmann" und wurde dann später übernommen. Rückblickend muss ich sagen: Es war eine schöne Zeit! Man musste auch damals schon flexibel sein. Samstags durfte ich an den Packtisch. Das heißt: Die bezahlten Sachen wurden von mir in Tüten eingepackt und mit einem Kleiderbügel versehen. Außerdem gab es Präsente wie Flaschenöffner mit Logo oder für Kinder Malbücher und kleine Bälle.

Im Sommer – an einem besonders heißen Tag – konnte es mal vorkommen, dass mir unser Chef einen Geldschein in die Hand drückte und mich zum nahe gelegenen „Eiscafé Cortina" schickte, um für die Angestellten „Eiskaffee" zu holen.

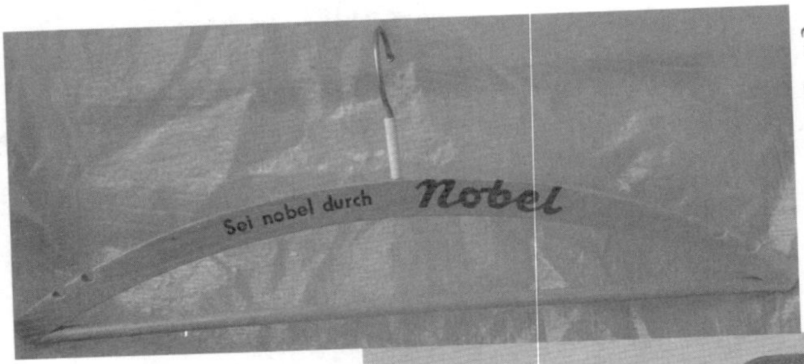

Präsente von Mode Nobel

Renate Keller, geboren 1952, Ober-Mörlen

****

Unterwegs: Zu fremden Sternen

****

Marburg, Sommersemester 1963: Am Ende des nächsten Semesters, so hatte ich mir vorgenommen, würde ich mein Studium abschließen und mich zum Examen melden. Aber vorher wollte ich die Freiheit des Studentendaseins genießen und eine große Fahrt machen. Italien und Spanien waren damals schon das Ziel vieler Sommerreisen. „Hast Du Lust, mit mir im September nach Griechenland zu fahren?" Mein Bruder war sofort begeistert: „Griechenland, da fährt nicht jeder hin, ich bin sofort mit von der Partie!"
Unser Vater, der schon Ende der Zwanziger Jahre selbst durch Griechenland gereist war, stimmte unserem Plan zu und stellte uns seinen VW-Käfer zur Verfügung.

Griechenlands Boden betraten wir, mit dem Fährschiff von Brindisi kommend, in Igoumenitsa. Wir hatten unsere Anfahrt über Italien geplant, weil wir den Hinweg nicht über Jugoslawien nehmen wollten. Wir befürchteten, im kommunistischen Machtbereich festgehalten zu werden. In der uns zur Verfügung stehenden Zeit würden wir dann eventuell gar nicht bis Griechenland kommen. Die erste Nacht auf griechischem Boden zelteten wir neben der Straße, auf einer kahlen Hochebene. Im Zelteingang lagerten wir ein paar Steine und einen Knüppel. In einem neuen Reiseführer stand, dass die wilden Hunde in den Gebirgsgegenden sehr angriffslustig seien. Trotzdem verbrachten wir eine ungestörte Nacht. Ganz in der Ferne hörten wir zwei- oder dreimal Hundegebell.

„Griechenland, da fährt nicht jeder hin"

Zeus-Heiligtum in Dodoni – die griechische Antike streckte ihre steinernen Hände nach uns aus. Das Theater war noch gut erhalten. Wir testeten die berühmte vollkommene Akustik. Mein Bruder stieg zehn Sitzreihen empor, ich stellte mich in die Mitte der Bühne und rezitierte den Anfang von Homers Odyssee im Original:

ανδρα μοι εννεπε μουσα πολυτροπον ος μαλα πολα.

Ohne, dass ich besonders laut sprach, verstand mein Bruder jedes Wort.

Eine mittelalterliche Kirche in Arta, Byzanz, meldete sich zu Wort. Erst hielten wir den Bau mit seinen fünf Türmen für einen Palast. Das Goldmosaik in der Kuppel zeigte uns sofort, dass wir in einer Kirche waren. Wir fuhren weiter unter strahlend blauem Himmel im gleißenden Sonnenlicht durch die fast von Kilometer zu Kilometer sich ändernde Gebirgslandschaft. Der Dreiklang unserer Traumfahrt erklang schon in den ersten Tage auf hellenischer Erde. Aber dann lockte doch am stärksten Athen. Bei Patras setzten wir über den Golf von Korinth, ohne Aufenthalt fuhren wir an seiner Südküste entlang; dann Neukorinth (an die Leute hätte Paulus seine Briefe bestimmt nicht geschrieben!).

Am Abend des dritten Tages waren wir in Athen. Der Zeltplatz lag vor der Stadt. Kaum stand das Zelt, saßen wir schon wieder im Wagen. Athen rief. Wir fuhren auf der Schnellstraße: „Gleich sehen wir die Akropolis! – Was? So niedrig über der Stadt? Ich hatte gedacht ..." Über dem Lichtermeer grellweiß und buntflackernd schwebte der Parthenon, die Propyläen über einem dunklen Fleck inmitten des Lichtermeeres. Alles sah fast unzerstört aus. Zurück auf dem Zeltplatz kochten wir beim Licht unserer Taschenlampe Tee, der Kiosk war geschlossen, dazu gab es Knäckebrot aus unserem Reserveproviant. Um den Batteriestrom zu sparen, die Zeltplatzbeleuchtung war schon ausgeschaltet, „speisten" wir im Dunkeln. Der erste Hunger war noch nicht gestillt, als wir die Mahlzeit unterbrachen, denn beim Kauen hatten wir beide ein seltsames Gefühl, das Knäckebrot knackte nicht zwischen den Zähnen, sondern wirkte weich und ein bisschen pelzig. Im Licht der wieder eingeschalteten Taschenlampe sahen wir, dass sich in der Packung Motten eingenistet hatten. Wir spülten uns den Mund mit Tee aus und schmissen wütend und hungrig die Reste in die nächste Abfalltonne.
Am andern Morgen sahen wir die Akropolis, auf mächtigem Felsblock inmitten der ausgedehnten Stadt in den blauen Himmel ragend. Und dann begann die Wanderung durch die Museen, die Ausgrabungsstätten, die Kirchen und wohin der klassisch gebildete Tourist hinrannte, das heißt, wir rannten nicht und gingen nur dahin, wo wir etwas für uns Interessantes erwarteten.
Abends ließen wir uns dann durch die schmalen Gassen schieben, in denen ganz bestimmt „echte" Antiken verkauft wurden. Tagsüber stürmten die großartigsten Eindrücke auf uns ein, dass wir uns des Öfteren mit einer eiskalten Limonade oder einem Kaffee turc, heiß, schwarz aber zuckersüß, stärken mussten. Vier Tage waren schnell vorbei. Zurück über den Kanal von Korinth, der Peleponnes lag vor uns.

Ein Abstecher zum Kloster Megaspileon zeigte uns die Bergwelt nicht aus unserm VW, sondern durch die offenen Fenster einer altertümlichen Zahnradbahn. Sie schnaufte tapfer bergauf, auch wenn man bei den nichtgriechischen Fahrgästen den Eindruck hatte, dass sie jederzeit ihren letzten Schnaufer erwarteten. Zur Zufriedenheit aller erreichte sie ihre Endstation. Nun mussten wir umsteigen, um den Rest des Anstieges zu dem an einer Felswand gelegenen Kloster auf dem Rücken eines Esels bzw. Maulesels zu bewältigen. Ich muss gestehen, als wir auf dem engen Felspfad immer höher schaukelten, links die überhängende Felswand und rechts der steile Absturz in die tiefe Schlucht, es wäre mir sehr viel wohler auf den Holzbänken der asthmatisch schnaufenden Bergbahn gewesen.
Die Mönche begrüßten uns mit einem Schnaps, hatten aber sonst nicht viel wirklich Sehenswertes zu bieten. Olympia, der gerühmte Zeus des Praxiteles, machte weniger Eindruck als ein Kopf des Antinuos. Abends zelteten wir zu unserm größten Vergnügen direkt unter einem Denkmal zu Ehren griechischer Befreiungskrieger gegen die Türken um 1830. Nachdem wir uns eingerichtet hatten, gingen wir in das kleine ländliche Gasthaus, um uns einmal ein frugales Mahl aus der griechischen Küche zu gönnen. Eine schriftliche Speisekarte gab es nicht. Auf ausländische Touristen war der Wirt keineswegs eingerichtet. Auf Deutsch und Englisch versuchten wir, etwas Essbares zu bestellen, jedoch ohne Erfolg. Er antwortete mit einigen griechischen Wörtern in schnellem Tempo, die wir aber nicht verstanden. Schließlich führte er uns gestenreich zum Herd des Hauses. Er deckte einige Töpfe auf: In dunkler Brühe schmorten große Fleischbrocken, andere mit einem undefinierbaren Gemüse. Er belud zwei Teller aus den Töpfen, auf die wir deuteten, ohne dass wir allerdings erkennen konnten, was wir da bestellten. Dazu gab es frisch gebackenes Brot und Retsina, den griechischen Harzwein, den viele nicht mögen. Uns mundete er zu dem kräftigen Mahl sehr. Auch Fleisch und Gemüse genossen wir, trotzdem wir es auch nach dem Essen nicht genauer definieren konnten.

„Wir kamen vom Mond und waren auf der Erde unterwegs zu fremden Sternen"

Ein gewisser Höhepunkt unserer Reise war der Besuch in Bassä. Rings um den Tempel Apolls, der in einer Einsenkung am Abhang eines Felsgipfels mit Aussicht auf ein weites Tal steht, sahen wir nur kahle Berghöhen und tiefe Täler mit grünem Gestrüpp und einzelnen Ölbäumen. Dazwischen die den Felsen abgerungenen Felder, gelb vom Stroh, das nach der Ernte liegen geblieben war. Hier ließ es sich sicher gut zu dem Gott mit der Leier beten, Feste feiern, tanzen, singen und ihm Opfer darbringen. Die Einsamkeit wurde kaum durch Touristen gestört. Apoll schützt sich und die Ruhe seiner Anbeter und Verehrer heute noch durch schlechte Straßen. 50 Kilometer über Schotterwege führten uns zurück zur Hauptstraße, hinter uns eine lange Staubfahne. Weiter nach Süden, Tripolis. Hier hatte sich die gesamte Bevölkerung der Umgebung versammelt, die Straßen waren bunt von Menschen, es war kaum ein Durchkommen. Was da gefeiert wurde, wissen wir nicht. Als wir durch ein Spalier griechischer Soldaten mit englischen Stahlhelmen und umgehängten Maschinenpistolen, die drohend nach vorne gerichtet waren, fuhren, wurde es uns unheimlich. Etwas ironisch fragte mein Bruder: „Die sind doch bestimmt nicht zu unserer Begrüßung angetreten?"

Antike Stadtmauern, Tor und Türme bei Ithome. Es haben zwar schon Ausgrabungen hier stattgefunden, aber von touristischer Erschließung war nichts zu sehen, keine Zäune, keine gebahnten Wege und keine Kassenhäuschen. Wir waren die einzigen Besucher und suchten uns unsere Pfade durch das Trümmerfeld, das zum Teil mit Gebüschen und Bäumen bewachsen war. Von Kalamata fuhren wir über einen herrlichen Pass nach Sparta. Vorher, in der messenischen Ebene, stand Ölbaum an Ölbaum, die leichte Brise von Süden her spielte mit den grünsilbergrauen Blättern im Sonnenlicht. Manchmal fuhren wir auch durch Weingärten, die sich wie endlose Weinlauben links und rechts der Straße erstreckten, dann wieder durch steile Felsschluchten. In Serpentinen kletterte die Straße, mit Geröll und ausgefahrenen Rinnen in den Kurven, die steilen Hänge zwischen den Tälern hinauf und hinunter. Obwohl wir sehr langsam fahren mussten, zogen wir Staubfahnen hinter uns her. Hochgebirgsgrashänge und Felsbrocken auf beiden Seiten der Straße, Felswände himmelhoch. Über einem Tal kreisten große schwarze Raben. Auf einmal eröffnete sich eine Schwarzwaldkulisse: windzerzauste stolze Tannen, alles steiler und enger, schroffer. Eine letzte Schlucht, die Wände traten auseinander, vor uns und unter uns öffnete sich die Ebene von Sparta. Am Hang lag die mittelalterliche Ruinenstadt Mystra. Von ihrer Festung über den Häusern ohne Türen und Dächer und mit leeren Fensterhöhlen hatten wir einen wunderbaren Ausblick über die weite Ebene, überall die dichten Kronen der Ölbäume wie ein silbergrüngraues Meer. Dazwischen die weißen Häuser des modernen Sparta. Vom alten Sparta war nicht viel übriggeblieben – die Spartaner waren wohl auch in ihren Bauten und gegenständlichen Hinterlassenschaften zu spartanisch. Unser Weg führte wieder nach Norden: Wolken standen am Himmel. Die untergehende Sonne malte sie brandgelb, brandrot. Hier und da brach noch ein Lichtspeer zwischen den Wolken hervor. Die Farben wurden blasser: rot, hellrot, rosa, blassrosa und plötzlich war es dunkel.
Nachtfahrt, endlose Kurven erschienen im Scheinwerferlicht und versanken wieder in der Dunkelheit. In Mykene angekommen, hatten wir in unserm Vorrat nur noch Corned Beef aus der Dose, dazu gab es funkelnden roten Griechenwein.

Am andern Morgen: Mykene war zugänglich und ohne touristischen Rummel. Auf den unebenen Wegen und Pfaden durch die Trümmerlandschaft fand ich einen Splitterfetzen von gelblichem, matten Metall, ein Überbleibsel vom Gold des Menelaos? Zyklopenmauern, Löwentor und Kuppelgräber, darunter das Bedeutendste, das so genannte Schatzhaus des Atreus.

Unser nächstes Ziel war Tiryns: Festungsmauern aus riesigen Felsbrocken von Übermenschen getürmt. Wie haben die Steinmetze das damals geschafft, so präzise bearbeitet und aufeinander gepasst ohne Maschinenkraft?

In Palai Epidauros stand unser Zelt direkt am Meer. Wir gönnten uns vier Tage Sonne und Wasser, Wind und Licht, Schwimmen über versunkenen Häusern und Säulen. In Epidauros heilte einst Asklepios, dort standen Heiligtum und Krankenhaus und Theater. Wir hatten aber nicht lange Ruhe, uns zog es zurück nach Athen. Dazwischen lag Korinth. Hier stand Paulus vor Gericht und musste sich vor dem Statthalter Gallio verteidigen. Gekrönt wurde die Stadt mit dem Hügel von Altkorinth. Wir streunten durch die Reste der Befestigungen aller Herren und Krieger, die hier einmal herrschten: Mykenische Zeit, klassische Antike, Römerzeit, danach wechselten die Herren schneller: Byzantiner, Kreuzritter, Franken, Türken, Venezianer und noch einmal Türken.
Durch die Trümmer von Eleusis wehten noch die ehrfurchtsvollen Schauer der Demeter-Mysterien; höchste Seligkeit schenkte Demeter, die Göttin der Ernte und der Fruchtbarkeit durch ihre Priesterinnen.
Noch einmal verbrachten wir zwei Tage in Athen. Jetzt sahen und verstanden wir im Nationalmuseum viel mehr. Wir kannten einige der Ursprungsorte: starr blickende Goldmasken, fein getrieben, dickwandige Goldbecher mit mythologischen Szenen und Figuren. Sie passten zu den übermächtigen Mauern von Mykene. Ganz in der Frühe herrschte auf der Akropolis noch nicht der übliche Touristenrummel. Ich versetzte mich dort in frühere Zeiten, meditierte ungestört: „Über diese Stufen ist Platon gestiegen, hier diskutierte er mit seinen Freunden. Hier versammelte Aristoteles seine Schüler. Hier hat Perikles seine großartigen Reden gehalten, die das ganze Volk mitrissen. Hier kam das Volk zusammen, um die Angelegenheiten der Stadt zu regeln, Gesetze zu erlassen, mitzureden, mitzuentscheiden, abzustimmen. In den Versammlungen des Volkes zeigte sich seine Kraft. Im Theater wurden die Tragödien des Sophokles zelebriert. Im Olympeion ahnt man noch den alles überragenden Wald der Säulen."

Samstagabend fuhren wir zum Poseidon-Tempel auf Kap Sunnion. Die Sonne ging über Ägina unter, am Himmel strahlte das Flammenspiel der Farben zwischen den Wolken. Kameras klickten und surrten. Hier wurde der Meergott verehrt und sein ungebremstes Wüten und Zerstören mit Opfern und Weihgeschenken zu begrenzen versucht. Mancher Seefahrer, der sich aus Sturm und Schiffsuntergang rettete, dankte dem Retter aus der Tiefe mit Geschenken. Sonntagmorgen hieß es beim Abbau unseres Zeltes: „Heute in einer Woche sind wir zu Hause." Im Dunst über der Stadt verschwand die Akropolis.

Delphi: Apoll liebte die Natur. Über der senkrecht aufsteigenden Felswand hinter dem heiligen Bezirk zog ein Adlerpaar seine Kreise. Über Athenas Tempel hatte der Erderschütterer Poseidon gesiegt. Im Museum: Der Wagenlenker (wenn ich nur gewusst hätte, was seinen seltsamen Blick in die Ferne so festhält, so weglenkt von allem Irdischen, allem Menschlichen), ein Plutarchkopf. Warum nur hatten wir in der Schule so wenig von dem weitgereisten und umfassend denkenden Geschichts- und Geschichtenschreiber gehört.

In Thessaloniki sagten wir: „Hellas, auf Wiedersehn! Wir kommen wieder." An der Grenze staute sich der Verkehr vor uns. Die Kontrolle durch die jugoslawischen Zöllner stockte. Ein paar Wagen vor uns standen einige Grenzbeamte um ein Fahrzeug und diskutierten mit dem Fahrer, der mit Papieren in der Luft herumwedelte. Schließlich hatte es sich bis zu uns herumgesprochen, dass die Einreise wegen eines Mobilfunkgerätes verweigert wurde.

Jugoslawien: Die Autobahn war gut, wir kamen rasch vorwärts. Spät abends erreichten wir Skopje. Der Campingplatz lag vor der Stadt und war offenbar ziemlich voll besetzt. Am Morgen wunderten wir uns über die langen Reihen von Militärzelten und dem regen Tun und Treiben der Campingplatzbewohner um diese frühe Zeit. Unser doppelter Irrtum: Auf unseren Uhren war es erst 5 Uhr, in Wirklichkeit war es schon 7 Uhr. Wir hatten uns bei der Zeitumstellung an der griechisch-jugoslawischen Grenze vertan und unsere Uhr um eine Stunde vorgestellt, wir hätten sie aber um eine Stunde zurückstellen müssen. Bei der Fahrt durch die Stadt erinnerten uns die Ruinen und Trümmerfelder an die deutschen Städte 1945 nach den Bombardierungen. Jetzt wurde uns klar, warum so viele Menschen hier in Militärzelten hausten. Die machten keinen Campingurlaub, das waren die Überlebenden und Obdachlosen vom großen Erdbeben, das Skopje im Juli 1963 heimgesucht und weitgehend zerstört hatte.

Wir waren unserm Zeitplan voraus und konnten in Belgrad noch einen Tag Station machen. In Maribor empfing uns wieder der Regen. Marburg schien schon näher, klang vertraut, heimatlich. Die Leute verstanden uns und sprachen sofort Deutsch, wir brauchten nicht mehr zu versuchen, uns mit Händen und Füßen verständlich zu machen. In Salzburg klang wieder rings um uns Deutsch. Wir mussten unsere manchmal respektlosen Bemerkungen und Kommentare einschränken. Das respektvolle Gesicht gelang uns im Dom nicht ganz. Wir waren erfüllt mit den einfachen und schnörkellosen Werken der Klassischen Kunst, der herzbefreienden Weite des Meeres und dem Abwechslungsreichtum der Natur, da konnten wir bei der überwältigenden Fülle der Farben, Bilder und Formen des Barock nur wenig berührt mit der Schulter zucken. Die Wirtin in Notzing vor München fragte uns, woher wir kämen. Sie bestaunte uns fast, als kämen wir von einem fremden Stern. Hatte sie vielleicht recht? Stand nicht im Staub unseres Käfers, dort, wo man bei Expeditionsfahrzeugen manchmal die Reiseroute lesen kann:

σεληνη – γη – αστερες

Wir kamen vom Mond
und waren auf der Erde
unterwegs zu fremden Sternen.

Dieter Bertram, geboren 1940, Butzbach-Griedel

****

Geschamig: BH in Pepita

****

„Kirnd, dou der mol ebbes iwwer, mir fohrn nach Friwisch! Dou brauchst woas fir owwerim! De Bus kimmt gleich! Duddel net rim!"(„Kind, zieh dir etwas an, wir fahren nach Friedberg! Du brauchst etwas für obenrum! Der Bus kommt gleich! Trödel nicht herum!") Ich wusste nicht, was Oma wollte. Aber ich wusste, sie duldete keinen Ungehorsam.

Meine Großmutter Rosa war eine pragmatische Frau mit schnellen Entschlüssen. Sie war hart geworden durch Kriegs-und-Nachkriegszeit und haderte, solange ich sie kannte, mit sich und der Welt. Großvater war in zwei Kriegen mit langen Gefangenschaften gewesen und hatte außerdem das falsche Parteibuch gehabt. „Wäre ich nur als Mann zur Welt gekommen", murmelte Oma oft. Rosa war aus all diesen Gründen keine Oma, die mich, die pubertierende Enkeltochter liebevoll in den Arm nahm, mir die Veränderungen meines noch kindlichen Körpers erklärte und zartfühlend mitteilte, dass der erste BH fällig sei. Nein, Oma Rosa war da anders.

Ich war zwölf Jahre alt geworden und es war Herbst im Jahr 1965. Anregungen zu der Bekleidungssparte „Unterwäsche" holte man sich eventuell aus Versandhauskatalogen. Bei Oma Rosa war wahrscheinlich das Wort „Büstenhalter" laut auszusprechen schon ein Grund, den Beichtstuhl aufzusuchen. Ein „geschamiges" Thema eben.

Da es in Ober-Wöllstadt Damenwäsche nicht zu kaufen gab, mussten wir mit dem Bus nach Friedberg fahren. In Friedberg ging es die Kaiserstraße entlang Richtung Burg. Auf der rechten Seite war ein kleiner Laden, der von zwei älteren Damen geführt wurde, den Geschwistern Kilb. Dort gab es unter anderem Garne, Nadeln und Deckchen mit vorgezeichneten Mustern, welche mit Kreuzstichen in diversen Farben ausgefüllt wurden. So wie „Malen nach Zahlen." Es gab Kniestrümpfe, Socken und kochfeste „Schlupphosen" (hohe Schlüpfer, auch mit Bein). Die Büstenhalter versteckten die Schwestern unter der Ladentheke.

„Hier haben wir etwas für das Kind. Es wächst ja noch und der Büstenhalter soll ja auch in ein paar Monaten noch passen." Die eine Kilb-Schwester legte uns zwei BH-Modelle auf den Tresen. Eines fleischfarben, mit spiralförmiger Steppung, welches im wahrsten Sinn des Wortes die Brüste wie Spitztüten hervorstehen ließ, und ein Modell in schwarz-weißem Pepitamuster. Da Letzterer zur Hälfte reduziert war, hatte Oma Rosa die Kaufentscheidung bereits getroffen. So etwas wie eine Anprobe wurde durch den günstigen Preis für überflüssig befunden. Zusätzlich zu meinem ersten BH erstand Oma noch einige Stickdeckchen mit weihnachtlichen Motiven, denn die großmütterlichen Hände durften niemals ruhen und das Fest nahte.

In Friedberg gab es zu dieser Zeit allerdings auch sogenannte Boutiquen, an deren Fenstern wir Mädchen uns die Nasen plattdrückten. Bei „Zollfrank" gab es hübsche Minikleider mit ausladenden Krägen und farblich abgestimmten Schleifen/Krawatten. Meine Cousine Rosi wurde jedes Jahr dort ausgestattet und ich beneidete sie glühend um ihre schicken Kleider. Meine Garderobe bestand zum größten Teil aus abgelegten Teilen meiner Cousine Monika. Ab und zu spendierte meine Gote (Patin) Liesel ein „neu gekauftes" Kleidungsstück. Darunter auch eine petrolfarbene Lastex-Keilhose. Die segnete nach nur zwei Tagen das Zeitliche, weil Oma Rosa das gute Stück nach der Wäsche zum Trocknen über den Ofenschirm gehängt hatte. Kunstfasern schmelzen und erweichen, nur das Herz von Oma blieb hart. Es gab keine neue Keilhose!

Es war die Zeit, als die Beatles kamen und Europa gründlich aufmischten. Unser hellgrünes Kofferradio war für mich nun das Tor zur Welt. „Schlagerbörse", moderiert von Hanns Verres, Europawelle mit Manfred Sexauer und Radio Luxemburg mit Camillo Felgen brachten uns die Liverpooler Jungs direkt ins Wohnzimmer.

„Mach emol des Gekrisch aus, sonst kreiste aans iwwer! Eisch will schloofe!"(Mach das Gekreisch aus, sonst kriegst du eins über! Ich will schlafen!) Opa Jean, sonst ruhig und gelassen, hatte für diese Art von Musik gar nichts übrig. Also verschanzte ich mich mit dem Kofferradio im Badezimmer, ließ mir ein Bad ein, veredelte es mit einer Badesalztablette, die nach hochkonzentriertem Fichtenduft roch, und sang dabei „I wanna hold your hand" und „She loves you", bis das Badewasser kalt wurde.
John, Paul, Ringo und George prägten mit ihren Pilzköpfen und ihren legendären Bühnenoutfits die Mode der Sechziger. Eines Morgens entdeckte ich im Schulbus einen Jungen – der hatte sich was getraut! Er trug seine dunklen Haare im Original-Beatles-Look. Also lang aber akkurat geschnitten. Manche Jungs ließen sich nur einfach die Nackenhaare wachsen. „Dei hun all e Polka-Ank" sagte unsere Nachbarin zu solchen, ihrer Meinung nach „Entgleisungen" der männlichen Haarmode. Als ich ausgiebig den Pilzkopf des Wetterauer Paul McCartney-Doubles begutachtete, schaute er mich an. Ich merkte, wie mir vor Verlegenheit die Röte ins Gesicht schoss. Ich senkte verlegen den Blick, hierbei fiel mir die untere Körperhälfte des Jungen auf. Was ich da sah, verschlug mir schier den Atem! Er trug eine Schlaghose mit einer Kellerfalte und silberfarbenem Kettchen. Schwarzweißes

Pepitamuster! Quasi ein Pendant zu meinem BH! Die Hose war einfach der Hammer! Koste es, was es wolle, eine Schlaghose musste her!

Und da war auch schon das Problem. Bei uns zu Hause wurde sparsam und praktisch gedacht! Zunächst versuchte ich Mutti und Oma mit einem Bild aus der „Bravo" so ein modisches Beinkleid optisch nahe zubringen. Meine Begeisterung wirkte auf die beiden leider nicht gerade ansteckend. Aber immerhin beratschlagten sie sich und wälzten abgegriffene Burda-Modehefte mit Schnittmusterbögen. Danach holten sie aus der Tiefe einer Truhe eine dunkelgraue Wollhose mit Fischgrätmuster. „Des irs aan goure Stoff ! De Opa hoat die Hurs net lang odoue kenne. Wei er haamkomme irs, von de Gefangenschaft, do woar er su dinn. Dann hoat er zougelegt." („Das ist ein guter Stoff! Der Opa konnte die Hose nicht lange tragen. Als er aus der Gefangenschaft nach Hause kam, da war er so dünn. Dann hat er zugelegt.") Mir schwante nichts Gutes! Hätte ich doch der Gote Liesel mal das Hosenabbild gezeigt! Zu spät!

Oma Rosa war um 1915 mit einigen Freundinnen vom „Fuldaerland" als Haushaltshilfen nach Ober-Wöllstadt gekommen. Damals nähten und flickten die Mädchen für Bauernfamilien, halfen bei den täglich anfallenden Arbeiten. Die Heimat Rhön war arm, die reiche Wetterau brachte ihnen Lohn und Brot. Außerdem gab hier es auch heiratswillige Burschen! Oma Rosa konnte nähen. Meine Mutti musste die Schnittmuster mit einem Zackenrädchen auf Zeitungspapier bringen. Nach dem Ausschneiden der einzelnen Teile wurden diese dann auf den Stoff geheftet und mit Kreide umrissen. Dann wurde der Stoff entlang der Kreidestriche geschnitten. Wehe, wenn sich Mutti einmal im Labyrinth der Musterbögen verirrte. Da gab Oma schlimme Knurrlaute von sich!

Das Opa-Beinkleid wurde aufgetrennt, der Stoff vorsichtshalber gewendet, auf meine Jungmädchenfigur zurechtgeschnitten und zusammengenäht. An den Beinen war die Hose insgesamt etwas weiter. Kellerfalte war allerdings nicht drin, das hätte Oma dann doch überfordert. Auch ein Kettchen gab es nicht. Mutti meinte aber, die Hose hätte ordentlich Schlag. Nicht nur das, ja sie würde fast genauso aussehen, wie auf dem Bild in der „Bravo". Halt nur in Anthrazit, aber 1A-Wollstoff!

Mittlerweile freute ich mich schon ein bisschen auf mein neues, altes Kleidungsstück. Aber nur ein bisschen! Nach der ersten Anprobe redete ich mir ein, dass graue Fischgrätmuster zeitlos seien und mir der „puristische" Stil der Hose doch besser als erwartet stehen würde, wenn sie fertig wäre.

Gote Liesel strickte mir in der Zeit, als die Oma kreativ am Nachkriegswollstoff stichelte, einen langen, schwarzen Schal und dazu passend eine Baskenmütze. Als ich endlich meine heißersehnte Schlaghose samt den beiden Accessoires anzog und mich auf einem Stuhl stehend in Omas aufklappbarem Schlafzimmerspiegel bewunderte, fand ich mich wunderschön und sang „Yeah, Yeah, Yeah!"

Leider hielt mein Hochgefühl nicht lange an. Am nächsten Tag in der Schule tuschelte meine Freundin Bärbel während der Deutschstunde: „Sag mal, was hast du denn für eine Hose an?" Ich tuschelte zurück: „Das ist meine neue Schlaghose!" Bärbel fing an zu kichern und wollte damit nicht mehr aufhören, bis die Pausenglocke schellte. Ich war noch ahnungslos.

Auf dem Schulhof stand Bärbel zusammen mit einer Mädchenclique aus meiner Klasse. Sie hatten die Köpfe zusammengesteckt, schauten in meine Richtung und lachten. Als ich näher kam, trat Bärbel vor und fragte mich nochmals vor den Mädchen: „Petra, erzähle uns doch mal, was du für eine Hose anhast!" Treudoof und stolz verkündete ich: „Das ist meine neue Schlaghose!"

Die Mädchen kriegten sich nun nicht mehr ein, und ich fühlte, wie sich mein mühsam aufgebautes Selbstbewusstsein in Luft auflöste. „Komm mal mit, dann zeigen wir dir mal, wie eine richtige Schlaghose aussieht!", rief die Anführerin. Mit gesenktem Haupt folgte ich meinen neu gewonnenen Feindinnen zum anderen Ende des Schulhofes. Bei diesem Gang erwürgte ich in Gedanken jede einzelne von ihnen mit meinem neuen, schwarzen Schal. Bärbel allerdings zweimal.

„Guck da!" Bärbel grinste breit. „So sieht eine richtige Schlaghose aus!" Vor Scham wagte ich kaum den Kopf zu heben, doch was ich sah, reichte mir: ein paar Jungenbeine gehüllt in Schlaghosen in schwarzweißen Pepitamuster, garniert mit Kellerfalte und einem silberfarbenen Kettchen!

Petra Schwarzhaupt, geboren 1953, Friedberg

****

Zum Abschied: Tracht Prügel

****

Rückblickend waren die Sechziger Jahre ein Ereignis, das mich und bestimmt viele dieser Generation prägte. Die mageren Nachkriegsjahre waren vorbei und der Wiederaufbau im Großen und Ganzen geschafft. Die Ruinen, in denen ich gespielt hatte, waren beseitigt, neue Mauern hochgezogen. Aber es wurde auch Bestehendes abgerissen. Anfang der Sechziger Jahre wurden die alten Gebäude der Bergkaserne in Gießen gesprengt. Mit meinen Eltern wohnte ich genau gegenüber und konnte jahrelang das Kasernentreiben beobachten. Wie die Hubschrauber landeten, starteten, die Soldaten marschierten. Augen geradeaus, ein Lied, zwo, drei. Bei der Sprengung mussten alle Fenster geöffnet sein, sonst konnte der Sprengdruck die Scheiben bersten lassen. Wenn nicht richtig gesprengt wurde, dann flogen die Steinbrocken bis hinüber zu unserem Hausdach. Für mich war das ein

tolles Abenteuer auch das Warten auf den Knall, der vorher mit einem Tuten angekündigt wurde, damit jeder rechtzeitig in Deckung gehen konnte. Heute würde bestimmt das ganze Viertel evakuiert werden.
Die Hausärzte machten noch Hausbesuche, wenn wir Kinder mit Fieber im Bett lagen. Unser Hausarzt wohnte über seiner Praxis ums Eck und das Wartezimmer war immer voll. Schon um acht Uhr dreißig morgens waren die Stühle im Wartezimmer besetzt. Die Assistentin des Doktors machte die Tür auf und fragte, wer der nächste sei. „Der nächste bitte!" Derjenige, der dran war, stand auf und ging hinein. Wenn ich mal alleine zum Arzt ging und sein Wartezimmer schon so voll war, dass ich stehen musste, sagte Mutter vorher, frage, wer zuletzt gekommen ist, damit du weißt, wann du dran bist. Sie sagte aber auch, wenn du einen freien Stuhl hast und es kommt noch jemand, dann stehe auf und biete den Stuhl an. Wurde der jeweils Letzte vorab nur zur Spritze herein gerufen, stand ich wieder auf dem Schlauch und wusste nicht, wer denn nun wieder vor mir war. Einige wichtige Patienten wurden durch eine Nebentür, ohne, dass sie das Wartezimmer betraten, an diesem vorbeigeschleust.

Als Hinterhofkinder trällerten wir Schlager lauthals hinterm Haus – wobei das Mutter sehr peinlich war, denn sie achtete auf Etikette, Seriosität und gute Anstandsformen, war aber auch mit Hierarchiedenken verwurzelt. „Was werden wohl die Nachbarn denken, wenn wir solche Lieder im Hinterhof, hoch schallend zu den Balkonen zum Besten geben?" Was wussten wir Kids denn schon vom Liebeskummer, der sich nicht lohnt, oder was Gitte vom Cowboy als Mann wollte. Den Häuptling der Indianer, den verstanden wir, wir kannten ja die Indianer aus den Westernfilmen.
Aber dann kam sie, diese von den Eltern so verdammte „Negermusik". Das waren nicht alles Schwarze, die diese Musik machten mit den Gitarrenriffs. Eric Burdon, Roy Orbison, Elvis, Troggs, Walker Brothers, das waren gar keine Musiker aus dem „Urwald", wie diejenigen, die ich für uralt hielt, diesen Sound betitelten. Hier wurde natürlich eine andere Musik gespielt als die deutschen Schlager von Gus Backus, Bill Ramsey oder Freddy Quinn. Jetzt kamen John, Paul, George und Ringo in die Szene und mischten diese auf. Solche Musik kommt mir nicht ins Haus, war der Originalton der Eltern. Doch wir hörten ihn, den Beat, der in die Beine fuhr. „Let's Twist Again" war vorher und nun waren „She Loves You" und „Satisfaction" angesagt. Mit dem Kofferradio zog ich mit dem Freund am frühen Abend um die Häuser und suchte auf Kurzwelle den Piratensender in der Nordsee, der den Beat durch den Äther schickte. Es war ein Rauschen und Pfeifen, immer wieder den Sender nachstellen, aber wir hörten als erste „Help" von den Beatles.
Der Beat der Hitparaden wurde auf den Glastanzdielen der großen und kleinen Bühnen quer durch das Land live von vielen meist noch jugendlichen Bands gespielt. Ein Highlight, wenn The Misfits und die Black Shadows in der Gießener Region auftraten. Meine erste Langspielplatte für achtzehn Mark war von Jimmy and The Rackets, die „My Soul" in die Hitparaden brachten, eine Mono LP. Alle meine Schallplatten aus dieser Zeit habe ich noch. Die 17-cm-Singles und einige LPs sind heute allerdings so ausgelutscht, dass sie nass abgespielt noch krächzen. Dieses Jahrzehnt war musikmäßig einfach das beste.

In dieser Zeit waren wir drei Freunde, gingen in dieselbe Klasse. Nachmittags trafen wir uns öfter, um durch den Giessener Stadtwald zu streifen. Tiere und Vögel wollten wir beobachten. Dabei entdeckten wir den Bunker etwas abseits des Weges. Ein kleines Haus aus Beton mit einem Eingang und einem Loch an der Innenwand des Raumes. Am nächsten Tag kamen wir wieder und hatten Taschenlampen dabei. Wir leuchteten in die Tiefe, sahen etwa drei Meter unten nur Geröll und Betonbrocken. An der Wand waren Eisenkrampen angebracht die als Leiter nach unten führten. Sollten wir den Abstieg wagen? Dieter war der Mutigste und stieg als erster in die Dunkelheit, die Taschenlampe zwischen den Zähnen. „Ein paar der Eisenkrampen sind wackelig", rief er. Ich war der Letzte, mit mulmigem Gefühl, kam aber am Boden an. Unten war noch einmal ein Loch, das war glücklicherweise mit einem rostigen Metalleinsatz verdeckt. Ich dachte noch, wenn wir nicht herauskommen, findet uns hier keiner. Vor ein paar Jahren las ich, dass sich unten verzweigte Gänge befinden, die voll Wasser sind. Ich war heilfroh dieser Unterwelt gesund entronnen zu sein. Bei einer unsere Wald-Exkursionen hatte einer eine Schachtel Zündhölzer dabei. Er wollte uns zeigen wie damit gespielt werden kann. Man stelle das Streichholz mit dem Kopf auf die

Reibefläche und halte es mit dem Zeigefinger fest. Dann wird mit dem Finger der anderen Hand gegen das Holz geschnippt, sodass das Streichholz zündet und brennend wegfliegt. Beim vierten Male flog das Hölzchen in das trockene Gras am Waldrand, das sofort Feuer fing und sich schnell aufloderte. Mit dem Split vom Weg und dem Austreten mit den Füßen gelang es nicht, den Brand zu ersticken. Als wir sahen dass die Flammen sich rasant ausbreiteten, flohen wir in Panik quer durch den Wald in drei Richtungen. In der Licher Straße drehte ich mich um und sah eine riesige schwarze Rauchwolke in den blauen Himmel steigen. Ein Passant fragte noch was da los sei. „Da brennt es!", rief ich beim Laufen. Mutter hatte natürlich gleich den Verdacht dass was los ist, als ich heimkam. Ich wollte sofort wieder weg zur Oma, da sollte ich noch etwas hinbringen. Die Rauchfahne konnte von unserem Küchenfenster gut gesehen werden. Als dann unten auf der Straße ein Polizeiwagen mit Martinshorn und Blaulicht vorbeifuhr, floh ich in panischer Angst unter den Küchentisch, um mich zu verstecken. So musste ich alles erzählen. Mutter bekam meistens alles heraus. Am nächsten Tag ging sie mit mir zur Polizei und ich stellte mich, musste natürlich auch die anderen Namen preisgeben. Einer der Freunde wurde am gleichen Tag mit zwei Polizisten aus der Klasse abgeholt und nach Hause zu seinen Eltern gefahren. Strafe haben wir keine bekommen, wir waren zu jung. Jahre später beim Klassentreffen fragte derjenige, den die Polizei abholte, wer denn alles ausgeplaudert hatte. Ich kam mir wie ein Verräter vor und er sich damals als Verbrecher.

Ich war nicht der Beste in der Schule. Ich war viel zu faul und zu bequem. Wenn ich mit halben Schularbeiten morgens in der Klasse saß, musste ich erst mal schauen, dass ich sie komplett in mein Heft bekam. Sonst hätte ich nur sagen können: „Ich habe sie vergessen." In meiner Freizeit hatte ich immer so viel vor, dass ich für Schularbeiten kaum Zeit hatte und immer auf dem Sprung war. Deswegen hat mich der Klassenlehrer, bevor er an eine andere Schule wechselte, am Ende seiner letzten Stunde nach vorne auf das Podium gerufen und mir vor versammelter Klasse eine gehörige Tracht Prügel verabreicht. Das war sein Abschiedsgeschenk an mich.
Beim Klassentreffen sagten die Kameraden, dieser Lehrer sei als Schläger bekannt gewesen. Doch auch andere Lehrer schlugen schon mal zu. Einer zog immer die Wange hoch um dann beim Loslassen mit seinen Lederhänden draufzuschlagen.

Nach neun Schuljahren war mein Abschlusszeugnis nicht berauschend. Ich hätte gerne eine Lehre gemacht mit Fotografie oder als Dekorateur. Die Eltern steckten mich aber in den kaufmännischen Bereich. Ich hatte den Beruf des Verkäufers gelernt und statt eines Gesellenbriefes bekam ich nur einen Kaufmannsgehilfenbrief. Ich verkaufte Schrauben, Nägel, Dübel, Werkzeuge, alles was eine Eisenwarenhandlung anbietet. So richtig glücklich war ich damit nicht, denn den ganzen Tag hinterm Tresen zu stehen, hielten meine Füße und Gelenke schwer durch. Das war immer mein Schwachpunkt. Nichtsdestotrotz zog ich mit der Clique Samstagabend in Gießens erste Disco, den „Oldtimer Club". Der war dort, wo heute „McDonald" ist. Mit fünf Mark Eintritt durften wir bis zweiundzwanzig Uhr bleiben, denn wer noch keine Achtzehn war, der musste dann das Tanzlokal verlassen.

Das Jugendamt kontrollierte öfter. An einen Live-Act kann ich mich erinnern, da spielten The Petards, die hessische Kultband aus Schrecksbach und brachten ihren Hit „Shoot me up to the Moon" zu Gehör. Vorher wurde das Licht gelöscht und beim ersten Ton kam das Lichtfeuerwerk. Sonst legte der Discjockey Platten auf. Bei einem Glas O-Saft tanzten wir zwei Stunden ab und machten uns auf den Heimweg, wobei wir bei den Mädels noch bis Mitternacht vor der Haustüre standen.
Die erste Liebe kam.
Das waren die Sechziger Jahre. Schule, Lehre, erwachsen werden. Immer wieder Dummheiten gemacht. Ob ich daraus etwas gelernt habe? Vielleicht für ein nächstes Leben. Dieses Jahrzehnt hat mich mehr geprägt als die Fünfziger Jahre. Einen Krieg habe ich nie erlebt. Dieses Jahrzehnt war der Aufbruch in die Neuzeit. Die Zeit der Revolution, des Aufbegehrens, des Protestes, eine neue Generation, wie es sie bis heute nie wieder gegeben hat. Ein jeder findet sein Jahrzehnt schön und meines waren die sechziger Jahre.

Nicht so recht glücklich mit Schrauben und Werkzeugen

Christoph Westrupp, geboren 1949, Buseck

****

Prima: Großkariert auf dem Traktor

****

Die Sechziger Jahre waren in unserem Ort nicht so sehr von dem politischen Geschehen und den Schlagzeilen im Fernsehen und Radio geprägt. Die Begebenheiten, die im Dorf geschahen, waren interessanter.
Natürlich hatte die Mode auch auf mich einen Einfluss. Ich bin auf einem Bauernhof groß geworden und erinnere mich noch gut, als ich mir meine erste Jeanshose gekauft habe. Sie war mit großkariertem Aufschlag. Als meine Schwester die Hose sah, sagte sie: „Schamst dou dich neat, dich su uff de Traktor se setze?" („Schämst du dich nicht, dich so auf den Traktor zu setzen?") Mir gefiel sie prima.

Auch war es Brauch, dass wir Bauernmädchen im Winter nähen lernen sollten. Meine Mutter sagte: „Es ist schon gut, wenn du später deinem Mann die Hosen flicken kannst." Also ging es ab nach Friedberg zu den Nonnen, die uns das Nähen beibrachten. Wie war ich stolz, als ich mir mein erstes Kleid nähen konnte. Ich kaufte mir einen Petticoat und stolz ging ich damit zum Tanz. Der Petticoat hängt noch heute in meinem Schrank.

modisch, praktisch, vielseitig

Auf einem Bauernhof gab es zu dieser Zeit keinen geregelten Feierabend. Wie beneidete ich oft meine Freundinnen, die einer Arbeit nachgingen und schon frühabends Feierabend hatten. Einmal feierte ich mit meinen Freundinnen bis spät in die Nacht hinein. Ich schlief etwa zwei Stunden. Da kam meine Mutter und sagte: „Aufstehen, wer lange feiert, muss morgens trotzdem raus." Müde stand ich auf. Ich sollte mit dem Traktor auf das Feld fahren und pflügen. Der Pflug wurde angehängt und ich fuhr los. Nach einigen Runden pflügen wurde ich so müde, dass mir die Augen zufielen. Ich stellte den Traktor aus, nahm meine Jacke, legte sie auf das Feld und schlief gleich ein. Plötzlich hörte ich ein Geräusch, ein Bauer kam vorbei gefahren, hielt an und fragte: „Git dirs gout?" („Geht es dir gut?") Ich antwortete: „Joa, es iss nix." („Ja, es ist nichts.") Schnell stieg ich auf den Traktor und pflügte weiter.

Wenn Kartoffelernte war, musste die ganze Familie mit aufs Feld. Man bekam schon starke Rückenschmerzen vom Bücken und ich war froh, wenn Kaffeepause war. Wir hatten ein Pferd, das hieß Max. Während der Kaffeepause wurde Max ausgespannt und durfte grasen. Mein Vater sagte: Setzt euch nicht so nah an ihn ran. Denn kaum war Max ausgespannt, lies er sich hinfallen, wieherte laut und wälzte sich voller Lust im Gras. Wir mussten schon aufpassen, dass er uns nicht überrollte.
Die Heuernte war besonders anstrengend. Das Heu musste noch auf den Wagen gegabelt werden. Zu Hause in der Scheune wurde es abgeladen und wir mussten es auf dem Heuboden festtrampeln, damit genügend Heu in der Scheune gelagert werden konnte. Verschwitzt und voller Heustaub gingen wir in der Nidder, die bei uns vorbeifloss, baden. Das war ein herrliches Vergnügen und ließ uns die Mühen des Alltags vergessen. Die Abendluft, das Quaken der Frösche, das fließende Wasser ist mir noch heute in Erinnerung

Die Mandolinengruppe aus Höchst

Bei uns im Hause wohnte ein Onkel, der Mandoline spielen konnte. Zum Geburtstag bekam ich eine eigene geschenkt. Was war das eine Freude. Von meinem Onkel lernte ich die Noten und die ersten Lieder. Kurz darauf gab es in unserem Ort eine Mandolinengruppe. Voller Begeisterung trafen wir uns jede Woche zum Üben. Wir gaben auch Konzerte. Wenn wir Lust hatten, traf ich mich sonntags mit meinen Freundinnen. Wir nahmen unsere Mandolinen, setzten uns an den Waldrand und spielten. Oft blieben Spaziergänger stehen und hörten uns zu. Es war eine herrliche Zeit. Die Freude am Musizieren und Singen ist bis heute in unserer Familie Tradition. In unserem Hof steht eine Linde. Im Sommer werden im Schatten der Linde öfters Feste mit Familie und Freunden gefeiert. Unseren Gesang kann man dann bis in die Nacht hinein hören.

Elfriede Frank, geboren 1941, Altenstadt-Höchst

****

Monsterhuhn: Rache!

****

Wer erinnert sich an die Zeit, als Fernsehbilder noch schwarz-weiß übertragen wurden und John Lennon der Teufel ritt, als er in einem Interview behauptete: „We're more popular than Jesus now." Blasphemie! Zwar war Lennon es gewohnt, die provokante Rolle zu spielen, diesmal hatte er die Rechnung ohne die christlichen Gemeinschaften der USA gemacht. Religiöse US-Radiosender verbannten die Songs der Beatles aus ihrem Programm. Fortan war der liebe Gott kein Beatles-Fan mehr. Das tat der Sache keinen Abbruch. In England und dem Rest der Musikwelt war man weiterhin davon überzeugt, dass die Beatles von den Göttern gesandt worden sein mussten. Die Fab Four umgab das Prädikat „Made in Heaven", was besonders Frauen den Verstand raubte und sie reihenweise weiter in Ohnmacht fallen ließ. Mir waren im Alter von sechs Jahren John, Paul, George und Ringo ziemlich egal. Den lieben Gott, den kannte ich und hielt ihn für einen Mann, der für Gerechtigkeit sorgte. In der Hoffnung, dass er gerade in dem Moment wegschaute oder jemand anderen beobachtete, begann ich meine Sünden. Allerdings war mir nicht immer der Unterschied zwischen den verbotenen Früchten und Gut und Böse klar.

Die Generation meiner Eltern und Großeltern hatten für die aufkeimende Beatmusik und Hippie-Ära kein Verständnis. Die Gammler mit den langen Haaren konnten nur der Hölle entsprungen sein, um die Jugend auf Erden zu verderben. „Freie Liebe? Wo kommen wir hin!", lautete der Tenor. Kein Herz für Hippy Hippy Shake! Die Helden ihrer Generation hießen Heino, Freddy Quinn oder Peter Alexander. Dann war da noch Heintje, eigentlich Hendrik Nikolaas Theodoor Simons, aus Holland, der 1967 alle Mütter zu Tränen rührte.

„Mamaaaa!", röhrte es aus dem Nordmende Norma Luxus Röhrenradio. Die Hymne an die guten Mütter, gesungen aus dem Kindermund, bewegte sogar die Väter, die es heimlich bedauerten, dass sie wieder kein Schwein besingen wollte. Deutsche Radiosender spielten „Mama" rauf und runter. Aber damit noch nicht genug. Die Filmindustrie brachte Ende der Sechziger die ersten Filme mit dem Kinderstar in die Kinos. Zuvor hatte das deutsche Fernsehen seine Wunderwaffe gezückt: Heinz Schenk und Lia Wöhr eröffneten den „Blauen Bock". Mit Apfelwein, auch wenn er sauer war, konnte die Generation „Spät- und Frühschoppen" eher etwas anfangen. Getreu dem Motto: „Des kleinen Mannes Sonnenschein ist Saufen und besoffen sein." So war das in der Arbeiterklasse, in einer Zeit, in der mit dem Begriff „Therapeut" noch keiner etwas anfangen konnte und deswegen Alltagsprobleme noch auf herkömmliche Weise ertränkt wurden. Die „Wirtschaft" blühte. Jede Kneipe war zum Feierabend und an jedem Sonntagmorgen voll.
Mein Vater nahm mich sonntagmorgens mit. Ich fand Kneipe und Erwachsene langweilig. Mit zunehmendem Alkoholkonsum wurden die Helden vom Stammtisch immer größer, und immer waren ein, zwei Kotzbrocken dabei, die bei mir Unbehagen erzeugten. Wenigstens gab es für mich Salzstangen, Sinalco und manchmal sogar Afri Cola – eine aus Deutschland stammende Cola-Marke, die versuchte, den US-Imperien Coca-Cola Company und Pepsico Paroli zu bieten – bis zum Abwinken. Mein Glück war es, dass oft noch andere Kinder das gleiche sonntägliche Schicksal mit mir teilen mussten.

Bei schönem Wetter verlegten wir unser Spiel ins Freie. Eine der Lieblingskneipen meines Vaters war ländlich geprägt, sodass sich für uns eine Art Abenteuerspielplatz auftat. Dort entwickelte sich mein perverser Hang, der mich durch die gesamte Kindheit begleiten sollte – das Hühnerjagen. Was mich daran so faszinierte? Der liebe Gott hatte Geschöpfe erschaffen, die noch mehr Angst hatten als ich, vielleicht war das der Grund. Oder meine Steinzeitgene, die mir befahlen, ohne Waffen auf die Jagd zu gehen, übernahmen das Kommando. Einmal, es war wieder so ein langweiliger Sonntagsfrühschoppen, schlichen wir zu dritt über das Gelände des Bauernhofs mit Kneipe. Ich sah sie zuerst, die Opfer. Friedlich scharrten, gackerten sie und pickten im Gras. „Hühner!", rief ich vorfreudig. Noch ahnten die armen Geschöpfe nichts, bis sie das Geschrei vernahmen. „Auf sie!", kam ich mir vor wie ein Großwildjäger. Hartmut, er war etwas älter als wir, Ramona und ich trennten instinktiv ein braunes Huhn von der Gruppe.
„Schnapp es Dir!", rief ich Hartmut zu, weil ich mich nicht traute. Er war groß und kräftig und übernahm gern die Rolle des Anführers. Tatsächlich, er traute sich, das in die Enge getriebene Huhn anzufassen. Fest packte er zu. Das arme Geschöpf flatterte, dass die Federn flogen und nackte Angst stand ihm ins Gesicht geschrieben. Das panische Tier hatte keinerlei Chance, dem festen Griff zu entkommen. Hartmut grölte und hielt es an den Flügeln wie eine Trophäe in die Luft, wirbelte es herum und sagte: „Da wollen wir doch mal sehen, ob das Mistvieh schwimmen kann!" Kaum hatte er es ausgesprochen, landete der Flattermann im hohen Bogen mitten in dem kleinen Bach, der um das Anwesen floss.

Der Tod kommt oft unverhofft. Während die Kulturrevolution in China ins Rollen kam,

kämpfte ein einsames Huhn um sein Leben, was mich eher an einen begossenen Pudel erinnerte, der das Schwimmen verlernt hatte. Für Hartmut und mich war es ein Spiel, unrealistisch wie ein Spielfilm. Wir hätten uns auch den Film von Regisseur Robert Aldrich „Der Flug des Phönix" anschauen können, der 1966 mit James Stewart, Richard Attenborough und dem Deutschen Hardy Krüger in den Hauptrollen in die Kinos kam. Mit dem Unterschied: Unser Hauptdarsteller hieß Huhn und musste kein bruchgelandetes Flugzeug aus der Wüste fliegen, sondern dem verdammten nassen Grab entkommen. Die Kräfte verließen es. Einige Versuche, auf eigenen Krallen dem Bachbett zu entkommen, wusste Hartmut mit Tritten zu verhindern. „Nichts da! Eierfurzer! Am Spieß werden wir dich braten", erklärte Hartmut dem Huhn seine Zukunft. Das zukünftige Brathuhn ergab sich seinem Schicksal. Waren es die traurigen, sterbenden Augen? Ich fühlte Mitleid, konnte es aber vor Hartmut nicht eingestehen. Das war hundsgemein, was hier ablief. Schämen sollten wir uns. „Ich will kein Huhn am Spieß", protestierte Ramona und fing an zu weinen und ließ sich nicht beruhigen. „Hör sofort auf, oder ich sage es deinem Vater!", drohte sie. „Man soll keine Mädchen mit auf Hühnerjagd nehmen", stellte Hartmut fest und zog widerwillig das erschöpfte Tier aus dem Wasser. „Die Heulsuse und Petze hat dir das Leben gerettet", sagte er verächtlich. Seit ich Max und Moritz von Wilhelm Busch gelesen hatte, waren Hahn und Hennen ganz vorne in der Nahrungskette. Jedoch freute ich mich heimlich über Ramonas Sieg. Bevor ein Huhn auf dem Bratspieß endet, soll es nicht leiden – diese Erkenntnis hatte ich jetzt vor Augen. Mein Bauch sagte mir, Tiere quälen ist bös.
Mit einem schlechten Gewissen kam ich nach Hause. Das Essen stand auf dem Tisch. Der Sonntagsbraten duftete. Fleisch gab es nicht alle Tage. Doch mir schmeckte nichts. Ich bekam fürchterliche Bauchschmerzen und war überzeugt, dass der liebe Gott mich für die Hühnerjagd bestrafte. Diesmal hatte er nicht weggesehen, sondern genau hingeschaut. Bestimmt bekam Ramona eine Belohnung. Welche Strafe er wohl für den mordlüsternen Hartmut vorgesehen hatte? Mit diesem Gedanken schlief ich in den Armen meiner Mutter ein.

Einige Zeit später. Selber Ort, nur war ich diesmal alleine. Das Hühnerjagen hatte ich nicht aufgegeben. Jagdgelegenheiten hatte ich genug. Meine Oma wohnte auf dem Land und des Nachbarn Hühnerpferch war nicht weit. „So ein wenig scheuchen muss doch erlaubt sein", dachte ich bei mir, „ich tue ihnen nichts." Vergessen waren die Bauchschmerzen. Zurück auf dem Gelände der ländlichen Kneipe. Im Hof hatten sie ein Bierzelt errichtet. Kirmes sollte gefeiert werden. Ich schlenderte durch das leere Zelt und schlüpfte gelangweilt unter der Plane hindurch. Was war das? In etwa zwanzig Meter Entfernung stand ein gar merkwürdiges Tier. Es hatte Federn, war potthässlich und sah aus wie ein Wesen von einem anderen Stern. „Kann man sowas Abstoßendes überhaupt essen?" Neugierig schritt ich näher. Ein roter Hautlappen entsprang zwischen den Augen und hing quer über dem Schnabel und es gab Laute von sich, die waren furchterregend. Spätestens da hätten meine Alarmglocken Sturm läuten müssen. Das Monster visierte mich an und startete durch wie ein Jumbojet. Ich höre heute noch das glucksende Geschrei, welches das Tier beim Angriff von sich gab. „Das Vieh will mich

töten! Das Monsterhuhn nimmt Rache!" Ich, der große Hühnerjäger, machte mir fast in die Hose und suchte sein Heil in der Flucht. So wurde der Jäger zum Gejagten und die Zeltplane wäre mir beinahe zum Verhängnis geworden. Sekunden trennten den Schnabel des wütenden Vogels und mich. Mein Vater erklärte mir später, dass dieses Riesenhuhn ein Truthahn gewesen sei. Diese Gattung kann im Stand eine Höhe von einem Meter erreichen und bis zu zehn Kilogramm schwer werden. Außerdem seien sie von Haus aus streitbare Geschöpfe, denen man als Kind besser aus dem Weg geht.
Zu Hause war die Welt wieder in Ordnung. Der schweinerne Sonntagsbraten stand friedlich auf dem Tisch und aus dem Radio erklang Heintjes „Maaaamaaaa".

Gerhard Otterbein, geboren 1959, Lauterbach

****

Identifiziert: Nyltest und Schaffosen

****

Es war Ende der Sechziger Jahre, als ich von unserer Florstädter Karl-Weigand-Schule auf eine weiterführende Schule nach Friedberg gewechselt bin. Auf diese Schule gingen auch Friedberger Schülerinnen und Schüler. Zu dieser Zeit war das noch so, dass man nicht einfach mal so nach Friedberg – in die Kreisstadt – fuhr. Obwohl wir in Florstadt über eine hervorragende Busverbindung nach Friedberg und Bad Nauheim verfügten, in Zeiten, als das eigene Auto vor der Haustür noch lange keine Selbstverständlichkeit war, war eine Fahrt nach Friedberg – für diejenigen, die nicht täglich in Friedberg oder Bad Nauheim zu tun hatten – immer etwas Besonderes.
Um nicht als Leute vom Land erkannt zu werden, wurde extra der „Sonntagsstaat", also die gute Kleidung, die den Sonn- und Feiertagen vorbehalten war, angezogen. Wie mir dann später bewusst wurde, hat man aber genau daran erkannt, wer aus der Provinz die Kreisstadt besucht hat. Besonders bewusst wurde mir das nach meinem Wechsel auf diese Friedberger Schule. Wir Neuankömmlinge aus den umliegenden Gemeinden trugen selbstverständlich die guten Stoffhosen mit Bügelfalten und ein Nyltest-Hemd, wie es seit Anfang der Sechziger Jahre Mode war.
Die Friedberger und die Auswärtigen, die schon länger an dieser Schule (und sicher auch an den anderen Friedberger Schulen) waren, trugen eher bunte Hemden oder farbige Unterhemden mit kurzen Ärmeln, die ich dann als T-Shirts kennen lernte und natürlich diese Bluejeans, die man zwar auch auf dem Dorf bereits kannte – aber als reine Arbeitshosen oder in den Varianten Latzhose oder „Blaumann".

Nachdem mir und meinen anderen neuen Mitschülern bewusst wurde, dass man uns bereits von weitem an den „Klamotten" identifizieren und zuordnen konnte, erwachte schlagartig in mir der Wunsch, auch ein paar dieser neumodischen Jeans zu besitzen.
Ich erinnere mich noch, als ob es gestern gewesen wäre, an die tagelangen Diskussionen, die ich mit meiner Mutter darüber geführt habe. „Mit ‚Schaffhosen' kann man doch nicht in die Kreisstadt fahren – und schon gar nicht zur Schule gehen. Was sollen denn die Nachbarn und die Lehrer denken?" Es bedurfte also einiger Überzeugungsarbeit und der Nennung von „Zeugen", also Florstädter Mitschülern und Freunden, die bestätigen konnten, dass man in Friedberg eher mit Bügelfaltenhosen negativ auffallen würde, als mit Bluejeans. Naja, dann hat es nicht mehr allzu lange gedauert, bis ich endlich auch meine erste „Levi's" hatte. Das mit den gebatikten Unterhemden und T-Shirts, langen Haaren und zugewachsenen Jungmännergesichtern kam dann erst im Verlaufe der Siebziger Jahre und ist eine andere Geschichte in einem anderen Jahrzehnt.

Herbert Unger, geboren 1958, Florstadt

****

Krach: Keine frommen Sprüche mehr

****

24.12.1963 Heiliger Abend
Habe von meiner Schwester Christel dieses rote dünne Buch mit Linien bekommen. Sie sagt, ich soll jeden Tag was reinschreiben, das wäre dann ein Tagebuch. Dann wüsste ich später, was heute passiert wäre. So was Blödes, ich bin schon 11 Jahre und 4 Monate und 18 Tage alt. Da weiß ich doch immer, was heute war.
Von Mutti habe ich viele Sachen bekommen, z. B. einen neuen, rotkarierten 4-Falten-Rock, eine graue Hose und eine Bluse, von Oma eine gestrickte Stumpfhose und ein Kalenderbild für mein Zimmer. Jetzt, wo meine Schwester Heidi endlich fort ist, habe ich oben ein eigenes Zimmer. Den neuen Rock darf ich nicht anziehen. Erst im Sommer, blöde.
Einen Mantel habe ich auch bekommen, er soll neu sein, dabei weiß ich ganz genau, dass er von Christina ist. Mutti hat ihn nur kürzer und enger gemacht. Nie bekomme ich ganz neue Sachen, alles abgetragen von Heidi und Christel und jetzt auch noch von Christina.

25.12.1963 1. Feiertag
Heute habe ich lange geschlafen. Dann bin ich im neuen Mantel spazieren gegangen bis zu Tante Erika auf'n Grauberg. Fürs Kaffeetrinken heute Nachmittag echten Kaffee geholt, 1/4 Eduscho, nur weil Dieter und Doris kommen. Ich muss ihn holen, aber kriegen tue ich nur

Muckefuck. Der richtige ist nichts für Kinder, als ob ich noch ein Kind wär.
Tante Erika ist lieb. Sie hat mir drei Figuren geschenkt, einen Vater, der heißt Ed, eine Mutter Usch und ein Kind, das heißt O – Familie Eduscho – wie der Kaffee. Christel kriegt aber keins.

Weihnachten 1964
Ich kann es gar nicht glauben, dass ich ein ganzes Jahr nicht in das Heft geschrieben habe. Heute ist Heiliger Abend und ich warte auf die Bescherung. Bei uns ist Krach, wegen eines Kalenders. Mutti hat ihn beim Weihnachtsputz weggeschmissen, weil nicht mehr viele Tage dran waren und Oma hat jetzt keinen frommen Spruch mehr am Tag.
Endlich werden ich und Christel ins Wohnzimmer gerufen. Wir dürfen erst rein, wenn's Christkind bimmelt, dabei glaub ich gar nicht mehr dran.
Ich bekam einen Kasack, schwarze hohe Stiefel, einen rosa Unterrock und Lederhandschuhe. Von Christel „Försters Pucki" und ein paar schwarz-rote lange Strümpfe. Von Oma schon wieder Bettwäsche, zwei Bettbezüge mit Maiglöckchen – für später.
Von Heidi: "Schwesternschülerin Otrun".

25.12.1964 1. Feiertag
Habe alle Geschenke geholt. Von Gote Erna 2 Mark und von Gote und Petter Kleines wieder Silberbesteck, auch für später, 5 Mark von Tante Irene und Onkel Heinz und von meiner Goti Hilde „Der schwarze Spuk im Ferienschloß" und eine ganze Tafel Schokolade mit Himbeerfüllung. Die behalt ich auch für mich.
Mittags haben wir alle Fernsehen geguckt. Es gab: „Die Mädchen vom Immenhof". Es spielen Dalli, Dick, Mans, Edelberth, Ralf, Fritzchen, Oma Janzen, Jochen und Anschela und noch viele andere. Konnte mir nicht alle merken. Die Ponys waren die Hauptsache. Edelberth (Matthias Fuchs, der sieht schön aus) kommt auf Besuch auf den Immenhof. Dort leben Dalli (Heidi Brühl, die sieht auch schön aus, wie unsere Heidi – nur helle Haare) und Dick. Die sieht nicht schön aus, nur dick. Aber alle werden Freunde. Es war wunderbar.

26.12.1964 2. Feiertag
Ich mag überhaupt nicht aufstehen, denn ich muss immer an den Film denken. Heute kommt die Fortsetzung von dem Film. Er heißt: „Hochzeit auf Immenhof" und morgen kommt „Ferien auf Immenhof".
Vielleicht darf ich den Film gucken, sagt Mutti, dabei habe ich schon abgetrocknet, obwohl ich gar nicht dran war. Ich muss versprechen, ohne Maulen nach dem Film spazieren zu gehen.
Hoffentlich schneit es noch mehr, dann muss ich nicht draußen rumlaufen – Weihnachtsspaziergang, so was Langweiliges.
Und mit Christel muss ich heute Abend Mühle spielen, dabei gewinnt sie immer mit ihren doofen Zwickmühlen.

Dienstag, 28.12.1964
Ich bin so froh, dass ich die Filme sehen durfte. Nun ist der Film zu Ende. Ich war sehr traurig darüber und weinte gestern Abend, weil ich nicht dabei sein durfte. Ich hab nur vom Film geträumt.
Das ist mein größter Wunsch: Ich will auch mal Schauspieler werden. Jetzt fahr ich aber erst mit Iris und Heide Schlitten auf dem Biköppel.

Ilona Schmidt, geboren, 1952, Hungen-Villingen

****

Nagelneu: Blitzblanke Matrosen

****

Juni 1966. Mein erster selbstbezahlter „großer Urlaub." Nachdem wir die Reise auf die Sonneninsel Mallorca gebucht hatten, flogen wir, meine Freundin und ich, mit dem „Riesenvogel" ziemlich aufgeregt von Frankfurt nach Palma de Mallorca. Wir freuten uns einfach auf Sonne, Baden und auf süßes Nichtstun. Keine Spur von Ballermann und heißen Disconächten. Selbst Kultur kam nicht zu kurz.
Natürlich haben wir schöne Fotos mit der nagelneuen „Kodak Instamatic" für die Daheimgebliebenen gemacht. So kam es dann auch zu diesem Bild mit den blitzblanken Matrosen. Ich hatte sie gebeten, mit mir auf der Treppe des Schlossgartens zu posieren.
Voller Stolz mit viel Bräune, Erholung, Freude und vielen Fotos flogen wir von der damals noch ruhigen Insel Mallorca nach Hause.

Erstmals im Einsatz: Die Kodak Instamatic auf Mallorca

Gunda Kohlhöfer, geboren 1946, Hungen

****

Beißend: Zum Duschen in die Anstalt

****

Eine meiner ersten, weil eher unangenehmen Erinnerungen an meine Kindheit, ist der wöchentliche Gang in die öffentliche Badeanstalt in unserem Wohnort, der damals knapp 12.000 Einwohner hatte. Unser gemietetes Häuschen verfügte nur über Küche, WC und Wohnzimmer im Erdgeschoss und im Obergeschoss, welches man über eine steile Wendeltreppe erklimmen musste, über Kinderzimmer und Elternschlafzimmer. Es gab also kein Bad, nur einen sogenannten Waschstein in der Küche. So war die ausgiebige Körperpflege nur in der Badeanstalt möglich. Um Zeit und somit Geld zu sparen – denn es lief nur warmes Wasser, bis die in den Automat eingeworfenen Groschen verbraucht waren – mussten meine Schwester und ich bereits ausgezogen und frierend darauf warten, bis die Mutter aus der warmen Dusche trat, um sodann gemeinsam zügig eingeseift und abgebraust zu werden. Überflüssig zu erwähnen, dass bei dieser Prozedur wegen der gebotenen Eile keinerlei Rücksicht auf die in den Augen beißende Seifenlauge genommen werden konnte. Es war also jedes Mal ein wenig erfreuliches Ereignis, besonders natürlich im Winter, wenn es dann zu Fuß auf den zum Glück recht kurzen Heimweg ging.
Zu Fuß erwähne ich hier deshalb, denn natürlich besaßen wir weder ein Auto noch die Mutter zu dieser Zeit einen Führerschein. Der Vater wurde abends des Öfteren vom fünfzehn Minuten Fußweg entfernten Bahnhof abgeholt, wo er mit dem Zug von der Arbeit aus Frankfurt kam. Das änderte sich erst, als ein gebrauchter Renault Dauphine angeschafft werden konnte, der auf den dann angetretenen Urlaubsreisen sowohl für Vergnügen als auch für viel Verdruss, aufgrund ungeplanter Pausen bedingt durch technische Pannen, sorgte.

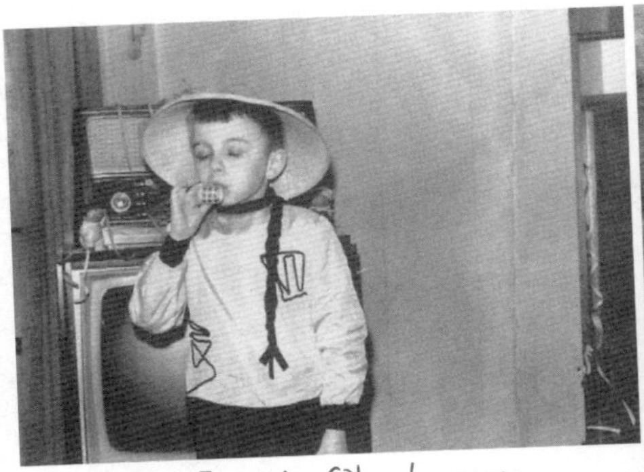

Chinesen-Jörg in Oberhessen

Beim täglichen Urlaubsspaziergang

Ein anderes sehr prägendes Erlebnis war die Aufregung, als eines nachts wir Kinder aus dem Bett geholt wurden, um eine mir völlig fremde alte Frau zu begrüßen, die vom Vater am Frankfurter Hauptbahnhof samt jeder Menge Koffer abgeholt worden war. Diese herzte und umarmte uns ausgiebig und es flossen allseits viele Freudentränen. Es handelte sich um unsere Oma mütterlicherseits, die nach Antritt ihres Rentenalters die erste Gelegenheit genutzt hatte, um die ungeliebte DDR zu verlassen und in „den Westen" auszureisen, was meine Eltern bereits einige Jahre vor dem Mauerbau unter schon damals schwierigen Bedingungen gewagt hatten, um ins Hessische zu übersiedeln.

Stolzer Jung-Autobesitzer

Der Vater: nie ohne Krawatte

Ebenfalls für mich unvergesslich ist der Besuch einer meiner deutlich älteren Halbbrüder aus erster Ehe meines Vaters, der eines samstags unangekündigt mit einem sehr ungewöhnlichen Fahrzeug vor unserem Häuschen erschien. Es handelte sich nämlich um einen Schwimmpanzer der US-Armee, bei der mein Bruder als deutscher Zivilist als Mechaniker beschäftigt war. Diesen hatte er sich bei einer „Probefahrt" bei einer unweit gelegenen US-Kaserne entliehen, um uns einen Besuch abzustatten. Man kann sich, glaube ich, den Menschenauflauf vor unserem Haus anlässlich dieses Ereignisses vorstellen.

Ebenso prägend war bzw. ist der erste mir erinnerliche Kinobesuch. Gespielt wurde im örtlichen Filmtheater der Walt Disney-Zeichentrickfilm „Das Dschungelbuch", der später unter anderem von einem britischen Unterhaltungsmagazin zum besten Trickfilm aller Zeiten gewählt wurde. Besonders hervorzuheben ist der von „Balu" gesungene Titelsong „Probier's mal mit Gemütlichkeit", dessen Credo von mir bis heute als eine Art Lebensmotto verinnerlicht wurde.

Auf der Probefahrt zur Verwandtschaft

Jörg Damerow, geboren 1960, Bad Vilbel

****

Gruselig: „Mecker-Toni"

****

Meine Familie kam Ende 1950 zurück nach Friedberg in Hessen, nachdem wir einige Jahre in Köln gelebt hatten. Dieser Umzug war für mich ein einschneidendes Erlebnis, denn meine Vision, mit den bekannten Kölner Freunden eingeschult zu werden, war damit hinfällig. Ich

haderte mit mir, dem Schicksal und meiner neuen Umgebung. Denn nicht nur das unbekannte Wohnumfeld behagte mit nicht, sondern auch das alte Haus mit seinen älteren Bewohnern.
Meine Eltern hatten sich für den Lebensmittelladen im Parterre entschieden. Unsere Wohnung lag zwei Stockwerke darüber. Die Besitzer des Hauses residierten in der Wohnung unter uns, auf unserem Stockwerk gab es zwei und darüber nochmals zwei Mietparteien im Dachgeschoss. Nicht zu vergessen, die Mansardenräume und der Trockenboden unterm Dach. Kellerräume und Anbauten im hinteren Teil des Hauses komplettierten das umfangreiche Gebäude aus der Gründerzeit.
Auch die Räumlichkeiten unterschieden sich von der modernen Neubauwohnung in Köln, denn hohe Altbauräume mischten sich mit Normalraumhöhe aus der Nachkriegszeit. Hier gab es keinen modernen Komfort. Die Räume wurden mit Kohleöfen beheizt. Das Badezimmer bestand aus einer Badewanne mit Badeofen, der mit Holz befeuert wurde und einem Eckhandwaschbecken. Die Toilette war separat mit Handwaschbecken, aber ohne Heizung. Die Böden bestanden aus unebenen Holzdielen, die mit einem roten Öl gepflegt wurden. Die Fenster waren groß, undicht und verzogen. Auch Versprechungen konnten mir mein neues Zuhause nicht schön reden, denn das war ein Rückschritt. Lieber heute als morgen wollte ich wieder nach Köln zurück.

Impressionen aus Friedberg

Das Gruselkabinett war mit diesen Mitbewohnern komplett. Die Herrschaften im ersten Stock hatten, wie zur damaligen Zeit üblich, eine Haushälterin, die sich um Haus und Hof kümmerte. Nach unserem Einzug avancierte sie zur „Mecker-Toni" des Hauses und machte uns Kindern das Leben schwer. Wir durften nicht singen, trotz der guten Akustik im Treppenhaus. Spielen im Hof war nicht gestattet. Auch das Herunterrutschen auf dem Geländer – verboten, weil wir uns angeblich verletzen konnten, das war bei dem Riesenspaß zweitrangig. Wohlgemerkt rutschten wir immer von der obersten Stelle. Leider machten wir dabei so viel Krach, dass wir die alte „Schreckschraube" auf den Plan riefen. Zeternd und drohend verpetzte sie uns bei den Eltern. Abends erwartete uns dann die Strafe für unsere Verfehlung, meist durch unseren Vater, denn der konnte durchgreifen. Der Eingangsbereich war ebenfalls verboten und nach einem halben Jahr prangte eine Hausordnung neben den Briefkästen. Verbote über Verbote.
Dafür war unsere häusliche Mithilfe um einige Arbeiten erweitert worden, wie Feuerwache am Ofen mit Nachlegen, Bodenpflege mit langanhaftendem, roten Öl, Mithilfe im Haushalt oder im Laden, wie Leergut sortieren, Aufräumen und Nachfüllen aus dem Lager. Später kamen weitere Arbeiten dazu, wie Kohle schleppen, Öfen reinigen, Auto putzen, Saugen, Spülen, etc. Die Liste ließe sich beliebig erweitern, würde aber nur zeigen, wie sehr Kinder früher Aufgaben übertragen bekamen, von denen die heutige Generation nicht mal etwas ahnt. Trotz allem sind diese Erinnerungen ein Stück Zeitgeist, gelebte Geschichte im Kleinen, aber für die Zeit des Wirtschaftswunders prägend.

Blick aus der Burg auf die Kaiserstraße

Parallel zur Eingewöhnung stand der Schulbesuch an. Aber auch mit der Einschulung im Frühjahr 1961 schien sich meine Situation nicht wesentlich zu verbessern. Trotzdem fruchtete meine Weigerung, in die nahe gelegene „Gemeinsame Musterschule" zu gehen. Den längeren Schulweg zur „Adolf-Reichwein-Schule" nahm ich in Kauf.

Die Klassen riesengroß (bis zu vierzig Schüler), der Lehrer uralt (Kriegsveteran) und Drill am laufenden Band. Das war der „Ernst des Lebens", und den musste ich in den nächsten Jahren durchhalten, um der elterlichen Vorstellung einer angemessenen Schullaufbahn zu genügen. Es gab keine Alternative, wer sich nicht an die Regeln hielt, bekam umgehend seine Strafe.

Schriftliche Strafarbeit, Zeigestock und Nachsitzen erschreckte und drangsalierte die meisten Schüler. Umgehend einberufene Mütter nach Strafaktionen verlängerten die Sanktionen in den Nachmittag, denn Väter durften damals mit solchen Lappalien nicht belästigt werden, sie waren erst am Abend für die Erziehung zuständig. Damit war der ganze Tag, oder auch mehr, versaut.

Ich versuchte, mich so unsichtbar wie möglich zu machen, um nicht in diesen Kreislauf zu geraten. Bis auf ein einziges Mal. Da habe ich den Stift nicht schnell genug abgelegt und dafür einen Schlag mit dem Zeigestock auf beide Handrücken bekommen. Ich war zu langsam, dafür wurde man damals noch „körperlich gezüchtigt."

Dem einen oder anderen Lehrer rutschte die Hand aus, aber auch das wurde von den Eltern akzeptiert, denn es war ein probates Mittel gegen den Ungehorsam. Unsere Freiheiten waren sehr beschränkt, denn nicht nur Familie und Nachbarschaft hatten ein Auge auf die Kinder der näheren Umgebung. Erst mit Eintritt in die Realschule, einem verständnisvollen Klassenlehrer und neuen Klassenkameraden änderte sich vieles für mich. Bereits neun Jahre später hatte ich meinen Realschulabschluss in der Tasche, trotz Kurzschuljahren. Denn die damaligen Einschulungen wurden vom Frühjahr in den Herbst verschoben.

Jutta Wittner-Wunder, geboren 1954, Schotten

****

Preiswürdig: „Die Affenschaukel"

****

Die Musik der Beatles gefiel mir auf Anhieb. Ich hörte die Beatles im Radio. Der Radiosprecher stellte sie mit den Worten vor: „Vier Jungens aus Liverpool, die wegen ihrer besonderen Frisur Pilzköpfe genannt werden." Ich war begeistert von diesem Beat. Mein Vater nannte es „Negermusik."

Die Frisuren waren aufwendig, und auf meine möchte ich hier besonders eingehen. Meine Haare kämmte ich vom Nacken nach vorne zur Stirn hin, wo sie als Locken festgesteckt wurden. Das große Problem bestand aber darin, Haare, die eigentlich nach unten wachsen wollen, nach oben zu trimmen. Vor dem Schlafengehen kämmte ich die Haare am Hinterkopf nach oben und befestigte sie mit vielen Klipsen und einer großen Ladung Haarspray. Genauso verfuhr ich mit den „Affenschaukeln" (Haare, die wie ein Sechser vor die Ohren gelegt wurden). Auch diese Affenschaukeln wurden mit Klipsen in die richtige Form gebracht und wieder mit Haarspray gefestigt. Noch heute frage ich mich, wie ich mit den Klipsen auf dem Hinterkopf und an den Schläfen schlafen konnte. Dieses Haargebilde hat natürlich nicht den ganzen Tag gehalten, sodass ich immer wieder eine tüchtige Portion Haarspray benötigte, um die Haare nach oben zu legen.
Anscheinend gefiel diese Frisur. Im Urlaub in Rimini fand in unserem Hotel ein Frisurenwettbewerb statt. Ich wurde gefragt, ob ich mitmache. Ich habe mitgemacht und den ersten Preis gewonnen.
Es war eine Zeit der schnellen Veränderungen. Manchmal zu schnell, um alles mitmachen zu können, auch wegen des fehlenden Geldes.
Die Sechziger Jahre waren „Spitze"!

1. Platz beim Frisuren-Wettbewerb in Rimini

Ingeborg Biadala, geboren 1945, Pohlheim-Holzheim

****

Nähen? Das nicht!

****

In meinem Jugendzimmer hatte längst der Bravo-Starschnitt mit Pierre Brice Einzug gehalten. Wir saugten förmlich alles auf, was in diesem Magazin stand, unsere Großeltern konnten es nur mit Kopfschütteln beantworten.

Die Mode wandelte sich, Mary Quant begann, den Minirock hoffähig zu machen, und in der Bravo konnte man Röcke sehen, die bisher als unzüchtig angesehen waren. Selbst der Vatikan äußerte sich dazu.

Dann kam der Knüller für uns 15-Jährige. In Friedberg eröffnete 1968 das Central-Studio, sonntags nachmittags um drei durften wir in diesem Lokal tanzen, ohne dass sich jemand über die Lautstärke beschwerte. Schon ab halb drei war die Wolfengasse gut gefüllt mit Jugendlichen. Es wurde natürlich überall bewundert, wer sich wie herausgeputzt hatte. In mein Blickfeld fielen die kurzen Hosen und der Wunsch, solche zu tragen, wuchs mit jedem Sonntag.

Ich überprüfte mein Sparschwein, ging zum Stoffgeschäft „von der Emde" auf der Kaiserstraße in Friedberg, kaufte einen Schnitt von „Neue Mode" und den dazugehörigen Stoff. Teuer war es nicht, denn man benötigte, wie man sich denken kann, nur wenig Stoff.
Stolz trug ich den schreiend grünen Stoff nach Hause, legte ihn meiner Großmutter auf den Zuschneidetisch, dazu das Schnittmuster. Nach einem prüfenden Blick auf das Schnittmuster sagte sie: „So etwas nähe ich nicht!" Bisher hatte sie mir jeden machbaren Kleiderwunsch erfüllt und ich konnte es gar nicht glauben, dass sie diese sogenannten „Hotpants" nicht nähen wollte. Zwei Tage wollte ich abwarten, aber dann musste etwas geschehen, schließlich nahte der nächste Sonntag. Selbst konnte ich nicht nähen, und meine Großmutter blieb bei ihrer Meinung, da müsste sie sich vor ihren Freundinnen schämen. Der Gedanke, dass auch meine Eltern etwas dagegen hätten, war mir bisher noch gar nicht gekommen.

Also prüfte ich nochmals mein Sparschwein, nahm den Inhalt und fuhr mit Stoff und Schnittmuster nach Friedberg. In der Schule hatte ich gehört, dass in der Altstadt ein Schneider eröffnet hatte, der sehr preisgünstig war. Mein erster Besuch bei Schneider Hassan war auch nicht so überzeugend. Er sah sich das Schnittmuster an, wiegte bedenklich den Kopf, aber dann nahm er Maß und bat mich, in drei Tagen wiederzukommen. Ich konnte es kaum erwarten, ging schon nach zwei Tagen wieder hin, probierte die Hose an und war begeistert. Meine Eltern waren erwartungsgemäß wenig davon angetan.
Mein erster Auftritt in der Hotpants war völlig unspektakulär, viele Freundinnen waren auf

die gleiche Idee gekommen. Wie sich 1971 herausstellte, gingen diese Hosen noch deutlich kürzer und die Hotpants traten einen Siegeszug in der Mode an.
In den folgenden Jahren war ich öfter bei Schneider Hassan im Geschäft. Er begrüßte mich immer mit den Worten: „Mein erster Kunde!"

Ursula Rodemerk, geboren 1953, Ober Rosbach

****

Gedreht: Wie die Hähnchen

****

Mein Vater – als Spätheimkehrer aus russischer Kriegsgefangenschaft lange krank und arbeitslos – hatte endlich wieder in seinem Beruf als Bauingenieur Fuß gefasst. Mein Elternhaus wurde umgebaut und renoviert, jetzt hatten mein Bruder und ich jeder ein eigenes Zimmer! Meines hatte ich mit Cocktailsesselchen und Tütenlampe an der Wand gemütlich im damaligen Stil eingerichtet. Und wir hatten endlich ein Auto: einen VW-Käfer, der ganze Stolz der Familie.
Nach Urlauben in Bayern und der Schweiz planten wir 1962 eine Reise nach Italien an die Adria! Ich, als 17-jähriger Teenager, wenig begeistert, mit meinem sechs Jahre jüngeren Bruder im Sand zu buddeln. Deshalb durfte ich zur Gesellschaft meine Freundin Elvira mitnehmen! Fünf Personen im Käfer nach Italien – im Nachhinein eine Horrorvorstellung. Es durfte ja nicht zu viel Gepäck mitgenommen werden. Im Kofferraum war nur Platz für einen Koffer. Aber meine Mutter – eine erfinderische Packerin – fand unglaubliche Unterbringungsmöglichkeiten: Zum Beispiel passten unter die Rückbank zwischen die Federung Unmengen von Handtüchern. Dadurch wurde natürlich unser „Sitzkomfort" deutlich geschmälert. Jede kleinste Lücke wurde ausgestopft.
Dann ging es endlich los: Autobahn bis München, mangels Umgehungsstraße mitten hinein in die Großstadt – bei Schnürlregen! Die Scheiben waren von innen und außen beschlagen, man sah kaum die Verkehrsschilder, die auch noch sehr hoch hingen. Jeder hatte einen anderen Richtungshinweis gesehen. Alles rief durcheinander: „Da lang, rechts ab, nein, geradeaus!" Ein Chaos – bis mein Vater uns niederschrie: „Ruhe jetzt! Ich fahre!" Wir sind irgendwie durchgekommen und bald lag das herrliche Alpenpanorama vor uns.
Jetzt eine anstrengende Etappe für unseren Käfer: die Großglockner-Hochalpenstraße (die Brennerautobahn war noch nicht fertig). Viel Verkehr, stop and go, wir krochen den Berg hinauf. Dann stotterte der Motor und ging aus, er sprang einfach nicht mehr an. „Abgesoffen", stellte mein Vater trocken fest. Da war guter Rat teuer, wir konnten den

Wagen ja nicht am Berg anschieben. Mein Vater ergriff die Initiative: „Besser, ihr steigt alle aus. Ich lass ihn rückwärts rollen und hoffe, er springt beim Einkuppeln wieder an." Mein Vater wartete noch eine Verkehrslücke ab und rollte rückwärts bergab. Ich konnte gar nicht hinsehen und sah ihn schon in der nächsten Kurve den Abhang runterstürzen. Aber, oh Wunder, mit qualmendem Auspuff kam unser Käfer wieder den Berg hochgeknattert. Es hatte funktioniert! Jetzt schnell wieder einsteigen, damit nur der Motor nicht wieder ausgeht. Welche Freude, als wir kurze Zeit später den Gipfel erreichten. Dort durfte sich unser VW von der Anstrengung erholen und wir uns von der Aufregung. Unser Papa, unser Held! Dann den Berg hinunter, mindestens genauso aufregend. Die vielen Serpentinen in den Dolomiten und das Hupen der Italiener vor jeder Kurve. Ich war richtig seekrank in den nächsten Tagen und habe noch jede Kurve gespürt, alles schwankte und ich hörte immer noch das Hupen.

Aber Italien war herrlich, die Reise hatte sich gelohnt. Sonne, Strand, Meer. Wir waren in Bibione, 1962 noch ein unbekannter Familienbadeort mit „naturbelassenem" Strand – keine Ähnlichkeiten mit dem „Teutonengrill" der späteren Jahre. Kaum Hotels, aber eine Bungalowanlage, in der wir ein Häuschen gemietet hatten. Ganz komfortabel, viel Platz im Haus und am Strand.

Am Strand von Bibione

Großglockner

Da unser Sonnenöl von zu Hause bald aufgebraucht war und uns das Sonnenöl in Italien zu teuer erschien, ölten wir uns mit Olivenöl ein – abends rochen wir wie Brathähnchen. Mein Bruder vergaß jedes Mal, sich nach dem Baden im Meer einzuölen und hatte bald einen Mordssonnenbrand. Bei uns hielt es sich in Grenzen, immer schön drehen – wie bei den Hähnchen.
Dann sollte der größte Wunsch meiner Mutter in Erfüllung gehen: der Besuch von Venedig. Mit dem Schiff fuhren wir nach Venedig. Eine Bootsfahrt auf dem Canal Grande war der Höhepunkt der Reise - in jeder Beziehung. Wir genossen die Fahrt und die Aussicht auf die Palazzi und Brücken am Canal Grande, doch mein Vater als Bauingenieur sah das alles mit ganz anderen Augen. Die geschlossenen, verwitterten Fensterläden ohne Farbe, die bröckelnden Hausfassaden fielen ihm gleich auf. „Alles alte Buden. Am besten abreißen", so sein knallhartes Urteil! Meiner Mutter stiegen sofort die Tränen in die Augen. „Du kannst einem alles verderben. Ich hatte mich so auf Venedig gefreut." Der Familienkrach war da. Beide haben sich aber dann beruhigt, der Markusplatz wurde weniger kritisch beäugt und auch bewundert. Das Taubenfüttern machte ungeheuren Spaß und gehörte damals noch dazu.
Italien hat uns begeistert, das Wetter, das Meer, das frische Obst vom Markt! Ich kann mich noch gut an die faustgroßen, saftigen Pfirsiche erinnern, von denen wir dann noch eine ganze Stiege mit nach Hause genommen haben. Sie passte zufällig noch auf die hintere Ablage. So haben wir die italienische Sonne mit in die Heimat gebracht.

Tauben füttern auf dem Markusplatz in Venedig

Bibione an der Adria

Helga Rosenau, geboren 1944, Wettenberg

****

Bestuhlt: Ins neue Jahr

****

Wir drei vor dem Abitur stehende Hungener Schüler wollten den Jahreswechsel 1959/60 in der Volkshalle Langsdorf feiern. Da war damals schon immer was los in dem „Dollen Dorf", obwohl man den Titel noch nicht führte. Es war eine rauschende Ballnacht. Kurz vor Mitternacht stellten wir fest, dass die letzte Zugverbindung ab Langsdorf Richtung Gelnhausen bereits um 23.45 Uhr war. Schnelle Entscheidung: Das öffentliche Verkehrsmittel nehmen oder dann mit den doch schon etwas schwereren Beinen den Heimweg zu Fuß antreten. Wir Burschen wählten den bequemeren Weg, eilten mit drei Stühlen zum Langsdorfer Bahnhof, stiegen in den schon eintreffenden Triebwagen und fuhren Richtung Steinheim, dem Wohnort von Karlheinz. Normalerweise hätten wir bei der Traiser Haltestelle aussteigen müssen – so ist's auch heute noch für die Steinheimer. Das brauchten wir nicht, denn mittlerweile hatten wir mit dem Triebwagenführer verhandelt. Auf offener Strecke, an der Straßenkreuzung, die von Steinheim nach Widdersheim führt, blieb der Triebwagen stehen. Wir hüpften mit den Stühlen den Bahndamm hinunter, wobei einige Fahrgäste verdutzt schauten, was denn nun los sei. Inzwischen hatte sich der „rote Blitz", so nannte man die roten Triebwagen, die Richtung Gelnhausen fuhren, schon wieder in Gang gesetzt.
Nun hörten wir von Steinheim her die Glocke läuten, die das Jahr 1960 einleitete. Wir waren inzwischen in „Fischers Gastwirtschaft" angekommen, um rechtzeitig auf das Neue Jahr anzustoßen.
Übrigens: Die Stühle wurden ordnungsgemäß zurückgebracht.

Karlheinz Schmalz, Gerhard Steinl und
Herbert Engel, alle geboren 1939, Hungen

****

Dämpfkolonne: Eingestampft und eingesäuert

****

In den kleinen landwirtschaftlichen Betrieben wurden noch alle Sparten ausgeführt. Es gab im Vogelsberg, abgesehen von ein paar wenigen größeren Betrieben, meist nur kleine, aber umso arbeitsintensivere landwirtschaftliche Betriebe. Diese wurden mit Milchvieh, Schweinen, Schafen, Hühnern, Gänsen und sonstigem Kleinvieh bewirtschaftet. Bei uns zu Hause, in Schotten-Eichelsachsen, war das genauso. Als heranwachsender Jugendlicher wurde ich täglich am Hof gebraucht. Ich musste neben der Schule und zugehörigen Hausaufgaben mit anpacken. Damals baute man bei uns fast alle gängigen Getreidearten, wie Gerste Roggen, Weizen und Hafer an. Dazu wurden Kartoffeln gesteckt und Futterrüben gezogen. Das Getreide brauchte man zur Eigenversorgung Mehl fürs tägliche Brot und als Schrot fürs Vieh. Die Kartoffeln wurden als Hauptnahrungsmittel verzehrt. Der Rest war Schweinemast. Die Rüben wurden dem Milchvieh zugefüttert. Damit hielten die Bauern neben der Fütterung mit Heu die Milchleistung der Kühe über den Winter aufrecht. Alle Felderträge mussten vorher geerntet, verarbeitet und rechtzeitig vor Einbruch des Winters in Scheune, Keller und Dachboden eingebracht werden. Da es noch keine Mähdrescher gab, wurde das Getreide im Sommer mit dem Mähbinder gemäht, danach getrocknet und in den Scheunen bis zum Dreschen eingelagert. Der landwirtschaftliche Vollerwerbsbetrieb meiner Eltern war ein kleinbäuerlicher Mischbetrieb und wurde auf 12,5 Hektar Landfläche bewirtschaftet. Wir hatten neun Kühe und 20 Mastschweine.

Frühjahr

Einer der längsten Winter war 1962/63. Wir in Eichelsachsen hatten eher Glück. Meistens blieben wir von den Spätfrostlagen, die gar manchmal den Bauern die Wintersaat vernichteten, verschont. Doch damals, in dem besonders strengen Winter, lag sogar in Eichelsachsen noch Ende März dicker Schnee. Ich freute mich auf das nahende Frühjahr, verhieß der März doch manchmal schon Tage mit Höchsttemperaturen von rund 20°C. Doch mir Bauernsohn half das nicht. Nach den Schularbeiten, wie damals die Hausaufgaben der Schüler noch genannt wurden, musste ich die „Feegminn" drehen. Feegminn, das ist die handbetriebene Putzmühle, mittels derer die Bauern ihr Getreide vor der Aussaat reinigten. Tagelang florierte dieses mühsame Geschäft. Zuerst musste das Getreide auf dem Speicher eingesackt und nach unten getragen werden. Danach begann der Reinigungsprozess in der Feegminn. Nach dem Trennen der Spreu wurden die guten Körner ausgesondert und in Säcken für die nahende Aussaat gelagert. Die Aufgabe von uns Bauernjungen war es, die Feegminn zu leiern. Das war nicht einfach. Es musste immer für gleichmäßigen Wind gesorgt werden. Uns jungen Leuten ging das manchmal zu langsam. Gerne gaben wir etwas mehr „Gas", drehten die Kurbel schneller, mit dem Resultat, dass viele gute Körner in der Spreu landeten.

Auch die Steckkartoffeln mussten im zeitigen Vorfrühling vorbereitet werden. Dazu wurden die Kartoffeln körbeweise aus dem Keller geholt. Danach saß man mit der Familie vor dem Scheunentor in den ersten Sonnenstrahlen und puhlte Keimlinge ab. Peinlich wurde darauf geachtet, dass die Stecklinge genug „Augen" hatten, um als Setzkartoffel durchzugehen. Gar oft gingen mit den ersten Sonnenstrahlen im März noch Schneeschauer einher, die diese Beschäftigung immer wieder unterbrachen. Für uns Buben war das eine gute Gelegenheit, sich zum Aufwärmen in der warmen Stube zu verkriechen.

Doch danach ging es meistens sehr schnell. Nur ein oder zwei Tage Sonnenschein und frischer Wind genügten, um die Aussaat auszubringen. Das geschah oft noch mit Pferden. Aber rasch setzte auch im Vogelsberg die Mechanisierung ein und die ersten Traktoren traten in Eichelsachsen ihren Siegeszug an. Nach und nach wurden die langwierigen Prozesse der Handarbeit ersetzt. Uns jungen Leuten machte es Spaß, mit den neuen Maschinen und Geräten umzugehen. Waren die ersten Schlepper im Dorf anfangs noch mit 12, 15 oder 18 Pferdestärken ausgerüstet, hatte unser neuer Schlepper der Marke Fendt Farmer 2, den wir in 1961 anschafften, schon 25 Pferdestärken. Das entrüstete viele Bauern, die das schwächere Fabrikat der Konkurrenz fuhren, zu dem Ausruf: „Jeder Bauer, der nix kennt, fährt Fendt!" Schon sieben Jahre später reichten 25 PS nicht mehr aus und wir ersetzten den Schlepper durch eine leistungsstärkere Variante mit sage und schreibe 35 PS.

Der Fendt
der Schröders

Sommer und Weidfahren

Zu meiner Kinder- und Schulzeit fuhr im Dorf noch jeder Bauer mit dem Vieh zur Weide. Gemeint ist damit das Hüten der Kühe auf Weiden und Wiesen, die keine Einzäunung hatten. Es gab damals schon eingezäunte Wiesen. Das war die sogenannte „Koppel", in welche die Kuhherde getrieben wurde. Dort musste niemand zum Hüten dabeibleiben. Die Koppel lag meistens nahe am Dorf. Die vom Dorf weiter entfernt liegenden Wiesen wurden zur Heuernte gemäht. Wenn das Sommerwetter mitspielte, konnten die Bauern den zweiten Schnitt, das Grummet, einfahren. Normalerweise wurden diese Wiesen erst im Herbst nach der Grummeternte beweidet. In heißen Sommern war es aber oft so, dass die Bauern nach der Heuernte froh waren, eine schon abgemähte Wiese zu haben, worauf das Vieh dann getrieben werden konnte. Die Koppel war schnell kahl gefressen und die Glut der Sonneneinstrahlung ließ das Gras nicht rasch genug nachwachsen. Zudem war die Heumahd damals noch wesentlich später im Jahr, als das heute in der automatisier-

ten Landwirtschaft der Fall ist. War der Sommer jedoch verregnet, konnte das Gras nicht rechtzeitig gemäht werden. So herum gesehen gab es auch keine Weide für die Kühe. Das Grummet wuchs in das alte, abgestorbene Gras hinein. Das war für die Bauern, auch für meine Eltern, ein erheblicher Verlust.
Uns Bauernbuben wurde es eher zu einer heimlichen Freude. Bedeutete dieser Umstand doch, dass im Sommer schon die weiter vom Dorf entfernt gelegenen Grummetwiesen gehütet werden mussten. Aus arbeitstechnischen Gründen wurden dort keine Zäune gestellt. Gleich nach dem Heimkommen aus der Schule musste die Kuhherde ausgetrieben werden. Immer mussten wir Buben das machen. Die Eltern hatten dazu keine Zeit. Bei ganz großer Tageshitze wurde das Vieh schon frühmorgens zum Hüten ausgetrieben. Erst zum Sonnenuntergang kam es zum Melken in den heimischen Stall zurück. Uns Buben war das kein Verdruss! Die Hausaufgaben wurden an solchen Weidfahrtagen oft nicht gemacht. Manchmal, aber das nur bei schönem Wetter, nahm man die Schulsachen mit auf die Weide. Oft wurden sie unerledigt wieder nach Hause gebracht. Ich hatte Schulkameraden, deren Eltern keine Bauern waren. Diese begleiteten mich oft hinaus zur Weide. Wenn wir dann zusammen waren, hatten wir gar keine Zeit für die doofen Hausaufgaben. Viel wichtiger war es uns, dass ein ordentlicher Weidkeil in der Brotbüchse war und wir eine Flasche zum Trinken dabeihatten. Der Weidkeil war ein mit Wurst oder Käse belegtes Brot, das auf der Weide aufgegessen wurde. So versorgt, war es beim täglichen Kühe hüten immer angenehm. Hatte man das Glück, in einem weit abgelegenen Gemarkungsteil, vielleicht sogar in einer Waldecke zu hüten, brauchte man sich den ganzen Tag nicht um die Herde zu kümmern. So eine schöne Weide lag bei uns im Gemarkungsteil Reifertshain. Nur eine Seite der Wiese war hier zum Nachbarn offen. Wenn dieser sein Vieh nicht gerade dort hatte, achtete man als Weidbube nicht sonderlich darauf, ob eine Kuh die Grenze überschritt oder nicht. Es gab wichtigere Dinge zu tun. Der Reifertshainer Bach, der dort mitten durch die Wiese fließt, musste täglich neu aufgestaut werden. Da hatte man genug Arbeit. Die volle Konzentration war aufzubringen, um dieses Werk zu verrichten. Die Zeit flog dann nur so dahin. Sollten die Kühe spätestens zu Sonnenuntergang wieder im Stall sein, mussten wir nachmittags rechtzeitig aufbrechen.

Heuernte

Wir sollten uns nach dem Glockenschlagen der Kirchturmuhr richten, so hörte ich meine Mutter noch rufen. Doch der Glockenschlag war oft unzuverlässig. Manchmal hörten wir die ersten Schläge nicht. So war es schon später, als wir dachten. Dann trieben wir das Vieh immer erst bei Sonnenuntergang zusammen. Bei einer Wegstrecke von circa drei Kilometern durch das freie Feld war es oft schon dunkel, wenn wir mit der Herde zu Hause ankamen. Die Zeit des Melkens war dadurch überschritten. Gar manchmal hatte das einen „strammen" Hosenboden zur Folge gehabt.

Am schönsten aber war es, wenn zwei, drei oder mehrere meiner Schulkameraden dabei waren. Dann wurde auch ein Feuer entfacht und „abgekocht." Pudding und Fertigsuppen waren so unsere Lieblingsgerichte. Im Reifertshain nahmen wir zum Kochen auch schon mal das Wasser aus dem Bach. Das war ja schön sauber und klar. Wenn eine Kaulquappe darin schwamm, wurde diese vorher herausgefischt. Am Ende gab es immer für jeden genug zu essen. Mit Ochsenschwanzsuppe, unserer Lieblingssuppe, war es auch ziemlich einfach. Diese ließ sich mit dunkler und fein gesiebter Erde schön „strecken." Das hat uns nicht geschadet. Manchmal knirschten die Zähne dabei. Jeder Weidfahrtag wurde so zu einem schönen Erlebnis. Hatten wir besonderes Glück, dann wurde auch die Nachbarwiese gehütet. Unbeabsichtigt ließen wir die Herden sich mischen und gaben uns wichtigen Aufgaben hin.

Zu diesen Aufgaben gehörte auch der Bau eines „Budchens". Dazu wurden Gebiete, heute würde man Claims sagen, abgesteckt, wo man im Schutz einer Hecke seine Bude baute. Das machte die Gegenseite, die Hütejungen von der nachbarlichen Weide, auch so. Danach galt es, das eigene Häuschen zu verteidigen. Es wurden regelrecht Kämpfe ausgefochten. Man versuchte, die Bude der „Gegenbande" zu erobern und zu besetzen. Gleichzeitig musste der eigene Horst gegen Eindringlinge verteidigt werden. Dabei lernten wir schon in jungen Jahren, wie sich Konflikte entwickelten und wie wir sie am besten bewältigen konnten. Gar oft war ich auch bei den Verlierern gewesen, habe aber nie aufgegeben.

Aus Karl May-Büchern oder durch die Winnetou-Filme aus dem Fernsehen wussten wir, dass die Indianer zum Lösen eines Konfliktes mit den Weißen die Friedenspfeife rauchten. Mit Heckenlaub, in von uns selbst geschnitzte Pfeifen gestopft, taten wir das auch. Manchmal stanken die Pfeifen fürchterlich oder das Laub brannte gleich lichterloh. Da mussten wir Krieger durch. Manch eine Bubenhose wurde nach einer intensiven Friedenspfeife heruntergelassen. Leichte Magen- und Darmvergiftungen wurden so immer schnell wieder beseitigt und geheilt. Spätestens zu Sonnenuntergang mussten die Krieger sich endlich geeinigt haben. Dann half man sich wieder gegenseitig. Die eigenen Kühe galt es, aus der großen gemischten Herde zu sortieren. Anschließend ging es in einer langen Reihe ganz gemächlich auf den gemeinsamen Nachhauseweg. Nur ganz selten wurden die Tiere schon vor dem Heimweg von Nachbars Weide geholt (sollten sie tatsächlich dort geweidet haben). Das war immer der Fall, wenn unverhofft der Feldschütz auftauchte. Den gab es in unserer Gemarkung noch. Der Feldschütz streifte tagsüber durch das Feld und achtete streng darauf, dass jede Kuh auf ihrer eigenen Wiese graste. Vor dem Feldschütz hatten wir alle einen riesengroßen Respekt. Kaum war er aber außer Sicht, dann ging alles wieder seinen gewohnten Gang und die Kühe weideten erneut auf Nachbars Weide.

Herbst

Der Herbst war besonders arbeitsintensiv. Nach der Getreideernte begannen die Bauern früh mit dem Ausmachen der Kartoffeln. Eine aufwendige Ernte war das. Alle Familienmitglieder gingen morgens ins Feld zum Kartoffelhacken und Auflesen. Man blieb über Mittag draußen, um ja keine Zeit zu verlieren. Es sollten doch abends viele Säcke voller Kartoffeln nach Hause gefahren werden. Waren die Septembertage schön sonnig, dann war auch das Kartoffellesen schön. Manchmal war es noch richtig warm, so wie im Sommer. Die Arbeit ging meist gut von der Hand. Doch wehe, wehe, es gab mal Regentage. Dann wurde die Kartoffelernte für die Bauern zur Qual. Man harkte in der nassen Erde und musste die Kartoffeln regelrecht auspuhlen. Die Kälte zog jedem durch alle Glieder und man war froh, wenn der Tag um war. Dazu kam, dass die schweren und oft nassen Kartoffelsäcke noch am selben Abend in den Keller abgetragen werden mussten. Bei schon früh eintretender Dunkelheit war das oftmals kein Vergnügen. Was uns aber alle entlohnte, war das Kartoffelfeuer am Ende der Ernte. Das Kartoffelkraut wurde zusammengerecht und verbrannt. Die dabei noch gefundenen Kartoffeln durften wir Kinder aufspießen und im Feuer braten. Was war das für ein Schmaus! Was war das für ein Kartoffelgeschmack!

Dann endlich, Anfang Oktober, kam die Dreschmaschine ins Dorf. Beim Dreschen halfen sich die Bauern untereinander. Das bedeutete tagelange Arbeit für jeden. Die Dreschmaschine fuhr reihum von Hof zu Hof. Das ging mehrere Tage so. Je nach Größe des Betriebes wurde ein bis zwei Tage lang gedroschen. Die Dreschmannschaft bestand aus ungefähr zehn bis zwölf Personen, abhängig von den örtlichen Gegebenheiten. Wo die Wege weit und die Stiegen auf den Dachboden steil und eng waren, da brauchte man die doppelte Anzahl Sackträger. Die Arbeiten waren eingeteilt in: Garben zutragen, einlegen, Strohballen abnehmen und wegschaffen, Getreide absacken und auf den Speicher tragen. Morgens um fünf Uhr ging es los. Bei uns im Dorf wurde es so gehandhabt, dass der Bauer, der die Dreschmaschine hatte, auch wecken musste. Dann standen er und seine Ehefrau um 4 Uhr auf und schlugen bei den Helfern mit einem Stock an die Dachrinne des betreffenden Hauses. Davon ist noch jeder wach geworden. Die Männer wurden vor Dreschbeginn verköstigt. Das war das sogenannte „Kaffeetrinken." Dann fauchte schon die Maschine und wehe, es war dann nicht jeder auf seinem Platz! Zum „Froisteck" gab es die große Pause. Wurde über Mittag gedroschen, gab es auch ein deftiges Mittagessen. Trotz des vielen Staubes und der täglichen Mühsal war es eine schöne Zeit, wenn die Dreschmaschine im Dorf unterwegs war.

Für uns gab es immer etwas zu gucken und zu entdecken. Auch den „Scheunendreschern" machte es Spaß, hauptsächlich dann, wenn die Arbeit getan war und man beim Essen, Kaffee- oder Schnapstrinken noch eine Weile in gemütlicher Runde beisammensitzen konnte.

Nach der Dreschzeit kam die Rübenernte. Jede einzelne Rübe wurde von Hand aus dem Boden gezogen, in eine Reihe gelegt und das Kraut abgestochen oder abgedreht. Die Blätter wurden direkt mit dem Vieh verfüttert. Die Rüben wurden von Hand auf den Wagen aufgeladen und eingekellert. Die Rübenernte – meist Ende Oktober – wurde oftmals schon von den ersten Schneeschauern begleitet. Wir, im unteren Teil des Eichelbachtales angesiedelt, sahen aus der Ferne die erste weiße Kappe auf dem Hoherodskopf sitzen. Das war ein Zeichen, dass der Winter sehr nahe war. Das merkte man auch an den kalten Händen, die es beim Abladen der Rüben gab. Die Rüben abzuladen, war Aufgabe von uns Kindern. Die wurden über eine lange Rutsche durchs Kellerfenster in den Keller geschafft. Oftmals zog sich das Abladen bis lange in die Dunkelheit hinein.

Währenddessen hatte sich die Landschaft verändert. Das Laub färbte sich. Die Schwalben sammelten sich auf den Leitungsdrähten und flogen nach Süden. Das Laub fiel und unversehens war es November. Wer seinen Acker noch nicht mit der Winterfrucht bestellt hatte, musste sich nun sputen. Kam es doch vor, dass tagelange Regenfälle einsetzten, die unversehens in Schnee übergehen konnten. Manchmal wurde es im Eichelbachtal so schnell Winter, dass mancher Bauer gar die Aussaat seiner Winterfrucht verpasste.
Aber ja doch, die Dämpfkolonne war noch nicht da gewesen. Nein, „Pommes frites" wurden damit nicht hergestellt. Die Dämpfkolonne kam von „oben herab." Das heißt, sie kam von Breungeshain über Busenborn, Eschenrod und Wingershausen nach Eichelsachsen. Der Grund war, dass es in den höher liegenden Ortschaften früher einwinterte als unten in den wärmeren Tälern. Die Dämpfkolonne musste mit Pferden von Hof zu Hof gezogen werden. In den Sechziger Jahren übernahmen dann Traktoren diese Rangierarbeit. In der Zeit nach dem Zweiten Weltkrieg hatte das Kartoffeldämpfen eine ständig wachsende Verbreitung gefunden. Als der Kartoffelanbau zu Beginn des 20. Jahrhunderts die Landwirtschaft aufblühen ließ und fett gemästetes Schweinefleisch ein gutes Geld einbrachte, zog die Dämpfkolonne von Hof zu Hof. Unter Dampfdruck wurden Futterkartoffeln gegart und als Wintersilage (im Silo) eingestampft und eingesäuert. Der große Vorteil beim Dämpfen besteht darin, dass im Gegensatz zum Kochen keine Nährstoffe verloren gehen. Für die Kinder war es das letzte große Ereignis auf dem Bauernhof vor dem Winter. Wenn die Dämpfkolonne in den Hof fuhr, versammelte sich schnell eine Traube am Förderband, das die frisch gedämpften Kartoffeln in das Silo beförderte. Hier konnte man sich gut satt essen und manche bekamen nicht genug von dem heiß begehrten Schweinefutter in ihre kleinen Mäuler hinein.

Zwischen den zeitraubenden, rein landwirtschaftlichen Arbeitsgängen des Herbstes musste auch noch das Obst geerntet werden. Das waren Zwetschgen und hauptsächlich die Äpfel. Die Zwetschgen wurden zu Honig verkocht. Das geschah im Keller im großen Kessel. Stundenlang wurde hier das „Hoink" gerührt. Gab es keine oder nur wenig Zwetschgen, fehlte uns der Brotaufstrich. Mit den Äpfeln war es ähnlich. Diese brauchte man als Lageräpfel für den Winter zum Backen und Kochen. Die Fall- und Kelteräpfel waren besonders begehrt. Diese wurden geschüttelt, aufgelesen, gekeltert und zu Saft und Apfelwein vergoren. Für viele waren das in den Sechzigern die einzigen Getränke, die sie für die lange Winterzeit vorrätig halten konnten. Gab es keine Äpfel, dann gab es auch keinen Apfelsaft und keinen Apfelwein.

Bernd Schröder, geboren 1954, Schotten-Eichelsachsen

****

Überredet: Erst non, dann oui

****

1957 kauften sich meine Eltern ihr erstes Auto – einen Lloyd 500. Aus heutiger Sicht eine Blechkiste auf vier Rädern, aber für uns eine Sensation. Es bedeutete, dass wir die Möglichkeit hatten, andere Gegenden, Städte und schon bald auch andere Länder zu erkunden. Das Familienmotto „Europa, wir kommen" wurde in die Tat umgesetzt, nachdem zu dem Auto eine bescheidene Campingausrüstung dazukam. Da mein Vater als Lehrer sechs Wochen Sommerferien hatte und meine Eltern ausreichend Energie und Sportsgeist, bereisten wir nicht nur die damals klassischen Campingländer Spanien, Italien und Dänemark – letzteres wegen Dauerregens nur eine Woche – sondern auch weiter entfernte und damit exotischere Länder wie Griechenland, Bulgarien und die Türkei.
1964 beschlossen meine Eltern, an die französische Atlantikküste zu fahren. Bei Antritt der Reise gab es noch kein genau festgelegtes Ziel, das war bei uns immer so. Es gab wenige Autobahnen, die Autos waren noch keine PS-starken Maschinen, mit denen man eben mal tausend Kilometer am Tag durchfahren konnte. Stellfläche für unsere zwei kleinen Zelte – Hundehütten nannten wir sie – gab es auf jedem Campingplatz, nichts musste im Voraus gebucht werden, wir konnten einfach herumzigeunern – auch so ein Ausdruck aus dem Familienjargon, den man heute der political correctness wegen, nicht mehr benutzen dürfte. So eine Urlaubsreise war Entschleunigung pur, der Weg war das Ziel, mal gucken, wo wir am Abend einen schönen Campingplatz fänden, auf dem wir unsere bescheidenen Hundehütten aufstellen konnten. Und wenn das Wasser im See warm genug war und die unmittelbaren Nachbarn nett und es in der Gegend noch interessante Orte zu besichtigen gab, dann blieben wir einige Tage, bevor wir weiterfuhren. Das war die Reisestrategie meiner Eltern und ihr verdanken meine Brüder und ich es, dass wir als Teenager Orte in Europa kennenlernten, von denen unsere Klassenkameraden nicht einmal wussten, dass sie überhaupt existieren.

So kam es, dass wir im Juli 1964, nach einer Woche gemächlichen Herumzockelns quer durch Frankreich, abends auf einem Campingplatz in Cap Ferret, ungefähr einhundert Kilometer südlich von Bordeaux gelegen, ankamen. Der Platz war ideal, das stellten meine Eltern nach einem kurzen Rundgang fest. Große Pinien boten ausreichend Schatten, die Toiletten und Duschhäuser waren sauber, es gab ausreichend Gelegenheiten zum Geschirr- und Wäsche waschen und das Beste – man konnte in der großen Bucht von Arcachon im wunderbar warmen Wasser ausgiebig schwimmen. Im Atlantik nämlich ist das Schwimmen wegen der hohen Wellen und der unberechenbaren Strömung eine unmögliche, sogar gefährliche Angelegenheit. Aber der Platzbesitzer, ein ehemaliger Colonel der französischen Armee, der im Zweiten Weltkrieg gegen die Deutschen gekämpft hatte – er führte den Platz mit militärischer Strenge, deshalb war alles auch so ordentlich und sauber – verweigerte uns als Deutschen, ebenfalls militärisch-knapp, den Zutritt. Auf dem Platz seien nur französische Familien, da würden die „boches" nur Unruhe stiften. Glücklicherweise sprachen meine Eltern gut Französisch, so konnten sie sich aufs Verhandeln verlegen. Wir Kinder wurden angewiesen, ein bisschen zu quengeln, Hunger, Durst, müde – ein bisschen Französisch konnten auch wir – wir seien schon eine Woche unterwegs und Madame – meine Mutter – wolle auch mal gerne etwas ausruhen. Kurz, es wurden alle Register gezogen, auch das politische. Mein Vater erklärte dem Colonel, er habe im Krieg alles verloren, seinen Vater, sein Haus, seine Arbeit. Aber all das hätte wohl den Colonel nicht umgestimmt, wenn nicht zufällig ein distinguierter Herr im Alter meines Vaters vorbeigekommen wäre. Er hörte sich den Disput eine Weile an, sprach dann meinen Vater an und horchte ihn ein bisschen aus – wo er so gut Französisch gelernt habe, wo er im Krieg gewesen sei, was jetzt sein Beruf sei, wie alt die Kinder seien, usw. Die Antworten meines Vaters fielen wohl zufriedenstellend aus, der Herr setzte sich in rasend schnellem Französisch für unseren Aufenthalt ein und so konnten wir, bereits in beginnender Dunkelheit, unsere Zelte aufstellen. Der Herr, der uns das ermöglicht hatte, war Monsieur Humbert, unser direkter Nachbar, ebenfalls Colonel der französischen Armee, der aber in Vietnam und in Algerien gekämpft hatte. Außerdem war er das Oberhaupt einer größeren französischen Familie, die, wie meine Mutter am folgenden Tag fachkundig feststellte, praktisch ihre gesamte Küchenausstattung mitgenommen hatte, damit Familie Humbert während des Urlaubs keinen Mangel litt und ausreichet ernährt werden konnte. In kurzer Zeit wurden Geneviève Humbert, die jüngste Tochter und ich beste Freundinnen. Geneviève sprach ein bisschen deutsch, ich ein bisschen Französisch, die Verständigung klappte also sehr gut und mein Französisch wurde mit jedem Tag besser, da ich durch Geneviève Zugang zu einer Gruppe Jugendlicher hatte, die alle mit ihren Eltern auf dem Campingplatz Ferien machten.

Disco gab es damals noch nicht, aber wir amüsierten uns prächtig, verbrachten die Tage am Strand und hatten abends alle Ausgang bis punkt 23 Uhr. Unsere Eltern amüsierten sich ebenso prächtig, es gab viele gemeinsame gemütliche Treffen, während derer Wein getrunken, Karten gespielt und geredet wurde. Deutsch-französische Verständigung, von Adenauer und de Gaulle auf der großen politischen Bühne mit großem Tamtam angekündigt und vorbereitet, wurde in dem Mikrokosmos des Campingplatzes praktisch nachvollzogen. Ein kleiner Schwatz, während man auf eine freie Dusche (die waren übrigens kalt!) wartete, die höfliche Anfrage, ob man den Nachbarn etwas mitbringen solle, man starte zum tagesüblichen Großeinkauf im supermarché, die politischen, immer noch von den Ereignissen des Zweiten Weltkrieges und seiner Folgen handelnden Diskussionen unter den Erwachsenen – die übrigens fast immer in der Feststellung gipfelten, dass Krieg, von wem auch immer angezettelt, einfach nur „merde" sei. Der Besuch einer deutschen bei einer Reihe französischer Hausfrauen, die ihr dann zeigten, dass Kochen auf dem Campingplatz für französische Hausfrauen eine Herausforderung war – all das und noch viel mehr bescherte uns einen der schönsten Campingurlaube, die wir erlebt hatten. Merci, Monsieur Humbert, dass Sie uns das ermöglicht haben!

Die unmittelbare Folge des Aufenthaltes war, dass meine Eltern Zeit und Reisekasse ziemlich überzogen und wir in unüblicher Hast in drei Tagen nach Hause bretterten. Die für mich so wichtigen Folgen waren eine lange Freundschaft mit Geneviève – wir besuchten uns in den darauffolgenden Jahren zwei- bis drei Mal pro Jahr –, ein Aufenthalt als Au-Pair in einer von Geneviève ausgesuchten Familie, das Romanistikstudium – und eine lebenslange tiefe Zuneigung zu Frankreich, zur französischen Sprache und vielen Menschen, die diese Sprache als Muttersprache haben! Auch dafür danke ich Ihnen, Monsieur Nicolas Humbert, Colonel der französischen Armee und einer der besten Zwetschenschnapsbrenner, die mein Vater kennengelernt hat.

Cordelia Graubner, geboren 1949, Fernwald

****

Schule? Zeitverschwendung!

****

1961 wurde ich nach den Osterferien in die Mittelpunktschule in Echzell eingeschult. Die Kurt-Moosdorf-Schule war verhältnismäßig neu und daher sehr modern. Einen Kindergarten hatte ich nicht besucht, da es zum einen einen solchen in Gettenau nicht gab und zum anderen der in Echzell noch in den Anfängen steckte. Daher war für mich der Schulbesuch das Ereignis, das sich als „lebenslänglich" erweisen sollte.

Wir waren 56 Kinder, die in zwei Klassen aufgeteilt wurden. Schreiben lernte man nicht mehr auf den bisherigen Schultafeln mit Griffeln, sondern mit Hilfe einer durchsichtigen Plastiktafel, auf die man mit Bleistift nachzuschreiben hatte, zunächst Buchstaben, dann ganze Wörter. In der ersten Klasse wurde mit Milch oder Kakao – von der Molkerei angeliefert – gemeinsam gefrühstückt, auch Schürzen gehörten in den Schulalltag.

Ich fand Schreiben, Rechnen und Lesen so toll, dass ich nachmittags nach den Hausaufgaben mit meiner Freundin „Schule" in jeglicher Form spielte. Die Lehrerin war dabei immer ich. Aber eine Schulklasse mit nur einem Kind erschien mir doch sehr klein, so dass eine Klassenvergrößerung dringend notwendig war; folglich bekam meine Freundin drei neue Mitschüler: meinen Hund Susi und zwei Katzen. Allerdings waren die Lernerfolge in den genannten Bereichen bei meinen vierbeinigen Schülern nicht gegeben, was mich aber nicht davon abhielt, dieses Spiel weiterzubetreiben. Allerdings wurde die heterogene Lerngruppe im Hof unterrichtet und nach ihren individuellen Möglichkeiten gefördert. Meine Freundin musste rechnen und schreiben, der Hund sollte Balance-Übungen auf einer schräg angelegten Leiter trainieren, eine Katze – ein wahres Temperamentsbündel –

wurde in den geflochtenen Puppenwagen verfrachtet und auch noch zugedeckt, die zweite Katze suchte jedes Mal das Weite, sobald sie erkannte, was gespielt wurde.
Mein damaliger Schulweg war unspektakulär; hatte ich die Hauptstraße überquert, gab es nur noch einige, wenige Seitenstraßen, die zu beachten waren. Nur zwei Mal im Jahr gestaltete sich dieser Schulweg für mich spannend und Angst einflößend, und zwar immer dann, wenn im Frühjahr und Herbst die US-Streitkräfte ihre Manöver – auch im Echzeller Wald – durchführten. Meine Großmutter begleitete mich bis zum Hoftor, wir lauschten angestrengt, ob sich Panzer näherten oder ich die Beine in die Hand nahm und die wenigen Meter Hauptstraße hinter mich brachte, um dann in die für mich so sichere Ringstraße abbiegen zu können. Meine Mutter war unterdessen damit beschäftigt, Papier zwischen Porzellan und Gläser zu legen, damit das Geschirr die Erschütterungen überstand.

Bis 1979 gab es in Echzell-Gettenau eine sehr enge Ortsdurchfahrt ohne Bürgersteig, lediglich einige nebeneinander verlegte Pflastersteine (Gosse) galten als Abgrenzung zur Fahrbahn – für uns Kinder eine gefährliche Angelegenheit, besonders dann, wenn die schrecklichen Monster mit riesigen, schwenkbaren Kanonen auftauchten. Oftmals machten sich die jungen GIs – manche von ihnen mit dunkler Hautfarbe, für mich ebenfalls ein Novum –, einen Spaß daraus, durch die schmale Weidgasse regelrecht hindurchzudonnern. Ganz besonders schlimm empfand ich das laute Dröhnen und Rattern, wenn es zum Rückstau kam, weil an der Kirche in Gettenau die Kurve unfallfrei genommen werden musste, außerdem stellte sich immer Angst ein, weil diese riesigen Geräte keinem friedlichen Zwecken galten. Ich entwickelte aber rasch gewisse Ausweichmechanismen und lauschte zunächst andächtig, ob irgendwelche lauten Motoren- und Kettengeräusche zu vernehmen waren, Autos waren damals noch recht rar. Ferner wurde der Konvoi immer durch einen Jeep mit blauem Blinklicht, größeren LKW und lautstarker englischer Konversation angekündigt. Erst danach kamen die Panzer in Rangordnung von klein nach groß.

Nach vier Jahren änderte sich mein Schulweg ganz gewaltig, denn ich sollte von nun an tagtäglich mit dem Zug nach Friedberg ins Gymnasium fahren. Die Verwandtschaft kommentierte damals diesen Entschluss meiner Eltern nur mit dem Satz: „Ein Mädchen heiratet ja doch, der Besuch des Gymnasiums ist reine Zeitverschwendung!" Glücklicherweise sahen meine Eltern das anders. Die ersten Vorbereitungen wurden für den Schulwechsel schon in den Osterferien getroffen. Meine taillenlangen Zöpfe wurden abgeschnitten, denn ein Bubikopf sollte morgens den Zeitaufwand fürs Zöpfe-Flechten deutlich reduzieren. Aus Gettenau war ich die einzige Schülerin dieser Jahrgangsstufe der Schillerschule. Aber schon bald hatte sich ein Quartett von Echzell bis Friedberg gefunden, so dass wir Mädels ein bestimmtes Abteil für den 7-Uhr-Zug am Morgen, der uns in die Schule brachte, verabredeten, die Rückfahrt mit dem 14-Uhr-Zug unternahmen wir dann von der Schule aus gemeinsam.
Da der Schillerschule mit dem Schillerbau und dem Feldwebelbau nicht genug Klassenräume zur Verfügung standen, wurden die unteren Klassenstufen in das Haus des Handwerks in der Mainzer-Tor-Anlage ausgegliedert. Für uns Fahrschülerinnen war das optimal,

denn die Entfernung zum Bahnhof war gering und wir konnten den Zug nach Unterrichtsschluss schnell über die Saarstraße erreichen. Unsere erste Lektion im Hinblick auf Fahrkartenkontrolle durch einen Kontrolleur lernten wir bereits an unserem ersten Schultag. Der Zug in Fahrtrichtung Nidda stand auf Gleis 12 schon lange vor der Abfahrt bereit, Erwachsenen wurde der Zugang auch nicht verwehrt, doch Schüler durften erst ab einer bestimmten Uhrzeit die Sperre passieren, was wir Kleinen aber nicht wussten. Voller Stolz zückten wir unsere Monatskarte und wollten sie dem Kontrolleur, der als Kriegsversehrter in einem Häuschen in der Bahnhofshalle sitzend seinen Dienst verrichtete, zeigen, als dieser die Fahrkarte der ersten Schülerin an sich riss, uns lauthals anschrie und uns zurück in die Bahnhofshalle beorderte. Wir gingen nie mehr zu früh durch diese Sperre!

Mit dem Umzug in die Burg verlängerte sich mein Schulweg, der mich vorbei am Kaufhaus „Langer" zur Drogerie „Schütz" an der oberen Ecke des Haingrabens, durch die Bismarckstraße bis zum Rathaus und zu „Gardinen Baum", vorbei am Stadtcafé in der Haagstraße, bis zur „Mohrenapotheke" auf die Kaiserstraße und in die Burg führte. Diesen Weg legte ich sechs Mal in der Woche zurück, denn in den Sechziger Jahren fand auch samstags Unterricht statt. Auf dem Hinweg zur Schule schwatzen wir Mädels und machten auch noch schnell – ganz nebenbei – einen Schaufensterbummel (im Zeitalter der Miniröcke wurden dann die Röcke nochmals um Bundbreite umgekrempelt). Der Rückweg wurde rascher absolviert, um den Zug nicht zu verpassen. Gelegentlich gönnten wir vier uns eine Kugel Eis für zehn Pfennig, purer Luxus waren zwei Kugeln. Eine weitere Alternative kulinarischer Art war der Erwerb eines Mohrenkopf-Brötchens aus der Milchbar, in diesem Gebäude ist heute ein Optikhaus untergebracht.
Gab es Ferien, so versuchte ich natürlich, den 11-Uhr-Zug zu erreichen, und nahm die Abkürzung durch Friedbergs Altstadtgässchen. Gegenseitig feuerten wir vier Mädels uns an, doch oft sahen wir die Schlusslichter des Zuges und mussten bis zur Abfahrt des 14-Uhr-Zuges warten, für uns Kinder wirklich bitter. Nur ganz wenige Lehrer erlaubten uns betroffenen Kindern drei bis fünf Minuten früher zu gehen.

Im Laufe meiner Schulzeit lernte ich als Fahrschülerin aber nicht nur verschiedene Wegstrecken vom Bahnhof zur Schule und zurück kennen. Da die Turnhalle der Schillerschule zu klein und auch oft überbelegt war, fand der Sportunterricht in anderen Einrichtungen innerhalb Friedbergs statt. Die Turnhalle des damals noch selbstständigen Aufbau-Gymnasiums war der nächstgelegene Ort, allerdings wurde auch auf die Dieffenbachhalle am Rande der Seewiese ausgewichen. Dies bedeutete für uns Schüler: „Wandern" zum Sportunterricht bzw. Schwimmunterricht, der im alten Hallenbad erteilt wurde. Dies war für mich ein Erlebnis der besonderen Art. Als Nichtschwimmerin wurde ich an eine Leine genommen, die irgendwann ausgeklinkt wurde. Allerdings konzentrierte ich mich nicht auf die eigentlich notwendigen Schwimmbewegungen, sondern wartete angestrengt auf das Ausklinken, was aber meinen Schwimmfortschritten nicht zugutekam. Im Sommer ging es auf den Sportplatz am Burgfeld, damit verlängerte sich natürlich die Wegstrecke zum Bahnhof, denn oftmals handelte es sich bei den Sportstunden um Randstunden.

1966/67 gab es zwei Kurzschuljahre für die Zeitdauer von eineinhalb Kalenderjahren, um somit den Beginn des Schuljahres auf nach den Sommerferien zu verlegen. Für mich bedeutete dies, dass ich rascher durch die Mittelstufenzeit gelangte und damit meinem Wunsch, Lehrerin zu werden, erheblich schneller ein Stück näher kam. Nach dem Studium in Gießen wurde dieser Traum Realität, den ich nun seit 38 Jahren tagtäglich lebe.

Friederike Born, geboren 1954, Echzell

****

Lurexpullover: Spitz

****

„Im Walde von Toulouse, da haust ein Räuberpack, da haust ein Räuberpack, schneddereng, peng peng, schneddereng peline." Was bedeutet eigentlich „Peline"?
Keines der Kinder des katholischen Kindergartens St. Stefanus schien sich das zu fragen. Sie übten eifrig für das Singspiel, welches alljährlich beim Kindergartenfest aufgeführt wurde. Aus voller Kehle schmetterten sie, begleitet von Orffschen Instrumenten. Was für eine Aufregung. Nicht für mich. Ich war, wie immer, in der Putzkammer eingesperrt. Das war damals noch eine absolut gängige Methode, renitente Kinder zur Räson zu bringen. „Sind so kleine Hände!"
Zum Leidwesen der Kindergärtnerinnen, die wir damals mit „Tante" und dem jeweiligen Vornamen ansprechen sollten, fruchtete diese Erziehungsmaßnahme bei mir nicht. Im Gegenteil. An diesem wunderbaren, ruhigen, kühlen Ort konnte ich meinen Gedanken freien Lauf lassen. Auf einem Wandregal waren Pappkartons gelagert, die kleine Probepäckchen Milupa-Milchbrei beinhalteten. Diese waren als Belohnung für brave Kinder vorgesehen. Den wunderbaren Geruch sog ich jedes Mal tief in mich ein. Ich würde ihn noch heute unter tausenden Gerüchen erkennen. Der Geschmack blieb mir leider fremd.
Hier saß ich nun auf einem umgedrehten Putzeimer mit meinem ungebrochenen Selbstbewusstsein. Es war völlig klar, dass ich die talentiertere Prinzessin in dem Drama „Im Walde von Toulouse" gespielt hätte. Da gab es keine Zweifel. Es konnte sich nur um einen Irrtum handeln, dass schon wieder das gleiche kleine blonde süße Mädchen mit den großen, blauen Kulleraugen, deren Mutter die Freundin von „Tante" Monika war, diese tragende Rolle zugesprochen bekam. Stattdessen sollte ich im dritten Jahr in Folge einen Baum

darstellen, der Triangel spielt. Klanghölzer als Instrument wären in dem Falle auch besser zuzuordnen gewesen. Auch, wenn ich keine Schneidezähne mehr besaß, mein rechtes Auge mit einem Schielpflaster abgeklebt und ich darüber noch ein schwarzes Kassen-Brillengestell trug. Meine Mutter versicherte mir doch täglich, dass ich das schönste Kind auf Gottes Erdboden sei. Unermüdlich erklärte sie mir täglich auf dem Weg in den verhassten Kindergarten, dass ich etwas ganz Besonderes bin.

Wenn wir von der Hauptstraße in Ober-Wöllstadt in die Gartenstraße abbogen, wandte sich meine Aufmerksamkeit allerdings schon etwas anderem Besonderem zu. Oft hatte ich Glück und meine (echte) Tante Anneliese lauerte in ihrem Vorgarten, um meine Mutter zu einem kleinen Schwätzchen anzuhalten. Noch besser war es, wenn meine Tante Maja (fast echte Tante) mit ihrem „Gummikarren" dazukam. Sie brachte Propangasflaschen in die Haushalte. Nebenbei handelte sie noch mit Romika-Schuhen und wusste jede Menge zu erzählen. Das verschaffte mir viel Zeit für meine Beobachtungen.
Gegenüber von Annelieses Haus war eine Spedition, ein Familienbetrieb mit einem LKW mit Anhänger. Hier lebte für mich der Inbegriff des Besonderen. Während die Hausfrau im Ort schmucke Kittelschürzen über Nylonunterröcken trug und je nach Tätigkeit entweder im Garten graue Gummistiefel oder im Haus Wörichshofener Pantoletten, hatte dieses überirdische Wesen enge Hosen und Lurexpullover über dem spitzen BH an. Die Frisuren der Ehefrauen und Mütter waren meist auch festgelegt und zwar von der einzigen Friseuse am Ort. Schwarzgefärbte Dauerwelle. Kinder, Pony schneiden im Stehen für 50 Pfennige. Die Frau gegenüber aber hatte hellblondes langes Haar, toupierten Hinterkopf wie Nofretete und im Nacken leger zusammengebunden. Sie ging auf ihren spitzen Schuhen mit Pfennigabsätzen so geschickt, dass man ihr ohne weiteres einen Marathonlauf in denselben zugetraut hätte. Tante Maja hätte sich niemals getraut, ihr einen ihrer beigefarbenen Cordtreter anzudrehen.

Sie schwebte die kleine Treppe von ihrem Haus zur Straße hinab, in jedem Arm einen apricotfarbenen Pudel. Die Tiere setzte sie auf den Beifahrersitz ihres offenen Mercedes Cabriolets, grüßte freundlich herüber und fuhr davon.
So wollte ich sein. Das war schon einmal sonnenklar. Wie dieses außerirdische Wesen. Mein kleines Kinderhirn registrierte: Es gibt noch etwas anderes. Dieser Gedanke und Mamas ungebrochenes Zutrauen trugen mich durch die Zeit zwischen Imi, Vim und Scheuerlappen.
Danke, Mama!

Marianne Mosebach, geboren 1961, Wöllstadt

****

Geknatter: Stillgelegt

****

Den Führerschein machte ich 1963 während meiner Lehrzeit in Schweinfurt für ganze 220 Mark. Das eigene Auto jedoch blieb erst einmal nur auf meiner Wunschliste, auch während meiner Zeit als Mechaniker in Frankfurt und schon gar nach Aufnahme eines Ingenieurstudiums in Friedberg.
Im Winter 1963 war ich mit dem Stadtbus und zu Fuß unterwegs zu einem Treffen mit einem früheren Arbeitskollegen in Frankfurt. Auf dem kurzen Weg zur Wohnung eines Freundes bemerkte ich einen dort abgestellten Messerschmitt-Kabinenroller. Die Nummernschilder waren demontiert, der Tankdeckel fehlte, das ganze Gefährt war verschmutzt und heruntergekommen. In den folgenden Tagen suchte ich nach dem Fahrzeughalter und fand ihn in einem südlichen Stadtteil. Für 70 Mark verkaufte er mir das Mini-Auto, den Schlüssel, die Bedienungsanleitung und einen nicht mehr gültigen Kfz-Brief.
Ich transportierte das Wrack in die Wetterau und fing an zu basteln, ich war ja als Techniker vom Tüfteln infiziert. Innen und außen entrosten, grundieren und schleifen, schließlich eine neue Komplettlackierung mit dem Pinsel. Signalrot mit schwarzen Applikationen. Außerdem baute ich den kleinen Benzintank aus, füllte ihn mit grobem Mainsand und Wasser – unendlich lang von Hand geschüttelt, um den Innenrost zu beseitigen. Die Seilzugbremsen zu den winzigen Bremstrommeln an den Acht-Zoll-Rädchen waren – speziell an der Hinterradschwinge – ein Kapitel für sich.

1964: Das erste Fahrzeug: Messerschmitt KR 200, 10 PS

Nach unendlich vielen Arbeitsstunden endlich der große Moment: Mit einer neuen Batterie sprang der Fichtel&Sachs-Einzylinder-Zweitakt-Motor mit zehn PS nach der ersten Schlüsselumdrehung an. Für den neuen Kraftfahrzeugbrief musste ich mit dem Kabinenroller noch zur Sonderprüfung zum TÜV nach Friedberg. Nach der Zulassung konnte ich das erste motorisierte Fahrzeug mein Eigen nennen. Kennzeichen: FB L 450.
In den Folgejahren unternahm ich mit meiner Freundin Ilse – meiner späteren Frau – damit Kurzreisen in den Schwarzwald und nach Österreich, an den Wörthersee. Probleme gab es mit dem KR 200 nur gelegentlich im Winter, bei Schnee und Eis, wenn die Minimalheizung gerade für ein Guckloch in der Frontscheibe reichte. Mitfahrer im eiskalten Bug mussten ihre Füße mit Stiefeln vor Frostbeulen schützen.
In Seligenstadt, dorthin hatte es mich als Maschinenbauingenieur vorübergehend verschlagen, ging das Geknatter dem Stadtpolizisten auf die Nerven. Eines Tages erhielt ich die ultimative Aufforderung, für den zugegebenermaßen sehr lauten Auspuff die Betriebserlaubnis vorzulegen. Die gab es natürlich nicht, weil ich kurz zuvor mit Kollegen in einem Schweißfach-Ingenieurlehrgang eine teure Neuanschaffung durch eine Eigenkonstruktion mit innenliegenden Metalltopfreibern ersetzt hatte. Das hat dem Mann in Grün natürlich nicht imponiert. Die Messerschmitt wurde also stillgelegt und ich vermachte sie einem Bekannten, der ebenfalls Kabinenroller fuhr und damit ein Ersatzteillager bekam.
Ich bekomme aber heute noch eine Gänsehaut, wenn ich an einen Beinahe-Unfall unters Heck eines Lkw denke ...

Viel, viel Arbeit und eine neue Lackierung

Wilfried Schmied, geboren 1943, Staufenberg

****

Aufschwung: „Die Liebesschaukel"

****

Die Sechziger Jahre in der Bundesrepublik Deutschland waren eine Zeit des Umbruchs. Der Föderalismus war ausgeprägter als heute, Unterstützungen für Studenten geringer, die Unterkunftssuche komplizierter, aber vieles auch einfacher, menschlicher. Es gab so gut wie keinen „Numerus clausus", kaum Autos auf den Straßen, für die Studenten kaum „Mensen", wenig Zimmer, wobei hier Frauenbesuch strikt untersagt war. Wer nicht von zu Hause aus unterstützt wurde, musste arbeiten gehen, um sein Studium finanzieren zu können. So arbeitete ich regelmäßig bei einem Bäcker, weil hier die Bezahlung besonders gut war. Probleme gab es nur beim sehr frühen Aufstehen – das Backen begann zwischen halb drei und drei Uhr in der Frühe, war aber bereits gegen sieben Uhr beendet.

Der Wechsel von der einen Universität zu einer anderen war eigentlich völlig problemlos. Es gab hier nur ein Problem: Nichtlandeskinder mussten Studiengebühren bezahlen, was zu erheblichen finanziellen Belastungen führte.
Der damals sehr ausgeprägte Föderalismus führte teilweise zu seltsamen Blüten. So wurde in Würzburg, wenn ich eine Bescheinigung brauchte, regelmäßig gefragt: „Brauchen Sie die Bescheinigung für Bayern oder für die BR Deutschland?"
Weil die Universitäten kleiner waren, ging es dort auch menschlicher zu. Vorlesungen oder Übungen wurden auch im Wohnzimmer des Professors oder manchmal auch in dessen Lieblingscafé abgehalten.
Bei der knappen Zimmerzahl – beispielsweise hatte die Zerstörung Würzburgs im Zweiten Weltkrieg dort auch zu einer drastischen Abnahme der zu vermietenden Zimmer an Studenten geführt - nahm man, was man bekommen konnte - ob Keller, Dachboden, ausgebaute Scheune oder anderes. Hatte man nun ein Zimmer erobert, war man sorgsam darauf bedacht, dies auch ja zu behalten.
Aber auch hier waren die Sechziger Jahre anders. So hatte ich in einer Universitätsstadt glücklich ein Zimmer gefunden. Neben mir war in der auch von den Wirtsleuten bewohnten Wohnung noch ein Zimmer an eine junge Frau vermietet, die ich allerdings nie sah, da sie lange vor mir die Wohnung verließ, um zur Arbeit zu gehen. Eines Tages wurde ich in das Wohnzimmer der Wirtsleute gerufen, wo sie mir mitteilten, dass Sie mir leider das Zimmer sofort kündigen müssten. Auf meine erstaunte Frage, aus welchem Grund, erhielt ich die Antwort, es gebe Gerede im Haus, weil mit mir die junge Frau in der Wohnung lebe. Darauf folgte der bemerkenswerte Satz: „Sie müssen gehen, die Umwelt ist stärker als ich." So stand ich mitten im Semester auf der Straße und musste sehen, wo ich bleibe.

Aber auch bei den Studenten kam langsam der Wohlstand an. Einige hatten schon ein Auto! Der Renner, bei jungen Leuten heiß geliebt, war die Isetta. Ein eiförmiges Auto, die

Schaltung links, zum Einsteigen musste man die ganze Vorderfront öffnen, wobei das Lenkrad mitschwang. Aber innen, innen war unglaublich viel Platz. Gurte waren unbekannt. Bei Studenten lief der Wagen nur unter dem Namen „die Liebesschaukel".
Die Bahnhöfe hatten noch Schalter vor den Bahnsteigen, die Züge fuhren pünktlich unter dem Motto: „Alle reden vom Wetter, wir nicht!" und überall gab es noch Gepäckträger, die einem die Reiselast bis vor die „Bude" trugen. Marburg hat einem dieser letzten Träger in der Altstadt ein Denkmal gesetzt.

Politisch war die Lage in Deutschland längst nicht so sicher wie heute. Als Student in Berlin war man von „der Zone" umgeben. Zu meiner Zeit gerieten wir in die Kuba-Krise. Wir mussten damals damit rechnen, nicht wieder nach Hause zu kommen, denn bei einer Verschärfung der Auseinandersetzung hätten die Sowjets den Ring um Berlin sofort dichtgemacht.
Die Menschen in Berlin starrten in diesen Tagen wie gebannt auf die Nachrichtensendungen, die als Leuchtschrift an vielen Gebäuden die neuesten Entwicklungen meldeten. Es brach ein ungeheurer Jubel aus, als die Meldungen kamen, dass die russischen Schiffe vor Kuba abgedreht hätten. Der Dritte Weltkrieg war gebannt, und wir als Studenten konnten davon ausgehen, wieder sicher nach Hause zu kommen.

Bernfried Wieland, geboren 1935, Büdingen

****

Der Hit: Diadem und Petticoats

****

In unserem kleinen Dorf waren Anfang der Sechziger Jahre die gesellschaftlichen Ereignisse rar gesät. Geburtstagsfeiern, Hochzeiten, Taufen, aber da musste man schon verwandtschaftlich oder bekanntenmäßig verbandelt sein, um daran teilnehmen zu können. Der einzige Höhepunkt im Jahr war die Kirmes im Oktober, und zwar in den Sälen der beiden Gastwirtschaften.
Nun stand im Sommer 1963 ein großes Ereignis bevor – das 85-jährige Jubiläum des Gesangsvereins „Frohsinn Steinheim". Warum gerade 85 Jahre gefeiert wurden, hat sich mir bis heute nicht erschlossen. Aber das war uns Mädchen zwischen 15 und 19 Jahren auch egal, denn wir waren für einen besonderen Auftritt ausgesucht worden. Begleitet vom Männerchor sollten wir den „Donauwalzer" tanzen. Eine Tanzlehrerin aus Nidda, Mary Müller, wollte den Tanz mit uns einüben, ihre Enkelin, die Ballettunterricht hatte, war unsere Solistin.

Wichtiger als die Frage nach den Tanzschritten war für uns das Kleid. Alle waren gleich, weiß, denn es gab damals schon während des Tanzes eine blaue Illumination. Das Oberteil war aus gemustertem Brokatstoff und der Rock – das war der Hit: sechs Bahnen Tüll übereinander, darunter gestärkte Petticoats. Und als Krönung war eine Perlenkette wie ein Diadem in unserem Haar festgesteckt.
Wir waren acht Mädchen – natürlich alle unverheiratet – und probten nun wochenlang unsere Schritte und Dehnungen. Es sollte alles synchron sein, was natürlich selten gelang. Im Juni wurde auf einer Wiese vor dem Dorf ein großes Zelt aufgebaut, der Tanzboden war unsere Bühne. Ein großes Bühnenbild mit der Donau war von einem Steinheimer Bürger gemalt worden und diente als Hintergrund. Es kamen viele Gastchöre, die ihre Lieder darbrachten. Vor Lampenfieber habe ich davon wenig mitbekommen. Unser Auftritt klappte wunderbar, wir bekamen viel Beifall und mussten einige Zugaben geben. Dafür hatten wir eine Polonaise nach Mozarts „Kleiner Nachtmusik" einstudiert. Unser Tanz hat vielen Gästen so gefallen, dass wir auch noch für weitere Auftritte im Sommer gebucht wurden. In Erinnerung geblieben sind mir Lich und Eckartsborn.
Am Sonntagnachmittag zog dann der große Festzug durch den Ort und wir marschierten, mit Blumenkörben ausgestattet, strahlend mit. Allen voran unter einem Bogen aus Fichten die Ehren-Festdame.
Das war nach meiner Konfirmation der erste Höhepunkt meiner Jugendzeit. Zum Glück sollten noch weitere folgen.

Ein alter Mann aus einem Nachbarsdorf sagte einmal: „Was geht mich Europa an, da komm' ich eh nich hin." Bis 1968 war für mich „Europa" vor allem ein Begriff aus der Geographie und meine Kenntnisse stammten aus dem Fach Erdkunde. In diesem Jahr sollte es aber mein persönliches europäisches Jahr werden. Es fing alles mit dem Berufswettkampf für kaufmännische Lehrlinge an. Nachdem ich Ortsbeste in Gießen und Landessiegerin in Hessen geworden war (was immerhin schon mit einem Empfang beim damaligen Ministerpräsidenten Zinn in der Staatskanzlei Wiesbaden einherging), wurde ich für die Teilnahme beim Bundesentscheid nominiert.
Der Wettbewerb fand in Loope im Aggertal, nahe Köln statt. Wir mussten einen Fragebogen zu einem Vortrag über europäische Sozialpolitik beantworten, dann einen Test über „Europas wirtschaftliche Verflechtung" schreiben und danach gab es noch einen Fragebogen über Allgemeinwissen. Ich landete im Mittelfeld, aber das war für mich zweitrangig. Das Sahnehäubchen war anschließend die Studienfahrt mit den Wettkampfbesten aus Österreich, der Schweiz und Schweden. Die Engländer waren auch eingeladen, scherten aber schon damals aus der Reihe und waren nicht gekommen.
Am Tag des Tests fuhren wir nach Bonn, zuerst in die SPD-Parteizentrale, wo uns einige Abgeordnete empfingen. Danach ging es weiter ins Rathaus von Bonn zum Empfang und Mittagessen. Wahrscheinlich musste damals schon gespart werden, denn es gab Kartoffelsalat mit Würstchen. Der Höhepunkt kam dann am Nachmittag mit der Audienz beim Bundespräsidenten Lübke in der Villa Hammerschmidt. Es gab Glückwünsche, Urkunden und Buchgeschenke, darin eine persönliche Widmung des Bundespräsidenten. Das alles

war sogar abends in der „Tagesschau“ zu sehen.
Die nächste Station war Brüssel bei der Kommission der Europäischen Wirtschaftsgemeinschaft, kurz EWG. Mir ist vor allem die Stadtrundfahrt und die Besichtigung der Sehenswürdigkeiten in Erinnerung geblieben. Abends fuhren wir zurück nach Loope, wo wir im Hotel mit unserer kleinen europäischen Gemeinschaft feierten.
Tags darauf wurden die Koffer gepackt und es ging mit dem Bus am Rhein entlang nach Kehl. Hier war für die nächsten Tage unser Zuhause. Am anderen Morgen fuhren wir über den Rhein nach Straßburg, damals natürlich noch mit Grenzkontrolle. Hier stand das Europäische Parlament auf unserem Programm. Nach einem weiteren Empfang im kleinen Rahmen nahmen wir auf der Tribüne an einer Sitzung teil. Anschließend besichtigten wir die Kronenbourg-Brauerei, dann gab es einen Stadtrundgang und Freizeit.
Unser nächstes Ziel war Basel, wo wir vom Kaufmännischen Verein zum Mittagessen im Restaurant „Safranzunft“ erwartet wurden. Es wurde ein Viergänge-Menü serviert – welcher Gegensatz zu Kartoffelsalat und Würstchen. Abends ging es zum Feiern in einen typischen Keller der Basler Fastnacht.

Annelies Termin beim Bundespräsidenten

Preise für die Wettkampfbesten

Abschlußveranstaltung der DAG — Wert der Fortbildung unterstrichen

Am Donnerstag überreichte die Ortsgruppe Gießen der Deutschen Angestellten-Gewerkschaft den aus dem örtlichen Berufswettkampf hervorgegangenen Wettkampfbesten in einer kleinen Feierstunde die Preise. An diesem in Zusammenarbeit mit österreichischen, englischen, schweizerischen und schwedischen Verbänden stehenden und wieder unter der Schirmherrschaft der Europa-Union stattfindenden Berufswettkampf konnte sich jeder in der Ausbildung in einem kaufmännischen oder technischen Beruf befindliche Jugendliche beteiligen.

In der Europa-Auswahl: Annelie Schmidt

Der Geschäftsführer der Ortsgruppe, Stümpfig, wies in seiner Ansprache auf die Wichtigkeit ständiger Erweiterung beruflichen Wissens hin. Die Arbeitsmethoden der Wirtschaft, der Betriebe und öffentlichen Verwaltungen unterlägen infolge der Mechanisierung und Automatisierung einer ständigen Rationalisierung des Arbeitsprozesses. Damit gehe die Erkenntnis steigender Anforderungen an das Berufswissen Hand in Hand, so daß sich in zunehmendem Maße Kurse und Lehrgänge zur Berufsförderung als notwendig erwiesen, wolle der Arbeitnehmer weiterhin seine Chancen erfolgreich wahrnehmen. Erfreulicherweise sei Gießen in dieser Beziehung keine Bildungswüste. So hätte der örtliche Berufswettkampf, der der kritischen Ueberprüfung des beruflichen Wissens diene, in der Punktbewertung der Wettkampfteilnehmer ein erfreuliches Ansteigen der Leistungen gezeigt.

Im örtlichen Berufswettkampf waren die Besten: Annelie Schmidt, Steinheim (Commerzbank Gießen), H.-Jürgen Eckhardt, Nidda (Volksbank), Heinz Totzek, Lang-Göns (Gailsche Tonwerke), Hans Peter Schober, Wißmar (Deutsche Bank), Dieree Reichel, Wißmar (Commerzbank), Werner Schöps, Dorf-Güll (Bezirkssparkasse), Rudolf Blunk, Gießen (VOKO-Büromöbelfabrik), Gertrud Zientarz, Lich (Bänninger, Gießen), Bernhard Schmidt, Rodheim-Bieber (Schunk & Ebe), Wolfgang Rinn, Heuchelheim (Bezirkssparkasse), Hans Gerd Walter, Daubringen (Gießener Anzeiger).

An dem Landesentscheid nahmen teil Annelie Schmidt mit ausgezeichnetem Erfolg, H. Jürgen Eckhardt, Heinz Totzeck und Hans Peter Schober mit sehr gutem Erfolg. In die Europaauswahl der Wettkampfbesten aus der Bundesrepublik kommt die zwanzigjährige Annelie Schmidt (Steinheim), Banklehrling im dritten Jahr. Sie nimmt am 25. November an einem Empfang durch den Bundespräsidenten in Bonn teil, dem sich eine interessante mehrtägige Informationsfahrt anschließen wird.

Ehrung in der Villa Hammerschmidt

Wieder zurück in Deutschland fuhren wir zur Besichtigung nach Stuttgart zu Daimler-Benz und am Nachmittag durch den Schwarzwald nach Bad Liebenzell. Der Aufenthalt dort hat mein Europaempfinden stark geprägt, denn auf Burg Liebenzell war ein Forum für europäische Jugend. Hier diskutierten und arbeiteten junge Menschen unterschiedlicher Nationalitäten über Themen, die Europa betreffen, die Verwirklichung von Demokratie und viele andere politische Themen. 1968 standen natürlich die Studentenbewegungen und die APO an erster Stelle. Die Gründungsidee des Vereins ist, ein kleines Modell für Europa zu sein.
Ich hätte mich gerne dort eingebracht, aber unsere schöne Reise war zu Ende und Zuhause warteten die Beendigung meiner Lehre und meine neue Zukunft als Bankkauffrau auf mich. Ein Jahr später verlobte ich mich und nach weiteren Jahren zog ich ein Familienleben der Karriere vor. Aber der europäische Gedanke hat sich damals fest in mir verankert, ich bin eine Verfechterin des Euro und hoffe, dass es am Ende dieses Jahrhunderts eine friedliche politische Union der europäischen Staaten geben wird.

Annelie Schneider, geboren 1948, Hungen-Steinheim

Spaß: Sprung aus den Wolken

„Du hast deine Hausaufgaben schon wieder nicht gemacht", schimpfte die strenge Dorfschullehrerin den Erstklässler aus Schwarz. „Klatsch" – wegducken hilft nichts – und schon setzte es eine schallende Ohrfeige. Das ging nun schon seit 14 Tagen so. Es gab bald Ferien, der Umzug in den Odenwald stand an und ich dachte, den Schmerz erträgst du, dafür sparst du dir die lästigen Schulaufgaben. Doch die Rechnung ging nicht ganz auf. Morgens „eins auf die Backe", mittags eine Stunde „nachsitzen", das ging ja noch. Aber nachdem die Lehrerin meinen Eltern berichtete, wie faul ich in der Schule war, gab es daheim nochmals eine kräftige „Abreibung" und die blöden Aufgaben durfte ich in den Schulferien nachholen. Naja, genutzt hat es nichts, aber geschadet hat es auch nichts.
In der Schule fürs Leben habe ich noch eins gelernt, nämlich, wie man Feuer macht. Aus erzieherischen Gründen übertrug mir die Volksschullehrerin die Aufgaben des „Einheizers". Ich durfte den großen Kanonenofen im Klassenzimmer anfeuern und mit Scheitholz beschicken, bis mitunter das Ofenrohr glühte. Man schrieb das Jahr 1961. Zur Einschulung bekamen wir große Brezeln, wir kritzelten anfangs auf Schiefertafeln und nach einem halben Jahr „Hans und Lotte" mit Füller ins Heft. Besonderen Spaß machte es, den Mitschülerinnen ihre Zöpfe unbemerkt – während des Unterrichts – in Tintenfässer zu tauchen oder ihnen Juckpulver in Form von Hagebuttenkörnern in den Halsausschnitt zu streuen.
Niemand hatte damals die Absicht, eine Mauer zu bauen, und doch wurde sie 1961 gebaut. In den Sommerferien fuhren wir einmal an die „Zonengrenze" bei Philippsthal. Das war von uns gar nicht so weit weg. Den beklemmenden Anblick von der Mauer und den Grenzern mit den Maschinengewehren werde ich nicht vergessen. Auf die Frage, warum sich Millionen von Menschen mitten in Deutschland einsperren lassen, bekam ich die Antwort: „Das versteht keiner, und du schon gar nicht."

Arnos Einschulung

John F. Kennedy wurde 1963 ermordet, da war ich in der 3. Klasse. Ich kann mich noch gut erinnern, dass unser Lehrer in Bad König uns damals tagelang von Politik, Geschichte, Kuba und Kriegsgefahren erzählte.

Urlaubsfahrten mit den Eltern gab es nicht. Dafür machte ich jedes Jahr mehrmals Ferien auf dem Bauernhof in Schwarz bei „Birkenstocks". Ich übernachtete bei meinen Schulfreunden oder bei Oma. Neben den üblichen Lausbubenstreichen betätigten wir uns als kleine Erntehelfer.
Wir bauten Budchen im Wald, trugen Gefechte „Ober- gegen Unterdorf" aus, kochten Fertigsuppe auf dem Lagerfeuer und rauchten „Chester" oder „Overstolz"-Zigaretten, die Rudi aus der elterlichen Wirtschaft organisiert hatte, bis uns regelmäßig schlecht wurde.
An den Pfingstfeiertagen wurden „Pfingsthäuschen" aus frisch ausgetriebenen Buchenzweigen gebaut, worin wir mit Wonne Wackelpudding mit Waldmeistergeschmack verspeisten.
Es gab noch richtige Sommer und richtige Winter. Bei uns auf dem Land, „im Gründchen", mussten wir leider auf ein Schwimmbad und ein Eisstadion verzichten. An heißen Sommertagen stauten wir das Bächlein Schwarza vor dem Bahndurchlass so auf, dass wir darin gut planschen und Wasserschlachten machen konnten. An kalten Wintertagen, wie es sie im Jahre 1964 gab, fluteten wir eine bachbegleitende Wiese, das Wasser gefror und wir konnten herrlich Eishockey spielen mit unseren selbstgebastelten Schlägern.
In der „Schwarza" tummelten sich zu jener Zeit noch eine stattliche Zahl Bachforellen, zusätzlich wurden Regenbogenforellen eingesetzt, die wir Jungs – verbotenerweise – mit der Hand fingen. Mein Cousin Hartmut beherrscht diese Kunst meisterhaft.
Anfang der Sechziger Jahre bekam kaum ein Kind Taschengeld. Wenn wir richtigen „Eishunger" hatten und die gesparten „Kröten" nicht reichten, gingen wir in Omas Hühnerstall auf Eiersuche. Für zwei Eier tauschte der „Ruppel-Bäcker" ein kleines Vanilleeis am Stiel im Wert von 20 Pfennig ein.

Mobil in Schwarz

In Schwarz gab es zu jener Zeit noch vier Dorfläden. Das Geld für Süßigkeiten war immer knapp. Die geliebte gelbe Orangen- oder helle Zitronenlimonade konnten wir wahlweise bei „Dörings Erna", „Fassolts Lina", „Metzgers Lina" oder beim „Witt-Schorsch" kaufen. Ersatzweise mixten wir uns – nach Omas Rezept – selbst unser „Zuckerwasser", bestehend aus einem Glas Leitungswasser, einem Esslöffel Essig und zwei Löffeln Zucker. Als Jugendliche hatten wir irgendwie immer Hunger, dann hieß es nur, macht euch doch ein „Zuckerbrot" (ein mit Zucker bestreutes Butterbrot), die pikanten Varianten waren „Salzebrot" oder „Zwiebelbrot".
Bis Mitte der Sechziger Jahre gab es in Schwarz noch zwei Backhäuser (heute immerhin noch eins). Wir haben einmal die Woche gebacken und halfen, das „Backreisig" herbeizuschaffen und das Brot „einzuschießen". Ganz scharf waren wir auf Salzekuchen, gebacken wurde aber auch Sauerteigbrot, „Matz" (Auflauf aus Kartoffelteig und Schmalz) und Blech- bzw. Hefekuchen. Sogar „Metzgers Konrad" nutzte das Backhaus gerne, um seinen leckeren Leber- und Fleischkäse dort zu backen. Einmal jährlich stand bei uns eine „Hausschlachtung" an. Für uns Kinder war das kein besonderer Festtag, da wir statt der hausgemachten Leber- und Blutwurst, die täglich auf den Tisch kam, lieber „Aufschnitt" und Schinkenwurst aßen.
Bei meinen Ferien auf dem Bauernhof half ich morgens, „Grünes" (Grasschnitt fürs Vieh) zu holen, mittags Heu zu rechen und anschließend mit dem Heugebläse unters Scheunendach zu blasen und dort festzutrampeln. Diese staubige, schweißtreibende Arbeit war nicht sehr beliebt. Spaß machte der „Sprung aus den Wolken" vom Scheunengebälk ins Heu. Das mit Abstand Größte war natürlich Schlepperfahren. Als Zehnjähriger wollte ich meiner Cousine Edeltraud imponieren und führte ihr bei einer kleinen „Übungsfahrt" meine Fahrkünste als Traktorist vor. Der kleine Ausflug fand ein jähes Ende: Ich rammte nach Überquerung der Dorfstraße die Basalt-Bruchsteinmauer des Nachbargrundstücks am „Pfaffenberg". Strafe musste sein: Ich bekam eine tüchtige „Tracht" von Onkel Hein. Geschadet hat es nix, ob es geholfen hat? Der rote „Hanomag" wurde vom Dorfschmied Merz wieder gerichtet.

So richtig ging es ab, wenn die Amis kamen. Wenn die Kettenpanzer durch die Dorfstraßen ratterten, blieb kaum eine Bordsteinkante heil. Manöverschäden in Wald und Flur waren an der Tagesordnung. Wir holten den Soldaten Bier, bekamen dafür „chewing gum", Fresspakete und Reste von „Amikabel" (Telefondraht).

In vielen Dorfhaushalten standen noch keine Fernseher. Wir schauten in den Dorfkneipen bei „Mohgkes", „Vreins" oder im „Hirsch" „Bonanza" und „Bullerbü". Statt Internet, Ebay und Amazon gab es in jedem Haushalt einen Quelle-, Otto- und Neckermannkatalog.

Die Miniröcke der jungen Mädels eroberten Mitte der Sechziger Jahre das Dorf. Für uns Jungs ein Hingucker, für die ältere Generation eine gewöhnungsbedürftige Provokation, für die Fräuleins und Frauen ein Ausdruck von Freiheit und Selbstbewusstsein. Onkel Hein kommentierte das schmunzelnd: „Scheinbar frieren die net oder ho zu wing Geld für genug Stoff."

Unglaublich und sensationell war für uns „Landeier" 1969 die Mondlandung des Raumschiffs Apollo 11. Wir hingen Tag und Nacht vor der Glotze. Das Datum dieses Jahrhundertereignisses „29.06.1969" habe ich damals in eine Buche geritzt. Ich habe kürzlich nochmals nach dem Baum geschaut. Die Zahlen sind verwachsen und verblasst, das Ereignis und die Erinnerungen an die Sechziger nicht.

Arno Eifert, geboren 1955, Grebenau-Schwarz

****

Gesellenstück: Das Nachtcafé

****

1958 war ich von Bad Nauheim in Schorndorf, am Ammersee, im Internat gelandet, um dort fünf relativ glückliche Jahre zu verbringen. Schließlich hatten mein Vater dort 1924 und meine Mutter 1944 (also mit mir „in utero") Abitur gemacht und zig andere Verwandte auch. Anfang 1959 erfreute sich das Herz meiner Eltern und meines Onkels Dr. med. Detlev Kampmann, als ich von der Altblockflöte zur Querflöte wechselte und Unterricht bei dem Lehrer hatte, der dreißig Jahre zuvor meinen Onkel unterrichtet hatte. Das Herz meiner Eltern blieb allerdings vor Schrecken fast stehen, als sie die Fotos zu sehen bekamen, die mein Freund Lutz von unserer Überquerung der Echinger Bucht auf einer Eisscholle gemacht hatte - ich im Lodenmantel und Gummistiefeln als Nichtschwimmer. Weniger erschreckend war dagegen die Zahnlücke vom Eishockeyspielen mit den Dorfbuben auf dem zugefrorenen See.

Neben den reinen Schulfächern, die ich relativ problemlos bewältigte, waren wichtig für mich und mein späteres Leben: Mitmachen bei Theaterstücken und Hörspielen, Musik machen allein oder mit anderen vor Publikum und endlose Runden auf der Aschenbahn. Ich war in keiner der etablierten Werkstätten, sondern lernte mit einigen anderen bei der Kunstlehrerin (Kitscha) Teppiche knüpfen: Mein Gesellenstück war das „Nachtcafé" von van Gogh, und unser großes Gemeinschaftswerk war ein zwei mal drei Meter großer Teppich mit einem biblischen Thema.

Mit Englisch hatte ich keine Probleme, schließlich hatte ich während der Unterprima einen englischen Krimi geschrieben, aber mein Französisch sollte besser werden. Also verbrachte ich im Sommer 1962 einen Monat in Tours und lernte dort täglich in einem Sprachinstitut; die Umgangssprache in der Pension, in der ich wohnte, war natürlich Französisch und abends ließ ich mich dann noch im Kino audio-visuell berieseln. Auf mich aufgepasst haben in dieser Zeit Freunde von Freunden meiner Eltern: der Psychiatrie-Professor Leon Fromenty und seine Frau Annemarie, deren Vater wohl Kurdirektor in Bad Nauheim zwischen den Kriegen gewesen sein musste.

Anfang 1963 musste ich nach Landsberg zur Musterung; von meinem Vater präpariert, war ich „natürlich" nicht tauglich.
Noch Monate vor meinem Abitur fuhr mein überfürsorglicher Vater mit mir nach Heidelberg zur Prof. Hans Schäfer. Diese hatte in den Vierzigern und Fünfzigern in Bad Nauheim am Kerckhoff-Institut als Physiologe gearbeitet und mein Vater kannte ihn daher: „Ja, die Noten ihres Sohnes sind gut genug für die Uni Heidelberg." Damals gab es noch keinen Numerus clausus.

Nach dem Abitur gab es das Abiturgeschenk: acht Wochen Krankenpflegedienst auf der Chirurgie in Tours. Da habe ich dann richtig Französisch gelernt und meine ersten Erfahrungen mit Schwerkranken und Operationen gemacht, inklusive ohnmächtig werden. Und meine erste chronische Wunde, ein riesiger Dekubitus bei einem 50-jährigen Unfallopfer, prägte mich für die nächsten Jahrzehnte. Später waren dann sogenannte „diabetische Füße" eins unserer Hauptarbeitsgebiete in der Diabetes-Klinik Bad Nauheim.
Und ich lernte eine junge Amerikanerin kennen und lieben, eine Philosophiestudentin und Querflötenspielerin; als ich sie später in Paris besuchte, war es ausgerechnet der 22. November 1963 und die ersten Worte meiner Freundin am Bahnhof waren: „Kennedy ist ermordet worden."

1964 machte ich meinen Führerschein und bekam den Käfer von meinem Vater geliehen, um ihn mit nach Heidelberg zu nehmen. Im Herbst hatte ich das erste größere Examen, das Vorphysikum, das ich bestand, und hatte meinen ersten Unfall, weil ich zu schnell beim Linksabbiegen gewesen war. Ich telegrafierte meinen Eltern nach Athen – wo sie Urlaub machten – „Examen bestanden, Auto etwas beschädigt."
1965 war recht ereignisreich: vor allem auch, was meine Fahrpraxis anging. Im Frühjahr fuhr ich mit unserem Assistenzarzt, meinem Freund, in die Provence; das war das Gesellenstück. Er hatte glücklicherweise gute Nerven. Im Spätsommer fuhr ich mit meinem vier Jahre älteren Halbbruder Nils in zwei Käfern nach Athen. Ich hatte allerdings eine frühere Klassenkameradin dabei, die einen Segelturn gebucht hatte. Also in fünf Tagen von Bad Nauheim nach Athen, wohin unsere Eltern geflogen waren.
Nach einer Peloponnes-Rundfahrt sind war dann zu viert nach Kreta übergesetzt. Dort fand das Treffen zweier Bad Nauheimer Familien statt: Unsere Freunde, die Familie Franzeskakis und wir trafen uns in deren Heimatort Pirgos in der fruchtbaren Ebene im Süden der Insel, der Messara. Schon in den Orten vor Pirgos wurden wir mit „Kampmann Nauheim" begrüßt und bekamen den Weg gewiesen. Es gab ein mehrstündiges mittägliches Gastmahl, das erfreulicherweise ein Hahn überlebte. Eigentlich hatte die Mitera ihn noch auf den Tisch bringen wollen, aber meine Mutter setzte sich durch und er durfte dieses Mal noch am Leben bleiben.

Studenten können ja immer Geld gebrauchen, deswegen jobbte ich im ersten deutschen Sozialmedizinischen Institut zusammen mit meinem Freund Hans Christof Müller-Busch, dem späteren Vorsitzenden der deutschen Palliativ-Gesellschaft. Geld haben wir übrigens auch verdient, wenn unser Trio – Geige, Cello und Flöte – in der Klosterruine oberhalb von Thing (germanisches Amphitheater, im Dritten Reich gebaut) Barockmusik spielte. Touristen aus aller Welt warfen Geld in den Geigenkasten.

Im Herbst ging es für neun Monate nach Paris. Medizin studieren im vierten Jahr bedeutete in Frankreich jeden Werktag fünf bis sechs Stunden Arbeit in einem Krankenhaus und nachmittags Vorlesungen oder Seminare. Das war eine sehr bereichernde Erfahrung für meine Ausbildung. Auf der Inneren Männerstation (fünfzig Betten) lag „alles": frischer Herzinfarkt, Tuberkulose, Suizidpatienten, Amöbenabszess usw. Die Abende bzw. Nächte gehörten entweder dem Buchladen „Shakespeare und Co." gegenüber von Notre Dame, wo sich vor allem Literaturbegeisterte aus aller Herren Länder trafen, oder dem Geld verdienen. Mit Babysitting im ersten Quartal, Buch übersetzen im zweiten, Seniorensitting im dritten.

Verdorben hat mich der Großstadtverkehr in Paris für alle Zeiten, was meine Toleranz für die langweiligen Wetterauer Autofahrer anging. Ich hatte jeden Tag eine Viertelstunde, eine Rennstrecke von meiner Wohnung zum Krankenhaus über zwei große Plätze zu bewältigen; und geparkt wurde immer ohne die Handbremse zu ziehen. Nach Ende der Pariser Zeit fuhr ich mit meinem Bruder Nils und den Eltern nach Sizilien und Süditalien.

Anfang 1968 hatte mein Vater nach 1966 seinen zweiten Schlaganfall. Also fuhr ich im März nach Paris, um Freundinnen und Freunde zu besuchen und um meinen Vater einen edlen Spazierstock und eine Halterung für seine Taschenuhr auf dem Flohmarkt zu kaufen. Dann kam der Mai 1968 in Paris. Ich fuhr aber erst im August über Paris nach Calais und dann folgte mein einziger Besuch in Großbritannien, dem Land meiner zweitliebsten Sprache. Fünf Wochen über London nach Schottland und zurück über Stratford-upon-Avon, meistens bei Freunden der Familie. In Paris – auf der Rückreise – hatten die Eltern meines Freundes mittlerweile tschechische Flüchtlinge nach dem Aufstand in Prag zu Hause aufgenommen.

Schließlich konnte das Examen beginnen: 14 Fächer mit etwa zwanzig Terminen im Laufe von vier Monaten. Und am 17. Dezember 1969 war die erste Hälfte meiner Ausbildungswanderschaft beendet.

Dr. Bernt Kampmann, geboren 1944, Bad Nauheim

****

Sommer: Als er noch Sommer war

****

1965 wurde ich eingeschult. Damals gab es in jedem Dorf eine Schule. Na ja, außer in Reimenrod, das ist das Dörfchen, in dem ich aufgewachsen bin.
Unser Dorf hatte keine Schule, keine Kirche und keinen Einkaufsladen, nur eine Dorfkneipe, drei Zigarettenautomaten, wo man Zigaretten, die Packung mit zehn Stück für fünfzig Pfennige, kaufen konnte, einen Glockenturm und sehr viele Kinder. Kinder gibt es heute nicht mehr viele, die Kneipe gibt es auch nicht mehr, aber der Glockenturm hat überlebt bzw. es wurde der alte abgerissen und ein neuer hingebaut. Und manch ein Großstädter hat Reimenrod für seinen letzten Lebensabschnitt auserkoren.

Die Bäcker kamen mit ihren Verkaufswagen aus Grebenau und boten zweimal in der Woche Brot, Brötchen und süße Leckereien an. Wer ein Auto hatte, und das waren nicht viele, der konnte selbst nach Grebenau oder als besonderen Höhepunkt nach Alsfeld zum Einkaufen fahren. Ansonsten wurde mit dem Fahrrad eingekauft oder gar die drei Kilometer nach Grebenau zu Fuß gegangen. Das Fernsehen hatte in schwarz-weiß in der Dorfkneipe Einzug gehalten, in den anderen Haushalten wurde zumeist noch Radio gehört. Wir Kinder durften manchmal mit der gleichaltrigen Tochter des Wirtspaares in der Wirtsstube fernsehen, und wenn es richtig gut lief, bekamen wir sogar eine Sinalco und ein Päckchen Salzstangen dazu. Damals gab es nur zwei Programme und ein paar Regionalsender, was die Verweildauer vor dem Fernsehgerät sehr einschränkte und sowieso waren wir viel lieber draußen und spielten zusammen.
1967, als der erst Farbfernseher vorgestellt wurde und nur einige Zeit später in der Gastwirtschaft der erste Farbfernseher in Reimenrod die Zuseher verblüffte, waren wir schon zwei Jahre lang in die Schule gelaufen. Ja, richtig gelesen. Wir mussten laufen. Von Reimenrod nach Bieben. Im Sommer und im Winter. Bei Regen, Schnee und Hitze. Immer. Morgens zwei Kilometer hin und mittags zwei Kilometer zurück. Wir liefen bei schlechtem Wetter und in der dunklen Jahreszeit die geteerte Straße und bei schönem Wetter und in der hellen Jahreszeit konnten wir eine Abkürzung nehmen.
In meiner Erinnerung waren die Sommer noch Sommer – über mehrere Wochen lang herrschten Temperaturen, die es den Bauern ermöglichten, das Heu einzufahren und auch mehrmals Grummet. So nennt man den zweiten und jeden weiteren Grasschnitt. Und Bauern gab es sehr viele in Reimenrod; nahezu jede Familie hatte einen landwirtschaftlichen Betrieb.
Und natürlich gab es auch strenge und lange Winter. Ich erinnere mich, in den schneereichen Wintern sind wir auf der Kuppe, der höchsten Erhebung der Straße zwischen Reimenrod und Bieben, in die Gräben gesprungen und staken bis zum Hals im Schnee. Wir haben uns Schneeballschlachten geliefert, sind geklonert und hatten immer viel Spaß.

Wenn wir dann in der Schule ankamen, waren wir pitschnass und mussten erst einmal die Jacken, Hosen und Pullover auf ein Seil hängen. Das Seil war im Klassenzimmer, in dem die Klassen 1 bis 4 von einer Lehrerin gleichzeitig unterrichtet wurden, von der linken zur rechten Ecke gespannt. Über den Kaminofen hinweg, der an der Längswand mittig im Klassenzimmer stand, und im Winter wohlige Wärme verbreitete. Wir hatten aber auch viel an. Unter der Skihose, die am unteren Ende des Hosenbeines mit einem elastischen Steg verbunden war, der unter dem Fuß getragen wurde und für den nötigen Halt der Hose sorgte, trugen die Jungs lange Unterhosen. Darüber ein Hemd und darüber einen dicken, meist von der Oma selbstgestrickten Pullover. Wir Mädchen trugen Unterhosen und ein Leibchen. An dem Leibchen waren vier Strumpfhalter angebracht. Am unteren Ende befand sich eine Öse. Zur Befestigung wurde ein Knopf oder ein Pfennigstück unter den Abschluss des Strumpfes geschoben und die Öse wurde zurückgezogen, sodass der Knopf oder das Pfennigstück festsaß. Die Strümpfe waren wie die Pullover ebenfalls meist von Omas oder sonstigen weiblichen Verwandten selbst gestrickt. Die kratzten und die ganze Handhabung war aufwendig. Ich habe diese Dinger gehasst. Darüber kam ein Rock aus dickem Stoff, der nicht minder kratzte. Oder auch ein Trägerrock. Den habe ich auch gehasst. Ich hätte lieber Hosen getragen.
Im Sommer war das Leben kleidungstechnisch betrachtet viel einfacher. Die Jungen konnten lange oder kurze Hosen tragen, ein Unterhemd und ein Hemd darüber. Die Hosen wurden mit Hosenträgern befestigt. Die Mädchen trugen Kniestrümpfe oder Socken, gerne auch selbstgestrickt. Unter dem Kleid trugen die Mädchen ein Unterhemd oder, wenn es sehr warm war, einen Unterrock. Der war aus Dralon, einer Acrylfaser. Unifarben, in zarten Pastelltönen oder mit Blümchen drauf. Darüber trugen wir ein Kleid und an kühleren Tagen ein Strickjäckchen. Ja, auch das war aus feinem Garn von der Mutter oder der Oma selbst gestrickt worden. Das Kleid und das Strickjäckchen waren in Ordnung, der Unterrock war bei mir ähnlich beliebt wie die Leibchen mit den selbstgestrickten Strümpfen. Alternativ konnten wir Mädchen noch einen Rock und eine Bluse tragen oder aber eine schicke Kleiderschürze. In der Beliebtheitsskala der Kleiderstücke kam die Bluse direkt hinter den Leibchen und die Kleiderschürze teilte sich den Rang mit dem Unterrock. Über alledem wurde der Schulranzen von den Jungen und Mädchen auf den Rücken geschnallt.

Im wunderbar sonnigen Mai 1967 liefen wir also wie jeden Tag nach Bieben. Wir trafen uns wie jeden Morgen in Reimenrod an der Insel. Dem Dreieck, das zwischen den zwei Richtungen liegt, die die Straße von Bieben in Reimenrod nehmen kann. Es war am frühen Morgen schon sehr heiß und wir beschlossen, durch die Schultännchen zu laufen, um den Weg abzukürzen und im kühlen Wald laufen zu können. Nach dem ersten geraden Stück verlief und verläuft auch heute noch die Straße in einer Linkskurve, gefolgt von einem kleinen, geraden Stück und einer Rechtskurve. Direkt nach dieser Rechtskurve bogen wir nach rechts in den Wald ein. Im Gänsemarsch ging es über den Graben, die steile Böschung hinauf und dann immer bergauf, den schmalen, ausgetretenen Wegen folgend, die unsere Väter und Großväter schon gegangen waren, bis wir den Wald wieder verlassen mussten und die geteerte Straße weitergingen. Die Sonne schien durch das hellgrüne Laub der

Bäume und zauberte ein schönes Schattenspiel auf den Waldboden. Um uns schwirrten die Maikäfer und wir haben an diesem Morgen einige gefangen und wieder freigelassen. Ich weiß nicht mehr, ob wir zu spät zum Unterrichtsbeginn kamen, aber in der Erinnerung kommt mir dieser Schulweg länger als die anderen vor.
In der Schule haben wir unsere Schulranzen ordentlich neben der Schulbank zur Seite gestellt und der Unterricht begann. Während des Unterrichtes flog ein Maikäfer durch die Klasse. Und noch einer. Und dann noch einer. Unserer Lehrerin war genervt ob der Störung. Die Jungs wollten die Maikäfer fangen, die Mädchen schrien schrille „iiiiiis" und „ooooooooooohs" oder kreischten einfach nur. Die Lehrerin forderte uns auf, uns hinzusetzen und ging der Maikäferplage auf die Spur. Als sie in Höhe meines Schultisches stand, krabbelte just ein Maikäfer aus meinem Ranzen. Der Verräter. Flugs öffnete die Lehrerin meinen Ranzen und fand weitere Exemplare, die nun verstört das Weite suchten und abschwirrten. Einer war nicht schnell genug, den erwischte sie mit der blanken Hand und zerquetschte ihn. In der rechten Hand den zerquetschten Maikäfer, fasste sie mit der linken Hand in meinem Genick das Kleid oben und zog es von meinem Hals weg und steckte den Maikäfer mir oben ins Kleid. Das war nicht nur sehr gemein, sondern auch sehr eklig. Wer jemals einen Maikäfer über seinen Arm oder Handrücken laufen ließ, weiß, dass die Füße mit einer klauenartigen Kralle enden, mittels derer der Maikäfer sich festhalten kann. Auf der zarten neunjährigen Haut eines Mädchenrückens hat das ziemlich gekratzt.
Nun ja, der hoffentlich tote Maikäfer war zwischen Kleid und meinem Rücken positioniert, der Unterricht ging weiter und damals war Züchtigung außerdem noch üblich und zulässig. Beschwert habe ich mich also nicht. Aber heimlich war ich sehr empört über die ungerechte Behandlung. Wusste ich doch nicht, wie die Maikäfer den Weg in meinen Ranzen gefunden hatten. Obendrein und gratis gab's die Schadenfreude der Mitschüler.
Mittags ging es nach Hause, ich in getrübter Stimmung, da ich ja immer noch nicht wusste, ob der tote Maikäfer noch an Ort und Stelle war, oder ich ihn vielleicht schon verloren hätte.
Zu Hause bin ich auf die Außentoilette, auch Plumpsklo genannt, gegangen. Habe mein Kleid ausgezogen und den Unterrock. Da fiel der Maikäfer, der tatsächlich tot war, auch schon auf den Boden. Das Kleid war gottseidank unbeschädigt, aber der blassgelbe Unterrock, den an ich diesem Tag trug, hatte oben einen dicken braunen Fleck. Mir war klar, dass Ärger auf mich zukommen würde, wenn der Fleck entdeckt würde. Der Unterrock war neu. Ich zog mich wieder an und ging in die Küche zu meiner Mutter und meinen Großeltern.
Bevor wir, meine Mutter, meine Großeltern und meine beiden Geschwister, uns zum Mittagessen um den Tisch setzten, musste ich meine Schulsachen noch ausziehen. Damals war das noch so. Das waren gute Kleider, die trug man nur sonntags oder eben in der Schule, und damit sie lange hielten, mussten sie geschont werden.
Wir setzten uns also hin und aßen zu Mittag. Nachdem der Tisch abgeräumt war und es an die Schularbeiten ging, sagte meine Mutter noch, ich solle mein Schulzeug ordentlich zusammenlegen.
Dabei entdeckte sie den Fleck und fragte, wie der denn wohl dahin gekommen sei. Ich erzählte ihr die ganze Geschichte und bekam eine Ohrfeige. Nicht wegen des Flecks,

sondern wegen der Lüge wurde mir beschieden, als ich mich beschwerte.
Meine Mutter hatte mir die Geschichte, die sich genau so zugetragen hat, nicht geglaubt. Und ich konnte sie auch nicht beweisen. Ich wusste ja nicht einmal, wer mir die Maikäfer in den Ranzen gesteckt hatte. Ich konnte nur vermuten, dass während des Gänsemarsches durch den Wald mein Hintermann es gewesen sein müsse. Der dicke Hans. Resolut habe ich ihn am nächsten Morgen zur Rede gestellt, aber er hat das alles abgestritten.
Erst viele Jahre später habe ich erfahren, dass es doch der dicke Hans gewesen war. Er hat es mir selbstherrlich erzählt.

Doris Becker-Spohr, geboren 1958, Schrecksbach

****

Gedonnert: Biene Maja und Akku-Blitz

****

Griffbereit auf der Ablage des Radiotischchens lag der Quelle-Katalog. Er galt als Maß der Wünsche, die noch übersichtlich waren. Die Seiten mit den Spielsachen kannte ich mittlerweile auswendig, während meine Eltern ganz andere Wünsche und unerfüllte Träume hatten. Den Fernsehapparat gab es erst 1969, nachdem ich behauptet hatte, wir müssten wegen der Schule die Mondlandung live im Fernsehen anschauen. Opa Fritz kaufte dann endlich das Fernsehgerät.

In den Sechziger Jahren durfte endlich Spülmittel zum Aufwaschen benutzt werden, vorher bekamen die Schweine das Aufwaschwasser in den „Wutzekrobbe", also nur heißes Wasser.

Nach der Schlittenbahn kamen die Fußwaschungen und der Franzbranntwein. Wir hatten noch nicht die wasserdichte Kleidung, wie sie später unsere Kinder haben sollten. Der Schnee geriet mir immer wieder zwischen Strümpfe und Schuhe. Ich versuchte, ihn notdürftig mit den Handschuhen herauszupuhlen. Nach etwa einer Stunde Schlittenbahn wurden die Füße langsam taub. Kam ich von der Schlittenbahn zurück, folgte immer das gleiche Ritual, nämlich die Fußwaschung von Oma Käthchen. Sie holte die emaillierte Waschschüssel, schüttete mit dem „Schepper" heißes Wasser aus dem „Schiffchen" hinein, und ich musste meine Füße darin baden. Dann kam die Flasche mit Franzbranntwein zum Einsatz. Ich fühle noch heute die wohlige Wärme dieser Behandlung. Zumindest roch es für den Rest des Abends in unserer Küche nach Schlittenbahn.

Anfang der Sechziger Jahre führte Opa Fritz eine neue Mode ein. Ich wurde samstags um vier Uhr zum Metzger „Hoatt“ (Freund) geschickt und musste drei Scheiben Kochschinken holen. Das war eine Delikatesse, die man sich leistete. Ansonsten waren Wurst und Fleisch von den zwei Schweinen ausreichend für die sechsköpfige Familie. Das Kleinvieh wie Hasen, Hühner und „Gäästlämmer“ lieferte so manchen zusätzlichen Festbraten.

In der ersten Januarwoche spielte sich bei uns zu Hause immer das gleiche Ritual ab: Es wurde abends das Wohnzimmer geheizt. Sonst kam das nur selten vor, sogar wenn Besuch kam, wollten alle in der gemütlichen und warmen Küche bleiben.
Uropa Philipp hatte in diesen Tagen auf dem Wohnzimmerschrank mehrere Rama-Kartons voller Konsumbücher stehen. Im „Alten Konsum“ in Großen-Buseck trug das „Konsum-Dienchen“ akribisch jeden „Posten“ mit Menge und Preis in Sütterlinschrift ein. Mein Uropa rechnete im Januar die Eintragungen in den Konsumbüchern. Dazu sammelte er schon vorher die Zeitungen, von denen er die Ränder abschnitt. Darauf schrieb er die langen Additionen mit Bleistift. Was von der Zeitung übrigblieb, wurde nicht weggeworfen, sondern zu Zetteln in DIN-A6-Größe geschnitten zu Toilettenpapier für das Plumpsklo auf dem Hof.

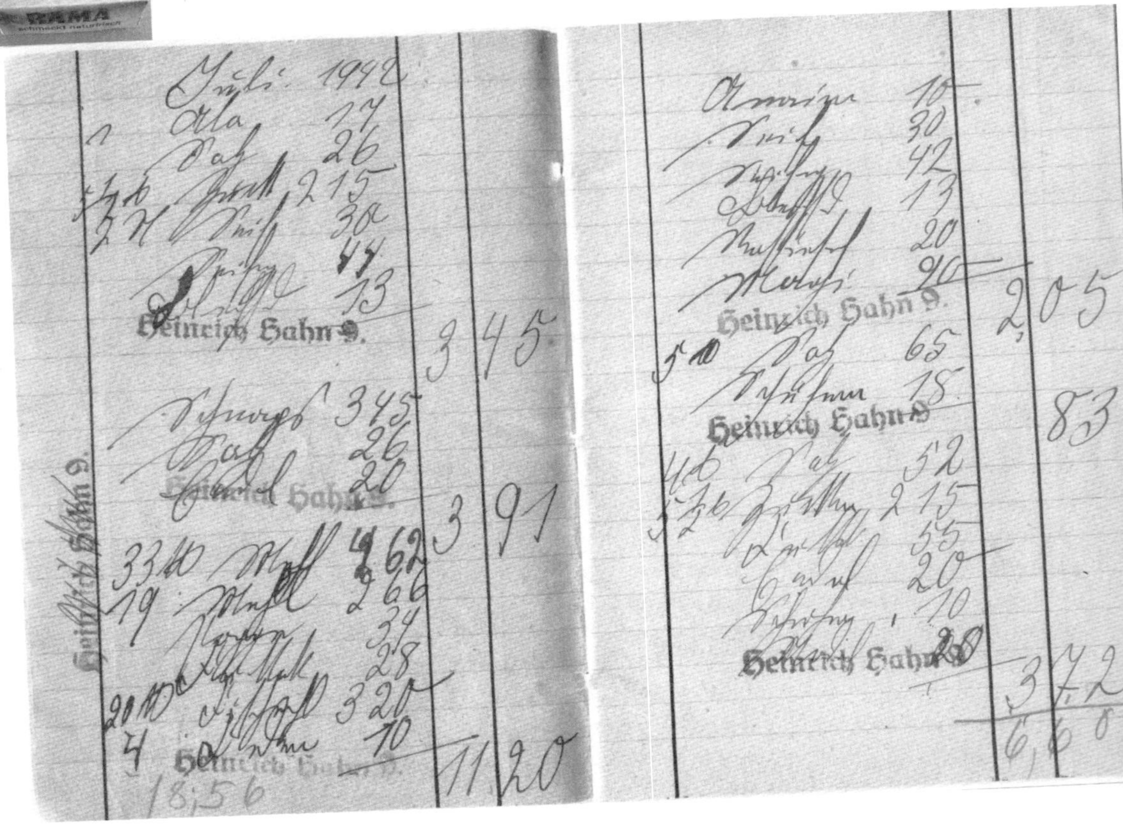

Fragte ich ihn, was er da mache, antwortete er: „Ich reachen die Diifidende aus."
Er war im Vorstand des Alten Konsum, einer Genossenschaft. Die Mitglieder erhielten nach Ablauf des Jahres eine Gewinnausschüttung. Je nach Menge des Einkaufs an Lebensmitteln und landwirtschaftlichen Waren wie Düngesalz war diese Dividende berechnet.
Wurde ich in den Konsum zum Einkaufen geschickt, musste ich eine weiße Weinflasche für das Öl und eine grüne für den Essig mitnehmen. Beide Flaschen mussten in der Einkaufstasche senkrecht stehen, damit nichts auslief.
Die Leute kauften nur das ein, was sie nicht selbst im Garten oder im Feld erzeugen konnten. Man brauchte Zeit, wenn man dort einkaufte. Dort lernte ich auch, was eine „höher gestellte Persönlichkeit" ist, und es reifte in mir der Berufswunsch. Außerdem konnte ich mir jetzt vorstellen, was mein Uropa meinte, wenn er davon sprach, ich solle einmal im weißen Hemd zur Arbeit gehen.

Elektromobilität gab es schon in unserem Alltag als Fahrschüler und wir verbanden damit positive Erfahrungen. Auf der Vogelsbergbahn fuhren vorwiegend Dampfloks mit Arbeiterzügen von meist zehn Wagen, den sogenannten „Donnerbüchsen". So ähnlich wie man die BMW-Isetta das „Schlagloch-Suchgerät" nannte, weil ihre beiden Vorderräder weiter auseinanderstanden als die Hinterräder und sie deshalb jedes Schlagloch sicher traf, donnerten unsere Personenwagen über die geflickten Schienen der Vogelsbergbahn. Gerade die Eisenbahnstrecke bei Gießen und besonders am Flughafen waren im Krieg stark bombardiert worden. In der Nachkriegszeit war das Gleisbett noch sehr uneben. Wir Fahrschüler genossen das Rattern der „Donnerbüchsen" auf den Außenplattformen, wenn die Dampflok der Baureihe 86 unseren Zug Richtung Schule in Gießen zog. Manchmal wurde dieser Alltagsrhythmus unterbrochen, und dann residierten wir Fahrschüler nicht zwischen unzähligen Arbeitern eingeklemmt auf Stehplätzen, sondern in teilweise freien Abteilen der roten Schienenbusse.

Gab es im Sommer Hitzefrei, dann konnten wir schon um 11.30 Uhr mit dem Schienenbus VT 98, auch „roter Brummer" genannt, nach Hause fahren. Seine beiden 150 PS Büssing-Motoren erfüllten das ganze Busecker Tal, wenn er abends Richtung Grünberg strebte.
Begann der Unterricht einmal ausnahmsweise zur zweiten Stunde, was damals auch ohne „verlässliche Schulzeit" nur ganz selten vorkam, dann durften wir mit einem besonderen Fahrzeug der Bundesbahn fahren, dem ETA 150.
Neidisch schauten wir immer mittags bei der Heimfahrt aus den „Donnerbüchsen" auf die Elektro-Triebwagen, deren Akkus im „Oberhessischen Bahnhof" kurz vor der Ausfahrt zur Frankfurter Straße hin aufgeladen wurden. Der Volksmund nannte dieses Gefährt „Akkublitz" oder „Biene Maja", weil die Gleichstrommotoren ein leises Summen von sich gaben. Immerhin hatte der ETA 150 eine Höchstgeschwindigkeit von einhundert Stundenkilometern und eine Reichweite von dreihundert Kilometern. Er konnte bis zu einhundert Leute befördern.
Wie kann ein Fahrzeug der Bundesbahn die Apfelweinproduktion fördern? Die Oberhessen sind, wenn es um Apfelwein geht, sehr kreativ. Sowohl der ETA 150, wie auch die

Veredelung der Äpfel benötigen Korbflaschen. Regelmäßig musste im ETA 150 die Batteriesäure nachgefüllt oder ausgetauscht werden. Diese Säure wurde bis Ende der Sechziger Jahre in großen, 50 Liter fassenden Korbflaschen geliefert. Eines Tages beobachtete ich bei der Heimfahrt, dass an der Ladestation solche Korbflaschen kaputt geschlagen wurden. Am Tag darauf ging ich dort hin und fragte, warum man das macht und ob ich einige Korbflaschen bekommen könne. Die Batteriesäure würde künftig in Kunststofffässern geliefert, war die Auskunft. Mein Freund Hartmut hatte schon einen VW Käfer, den er als Transporter anbot. Als „Bezahlung" für die künftigen Apfelweingefäße kaufte ich von meinem Taschengeld eine Flasche Schnaps. So fuhren wir zur Ladestation des ETA 150. Mit sehr viel Experimentierfreude schafften wir es, fünf solcher Korbflaschen und uns selbst in den VW Käfer zu bugsieren. Seit dieser Zeit ist bis heute vielleicht mehr Apfelwein als Batteriesäure in diesen Korbfaschen gewesen.

Fastnacht in Busech

Passkontrollen der Konfirmanden vor dem Gottesdienst

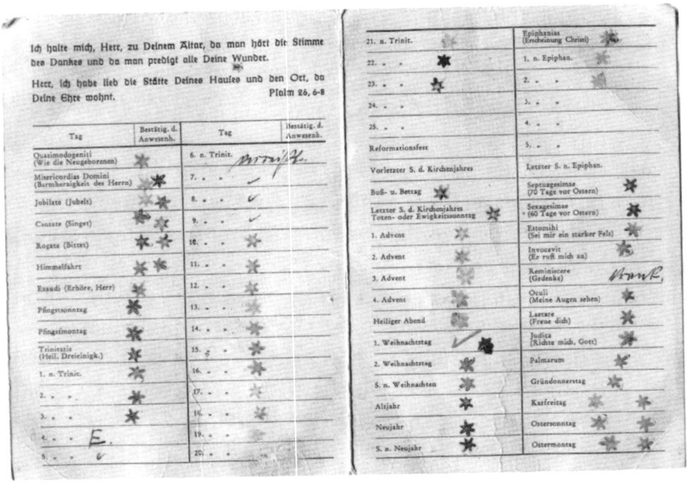

Ich halte mich, Herr, zu Deinem Altar, da man hört die Stimme des Dankes und da man predigt alle Deine Wunder.

Herr, ich habe lieb die Stätte Deines Hauses und den Ort, da Deine Ehre wohnt. Psalm 26, 6-8

Tag	Bestätig. d. Anwesenh.	Tag	Bestätig. d. Anwesenh.
Quasimodogeniti (Wie die Neugeborenen)		6. n. Trinit.	
Misericordias Domini (Barmherzigkeit des Herrn)		7. " "	
Jubilate (Jubelt)		8. " "	
Cantate (Singet)		9. " "	
Rogate (Bittet)		10. " "	
Himmelfahrt		11. " "	
Exaudi (Erhöre, Herr)		12. " "	
Pfingstsonntag		13. " "	
Pfingstmontag		14. " "	
Trinitatis (Heil. Dreieinigk.)		15. " "	
1. n. Trinit.		16. " "	
2. " "		17. " "	
3. " "		18. " "	
4. " "		19. " "	
5. " "		20. " "	
21. n. Trinit.		Epiphanias (Erscheinung Christi)	
22. " "		1. n. Epiphan.	
23. " "		2. " "	
24. " "		3. " "	
25. " "		4. " "	
Reformationsfest		5. " "	
Vorletzter S. d. Kirchenjahres		Letzter S. n. Epiphan.	
Buß- u. Bettag		Septuagesimae (70 Tage vor Ostern)	
Letzter S. d. Kirchenjahres Toten- oder Ewigkeitssonntag		Sexagesimae (60 Tage vor Ostern)	
1. Advent		Estomihi (Sei mir ein starker Fels)	
2. Advent		Invocavit (Er ruft mich an)	
3. Advent		Reminiscere (Gedenke)	
4. Advent		Oculi (Meine Augen sehen)	
Heiliger Abend		Laetare (Freue dich)	
1. Weihnachtstag		Judica (Richte mich, Gott)	
2. Weihnachtstag		Palmarum	
S. n. Weihnachten		Gründonnerstag	
Altjahr		Karfreitag	
Neujahr		Ostersonntag	
S. n. Neujahr		Ostermontag	

Manfred Weller, geboren 1951, Busech

****

Gepflückt: Juwelen aus dem Äther

****

Täglich führte mich mein Schulweg am einzigen Butzbacher Musikgeschäft vorbei. Der Laden hieß nach seinem Inhaber und seinem Angebot: „Musik und Sport Heinz". Im Schaufenster gab es zu sehen: eine Hohner-Melodica, einen Fächer mittlerweile ausgeblichener Flötenhefte, eine Tischtennisgarnitur, bestehend aus zwei Schlägern, zwei Bällen und einem Netz für die Befestigung wie zum Beispiel bei uns am Küchentisch, ein Federballspiel, zwei Blockflöten, eine aus hellem, eine aus dunklem Holz, eine Hohner Mundharmonika. Unsere Lieblinge waren ein ordentlich zusammengelegter, dunkelblauer Trainingsanzug, ein weiterer Fächer mit Notenheften bzw. Liederbüchern und einigen Schlagertextheften, ein buntes Metallophon mit Schlegeln, ein paar verschiedenfarbige Hula-Hoop Reifen und ein Plastiktrichterkorb in blau-gelb, zu dem ein Ball gehörte, den man mittels eines knackenden Federschalters am Griff in die Luft schnicken und dann wieder fangen sollte. Ich habe den Namen des Spielgerätes vergessen, oder nie gekannt.

Irgendwo im dunkleren Hintergrund des Ladens konnte man auch ein oder zwei einfache Wandergitarren, einige bunte Gummibälle, zwei oder drei Akkordeons sowie ein paar Kartons mit Turnschuhen und weitere Trainingsanzüge sowie Turnkleidung erkennen.
Ich war damals 12, 13, 14 und 15 Jahre alt. Es ist auch egal, denn an diesem Schaufenster hat sich sowieso nie etwas geändert während dieser Zeit, sonst hätte ich mir dessen Inhalt nicht so gut merken können.

Als ich eines Tages wieder daran vorbeigehen wollte, blieb ich stehen wie vom Blitz getroffen. Das Schaufenster war völlig umgestaltet. In seiner Mitte hing in einem chromglänzenden Ständer eine glitzernd blaue Elektrogitarre, mit einem Griffbrett aus weiß leuchtendem Perlmutt. Indem sie dort hing, tauchte sie in mein Leben ein wie das Wesen von einem anderen Stern. Das stimmte natürlich nicht so, denn erstens kam sie aus Skandinavien, gebaut von dem schwedischen Gitarrenhersteller Hagström, und zweitens war an eine direkte Verknüpfung mit meiner Schülerexistenz in keinster Weise zu denken, denn diese Ikone meiner Sehnsucht kostete 620 Mark. Das stand deutlich in weißen, auswechselbaren Schiebeziffern vor schwarzem Hintergrund auf einem Ständer-Schildchen aus Messing zu lesen und war sehr, sehr viel Geld. So ereignete sich also meine erste Begegnung mit einer leibhaftigen Elektrogitarre. Täglich blieb ich nun vor diesem Fenster stehen und betrachtete diese Schönheit. In Gedanken schickte ich meine Hände über ihren glänzenden Astralleib und ließ sie sämtliche verborgenen Geheimnisse erkunden. Dabei hatte ich keine blasse Ahnung von Elektrogitarren. Ich wusste allerdings, dass die Beatles und die Rolling Stones mit solchen Dingen unterwegs und dabei waren, die Musikwelt auf den Kopf zu stellen.

Niemals hätte ich mich in den Laden getraut, um diese Kostbarkeit auszuprobieren. Stattdessen versuchte ich, durch pure Konzentration und Phantasie in einer Quasi-Meditation die Funktionen dieser Gitarre zu verstehen. Ich hatte wirklich keine Ahnung, wofür die Knöpfe und Regler denn sein könnten, ganz zu schweigen von dem ominösen Hebel, mit dessen Hilfe es möglich sein musste, alles Ungemach aus den Angeln zu heben, meinen damaligen Musiklehrer inklusive. Tja, mein Musiklehrer, der mich stets von seinem Klavier scheuchte mit den Worten, was ich spiele, sei „Negermusik" und die gehöre in den Urwald, hat hier doch noch ein paar mehr Sätze verdient, auch wenn er damals einer meiner klaren Widersacher war.
Gnadenlos ließ er alljährlich zum Volkstrauertag am Ehrenmal auf dem damaligen Schulgelände des Weidig-Gymnasiums von und vor überwiegend unmotivierten Schülern das Largo von Händel geigen, garniert mit „Ich hatt' einen Kameraden" und der Nationalhymne. Gitarre war für ihn kein Musikinstrument, die Beatmusik Geschrei und ich mit meinen langen Haaren ein Unding. Irgendwann hat er mir sogar tatsächlich in Musik eine 5 ins Zeugnis geknallt, aber das ist eine andere Geschichte.
Lange Haare zu haben war sowieso problematisch. Lang waren sie übrigens schon, wenn sie dem Hemdkragen zu nah kamen. „Dein Helm ist schon gepresst, warte nur, bis du zum Bund kommst." „Du siehst aus wie eine richtig schwule Sau." Solchen Einfallslosigkeiten war man in relativ kurzen Intervallen ausgesetzt. Witzig fand ich, dass mir irgendwann später einer der Menschen, die derlei Dinge wiederholt vehement geäußert hatten, mit einer mächtigen Matte auf dem Kopf am Bankschalter gegenübersaß und meinen Überweisungsauftrag entgegennahm. Der Gegenstand von öffentlichem Ärgernis war Mode geworden.

Was sonst noch in dem neu dekorierten Schaufenster war, habe ich vergessen. Dabei machte ich täglich auf dem Schulweg meine Schaufensterbesuche, doch hatte ich natürlich nur Augen für sie ... Bis dahin spielte ich mit wechselndem Interesse auf einer Akustik-Gitarre, die bei uns zu Hause herumstand. Sie hatte einen solch brutalen Saitenabstand und dermaßen dicke Stahlsaiten, dass ich mich später fragte, wie ich das überhaupt durchgehalten habe ... Damals dachte ich, das müsse so sein, ich kannte es ja nicht anders. Von meinen Eltern kannte ich ein paar einfache Akkorde, bei den Pfadfindern kamen einige hinzu, die ich bei unseren Treffen fröhlich mitklampfte. Lieber jedoch setzte ich mich damals an unser Klavier und spielte alles, was mir einfiel. Dabei taten wenigstens die Finger nicht so weh.
Dann kamen die Beatles und die Stones. Ich begriff schlagartig, dass man mit Gitarren auch ganz andere Sachen machen kann, ich wusste zwar nicht wie, aber das müsste sich schon herausfinden lassen. Täglich verbrachte ich mehr Zeit mit unserem Telefunken-Röhrenradio als bei den Hausaufgaben, versuchte das magische Auge möglichst so einzustellen, dass diese spannenden Sender – Radio Luxemburg, BBC, oder AFN – einigermaßen störungsfrei hereinkommen konnten. Wir hatten ein Grundig-Tonbandgerät, mit dessen Hilfe ich wahre Juwelen aus dem Äther pflückte. Die Tonqualität war natürlich im wahrsten Sinn des Wortes berauschend. Immerhin reichte es aus, die englischen Texte

der Lieder und die entsprechenden Akkorde einigermaßen fehlerfrei herauszuhören und aufzuschreiben. Übersetzt habe ich die Texte dann auch, oft mithilfe meiner damaligen Englischlehrerin, die sich anfangs noch über das neuerlich große Interesse wunderte, oder mithilfe von Freundinnen, die schon mal zum Schüleraustausch in England – und/oder einfach fleißiger waren.

Gitarrenunterricht gab es jedenfalls bei uns nicht. Was ich während dieser Zeit auf der Gitarre lernte, stammte von mehrmaligen Besuchen des Beatles-Films „A Hard Day's Night", bei denen ich jeweils den beiden Gitarristen wie gebannt auf die Finger starrte, um das Gesehene sofort zu Hause zu üben. Standard war die Lektüre der „Butzbacher Zeitung", zunehmend auch des „Spiegel". Einen Fernseher wollte mein Vater nicht. Die „Bravo" war bei meinen Eltern verpönt, aber ich hatte Mitschüler, die für mich die darin abgedruckten Songtexte und andere Beatmusik-spezifische Artikel ausschnitten. Kurioserweise stammte ausgerechnet der Phil F. Sloans-Text von „Eve Of Destruction", einem Lied, das zusammen mit einigen Dylan Songs und dem Buffy Saint-Maries „Universal Soldier" eine Schlüsselrolle bei meiner Politisierung spielte, aus der „Bravo".

Daddy's Music Set im Offiziersclub in Butzbach

Die d-pennts (Martin 2 v.l.) Bürgerhaus Griedel 1967 …

In der Zeitung entdeckte ich eine kleine Anzeige des Münchener Versandhauses Lindberg, dem größten Versandhaus für Musikinstrumente. „Bestellen Sie noch heute kostenlos unseren umfangreichen Katalog mit vielen farbigen Abbildungen." Das tat ich natürlich. Ich hatte während der Ferien für etwa 1,50 bis 1,80 Mark pro Stunde mal beim Bau, mal in einem Möbelhaus, einer Autolackiererei und/oder bei Bauern auf dem Feld gearbeitet, um mein karges Taschengeld etwas aufzubessern. Doch erst, als ich meinen Vater davon überzeugen konnte, dass eine Elektrogitarre für mich von nun an lebensnotwendig sei, und er mir versprochen hatte, das mir noch fehlende Geld beizusteuern, konnte ich meine Bestellung abschicken. Es sollte eine Höfner Elektrogitarre sein, mit drei Tonabnehmern, verstellbarem Stahlstab im Hals und eingebautem, patentiertem Vibrato Hebel, das Ganze in rot für 350 Mark inklusive einer strapazierfähigen Tasche. Als sie ankam, war sie nicht rot, sondern weiß. Das nahm ich gelassen hin. Wir waren ab sofort nicht mehr zu trennen. Sie lag dabei, wenn ich mit dem Lötkolben bewaffnet Radios zu Gitarrenverstärkern umfunktionierte und selbstgezimmerte Lautsprecherboxen ausprobierte. In den ersten Jahren habe ich sämtliche Proben, dann alle Auftritte mit ihr bestritten. Sie hat sich sozusagen recht schnell amortisiert. Doch es blieb nicht bei der einen. Ich traf wieder eine Skandinavierin aus dem Hause Hagström – und danach diese heißen Amerikanerinnen ...

Als ich einige Jahre später jemanden kennenlernte, der im Justizvollzug beschäftigt war und dort mit Gefangenen eine Band gründen wollte, gab ich ihm meine Höfner Gitarre. „Du kannst sie natürlich jederzeit wiederbekommen, es ist nur, bis die mal selbst was haben." Tja, so kam das – und dann geriet sie mehr und mehr in Vergessenheit ... Sie hatte definitiv nichts verbrochen. Unschuldig war sie zwar auch nicht, aber über zwanzig Jahre hinter Gittern sind eine sehr, sehr lange Zeit ... zumindest kommt mir das jetzt so vor, obwohl ich sie jahrelang nicht wirklich vermisst habe. Klar, manchmal habe ich an sie gedacht, mir vorgestellt, wer wohl was mit ihr anstellt, jedoch ohne jedes Gefühl von Eifersucht. Doch

Die d-pennts im KS2 in Frankfurt ...

... und in einem Kaufhaus in Butzbach

irgendetwas hat sich neuerdings geändert. Seit einigen Wochen machte mir der Gedanke, sie der Willkür dieser fremden Männer ausgeliefert zu wissen, einiges Kopfzerbrechen. Ich begann, über ihre Befreiung nachzudenken. Dabei hatte das alles ganz anders angefangen: Sie war für mich zunächst weit mehr als ein Lustobjekt. Ich liebte sie uneingeschränkt von ganzem Herzen. Wenngleich etwas plump – sie kam aus dem süddeutschen Raum – war sie der Inbegriff meiner erfüllten Sehnsucht. Bis ich Bekanntschaft machte mit dieser skandinavischen Schönheit*, es war die mit diesem unwahrscheinlich schlanken Hals, doch das ist eine andere Geschichte ... Ganz in Vergessenheit geriet sie jedoch erst, nachdem ich die beiden Amerikanerinnen kennengelernt hatte, die eine mit den beiden dicken Humbuckern in der Bluse** und die andere mit der ausdrucksvollen Stimme***, die so unwahrscheinlich anschmiegsam war, dass ich jede Zurückhaltung verlor und mich Hals über Kopf in sie verliebte.

Die Outlaws

Beat-Band „The Outlaws"

Die „Gesetzlosen" geben den Takt an

Butzbach — Bei dem großen Schülerball, der Anfang November über die Bühne gehen soll, werden nicht nur die Pennäler der Butzbacher Schulen, sondern auch ihre auswärtigen Kollegen nach den Klängen der Band „Outlaws" über die Tanzfläche „beaten".

Ein Novum gab es am Samstagabend in der Butzbacher Turnhalle: deutsche und amerikanische Schüler tanzten gemeinsam zu den hei-
ßen Beat-Klängen von drei Bands, darunter die „Out-Laws", die sich von ihrem Unfall wieder erholt haben, und eine amerikanische
Band in den Fasching. Mit viel Fantasie hatten sich die höheren Schüler der Weidigschule, der Lioba-Schule, des Ernst-Ludwig-Gym-
nasiums (Bad Nauheim) und der amerikanischen High-School in Frankfurt kostümiert. Es ist erfreulich, daß mit dieser Veranstaltung
ein weiterer Schritt zur Intensivierung der deutsch-amerikanischen Freundschaft auf Schülerebene getan wurde. Unter den Ball-Besu-
chern sah man u. a. Oberstudiendirektor Dr. Kolscher (Weidigschule).
treiben.

Egal, jetzt war es Zeit. Mein „N8 der Grauen-Rocker"-Projekt hatte mich wieder mit den alten Kumpanen zusammengeführt – und wenn der Framus-Fred noch seine Alte**** hat, dann müsste es doch mit dem Teufel zugehen, wenn sich da nicht etwas machen ließe. Also, Internet – JVA in Butzbach – es gibt eine Webseite, gigantisch. Es gibt dort eine Musikgruppe – ich fasse es kaum. Dort steht sogar zu lesen, wie die Leiterin der Musikgruppe heißt. Der Rest geht innerhalb weniger Minuten. Ich habe sie am Telefon. Sie ist sehr kooperativ. „Ja, da ist eine weiße E-Gitarre, die schon seit Jahren nicht mehr gespielt wird." Ich beschreibe meine, erzähle ihr von den GrauRockern, den Bildern von meiner ersten E-Gitarre in der Galerie, bei den Outlaws, d-pennts etc. Sie meint, das komme hin. Da sei eine ausrangierte, weiße E-Gitarre. Morgen würde sie sich das Instrument jedenfalls genau anschauen, um zu sehen, ob es sich dabei um das von mir beschriebene handelt. Ich bin glücklich nach diesem Telefongespräch. Ich hätte mir auch kaum vorstellen können, dass es einer Gitarre möglich ist, so einfach aus dem Knast zu entkommen. In der Gewissheit, dass mich höchstens noch zwei Tage von meiner sechssaitigen Jugendliebe trennen, schlafe ich selig ein. Oh, wie würde ich sie verwöhnen ... meine geliebte Höfner... Den Anruf kann ich kaum erwarten. Jedes Mal, wenn das Telefon klingelt, ist es jemand anders. Dann irgendwann ist sie es doch. „Ja, hallo, ah, ach ja, sie sind es selbst – genau, wegen der weißen Gitarre. Ich hab sie mir mal genau angeschaut. Da steht aber oben Squier***** drauf." Ich war ganz still, es hatte mir die Sprache verschlagen. Ich schaffte noch irgendwie, mich bei ihr zu bedanken, dann fiel ich in ein tiefes Loch.

FREITAG, 12. NOVEMBER 1965 — Butzbacher Zeitung

Das „Balla-Balla" der Outlaws

Ehrenpennälerschaft für Bürgermeister Gogalla

Butzbach (tz). — Vermutlich hätten Ovid und Cicero nachsichtig ihre weisen Häupter geschüttelt, wenn sie gesehen hätten, wie Konsumenten ihrer literarischen Produkte zu den Klängen der fünf „Gesetzlosen" mit viel „Balla-Balla" mit mehr oder weniger viel Grazie über das Parkett der städtischen Turnhalle wackelten. Die Konsumenten waren höhere Schüler aus Gießen, Bad Nauheim, Friedberg, Usingen, Nidda und Butzbach, die sich auf Einladung der Schülermitverwaltung (SMV) der Weidigschule von den „Outlaws" in die Künste der neuesten aller neuen Modetänze, den „Balla-Balla", einführen ließen.

Es ging schon sehr verrückt zu auf diesem Schülerball der dreihundert, denn soviel Pennäler hatten sich in der Turnhalle eingefunden. Verrückt, aber lustig, trotz oder gerade wegen alkoholfreier Getränke. Man diskutierte über die letzte Sechs in Latein, den letzten Film, über die neuesten Stilblüten der Schülerzeitung und tanzte, tanzte, tat also das, was man heutzutage mit diesem Verbum zu belegen pflegt, was bei unseren Großvätern jedoch Rheinländer, Wiener Walzer hieß. Heiß waren die Rhythmen, die die fünf Outlaws durch die Turnhalle jagten, heiß und unverbraucht mit Lampenfieber erhitzt, denn die fünf Outlaws, Jugendliche aus Butzbach und Griedel gaben vor den dreihundert ihr Debüt als Band. Sie schleuderten ihre Beat-Rhythmen erfolgreich durch das Mikrophon auf die dreihundert, die das Parkett mit solcher Intensität bearbeiteten, die, würde sie in die

Büffelei vor das Abitur investiert, bestimmt zum „summa cum laude" führen würde.

Ruhepausen gab es für die dreihundert nur bei der großen Verlosung, deren Hauptpreisträger mit Spannung erwartet wurde, da er sich glücklicher Gewinner einer Flugreise nennen durfte. Flugziel war nicht Mallorca, Teneriffa, noch Korfu, das kennt in unserem Wirtschaftswunderland mit derzeitiger Reisewelle ein jeder. Als Flugziel hatte man sich etwas ganz Ungewöhnliches einfallen lassen, nämlich Butzbach, das man bei einem Rundflug einmal aus einer anderen Perspektive kennenlernen kann.

Weiterer Höhepunkt dieses Balla-Balla-Balles, an dem neben verschiedenen Mitgliedern des Lehrerkollegiums auch Oberstudiendirektor Dr. Kolscher und Bürgermeister Fritz Gogalla teilnahmen, war die Verleihung der Ehrenpennälerschaft der Weidigschule an Butzbachs Stadtoberhaupt, in wohlgesetzten lateinischen Worten verliehen durch Schulsprecher R. Jung.

Wie gesagt, das ganze war eine tolle Party, laut, lärmend und lustig, bei der die dreihundert schulische bzw. kommunale Probleme von heißen Beat-Rhythmen übertönen ließen.

Beat-Party am Samstag, 20.00 mit „the arrows"

- Große Teenager-Party
- the outlaws — Die 1. Beat Band aus Butzbach
- the rockers — Direkt aus USA

und

- the arrows — Club K 52 Frankfurt
- Sonntag, 15.oo bis 20.oo

BUTZBACH—LA DANZA

Out of order (Martin 2. v. r.) …

Die „Outlaws" im Krankenhaus

Griedel. Nicht voll einsatzfähig werden in nächster Zeit die „Outlaws" sein, ein Begriff unter den Beat-Musik-Fans der Wetterau. Am Samstagabend gegen 23.45 Uhr kam ihr VW, der von einem jungen Mann aus Nieder-Weisel gesteuert wurde, auf der B 488 in der Gemarkung Griedel zu weit nach rechts. Der Wagen geriet auf das unbefestigte Bankett und überschlug sich anschließend drei Mal. Die drei Insassen wurden so schwer verletzt, daß sie in das Hochwaldkrankenhaus nach Bad Nauheim eingeliefert werden mußten. Sie befinden sich allerdings bereits wieder auf dem Weg der Besserung. Der Sachschaden am Fahrzeug, das außerdem noch eine Leuchtleitplanke umgefahren hatte, beträgt 3000 Mark. Die Polizei gibt als Unfallursache zu hohe Geschwindigkeit an. Unser Bild zeigt den schwer beschädigten Wagen der „Outlaws". (BZ-Bild)

… irgendwo in einem Ami-Club in Deutschland

* eine Hagström Impala Gitarre

** eine Gibson Les Paul Gitarre

*** eine Fender Stratocaster

**** Fred spielte als einziger in der Band eine Framus Gitarre, Mc. Mike und Charly spielten Höfner

***** Squier ist eine Handelsmarke, unter der der US-Musikinstrumentenhersteller Fender seit 1982 preisgünstige Nachbauten der eigenen, hochpreisigen E-Gitarren- und E-Bass-Modelle vertreibt. (Quelle: Wikipedia)

Martin Schnur, geboren 1948, Friedberg

****

Verbunden: Das Fräulein und der Prinz

****

In Zeiten der Handys und Smartphones mutet ein Blick in die Fünfziger und Sechziger Jahre für die junge Generation fast wie ein Märchen aus längst vergangener Zeit an. Mussten doch damals alle Telefonate, mit Ausnahme der Ortsgespräche, beim Fernamt angemeldet werden und wurden daraufhin vom sogenannten „Fräulein vom Amt" handvermittelt. Dies betraf zum Beispiel Gespräche von Dorheim nach Melbach, von Schwalheim nach Beienheim, von Wölfersheim nach Friedberg, bis hin zu Auslandsgesprächen. Ein Dreiminuten-Telefonat von Friedberg in die USA kostete zum damaligen Zeitpunkt 52 Mark. Die Fernmelderechnung wurde den Teilnehmern zusammen mit den Gesprächsnachweisen, die von den Telefonistinnen für jedes Gespräch notiert wurden, einmal im Monat zugesandt.
Der Fernmeldebezirk Friedberg gehörte zum damaligen Zeitpunkt zum Fernmeldeamt Darmstadt und war ein Zweig der Deutschen Bundespost. Telekom oder andere Anbieter gab es nicht, die Post hatte das Monopol. Der Standort war in Friedberg in der Mainzer-Tor-Anlage im Gebäude des Postamtes Friedberg.
Für uns, die Angestellten des Fernamtes (Fernsprechbezirk Friedberg), war es eine schöne, erlebnisreiche Zeit. Kamen wir doch mit vielen interessanten und prominenten Persönlichkeiten in telefonischen Kontakt.

Handvermittlung 1

Handvermittlung 2

Die bekanntesten waren: Elvis Presley, der in Friedberg als Soldat stationiert war und König (Ibn) Saud von Saudi Arabien, der sich in Bad Nauheim zur Kur aufhielt. Aber zu den schönen Erlebnissen zählten auch manche unangenehme Erfahrungen. So bekamen wir, die wir an vorderster Front waren, oft den geballten Ärger der Fernsprechteilnehmer ab, wenn es einmal nicht ganz so reibungslos mit der Vermittlung klappte, etwa bei überlasteten Leitungen, oder wenn alle Lampen der ankommenden Teilnehmer glühten und sich dadurch Wartezeiten ergaben. Dann mussten wir uns sehr oft wüsteste Beschimpfungen anhören. Wir wurden jedoch daraufhin geschult, immer freundlich und liebenswürdig zu bleiben. Aber es gab auch viele nette, dankbare Fernsprechteilnehmer, die schon mal für den Sonntagsdienst Eis spendierten oder Pralinen vorbeibrachten.

Heidi Engfeld, geboren 1942, Dorheim

****

Schillernd: „Naggische"

****

Wir sind unterwegs. Mit der komfortablen Limousine quer durch Wetterau und Vogelsberg von Friedberg nach Wartenberg. Wir sind Geschäftspartner, etwa gleich alt, entstammen derselben Generation. Den längsten Teil unseres Berufslebens haben wir hinter uns. Unser beider Haarpracht ist ergraut. Es herrscht herrliches Frühlingswetter. Schöner kann unsere Heimat nicht sein. Und wir freuen uns darüber, eine gute Weile gemeinsam unterwegs zu sein. Die perfekte Technik heutzutage erlaubt auch unterwegs im Wagen astreinen Musikgenuss. Auf einem winzigen Datenchip habe ich hunderte Musikdateien an Bord, sorgfältig in Ordnern sortiert, wie gleichsam im Einmachglas eingeweckt. Heute habe ich den Ordner „Beat, guter 60er-Jahre-Beat" aufgerufen – das Pendant davon ist der Ordner „Baby-Beat" (dazu zählten zum Beispiel die Monkees und die Bee Gees, das war was für Mädchen und ich bekam erst sehr viel später allmählich Geschmack daran). Wir also hören richtigen Beat, der ordentlich rumpelt. „Wild thing" (The Troggs), „From the underworld" (The Herd), „Tin soldier" (Small Faces), „Let's work together" (Cannet Heat) und so fort. Ich habe so viel davon, dass es für mehrere Male kreuz und quer durch den Vogelsberg reichen würde. Während mich meine Familie oder andere Mitfahrer bei einer gemeinsamen Fahrt gewöhnlich dazu anhalten, die Lautstärke zu reduzieren, verlangt mein heutiger Begleiter sichtlich vergnügt „Lauter!" Wir lassen es krachen. „Moscow" (Wonderland), „Satisfaction" (Rolling Stones), "I am the god of hell fire and I bring you – fire!" (Arthur Brown). Genau. Darüber kommen wir ins Plaudern über die Sechziger, den Beat, die Musik als Transmission des Zeitgeistes und des Protestes in Haltung und Inhalt. Ja, diese Konventionen brechende, aufmüpfige Musik ist uns nicht nur in die Ohren, sondern in den Körper gefahren und hat damit zugleich auch aufgeweckt, beim Zeitenwandel von gestern nach morgen dabei zu sein. Sie hat die neue Denke in uns transplantiert. Sie hat uns mit der Veränderung infiziert und unsere Identifikation damit transformiert. Ohne diese Musik kann ich mir die Sechziger gar nicht vorstellen.

Die Sechziger Jahre, das war für mich die Zeit von sechseinhalb bis sechzehneinhalb. Also zu jung, um 68er geworden zu sein, aber mittendrin im Umbruch vom Mief des Gestrigen hin zu einer besseren Zukunft. Mittendrin zunächst als Kind, dann als pubertierender Jüngling, als Heranwachsender, als Schüler des 2. bis zum 10. Schuljahr mit der sich entwickelnden Wahrnehmungsfähigkeit, die ein Junge in diesem Alter hat. Und ausgestattet mit dem, was man vom Zuhause und von der Schule so mitbekommt. Da hatte ich Glück. Tolerante, politisch wache Eltern und liberale, wohlwollende Lehrer. Und dazu noch das allmähliche Aufwärts der Wirtschaftswunderzeit. Logisch aber, dass mein Verstand deutsche und Weltgeschichte nur schwerlich verarbeiten konnte, die epochalen Auschwitzprozesse gar nicht, den Vietnamkrieg kaum mehr, die Studentenproteste nur vordergründig. Das kennzeichnete die Sechziger ebenso wie den Wandel weg von Prüderie, Spießertum und Doppelmoral, hin zu Aufklärung, Bildung und Freizügigkeit. Ich hatte Wahrnehmung, dass es in dieser Zeit vom Gestrigen zum besseren Morgen ging.

Fasching 1968

Das vermittelte auch die Musik: Während bis dahin überwiegend triviale, alberne Musik en jour war, traten 1964 die „Pilzköpfe" Beatles auf den Plan, die den neuen Musikstil anstimmten und das sogar namensprägend – Beat. Gleichwohl, das Repertoire der Beatles war zwar nett, umfasste aber noch viel Sing-Sang und Nonsens („We all live in a yellow Submarine"). Andere Beat-Bands, voran die Stones, waren härter drauf und transportierten zugleich progressive Botschaften, die ich mir selbstverständlich zu eigen machte. „Born to be wild" (Steppenwolf), „Sky Pilot" (Animals) und „The days of Pearly Spencer" (David Mc Williams) hatten mir was zu sagen, das o. k. war.

Morgens im Schülerzug nach Friedberg war der begehrteste Platz auf dem hinteren Peron des letzten Wagens. Dort regierte nicht etwa der Schaffner, sondern „Allee", mit bürgerlichem Namen Hansi Albrecht. Der war zwei, drei Jahre älter als ich, rauchte natürlich schon und seine Gunst war entscheidend dafür, wer auf dem Peron mitfahren durfte und wer nicht. Platz war dort für vier Schüler. Sein Kriterium dafür, andere Schüler geeignet zu befinden, war, ob sie Beatles oder Stones bevorzugten. Auf den Peron kamen nur Anhänger des richtigen Beats, Baby-Beat-Jünger hatten zu verduften, so das harte Regime von Allee.

Beat also früh, mittags und abends, via Radio (HR: „Teens-Twens-Top-Time") und Plattenspieler (meine ältesten LPs sind Beat-Club '67 und '68) oder am Wochenende im Fernsehen der „Beat-Club" mit Uschi Nerke. Doch man wollte die Beatmusik auch draußen hören, was zunächst mit krächzenden Kofferradios und für mich speziell ab 1967 mittels eines tragbaren Tonbandgerätes „Telefunken Magnetophon 301" möglich wurde, das ich mir neben einer feuerroten (!) Cordhose und einer Levi's-Jeans-Jacke vom kargen Lohn des ersten Ferienjobs in der Zwiebackfabrik zulegen konnte. Während die Jugend heutzutage unbegrenzt viel Musik über winzige, wenige Gramm schwere Geräte konsumieren kann, vorzugsweise mit zugestöpselten Ohren und abgeschnitten von der Umwelt, wog mein Magnetophon sage und schreibe 3,1 Kilo plus Blei-Akku, der gerademal ein, zwei Stündchen hielt. Die Tonqualität war bescheiden, aber die Musik laut. Doch das machte was her und erzeugte Aufmerksamkeit für mich und „My Generation" (The Who), auf der Straße, im Schwimmbad, überall.

Wie sah er nun konkret aus, der Zeitenwandel für den pubertierenden Jüngling im Alter von vierzehn, fünfzehn Jahren? Nun, das machte sich zum Beispiel schon in der Schule bemerkbar: Stand man noch wenige Jahre vorher nach jedem Schrillen der Schulglocke zum Pausenende akkurat in Zweierreihen an der Stufe zum Treppenaufgang, vorne die Buben, dahinter – versteht sich – die Mädchen, so war das auf einmal nicht mehr so. Es wurde lauter und quirliger auf dem Schulhof. Waren Backpfeifen und andere Züchtigungen aus geringem Grund Anfang der Sechziger in unserer Rodheimer Volksschule durchaus noch regelmäßig gebräuchlich, wurden sie selten. Einmal hatte ich 1965 im Übermut und aus Neugier, was passieren werde, in der Werkstunde eine grässlich nach faulen Eiern dünstende Stinkbombe platzen lassen. Was wenige Jahre vorher wohl zur Nichtempfehlung für die weiterführende Schule, jedenfalls zu drakonischer Strafe geführt hätte, wurde in diesem Fall mit einer durch den vom Werklehrer herbeigerufenen Rektor persönlich verabreichten heftigen Ohrfeige an Ort und Stelle erledigt. Wozu meine Eltern zu Hause meinten: „Die hast du dir verdient", was ich im Grunde selbst auch so sah.

Ein anderes Thema der „neuen Zeit" für pubertierende Buben war das Rauchen. Rauchen schmeckte zwar gar nicht und kostete auch noch Geld, sofern man die Zigaretten nicht schnorren oder stibitzen konnte, aber es war etwas Progressives, etwas Grenz- und Verbotsüberschreitendes und darauf kam es an! Dabei durfte man aber tunlichst auf keinen Fall erwischt werden. Deshalb verzogen wir uns dazu in die weitläufige Rodheimer Feldgemarkung, Richtung „Alter Berg", wo man die Paff-Wölkchen unbehelligt aufsteigen lassen konnte. Die gesteigerte und zudem noch männlichere Variante des Paffens war die Benutzung eines „Klöbchens", also eines kleinen, billigen Hafenarbeiter-Pfeifchens mit sechseckigem Pfeifenkopf: „Ein Mann, ein Wort – Batavia", auch wenn das Zeug zum Kotzen war. Eines Tags, auf dem Rückweg vom „Alten Berg" an der Landstraße entlang ins Dorf, kam uns ein Polizeiauto entgegen, ein dunkelgrüner 1200er VW-Käfer mit Blaulicht-Beule obendrauf. Oh je, wir dachten ehrlich, jetzt sind wir dran und flüchteten auseinanderstiebend ins Feld. Doch der Streifenwagen fuhr einfach nur vorbei. Vermutlich galt der Polizeieinsatz anderen Verbrechern als paffenden Jugendlichen.

Haarwelten

Ein besonders bedeutungsvolles, spannendes Thema bzw. epochaler Wandel der Sechziger Jahre war das Thema Sexualität: weg von der unumstößlichen Behaftung mit einem bis dahin gültigen absoluten Tabu, über die Phase der sexuellen Aufklärung bis hin zur sexuellen Revolution in den Kommunen der 68er (Uschi Obermaier und Co). Aus heutiger Sicht fing das zahm an mit dem Aufklärer der Nation Oswalt Kolle: „Dein Kind, das unbekannte Wesen" und durch bis dahin unbekannte Veröffentlichungen der Illustrierten „Stern" über FKK-Strände auf der Insel Sylt mit völlig harmlosen Abbildungen, auf denen auf einem riesigen Sandstrand ein paar winzige „Naggische" zu sehen waren. Doch das reichte für Buben unseres Alters vollkommen aus, um schillernde Phantasien zu beflügeln, und war natürlich etwas sehr Auf- und Anregendes, was die Neugierde weckte und gehöriges Kribbeln im Bauch erzeugte. Sex war nämlich bis dahin in unseren Köpfen gar nicht drin und somit logischerweise in jeglicher noch so harmlosen Form progressiv per se. Urplötzlich erschienen mir die Klassenkameradinnen in einem ganz anderen Licht und weckten Aktivität, zum Teil recht skurrile.

Nacktheit hatte also für uns insoweit noch ziemlich unbedarfte Buben etwas undefinierbar Spannendes und in gewisser Weise Aufrührerisches an sich und deshalb fiel uns im jugendlichen Drang, etwas Verbotenes und zugleich Heldenhaftes zu unternehmen, folgende Aktion ein: In unserem damals trotz Sechziger Jahre-Bauboom noch beschaulichen Rodheim hatten wir durch die weise Voraussicht unseres damaligen Bürgermeisters Alwin Biedenkapp seit den Fünfziger Jahren das Privileg eines Schwimmbades mit stattlichen Ausmaßen von 50 x 25 Metern, umgeben von reichlich Liegenwiese, einem Kiosk und Umkleidekabinen in Holzbauweise, die zudem noch die willkommene Eigenschaft hatten, dass man durch Astlöcher im Holz von außen in die Kabinen spinksen konnte, um zu gucken, was sich da drinnen abspielte. Eine Dauerkarte für die ganze Saison von Mai bis Oktober kostete damals für Kinder sage und schreibe nur sechs Mark und für Jugendliche ab zwölf Jahren nur ganze zwölf Mark! Kein Wunder also, dass die Rodheimer Jugend das Schwimmbad als bevorzugten Aufenthaltsort nutzte, zum Schwimmen ebenso wie zum Unsinn treiben oder mit Mädchen schäkern.
Bademeister war der lange Adolf, der außerhalb der Badesaison als Gemeindearbeiter beschäftigt war. Der lange Adolf war die Instanz im Schwimmbad. Wurde die Tollerei im Bad zu arg, wusste er eindrucksvoll Raison herzustellen. Um 18 Uhr hatten Jugendliche und Kinder das Bad zu verlassen, was alltäglich lautschallend über Lautsprecher vom langen Adolf ausgerufen wurde. Wenn also für die Jugend um 18 Uhr Schluss sein musste, ist es doch völlig klar, dass man gerade dann im Schwimmbad bleiben wollte. Es war somit ein regelmäßiges Ritual oder auch Katz-und-Maus-Spiel, dass der lange Adolf uneinsichtig im Schwimmbad Verbliebene aufspürte, um sie hinauszubefördern, während sich andere auf dem weitläufigen Gelände versteckten, bis er dann schließlich alle erwischt hatte. Naheliegend, dass wir früher oder später auf die Idee kommen mussten, dem Schwimmbad einmal einen nächtlichen Besuch abzustatten, wenn niemand da war und ganz Rodheim schlief. Gesagt – getan. Doch wie zu Hause nächtens unbemerkt rauskommen? Nichts leichter als das.

Mein Freund Manfred, Spitzname Stumpi, der einige Häuser weiter wohnte, hatte ein kleines Zelt, gerade so groß, dass darin zwei Jungs nebeneinanderliegen konnten. Während der Sommerferien wurde das Zelt neben dem kleinen Reihenhaus im Garten aufgebaut und wir durften darin übernachten. In der tiefen Nacht, um halb drei, schlichen wir uns heimlich aus dem Zelt und machten uns im Schutz der Dunkelheit auf den Weg zum Schwimmbad. Das war etwa einen Kilometer entfernt. Natürlich kannten wir uns gut aus. Da das Schwimmbad rundherum von einem hohen Maschendrahtzaun und einer Hecke dahinter umgeben war, wählten wir als Zugang ein Nebentor seitlich des Haupteingangs. Das etwa 1,80 Meter hohe Tor bestand aus einem Holzrahmen mit diagonalen Streben, woran innen Maschendraht befestigt war. Obenauf waren zwei Reihen Stacheldraht gespannt. Da konnten wir trotzdem drüber, indem wir uns barfüßig in den Maschendraht einkrallten und oben angekommen, vorsichtig vom Querbalken aus über den Stacheldraht stiegen, um auf der anderen Seite herunterzuspringen. Das war ein schöner Spaß, garniert mit etwas Nervenkitzel - das ganze Schwimmbad hatten wir für uns alleine! Allzu lange dauerte das Abenteuer nicht, Hauptsache war ja, es getan zu haben. So wie wir gekommen waren, schlichen wir uns bald darauf wieder nach Hause in unser Zelt zurück und schliefen den Schlaf der Gerechten.

Diese Großtat erzählten wir natürlich noch anderen Klassenkameraden und das nächste Mal waren wir schon zu viert. Nun ja, der Beweis dafür, dass das machbar war, war ja nun erbracht und so musste dann eine Steigerung herbei. Einige Tage später ging es zu nächtlicher Stunde wieder ins Schwimmbad, rüber übers Tor und hinein ins Badevergnügen, diesmal splitterfasernackt! Das war ein zusätzlicher Kick, irgendwie ein Hauch von FKK in Rodheim und „naggisch", das war noch verbotener als verboten! Plötzlich gellte ein Urschrei des langen Adolf per Lautsprecher durch die Nacht, das Schwimmbad taghell erleuchtet durch die Flutlichtscheinwerfer. Offenbar hatte er sich in seinem Bademeister-Kabüffchen auf die Lauer gelegt und war beim stundenlangen Harren auf die unerwünschten Gäste eingedusselt, bis er durch unser Geplätscher im Wasser geweckt wurde und wie ein wilder Stier mit tierischem Gebrüll auf das Schwimmbecken zulief. „Ihr Säukerle, ihr Nixnutzer, eraus aussem Wasser mit Eusch, wart' isch krieje Eusch!" Mir, eraus aussem Wasser, die Klamotten geschnappt und in alle Himmelsrichtungen auf und davon im weiten Schwimmbadgelände. Zum Glück war der lange Adolf allein und konnte nur einem von uns hinterher, und das mit lautem Gebrüll und wüsten Flüchen. Wir waren freilich viel flinker als er. Weil er zunächst meine Kumpels verfolgte, begab ich mich mit Hose und Hemd zum Tor, um mich aus dem Staube zu machen. Als er das bemerkte, stürmte er hinter mir auf das Tor zu, sodass ich in Schreck und Panik, als ich schon ziemlich oben war, meine Klamotten verlor und in meiner Hast auch noch mit beiden Händen voll in den Stacheldraht griff! Es war ein höllischer Schmerz, doch was soll's, ich musste ja weg, so schnell es ging. Also Zähne zusammengebissen, rüber, runter und weg Richtung Obstbaumhaine unterhalb des Bahnhofs – naggisch – versteht sich, notgedrungen. Hauptsache, ich hatte mich erstmal selbst gerettet, wenn auch ohne Klamotten. Was mit meinen Kumpels war, wusste ich zunächst nicht, zuerst war ich nun auf mich selbst gestellt. Die Hände bluteten und der Schmerz pochte. Aber was halfs, ich musste irgendwie zurück. Also machte ich mich im Dunkeln barfuß und nackt auf den Heimweg. Unterwegs entlang der Umgehungsstraße kein Auto, keine Menschenseele um diese Uhrzeit. Auf den letzten 200 Metern war es schon etwas brenzliger, denn ich musste durch unsere Siedlung. Doch ich konnte unentdeckt in unser Zelt verschwinden.

Die Zeit verging wie eine Ewigkeit, ich wartete auf Stumpi. Sollte ihn der lange Adolf erwischt haben? Tausend Gedanken schwirrten mir im Kopf herum, wie man herauskriegen würde, wer die nächtlichen Schwimmbädler waren. Wir bekämen eine saftige Strafe und wohl Schwimmbadverbot für das ganze Jahr. Im Dorf würden sie sich das Maul über uns zerreißen. So ein Scheiß aber auch! An Schlaf war nicht zu denken, ich verharrte einfach im Zelt. Das Bluten hatte aufgehört, die Wunden waren gar nicht so schlimm. Nur einige Einstiche in der Hand, als hätte man sich an einem Nagel verletzt. Eine Ewigkeit später kam dann schon im Morgengrauen endlich Stumpi in Bekleidung zurück ins Zelt und erzählte, die anderen hätten sich an mehreren Stellen in der Hecke versteckt, an Stellen, wo der Wuchs etwas dünner war. Sie hätten ausgeharrt, bis der lange Adolf schließlich die Scheinwerfer ausgeschaltet hatte und erfolglos fluchend von dannen gezogen war. Sie hätten dann noch eine Zeit gewartet, bis die Luft rein war, um sich schließlich zu verdünnisieren.

Am andern Morgen war guter Rat teuer. Wie sollte ich ohne Kleidung heimgehen? Dafür gab es ja keinerlei plausible Erklärung. Also schickte ich Stumpi los zu mir nach Hause, um meiner Mutter zu erklären, dass der Rolf einen total ekligen Durchfall bekommen und alles versaut hätte. Meine Mutter gab ihm Unterwäsche und Turnhosen mit, und weil wir eine kinderreiche Großfamilie waren, wo ohnehin jeden Tag ein Berg Wäsche anfiel, achtete sie bei meiner Heimkunft nicht darauf, was ich mitbrachte. „Bring Deine Wäsche runter in den Keller und wasch sie schon mal grob aus. Das tun wir dann in die Waschmaschine." Bei uns lief die Waschmaschine ohnehin täglich, da kam es auf ein bisschen Unterwäsche, die ja sowieso gleich aussah, nämlich weißer Baumwollripp und eine Turnhose, gar nicht an. Da sie mir ansah, dass ich irgendwie überstrapaziert war, bekam ich zur Eindämmung meines „Durchfalls" ungesüßten schwarzen Tee und Zwieback. Und Durchfall war ja kein Beinbruch, kam immer mal vor bei uns. Deshalb wurde ich auch in kürzester Zeit wieder gesund – und meine Hände hielt ich unauffällig immer schön so, dass man die Handflächen nicht sah. Zeit heilt Wunden. Nach den Ferien erwarteten wir, dass man in der Schule über den Schwimmbadfrevel nachforschen würde, vielleicht sogar unter Vorzeigen meiner Wäsche und meiner Turnschuhe. Doch nichts dergleichen geschah. Schon bald darauf wurde das Tor am Schwimmbad erneuert. Das Holztor wurde durch ein Eisentor mit engen Maschen und einem zackigen Abschluss obendrauf ersetzt. Welch ein Glück, dass damals in jener bewussten Nacht der lange Adolf allein gewesen war und keinen Hund dabeigehabt hatte. Sonst wäre das bestimmt ins Auge gegangen. Und weil der lange Adolf nicht schlau und schnell genug war, konnten wir Jungspunde uns als Helden fühlen und der ganze Spuk blieb eine Episode.

Die Begebenheit als solche, geschehen 1966, aber ist ein Ministückchen „Revolution" auf dem Lande, nämlich möglich geworden in der Form „Gegen-den-Strich-bürsten", was den Rodheimer Buben in einem Umfeld des sich verändernden Zeitgeistes eingefallen ist, hin zu Dingen, die ihnen im Geist des Miefs der Fünfziger wohl nicht eingefallen wären.

Rolf Gnadl, geboren 1953, Glauburg

****

Staunend: Fremde Welt

****

Mein allererster Urlaub. Das war 1964. Bis zu diesem Zeitpunkt war ich in meinen Ferien immer bei meiner Oma in Kiel oder bei Verwandten in Stedesand gewesen. Stedesand ist ein Dorf in Nordfriesland. Ich stamme aus Hamburg. Im Jahr 1964 also entschied sich meine Mutter zu einem Urlaub mit mir im Schwarzwald. Mein Vater konnte damals nicht mitfahren. Unser Urlaubsziel war Furtwangen. Die Anreise erfolgte mit der Bahn. Ich weiß noch, oder meine mich zu erinnern, dass in Hannover die Dampflok gegen eine E-Lok ausgetauscht wurde. Die Bahnstrecken im Süden Deutschlands waren damals schon elektrifiziert. Der Norden hinkte ein bisschen hinterher.

Das Quartier im Schwarzwald war eine schlichte Privatwohnung. Gefrühstückt wurde in der Küche der Vermieterin. An ein Buffet im heutigen Sinne war nicht zu denken. Es gab wahrscheinlich einfach nur Marmeladenbrote. Vielleicht auch etwas Wurst oder Käse. So genau weiß ich es nicht mehr. Unsere Ausflugsziele waren die Triberger Wasserfälle, Freiburg und Donaueschingen. In meinem Tagebuch habe ich das Bähnchen, mit dem wir durch das idyllische Bregtal nach Donaueschingen fuhren, beschrieben. Wenn ich es heute lese, denke ich an das Lied von der Schwäbschen Eisenbahn. Ich vermute, dass das Blumenpflücken während der Fahrt verboten war ...
Bei einer unserer Touren trafen wir eine Frau, die – ebenso wie meine Mutter – mit ihrer zu mir fast gleichaltrigen Tochter unterwegs war. Mit Marie-Luise habe ich mich gleich angefreundet und es war schön, künftige Ausflüge gemeinsam machen zu können. Wir wanderten durch das Simonswälder Tal, erklommen Berge und Höhen, und einmal, auf dem Brendturm, trafen wir eine Frau in Glottertaler Tracht. Ich weiß noch, mit welchen Gefühlen ich die Anfahrt mit dem Schiff nach Meersburg erlebte, den Blick auf die Burg, und wie malerisch die mit Blumen geschmückten Gassen auf mich wirkten. Meersburg war für mich der Inbegriff des Südens. Etwas so Fremdes hatte ich bis dahin noch nicht

gesehen. Ich kannte nur die Wiesen und Äcker im platten Nordfriesland, den Ostseestrand bei Eckernförde und den Schrebergarten meiner Großeltern.

Das Gefühl aber, in eine fremde Welt geraten zu sein, stellte sich nicht mehr ein. In den Jahren seit 1964 bin ich viel gereist, habe Schottland, England, Israel und den Iran gesehen. All dies hat bemerkenswerte Eindrücke hinterlassen. Aber nie wieder gab es dieses Erstaunen, wie ich es bei meiner ersten Reise zum Bodensee erlebt habe.

Renate Hinterlag, geboren 1950, Gießen

****

Farbe: Zwielicht

****

1960 hatte ich eine sehr schöne Arbeitsstelle als Schulsekretärin an der heutigen Albert-Schweitzer-Schule in Alsfeld. Ich konnte weitgehend selbständig arbeiten und hatte nicht nur viel Kontakt zum Lehrpersonal, sondern auch zu allen Schülern, und gerade das hat mir viel Spaß gemacht. Selbstverständlich musste ich auch am Samstag halbtags arbeiten, da ja in diesen Jahren noch samstags unterrichtet wurde, dafür war der Freitagmittag frei. Ich wohnte in meinem Elternhaus in Wallersdorf, hatte schon meinen Führerschein, aber an ein eigenes Auto war nicht zu denken. Kein Problem – die Bahn fuhr öfter am Tag die Strecke Bad Hersfeld – Alsfeld. Bereits damals waren mein späterer Mann und ich eine feste Bindung eingegangen, der gebürtige katholische Sudetendeutsche und die evangelische Oberhessin, die sich im Gründchen kennengelernt hatten und sich liebten. Die verschiedenen christlichen Konfessionen waren für uns und unsere Familien kein Problem. Er leistete seinen Wehrdienst ab, machte bei der Bundeswehr seinen Lkw-Führerschein, der ihm dann in den nächsten Jahren ermöglichte, den Beruf als Lkw-Fahrer auszuüben. Während der Ausbildung kam er einige Male nachmittags mit dem Fahrlehrer von Gießen nach Alsfeld, um mich kurz zu besuchen. Die Freude war immer groß, da die Wehrpflichtigen höchstens alle zwei Wochen nach Hause durften. Leider verstarb seine Mutter schon 1960, sein Vater war bereits kurz vor seiner Geburt im Sudetenland gestorben. Wir waren uns einig, dass wir nach Beendigung der Wehrdienstzeit heiraten wollten. Wahr gemacht haben wir es im Juli 1961, mein Vater hat uns als Standesbeamter getraut. Wir waren sehr glücklich. Mit dem nagelneuen Ford (Farbe: Zwielicht) meines Vaters haben wir eine einwöchige Hochzeitsreise ins Allgäu gemacht, die für uns wunderschön war.
Zwei Wochen nach unserer Hochzeit wurde in Berlin die Mauer gebaut. Wenn wir auch nicht unmittelbar betroffen waren, so war es doch ein Schock für uns, da mit dem

Mauerbau die Grenze zur DDR dicht wurde und die Deutschen in West und Ost kaum noch zusammenkommen konnten. Dieses schlimme Ereignis war für einen jungen Mann in unserem Ort eine Katastrophe. Er war wegen verwandtschaftlicher Beziehungen öfter nach Ostdeutschland gefahren und hatte dort ein Mädchen kennengelernt, mit der er sich 1961 verlobte. Eine Ausreise der jungen Frau wurde erst nach vielen Anträgen genehmigt und sie konnten in Wallersdorf ihr gemeinsames Leben beginnen.

Mein Mann und ich waren uns schon bald einig, im Gründchen zu bleiben und nicht nach Frankfurt zu ziehen, wie es schon mal geplant war. Wir wohnten in meinem Elternhaus. Nach dem Tod meiner geliebten Oma im Februar 1962 hatten wir dort sogar eine kleine Wohnung für uns. Auch meine Eltern wollten uns gerne in ihrer Nähe wohnen haben. So wurden bald Pläne für einen Hausbau gemacht. Meine Eltern betrieben eine kleine Landwirtschaft (sogenannte Kuhbauern). Mein Vater hatte ein kleineres Baugeschäft und war zu dieser Zeit auch Bürgermeister in Wallersdorf. Er hat uns viel geholfen, die Pläne wahr werden zu lassen. Heute denke ich oft, wie mutig wir waren. Das bisschen Bares, das wir zurücklegen konnten, reichte gerade mal für einen kleinen Fiat (war aber unser Auto) und für den Ankauf des Baugrundstücks.

Hochzeitsreise aufs Nebelhorn

Die Töchter vor dem neuen Wohnhaus

Inzwischen war ich zu unserer großen Freude schwanger. Bei den zahlreichen Förderanträgen zum Hausbau habe ich bei der Personenzahl immer geschrieben: zwei, bald drei. Es gab einige Landesprogramme, die halfen, einen Hausbau zu finanzieren (einige zinsfrei, andere mit wenig Zinszahlung) beispielsweise „Junge Ehe", auch ein Landesbaudarlehen. Natürlich mussten wir eine Hypothek aufnehmen. Die Planungen und theoretischen Vorarbeiten liefen vorwiegend im Jahr 1962 ab. Wir haben uns nicht beirren lassen, wir waren jung, gesund und tatenkräftig.

Im Juli 1962 wurde unsere älteste Tochter geboren, wie wohl alle Eltern waren wir überglücklich. Mein Mann verlegte seinen Arbeitsplatz wegen des geplanten Hausbaus zu einem Baustoffhändler in der Region. Er hat viele Überstunden geleistet, die alle zur Finanzierung der nötigen Baumaterialien eingesetzt wurden. Ich musste nach der Geburt unserer Tochter meine Arbeitsstelle in Alsfeld aufgeben, damals gab es lediglich vier Wochen vor der Geburt und sechs Wochen danach Mutterschutz.
Dann endlich, 1963, wurde mit dem Bauen begonnen, das Haus sollte bis zum Herbst unter Dach sein, was auch gelungen ist. Die ganze Verwandtschaft hat mit Hand angelegt, auch viele Männer vom Dorf haben unentgeltlich nur gegen herzhaftes Essen und Trinken mitgeholfen. In späteren Jahren hat mein Mann selbstverständlich diesen fleißigen Helfern bei Bedarf auch geholfen. Bereits damals haben wir auf unserem großen Grundstück unseren Hausgarten angelegt, in dem ich auch heute noch gerne arbeite.

Am 22. November 1963 wurde in Dallas ein tödliches Attentat auf den beliebten amerikanischen Präsidenten J. F. Kennedy verübt, der nach dem Mauerbau in Westberlin seine berühmte Rede hielt mit dem Ausruf „Ich bin ein Berliner." Wir hatten sehr große Angst, dass ein erneuter Krieg (mit der Sowjetunion) entstehen könnte, zumal die Kubakrise noch nicht lange her war. Ich erzähle das, weil die große Weltpolitik auch in unserem Dörfchen ankam.

Im Februar 1964 kam unser zweites Töchterchen zur Welt und wir waren nun glückliche Eltern zweier gesunder Mädchen. Ich hatte jetzt nicht so viel Zeit, den Kinderwagen zu schieben, unsere Kleine war aber pflegeleicht und hat viel im Kinderwagen im Rohbau unseres Hauses geschlafen, wenn ich dort am Arbeiten war; denn jetzt gab es auch viel Frauenarbeit zu leisten. Am 31. August sind wir in unser Haus eingezogen. Unser jüngster Spross schlief bereits am Vormittag in ihrem Bettchen im neuen Haus.

Wir hatten nicht allzu viel Mobiliar, das vom Märzrasen (mein Elternhaus) zu unserem Haus im Baumgarten gebracht werden musste. Fast die ganze Verwandtschaft hat zugepackt, selbst unsere große Kleine hat mit ihren zwei Jahren schon Blumentöpfchen getragen. Am gleichen Tag haben wir noch tüchtig gefeiert.

Nun muss man wissen, dass 1964 in Wallersdorf die zentrale Wasserversorgung gebaut wurde. Erst am 19. Oktober 1964 war diese fertig, zusammen mit der Nachbargemeinde

Hatterode. Wasser lief in allen Haushalten in Wallersdorf. Niemand war wohl froher darüber als wir. An diesem Tag gab es eine große Einweihungsfeier auf dem Berg, wo der Hochbehälter noch heute zu finden ist.
Die fast sieben Wochen von unserem Einzug bis Oktober haben wir überbrückt, indem meine Mutter und ich morgens mit einem kleinen Leiterwagen in einem Fässchen in der Dorfmitte Trinkwasser geholt haben. Im heutigen Garten hatte mein Mann ein Klohäuschen gebaut, das in einer stürmischen Nacht einige Meter weiter zu finden war. Mit zwei kleinen Kindern ohne fließendes Wasser im Haus, das ist tatsächlich eine Herausforderung.
Vor unserer Haustür war noch ein tiefer Graben von der Baugrube, über den wir Bohlen gelegt hatten, bis er einige Wochen später verfüllt wurde. Selbst zur Kirmes in Wallersdorf sind wir mit Gästen um Mitternacht zum Kaffeetrinken über die Bohlen ins Haus. Das nächtliche Bewirten am Samstagabend war Tradition. Danach ging es nochmals zur Kirmes.

Für die ersten Jahre in unserem Haus hatte mein Vater, der immer sehr umsichtig war, eine Art Masterplan für uns erstellt. Wir bekamen jährlich ein Schwein zum Schlachten, mussten nur das Ferkel bezahlen. Ähnlich war es mit dem Brot; er lieferte das Mehl in die Bäckerei und wir zahlten lediglich den Backlohn. Milch gab es umsonst, es waren ja noch Kühe zum Melken da. Unsere Gegenleistung war angesagt in der Erntezeit, auch schon mal im Haus, wenn es nötig war. Wie sehr uns das in dieser Zeit geholfen hat, das habe ich erst später richtig erkannt. Wir kamen gut über die Runden. Unsere finanziellen Verpflichtungen haben wir, als ich wieder arbeiten konnte, leicht abtragen können. Doch das ging ins nächste Jahrzehnt.
Einen Zusatzverdienst hatten wir auch während der Erdbeerernte bei der damaligen Firma Wilhelm in Wallersdorf. Ich bin drei Wochen mit Pflücken gegangen und weiß aus dieser Zeit, welch harte Arbeit das ist. Mein Mann nahm seinen Jahresurlaub, um mit zum Großmarkt in Frankfurt zu fahren. Mit dem Verdienst konnten wir uns Extrawünsche erfüllen. Ich habe monatlich die Stromzähler im Dorf abgelesen und auch noch bar kassiert. Der Verdienst reichte für unseren eigenen Stromverbrauch.

Ende der Sechziger Jahre gab es eine gewisse Revolution in Deutschland durch die Filme von Oswalt Kolle. Der Film „Wunder der Liebe", der die Sexualität in der Ehe zum Inhalt hatte, sorgte für Aufklärung, war aber in konservativen Kreisen sehr umstritten. Selbstverständlich haben wir uns den Film im Kino angesehen und auch unsere Schlüsse daraus gezogen. Danach hielt allmählich die Anti-Baby-Pille auch in Deutschland ihren Einzug. Das Sexualleben in und außerhalb der Ehe wurde davon stark geprägt. Es wurde freier. Ich glaube, junge Leute können das heute nur schwer verstehen.
Da wir uns in den Sechziger Jahren keinen Urlaub leisten konnten, haben wir an den Wochenenden schöne Kurztrips in die nähere und auch mal weitere Umgebung gemacht. So lernten wir viele Städte und vor allem Frankfurt kennen. Unsere Mädchen waren immer dabei. Auch sie hatten viel Spaß, wenn wir beispielsweise an Ostern unseren Picknickkorb weit weg von zu Hause öffneten, uns stärkten und Eier warfen.

Irma Grüner, geboren 1938, Grebenau-Wallersdorf

****

Urlaub: Bei den Bittschöns

****

Da es noch nicht selbstverständlich war, dass jeder mit 18 den Führerschein und ein Auto hatte, begrenzte sich der Radius, in dem sich das gesellige Leben abspielte, auf Assenheim und die nähere Umgebung. Im Sommer verbrachten wir unbeschwerte Tage auf dem Campingplatz an der Nidda, unterhalb der Eisenbahnbrücke, der weit über Assenheim hinaus bekannt war.
Alljährliches Highlight war die Kerb am zweiten Septemberwochenende. Die Eltern meiner Freundin betrieben eine Gastwirtschaft. Damit wir zusammen zum Kerbplatz durften und sie schneller fertig wurde, half ich ihr, die Getränkeflaschen aus dem Keller in den Gastraum zu tragen. Dann gab es kein Halten mehr und es ging auf zum Rummel.

Mit 14 Jahren wurde ich konfirmiert. Zu diesem Anlass war ich zusammen mit meiner Freundin beim Friseur und habe mir zum ersten Mal eine Dauerwelle machen lassen. Außerdem habe ich mir die ersten Pumps gekauft, auf die ich besonders stolz war.

Die erste Dauerwelle ...

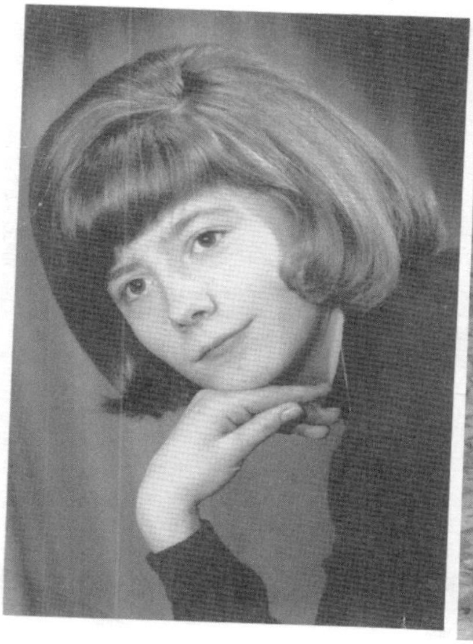

... bei der Konfirmation

Zuhause feierten wir Hauspartys und verzierten die Wände mit Postern von Sophia Loren und Peter Kraus. Die Tische dekorierten wir mit großen, bauchigen Weinflaschen, die als Kerzenhalter dienten.

Als ich 15 Jahre alt war, bauten meine Eltern auf dem Grundstück meiner Großeltern ein neues Haus. Sehr modern mit Marmortreppenhaus, Parkettböden und mit einer Einbauküche. In dieser Zeit noch etwas Besonderes.

In den Sommerferien fuhr ich mit meinen Eltern und meinen beiden Geschwistern im Opel Caravan in den Urlaub nach Österreich. Von da aus machten wir einen Ausflug nach Italien. Dort bekamen meine Schwester und ich schicke Sandaletten und meine Mutter kaufte sich ein paar High Heels. Unter diesem Namen freilich damals noch nicht bekannt. Die Gastwirtin in unserer Unterkunft in Österreich sagte immer: „Bittschön, was möchtens gerne?" Deshalb sprach mein Vater, wenn wir zu Hause vom Urlaub erzählten, von den „Bittschöns". Das kommt mir heute immer noch in den Sinn, wenn ich an den Urlaub von damals denke.

Besonders in Erinnerung geblieben sind mir die Besuche bei meiner Tante, der Schwester meines Vaters, und ihrer Familie in der damaligen DDR. Mein Vater stammte aus Ostpreußen und kam durch meine Mutter, die er in Berlin kennengelernt hatte, nach dem Krieg nach Assenheim. Eine seiner Schwestern hatte es nach Oschersleben verschlagen. Die Fahrt über die Grenze war sehr aufregend, die Kontrolle im Zug sehr streng. Ich wurde von einer Dame kontrolliert, die großes Interesse für den Inhalt meiner Handtasche hatte. Das ging so weit, dass sie sogar mit den Fingern in meiner Nivea Creme herumstocherte.
Aber die Zeit bei der Familie haben wir sehr genossen und auch Freundschaften geschlossen. Brieffreundschaften waren begehrt und es kamen Anfragen, ob wir nicht die neuesten Schallplatten schicken könnten.

Das neue Haus

Unser roter Käfer

Musik war natürlich ein großes Thema in diesen Jahren. Die Beatles, Lords und Rattles, Conny Froboess, Peter Kraus und vieles mehr hörten wir. Am Wochenende ging es dann zu Live-Musik und Beat Partys ins Bürgerhaus oder wir liefen zu Fuß nach Bönstadt, um ins Kino zu gehen oder ins „Mohreneck" – ein Lokal, von dem die Eltern nicht unbedingt begeistert waren. Mit meiner Freundin Ursula besuchten wir in Friedberg auch oft die Milchbar. Dort gab es, wie der Name schon vermuten lässt, Milchgetränke. Meine Freundin aß dort immer Soleier aus dem Glas.

Meine Eltern tanzten zur Musik von Willi Hagara, Margot Eskens und Fred Bertelmann.

Im August 1967 lernte ich beim Büdesheimer Laternenfest meinen zukünftigen Ehemann kennen. Im darauffolgenden Jahr verlobten wir uns und im Sommer 69 fuhren wir mit unserem roten VW-Käfer in unseren ersten gemeinsamen Urlaub, nach Mitteltal im Schwarzwald. Dort übernachteten wir in zwei Einzelzimmern. Da wir nicht verheiratet waren, bekamen wir kein Doppelzimmer in der Pension. Heutzutage gar nicht mehr vorstellbar. Angepriesen wurden die Zimmer damals mit dem Hinweis auf fließend warmes Wasser in den Zimmern. Was lediglich bedeutete, dass im Zimmer ein Waschbecken vorhanden war. Geheiratet haben wir im Sommer 1971. Unsere Tochter kam im Jahr danach zur Welt.

Angelika Kessler, geboren 1950, Niddatal

****

C'est la vie: Nix unter der Gürtellinie

****

Es war Anfang der Sechziger Jahre, als das deutsch-französische Verhältnis auf höchster politischer Ebene von der „Erbfeindschaft" in eine „Erbfreundschaft" umgewandelt wurde. Die Folgen dieses Politikwandels schlugen durch bis in die oberhessische Provinz. Das heißt, das Büdinger Gymnasium schloss eine erste Schulpatenschaft mit dem Gymnasium des mitten im Herzen Frankreichs gelegenen Städtchen Chinon (Departement Indre et Loire) in der Touraine und nun stand der erste Schüleraustausch an. Französisch war nach Englisch und Latein meine dritte Fremdsprache und ich war in dem Alter, in dem mich die Angelei an Nidder und Seemenbach wesentlich mehr faszinierte als die französische Sprache. So gut meine Angelergebnisse waren, so schlecht waren meine Französischnoten.

Da erschien etwa zwei Monate vor den Sommerferien mein Französischlehrer Schäfer, genannt Gummi, bei mir und erklärte mir frank und frei, ich hätte mich für den ersten Schüleraustausch zu melden, denn mein Französisch sei so schlecht, dass er mir Ostern eine Sechs geben und ich sitzen bleiben würde, wenn ich mich nicht dazu meldete. Diese glatte Erpressung trug ich meinen Eltern vor, die in Kenntnis meiner damals nicht nur in Französisch sehr mäßigen schulischen Leistungen nach einigem Bedenken zustimmten, dass ich die Sommerferien in Frankreich verbringen und im Jahr darauf ein junger Franzose bei uns einige Wochen in Lindheim zu Gast sein würde. Alsbald sprach sich im Dorf herum, dass ich nach Frankreich ginge, was damals eine kleine Sensation war und alsbald bekam ich von etlichen älteren Angelkameraden aus der Generation meines Vaters, die im Krieg in Frankreich gewesen waren, allerlei ein- und zweideutige Abenteuer erzählt, deren Mehrzahl sich auf das weibliche Geschlecht bezog.

Von Gummi erhielt ich alsbald die Adresse einer Familie Pichet in dem unweit von Chinon gelegenen Dorf Villaines les Rochers. Eine mithilfe meiner Mutter mehr schlecht als recht in Französisch verfasste Korrespondenz hub an, in der meine sommerliche Ankunft dort so verabredet wurde, dass ich mit meiner – in Französisch weitaus besseren Klassenkameradin Lotte M. – gleichzeitig auf die Reise gehen konnte, denn auch sie hatte sich gemeldet und über Frankfurt, Saarbrücken (Forbach), Metz fuhren wir bis Paris per Bahn gemeinsam und wechselten dort auch gemeinsam den Bahnhof. Dazu mussten wir zunächst das Abenteuer einer Métrofahrt bestehen, worüber wir in einer Französischstunde ausführlich belehrt wurden. Wir hatten bei diesem Wechsel ein längeres Stück einem mit zahlreichen Fußgängern belebten Boulevard zu folgen, auf dem uns an dem sommerlichen Morgen dieses Tages in einem weiten Wintermantel, beide Hände in den Taschen, ein Mann entgegenkam. Unmittelbar vor uns klappte er plötzlich seinen Mantel auf und zeigte sich darunter in erregter Nacktheit. Lotte stieß einen spitzen Schrei aus, ich erschrak etwas, doch bevor wir den Spuk richtig begriffen hatten, war er auch schon vorüber. Es war die erste persönliche Begegnung unseres Lebens mit einem Exhibitionisten und das erste nachhaltige Erlebnis in Frankreich. Was würde folgen?

Es folgte eine langweilige Bahnfahrt von Paris nach Tours durch ein weites Sommerland und nach erfolgreichem Zugwechsel eine noch langweiligere Fahrt mit einem leeren, neben jedem Backstein haltenden Schienenbus durch Felder und Hügel im Nachmittagslicht. Endlich hielt er an einem Schrankenwärterhäuschen, das gleichzeitig Bahnhof für die umliegenden Dörfer war und an dem auszusteigen mir ausdrücklich eingeschärft worden war. Ich stieg aus und damit war der Schienenbus ebenso leer wie der Bahnsteig, auf dem ich mit meinem Koffer stand. Der Schrankenwärter kurbelte die Schranken wieder hoch und ratlos, wie ich war, fragte ich ihn nach dem Dorf Villaines les Rochers. Er zeigte nur auf die Landstraße und sagte: zehn Kilometer. Ich bat ihn, so gut ich konnte, dass er meinen Koffer verwahren möchte, was er bereitwillig zusagte, und machte mich auf den Weg. Die Straße war so menschenleer wie das Land ringsum. Gut eineinhalb Stunden mochte ich marschiert sein, als ich ein Auto hinter mir kommen hörte. Ich sah einen großen, offenen amerikanischen Schlitten, in dem ein uniformierter Soldat saß. Ich winkte, er hielt an und der Amerikaner hatte tatsächlich dasselbe Ziel wie ich. Er wohnte in Villaines und diente in einer der amerikanischen Garnisonen, die es damals noch in Frankreich gab. Er kannte sogar die Familie Pichet und setzte mich unmittelbar vor deren Hoftor ab. Eine Frau stand im Hof mit einem großen, dunkeläugigen Jungen und beide sahen mich mit Erstaunen aus dem ihnen wohlbekannten amerikanischen Wagen steigen. Ich trat in den Hof, die Überraschung war groß, denn ich war erst am nächsten Tag erwartet worden.

Gut vier Wochen lebte ich nun in dem Dorf, dessen Einwohner mehrheitlich aus ihren Küchengärten, ihrem Weinberg und von der Korbflechterei lebten. Dies tat auch Herr Pichet, wie viele seiner Kollegen, er arbeitete in seiner kühlen, dem Haus gerade gegenüberliegenden, in einen weichen Fels getriebenen Höhle. Was immer man nur aus Weiden flechten kann, das flocht er, vom Brotkorb bis zur Kinderwiege. Alle vierzehn Tage kam ein Lastwagen und holte aus dem Dorf die Ware zum weiteren Vertrieb ab. Seit dem Krieg hatte man in diesem Dorf keinen Deutschen mehr gesehen. Ich wurde dort jedoch mit solcher Offenheit und Herzlichkeit aufgenommen, dass daraus eine vieljährige, beide Elternseiten umfassende Freundschaft entstand. Mein Gegenpart, Jean Pierre, war ein glutäugiger, schlanker Jüngling, mit dem mich sofort die Leidenschaft für die Angelei verband, der wir in dem Fluss Indre so oft wie möglich nachgingen. Er war ein Liebling der Dorfschönen, doch entgegen allem Geschwätz meiner Lindheimer Angelkameraden und Kriegsveteranen musste ich zu meinem Leidwesen feststellen, dass die jungen Französinnen nicht nur im Dorf, sondern auch am Meer, wo wir zehn Tage verbrachten, absolut keinerlei Freiheiten gestatteten, die unter die Gürtellinie zielten.

Jean Pierre sprach noch schlechter Deutsch als ich Französisch und folglich sprach er überhaupt nur Französisch mit mir. So lernte er von mir nichts, ich aber lernte von ihm, seiner sehr attraktiven älteren Schwester und seinen Eltern viel. Als ich in die Schule zurückkam und von meinem Austausch berichten musste, geschah dies in einem recht geläufigen Französisch und ich brachte ein Vokabular mit, das meinen guten Französischlehrer heillos überforderte, denn ich kannte die Namen aller Küchenkräuter, der Fische im Fluss, der Pilze im Wald, der essbaren und der nicht essbaren Schnecken etc. Damit war der Bann gebrochen. Dieser Aufenthalt hat nicht nur meine Französischnote auf Dauer sehr gehoben, sondern im Weiteren auch die nachhaltigsten Folgen für mein Leben gehabt. Doch auch Jean-Pierre hat von diesem Austausch profitiert, denn als er ein Jahr später im Sommer nach Lindheim kam, hat er sich sofort in meine jüngere Schwester verliebt. Das hat ihm die Zunge gelöst, wenn er auch später eine Amerikanerin geheiratet hat.

Nach diesem ersten Aufenthalt in Frankreich war ich im Dorf zwar kein Kriegsheimkehrer, aber ein Frankreichheimkehrer, und wer von den ersteren nur irgendwelche französischen Worte behalten hatte, suchte die Gelegenheit, sie bei mir anzubringen. Besonders tat sich darin unser Metzger Emil St. hervor, denn er war längere Zeit in französischer Kriegsgefangenschaft gewesen, hatte es aber sehr gut getroffen, weil er in der Nähe von Bergerac im Südwesten Frankreichs als Knecht auf einen männerlosen Bauernhof gewiesen worden war, wo es ihm jedoch so gut ging, dass er schon bald nach seiner Rückkehr aus der Gefangenschaft wiederholt auf seinem Moped eine mehrere Tage dauernde, zirka 1130 Kilometer lange Nostalgiefahrt dorthin unternahm, um für kurze Zeit in seine „Gefangenschaft" zurückzukehren, von der er mir mit stark oberhessischem Akzent in dem Französisch, das er dort unten gelernt hatte, vorschwärmte. Diese Sprachgemeinschaft schaffte eine Intimität zwischen uns, die ihn zu Geständnissen hinriss, die er in deutscher Sprache kaum gemacht hätte. Trotz des großen Altersunterschiedes wurde ich dadurch in gewisser Weise sein Freund, denn mir konnte er Dinge in einer Sprache sagen, die kein anderer in seiner Umgebung verstand und er tat es bei jeder Gelegenheit, die sich bot, denn bekanntlich ist ja nichts so schön zu erleben, wie zu erzählen.

Der um elf Jahre jüngere Sohn Jochen unseres Nachbarn sah zu, wie ich mit in die Erde geleitetem elektrischen Strom Regenwürmer fing. Mit Erstaunen sah er, wie im nächsten Umkreis der unter Strom gesetzten, in den Boden gesteckten Fahrradspeiche die dicksten Regenwürmer in Panik aus der Erde kamen. Er fragte mich, was ich mit den Würmern machen wollte. Ich sagte ihm: „Die esse ich natürlich." „Nee", sagte er, „die kann man nicht essen." „Was?" erwiderte ich, „das glaubst Du nicht? Du wirst schon sehen!" Ich wusste aber, dass meine Mutter in der Küche Zwiebelringe briet, was mich auf die Idee mit den essbaren Regenwürmern gebracht hatte. Ich ging also in die Küche und ließ mir von meiner Mutter ein paar gebratene Zwiebelringe geben und aß sie vor Jochens staunenden Augen als gebratene Regenwürmer. Das machte ihm Mut und er probierte auch einen, der ihm sehr gut schmeckte. So schickte ich ihn in die Küche zu meiner Mutter, damit er sich dort noch mehr gebratene Regenwürmer holte. Meine Mutter, die um den Spaß wusste, seit ich in der Küche war, gab ihm reichlich und Jochen war begeistert. Er lief nach Hause, holte sich eine Büchse und sammelte sie voller Regenwürmer, dann ging er zu seiner Mutter und sagte, sie solle sie ihm braten. Die schimpfte ihn und sagte, das sei eine Sauerei. Jochen aber insistierte und sagte, er hätte gesehen, wie ich selbst welche gegessen und Tante Inge (meine Mutter) sie gebraten und er selbst auch schon davon gegessen hätte. Seine Mutter aber weigerte sich, ihm die Würmer zu braten. So lief Jochen mit seinen Würmern zu meiner Mutter in die Küche und bat sie, ihm die Würmer zu braten. Meine Mutter sagte zu, er solle in fünfzehn Minuten wieder kommen, dann hätte sie Würmer gebraten. Sie aber briet ihm eine Handvoll Zwiebelringe, die Jochen mit Vergnügen als Regenwürmer verspeiste. Später rügte mich seine Mutter: Ich sollte den Kindern nicht immer solchen Blödsinn erzählen.

Einen Blödsinn erzähle ich aber noch. Ich flickte mein Fahrrad und der kleine Fritz von nebenan, genannt Fritzi, guckte zu. Er war noch nicht lange bei mir, da kam seine Mutter und rief ihn ab, gerade, als seine gleichaltrige Spielgefährtin Bärbel sich ebenfalls als Zuschauerin einstellte. Nachdem sie da ein Weilchen stumm gestanden hatte, fragte ich sie: „Na, Bärbel, was hast Du denn heute Nacht geträumt?" „Gar nix", kam als kurze Antwort. Ich sagte: „Das glaube ich nicht, Du hast etwas geträumt." Bärbel aber blieb bei ihrem „Gar nix!" Darauf erwiderte ich: „Ich weiß aber, was Du geträumt hast." Erst sagte sie wieder „Gar nix", dann aber, neugierig geworden, fragte sie: „Was denn?" Ich sagte: „Du hast geträumt, Du hättest den Fritzi geheiratet, der eben hier war." Bärbel bekam einen knallroten Kopf und sagte: „Woher weißt Du das?" Ich sagte: „Ganz einfach, der Fritzi hat es mir gesagt." In diesem Moment ging vor dem Hoftor Fritzi an der Hand seiner Mutter auf der Straße vorbei. Bärbel schoss hinaus, und ohne auch nur ein Wort zu sagen, gab sie dem armen Fritzchen eine Ohrfeige, dass es nur so knallte. Seine empörte Mutter schlug sofort der Bärbel eine runter, die daraufhin heulend zu ihrer Mutter lief. Die kam gleich herbei und sofort gab es zwischen den beiden Frauen eine mit den schönsten oberhessischen Verbalinjurien angereicherte Schimpferei, dass jeder Heimatsprachenforscher seine Freude daran gehabt hätte. Die „Ehe" zwischen Fritzi und Bärbel war jedoch zunächst geschieden, aber nicht länger als ein paar Tage, dann spielten sie wieder zusammen.

Ecke Demandt, geboren 1942, Altenstadt-Lindheim

****

Bunt: Tanzen auf Glas

****

Wer die Glastanzdielen „erfunden" hat, weiß ich nicht. Am Anfang der Sechziger gab es im Großraum Vogelsberg mehrere davon – Tanzlokale, die am Wochenende vor allem die Jugend des Umlands magnetisch anzogen: Atzenhain, Kirtorf, Wallenrod, ...
Der Name erklärt schon alles: Man tanzte tatsächlich auf einer bunt leuchtenden Glasfläche, deren Farbfelder von unten angestrahlt wurden. Hinzu kam noch eine besondere Saalbeleuchtung: spezielle Neonröhren, die weiße Flächen der Kleidung violett erscheinen ließen.
Getanzt und „geschwoft" wurde zur Musik einer Live-Band, die normalerweise über Wochen und Monate für die Samstag- und Sonntagabende engagiert war. Dies garantierte einen festen Stamm von Fans, die anscheinend ohne Ermüdung immer wieder „ihre" Lieder und Hits hören wollten. Das Repertoire bestand deshalb vor allem aus möglichst aktuellen Schlagermelodien, gemischt mit Elvis-Hits und Evergreens – ich weiß es, ich war damals selbst einer der musikalischen Akteure.

„Oh yeah, tell you something ..." Mit den Beatles kam der "Wind of Change".
Die heraufziehende Beatwelle elektrisierte immer mehr junge Leute: Spielt ihr auch Beatles-Songs? „I want to hold your Hand"? „She loves you"? „Please please me"? „Love me do"?

Als ich die bisherige Band bei der Begeisterung für die neue Musikrichtung nicht so recht mitnehmen konnte, brach ich mit anderen Musikern in einer neuen Band in die Beatles-Ära auf. Es waren aber nicht nur die Beatles, die jetzt interessierten, sondern auch der „Shadows"-Sound (mit Cliff Richard), die „Spotniks" und etwas später immer mehr der mehrstimmige Harmoniegesang der „Beach Boys".
Bisher nicht gerade anspruchsvolle Tanzmusik und jetzt neue musikalische Herausforderungen – das motivierte zum intensiveren Üben. Vor allem der immense Output der Beatles, in relativ kurzen Abständen immer neue Songs!
Wenn eine neue 45er Single erschien, wurde sie erworben, um sie möglichst originalgetreu nachspielen zu können – heute heißt das „covern".
Das buchstäblich spielerische Aneignen neuer musikalischer Muster hatte für uns Musiker einen wichtigen Nebeneffekt: Wir begriffen neue harmonische und rhythmische Zusammenhänge, was den musikalischen Eifer zusätzlich beflügelte.
An die Frisuren der Liverpooler Pilzköpfe trauten wir uns nicht heran, aber bei den Instrumenten war die Nachahmung schon deutlicher: „Ludwig"-Schlagzeug, „Vox"-Verstärker und Beatles-Bass, der entfernt an die Umrisse einer Geige erinnert.

Zwar schwächte sich der mitreißende Impuls dieser innovativen und intensiven Phase der Popmusik allmählich auch wieder ab, aber die Lust, sich immer wieder aktuelle Musik anzueignen, blieb noch lange erhalten. Unsere Band spielte mit wechselnden Besetzungen noch Jahre in amerikanischen Militärclubs, wo es wichtig war, dass man auch aktuelle Musik aus dem AFN-Programm präsentieren konnte.
Heute weiß ich, dass das fast besessene Üben und Arrangieren von Musik im Aufbruch der Sechziger auch ein Königsweg meiner jugendlichen Selbstfindung war.

Ewald Neher, geboren 1943, Autrifttal

****

Offiziell verboten: Harte Währung

****

Man musste erst ein Visum beantragen, um in die DDR einreisen zu dürfen. Dafür mussten die genaue Anschrift, das Geburtsdatum der Einreisenden sowie der Zeitraum und der Ort des Aufenthaltes in der DDR angegeben werden. Die Aufenthaltsgenehmigung wurde von unseren Verwandten beantragt und uns zugesandt. Nach der Ankunft in Leipzig mussten wir uns innerhalb von 24 Stunden bei der Polizei an- und vor der Abreise wieder abmelden. Ein Bekannter meiner Eltern brachte uns mit dem Auto nach Bebra, von wo aus wir mit

dem sogenannten Interzonenzug nach Leipzig weiterfuhren. Da meine Eltern nicht die ganze Zeit unserer Verwandtschaft auf der Tasche liegen wollten, tauschten sie in der Wechselstube in Bebra „harte Währung", das heißt Deutsche Mark, in Ostgeld um, was allerdings offiziell nicht erlaubt war. Meine Mutter versteckte das Geld an einem Platz, wo sie meinte, der werde bei der Grenzkontrolle nicht gefunden. Trotzdem hatten wir am Kontrollpunkt Wartha/Herleshausen ein mulmiges Gefühl, als die Volkspolizisten einstiegen und die Einreisegenehmigung kontrollierten und auch bei einzelnen Gepäckstücken Stichproben machten, ob sich darin nicht etwas Unerlaubtes befand. Vor allem westliche Zeitungen waren strengstens verboten. Sobald sich der Zug wieder für die Weiterreise in Bewegung setzte, konnte man an den Gesichtern der Mitreisenden ablesen, wie erleichtert sie waren.
Nach unserer Ankunft in Leipzig erzählte uns unsere Tante Elfie, dass in den vergangenen Tagen sehr viele Leute bei Nacht und Nebel, teilweise sogar mit Hab und Gut, verschwunden waren. Wir Kinder machten uns darüber keine Gedanken und genossen die schönen Tage mit unserer Cousine und unserem Cousin in Leipzig. Für uns Kinder aus der Provinz war es ein besonderes Erlebnis, mit der Straßenbahn durch Leipzig zu fahren oder ein Eis in der Eisdiele zu essen. Wir gingen zusammen baden im Auensee, wo man mit einer Pionier-Eisenbahn eine Runde um den See drehen konnte. Einen Spaß machten wir uns daraus, um die Wette die Stufen des Völkerschlachtdenkmals hinaufzulaufen; das sind vom Sockel bis zur Aussichtsplattform fünfhundert. Auch ein Besuch bei einer Sportveranstaltung im Stadion der Hunderttausend stand auf dem Programm.

Wir Jugendlichen verlebten zusammen ungetrübte Tage. Von den Unruhen, die zu dieser Zeit in der DDR herrschten, bekamen wir nichts mit, wohl aber die Erwachsenen. So beschlossen meine Eltern kurzfristig, schon einen Tage eher als vorgesehen nach Hause zu fahren. Sie reservierten für den Nachtzug am 12. August 1961 Plätze. Wir fuhren zwischen 21 und 22 Uhr von Leipzig Richtung Bebra ab. Der Zug war proppenvoll. Als wir in Bebra ankamen, standen dort Leute mit der Bildzeitung in der Hand, in der bereits der Mauerbau ankündigt wurde. Meine Eltern wurden gefragt, ob sie vom Mauerbau etwas mitbekommen hätten. Sie antwortete, dass sie hiervon nichts wüssten, aber in Leipzig bemerkt hätten, dass irgendetwas im Gange sei. Auch die Kontrollen am Grenzübergang waren strenger und intensiver als sonst. Alle Mitreisenden mussten aus den Abteilen und es wurde von den Volkspolizisten mit großen Spiegeln auf Rollen kontrolliert, ob sich jemand unter den Sitzen versteckt hatte.
Durch unseren plötzlichen Aufbruch holte uns niemand in Bebra ab, sodass wir mit Bummelzügen über Fulda, Alsfeld und Mücke nach Hungen weiterfahren mussten. Müde kamen wir in den frühen Morgenstunden in Hungen an und waren froh, als wir wohlbehalten in unseren Betten lagen.

Als ich gegen Mittag aufstand, empfing mich meine Mutter mit der Nachricht: „Heute Nacht hat die DDR in Berlin begonnen, eine Mauer zu bauen."

Monika Platzdasch, geboren 1947, Hungen

****

Berühmt: Dank Old Wabble

****

Wir spielten immerzu draußen.
„Geht draußen spielen, aber seid pünktlich zum Abendessen wieder daheim!", das bekamen wir von Mutter zu hören, sobald wir unsere Schulaufgaben gemacht hatten. „Draußen", das waren für mich, meine Geschwister und meine Freunde, die Adolph-Spieß-Straße und die Goethestraße in Lauterbach. Als Kinder in den frühen Sechziger Jahren konnten wir ungestört auf der Straße spielen: Autos gab es kaum, gelegentlich kam mal ein Pferdefuhrwerk vorbei – oft beladen mit Baumstämmen für das Riedeselsche Holzwerk am Südbahnhof oder mit Kohlesäcken, die vom Südbahnhof zum Kohlen-Günther in die Stadt gebracht wurden. Die Straßen waren also unser Reich, ein gigantischer Abenteuerspielplatz. Hier war Raum für uns, viel mehr als in den meist kleinen Zwei- oder Dreizimmer-Mietwohnungen, in denen die Familien der meisten meiner Freunde wohnten.

So war mittags auf den Straßen rund um unser Wohnviertel immer gewaltig was los. Die Mädchen spielten Hüpfspiele oder fuhren auf ihren Rollschuhen, meistens von uns gemieden, denn wir spielten nicht gerne mit ihnen, sie waren uns schlichtweg zu albern. Manchmal spielten sie quer über die Straße „Mutter, darf ich über die Brück?" – „Ja, darfst du!" – „Wieviel Schritte?" – „Drei!"; wir Buben empfanden dieses Spiel nur als kindisch. Wir spielten lieber „Bubenspiele", wie zum Beispiel das heute sicher sehr befremdlich erscheinende „Deutschland erklärt den Krieg gegen ...". Dazu wurde auf die Straße mit einem Ziegelsteinbrocken ein Kreis gemalt und, je nach Anzahl der Mitspieler, in sechs, acht oder zehn Tortenstücke aufgeteilt. In diese wurden dann Ländernamen geschrieben. Einer rief dann: „Deutschland erklärt den Krieg gegen Schweden", dann musste derjenige, der Schweden darstellte, in den Kreis springen und „Stopp" rufen, während die anderen sich möglichst weit vom Kreis entfernen mussten, damit sie nicht von dem in der Kreismitte mit drei großen Schritten erreicht werden konnten. In der Rückschau betrachtet war das schon ein merkwürdiges Spiel, denn so lange war der Weltkrieg noch nicht vorbei, in dem Deutschland so viel Unheil über Europa gebracht hatte. Andererseits ist mir nicht in Erinnerung, dass uns jemals ein Erwachsener wegen dieses makabren Spiels zur Rede gestellt hätte.

Rund um unseren Häuserblock veranstalteten wir Jungen oft Fahrradrennen, eine Runde über die Adolph-Spieß-Straße, die Goethestraße, dann durch die Schillerstraße, an der „dicken Linde" vorbei und wieder zum Ausgangspunkt. Bei diesen Radrennen wiederum konnten wir die Mädchen gut gebrauchen; einerseits mussten sie ihre Hüpfspiele auf der Straße während des Rennens einstellen, andererseits war ihre Unterstützung als Starter, Rundenzähler und zum „Schmierestehen" gefragt. An der Ecke Goethestraße/Schillerstraße musste nämlich eine von ihnen aufpassen, ob Autos vom VW-Rausch kamen oder dorthin fuhren. Wenn nämlich die „Schmieresteherin" an dieser Ecke das Freizeichen gab, konnten wir ungehindert im rechten Winkel in die Schillerstraße einbiegen. So fuhren wir denn, auf meist viel zu großen Rädern – Erbstücken von den Eltern oder von älteren Geschwistern - in einem Höllentempo zehn oder fünfzehn Mal um den Häuserblock. Oft kam es dabei zu Unfällen, entweder, weil wir bei zu hohem Tempo mit dem Rad wegrutschten, oder, weil es beim Überholen zu Kollisionen kam. Aufgeschürfte Knie oder Ellenbogen waren das Resultat dieser Stürze, aber deswegen gingen wir nur ganz selten nach Hause, fürchteten wir doch die schmerzhafte Behandlung mit der Jodflasche durch unsere Mütter. Das brannte nämlich entsetzlich ...

Am liebsten aber spielten wir Fußball. Zwölf oder fünfzehn oder noch mehr Buben fanden sich leicht zusammen, und manche hatten sogar echte Lederbälle, die sie großzügig für unser Spiel zur Verfügung stellten. Meistens spielten wir auf der Wiese beim Kulturamt neben dem Südbahnhof. Vorher mussten wir jedoch ausbaldowern, ob der Hausmeister des Kulturamts in der Nähe war, denn der mochte es nicht, wenn wir auf der Wiese spielten: „Haut ab, ihr Krüppel!", schrie er, wenn er uns beim Spielen erwischte, suchte dann nach einem Schwartenbrett und lief uns hinterher. Wir waren natürlich schneller als er und verschwanden durch kleine Löcher in der Hecke, die die Wiese umgab.
Das Spiel begann immer mit dem Auswählen der Mannschaften. Zwei von uns stellten sich im Abstand von zwei bis drei Metern gegenüber, dann wurde mit „Tipp-topp" oder „Piss-Pott" wechselweise ein Fuß vor den anderen gesetzt, bis man sich in der Mitte traf. Derjenige, der als Letzter einen kompletten Fuß setzen konnte, durfte mit dem Auswählen anfangen. Vor dem eigentlichen Spiel verpassten wir uns natürlich auch die Namen von damaligen Fußballgöttern, wie zum Beispiel Seeler, Rahn, Schnellinger oder Kwiatkowski. Einmal kam es zu einem Streit zwischen zwei „Uwe Seelers", von denen der eine auch noch zufällig der Besitzer des Lederballs war. Weil keiner von den beiden auf den Namen des HSV-Mittelstürmers verzichten wollte, zog schließlich der Lederballbesitzer samt Ball beleidigt ab, womit unser Fußballspiel an diesem Mittag gestorben war.

Wenn uns der Hausmeister des Kulturamts mal wieder mit der Polizei gedroht hatte, wichen wir auf unseren Ersatzplatz aus, den Vorplatz des Südbahnhofs. Das war ein echter Hartplatz, weil mit Basaltsteinen gepflastert. Wer hier über den Ball oder über ein ausgestrecktes gegnerisches Bein flog, der tat sich richtig weh. Andererseits gaben die Alleebäume, die auf beiden Seiten der Adolph-Spieß-Straße standen, hervorragende Torpfosten ab. Natürlich waren wir auch auf diesem Platz nicht immer gelitten, je nachdem, welcher Bahnbeamte gerade Dienst hatte. Da gab es welche, die uns duldeten, manchmal sogar mitkickten, andere, denen unser Fußballspiel gleichgültig war und die sich nicht darum scherten, es gab aber auch einen, der uns regelmäßig verscheuchte, mit der Bahnpolizei drohte und manchmal gar mit Schottersteinen nach uns warf. Dieser Bahner war ein langer, hagerer Mensch, weswegen wir ihm irgendwann den Spitznamen „Old Wabble" verpassten, nach einer Figur aus den Winnetou-Romanen von Karl May. Wann immer Old

Wabble Dienst hatte, verzichteten wir klugerweise auf das Kicken am Bahnhofsvorplatz. Irgendwann in den frühen Sechziger Jahren verpasste die Bahn dem Bahnhofsgebäude einen senffarbenen Anstrich. Beim Fußballspielen blieb es natürlich nicht aus, dass unser Ball gelegentlich gegen die Fassade des Bahnhofs flog und dabei graue, kreisrunde Abdrücke hinterließ. Und es war eigentlich nur eine Frage der Zeit, bis es deswegen gewaltigen Ärger geben würde. Eines Tages, während wir wieder dort spielten, hatte Old Wabble Dienst, ohne dass wir das mitbekommen hatten. Und das Schicksal wollte es, dass irgendwann der Ball auf dem Bahnsteig landete und auf die Gleise kullerte. Da taten wir das, was wir in einem solchen Fall immer machten: Zwei von uns liefen hinterher, um den Ball zu bergen. Leider hatten sie dabei die Rechnung ohne Old Wabble gemacht. Der lauerte ihnen nämlich hinter dem Bahnhofsgebäude auf, packte sie am Schlafittchen und sperrte sie im Abort ein. Den Ball beschlagnahmte er auch noch, was für uns wohl noch schlimmer war als die „Festnahme" unserer Kumpels. Dann nahm er die beiden ins Verhör und presste aus ihnen die Namen ihrer Mitspieler heraus: „So, die Namen gebe ich an die Bahnpolizei weiter, und dann müssen eure Eltern die Kosten für den Neuanstrich tragen."

Uns schwante Schlimmes, ein Riesenärger mit unseren Eltern und Kosten, die unsere finanziellen Möglichkeiten sprengen würden. Kaum einer von uns traute sich nun nach Hause, um zu beichten, was vorgefallen war. Niedergeschlagen drückten wir uns außer Sichtweite von Old Wabble um den Südbahnhof herum. Später am Abend kam ein junger Bahner, der mit seiner Familie eine Dienstwohnung im Dachgeschoss des Bahnhofs bewohnte, nach Hause. Ihm erzählten wir von unserem Zusammenprall mit seinem Kollegen und dass wir jetzt wohl einen Riesenärger mit der Bahnpolizei bekämen. Aber dieser Mann hatte eine tolle Idee: „Wisst ihr was, ich besorge ein paar Leitern und Radiergummis. Damit könnt ihr die ‚Duppen' an der Wand entfernen." Und das taten wir einen oder zwei Tage später. Lange Leitern wurden an die Fassade gelehnt, und mit den Radiergummis entfernten wir einen Fleck nach dem anderen, bis schließlich keines von den Schandmalen mehr zu sehen war. Und während unserer Arbeiten kam gar ein Reporter des Lauterbacher Anzeigers vorbei, machte ein Foto und schrieb einen Artikel über unsere Reinigungsaktion. So wurden wir sogar in unserem Städtchen „berühmt".

Johannes Rode, geboren 1949, Birstein

****

Gebuttert: Im „Blitz"

****

Nach meinem Schulabschluss 1963 hatte ich den Wunsch, das Molkereifach zu erlernen. Schon von Kindesbeinen an hatte ich die Verarbeitung von Milch kennengelernt, denn die elterliche Wohnung befand sich in der Molkerei. Mein Vater war Geschäftsführer der Molkereigenossenschaft Grebenau. Gegen den Willen und berechtigte Vorbehalte meiner Eltern hatte ich mich trotzdem mit diesem Berufswunsch durchgesetzt.
Meine zweijährige Lehrzeit begann ich im April 1963 in der Molkereigenossenschaft Niederjossa, weil ich eine mindestens einjährige Fremdlehre belegen musste. Mein größtes Hindernis im ersten Lehrjahr war, dass an Sonn- und Feiertagen der erste Zug um 5 Uhr morgens von Grebenau nach Niederjossa nicht fuhr und ich die Strecke von zehn Kilometern mit dem Fahrrad zurücklegen musste.

Ab April 1964 setzte ich meine Ausbildung in der Molkereigenossenschaft Grebenau fort. Die Lehrlingsvergütung betrug im ersten Lehrjahr 128 Mark brutto. Die regelmäßige Arbeitszeit begann um 6 Uhr und endete – je nach Jahreszeit und Arbeitsaufkommen – zwischen 15 und 16 Uhr. Samstags, sonntags oder an Feiertagen wurde versucht, die notwendigsten Arbeiten bis etwa 13 Uhr zu erledigen. Jeden zweiten Sonntag oder Feiertag hatten wir Beschäftigten und Lehrlinge im Wechsel frei.
Die Berufsschulpflicht und die praktische übergebietliche Ausbildung absolvierten die hessischen Lehrlinge an der Milchwirtschaftlichen Lehranstalt in Gelnhausen. In meiner zweijährigen Lehre war ich drei Mal sechs Wochen im angeschlossenen Internat der Schule untergebracht.

Immer wieder während meines beruflichen Wirkens hielt ich engen Kontakt zur Bildungseinrichtung in Gelnhausen. So belegte ich dort in den Jahren 1969/70 – im Anschluss an meine Lehre – einen Meisterkurs mit abschließender Molkereimeisterprüfung.
Zu Beginn meiner Lehrzeit bestanden in Hessen noch zirka 120 Molkereibetriebe, überwiegend gegründet in den Jahren 1890 bis 1895. Die Erfindung und der Bau von Zentrifugen durch die Firmen De-Laval und Westfalia ermöglichte es damals, auch größere Mengen Milch kontinuierlich zu entrahmen. Vor dieser Zeit wurde die auf den landwirtschaftlichen Betrieben erzeugte Milch zur Selbstversorgung verbraucht, oder – falls vorhanden – die überschüssige Milch bei größeren Betrieben mit der Handzentrifuge in Magermilch und Rahm getrennt. Die in mühsamer Handarbeit aus dem Rahm gewonnene Butter wurde dann am Markt verkauft.

Der Molkereigenossenschaft Grebenau gehörten zu dieser Zeit etwa 320 Milcherzeuger aus den sieben Gemeinden des Gründchens an. Diese Anzahl reduzierte sich von nun an kontinuierlich. Anfang der Sechziger Jahre waren es noch 223 Milcherzeuger, Ende des Jahrzehnts nur noch 127 milcherzeugende Betriebe. Davon kamen 17 aus Grebenau, 23 aus Wallersdorf, neun aus Eulersdorf, 15 aus Reimenrod, 22 aus Bieben, 18 aus Udenhausen sowie 23 aus Schwarz.
Die Milchmenge, die an die Molkereigenossenschaft Grebenau angeliefert wurde, stieg seit Gründung der Genossenschaft bis Ende der Sechziger Jahre – je nach Jahreszeit – auf 6.000 bis 9.600 Liter pro Tag. Anschließend fiel die Anlieferungsmenge durch den oben beschriebenen stetigen Strukturwandel auf etwa 4.500 bis 6.000 Liter pro Tag.
Während meiner Lehrzeit wurde die Milch aus den Ortschaften des Gründchens in Kannen angeliefert. Jeder Ort hatte einen eigenen Milchwagen, der an den einzelnen Milchböcken beladen wurde. Gefahren wurde dieser Milchwagen entweder mit einem Pferdegespann

oder mit einem Traktor in Nachbarschaftshilfe, das heißt, einige der Milcherzeuger wechselten sich in einer festgelegten Reihenfolge ab. In wenigen Ausnahmen (Wallersdorf, Bieben, Eulersdorf) fuhr jeden Tag der gleiche Milchfahrer. Die Milchanlieferung in die Molkerei erfolgte (je nach Jahreszeit) zwischen 7 und 10 Uhr. In der Molkerei angekommen, wurden die Kannen auf einer Rampe abgeladen, in den Milchannahmeraum getragen und die nummerierten Kannen für jeden Milcherzeuger in eine Waage entleert, um die angelieferte Menge in einem Buch zu notieren. Die leeren Kannen wurden anschließend, je nach Wunsch des Milcherzeugers, mit Magermilch, Buttermilch oder Molke gefüllt und wieder auf den Milchwagen getragen. An den angelieferten Kannen befanden sich außerdem sogenannte „Bestellzettel". Auf denen gaben die Milcherzeuger Bestellungen für Produkte der Molkerei auf, die am nächsten Tag – in einer Holzkiste verpackt – mit dem jeweiligen Milchwagen zurückgeliefert und vom Milchfahrer verteilt wurden.
Eine körperliche Erleichterung war für alle Beschäftigten die Einführung der Kannenförderbänder, dadurch erübrigte sich das Tragen der schweren Kannen innerhalb der Molkerei.

Anlieferung der Milch aus den Ortschaften des Gründchens

Die Milchrampe der Molkerei war zu dieser Zeit einer der Kommunikationsmittelpunkte des Gründchens. Alle Neuigkeiten der einzelnen Ortschaften wechselten hier die Interessenten und Verbreiter. Die Milchfahrer erledigten neben den Einkäufe auch Hol- und Bringdienste für einzelne Landwirte bei den jeweiligen Handwerkern. In einzelnen Fällen konnte es auch vorkommen, dass – wenn sich die „richtigen" Milchfahrer trafen – die Milchwagen am Nachmittag noch vor einer der damals in Grebenau vorhandenen vier Gaststätten standen.
In diesen Jahren gab es noch keine elektrischen Kühlanlagen für die Milchkühlung auf den Bauernhöfen. Die Abendmilch wurde mit Wasserkühlern abgekühlt, die Morgenmilch meist warm und frisch direkt in die Molkerei geschickt. Bevor die Milchkannen ausgekippt wurden, wurde ein einfacher Schnelltest durchgeführt, um saure Milch auszusortieren. Diese Kannen wurden mit einem roten Zettel versehen und den Erzeugern zurückgeliefert. Die Qualität und damit die Haltbarkeit der Anlieferungsmilch war gerade in den Sommermonaten sehr begrenzt. Deshalb musste die Milch in der Molkerei schnell verarbeitet werden, um sie so haltbar zu machen. Milchsammeltankwagen wurden in der Milchwirtschaft flächendeckend erst zirka zehn Jahre später eingeführt.

Bis zu vier Mal im Monat wurde die Anlieferungsmilch jeden Erzeugers untersucht. Diese Probenahme und die Untersuchung nahmen Angestellte des Landeskontrollverbandes des Landes Hessen in der Molkerei vor. Die Ergebnisse waren neben der Menge die Grundlage für die Bezahlung der angelieferten Milch. Untersucht wurden damals der Fettgehalt, der Frischezustand sowie der Verschmutzungsgrad. In späteren Jahren kamen weitere umfangreiche Untersuchungen auf Keimgehalt, Zellgehalt, Hemmstoffuntersuchung, Eiweißgehalt usw. dazu. Die Probenahme erfolgte dann täglich automatisch in den Milchsammelwagen, die Untersuchung der Milch in dem Zentrallabor des HVL (Hessischer Verband für Leistungsprüfungen in der Tierzucht) in Alsfeld.
Die Verarbeitung der angelieferten Milch erfolgte in allen Molkereien in einer bestimmten Reihenfolge. Die Milch wurde zunächst in einem Plattenerhitzer indirekt mit Dampf auf bis zu 85°C erhitzt. Zwischendurch wurde die Milch in der Zentrifuge in ihre wesentlichen Bestandteile Rahm und Magermilch getrennt, die anschließend wieder abgekühlt werden mussten.

Die Magermilch wurde den Landwirten teilweise als Futtermilch zurückgeliefert. Der Rahm wurde in der Butterei einer nochmaligen, aufwendigen Temperatur- und Reifungsbehandlung unterzogen, um ihn am nächsten Tag zu Butter verarbeiten zu können. Die restliche Milch, die zur Produktion von Käse, Quark, Schichtkäse und Trockenquark benötigt wurde, kam zur Verarbeitung in die Käserei. An Käsesorten wurden in Grebenau Romadur, Limburger und Frühstückskäse produziert. Hauptabsatzgebiet waren der Raum Gießen/Wetzlar, Frankfurt und ein Großhändler im Odenwald.

Der Transport zu den Kunden im Raum Frankfurt erfolgte bis Anfang der Sechziger Jahre Jahre mit einem eigenen Fahrzeug. Der Opel „Blitz" wurde zweimal pro Woche mit den

Produkten beladen und fuhr in einer festgelegten Reihenfolge die Groß- und Einzelhändler an. Am Ende der Tour war das Fahrzeug leer und ein Teil der Ware bar bezahlt. Die Transportverpackung für Butter und Schichtkäse bestand aus 20 bzw. 25 Kilogramm-Blechkisten, die getauscht wurden. Der produzierte Sauermilchquark wurde in etwa hundert Kilogramm schwere Holzfässer gefüllt, später dann in 50-Kilo-Kunststoffsäcke, um von den Handkäse- und Kochkäseproduzenten aus Hüttenberg, Münzenberg und Groß-Gerau abgeholt werden zu können. Eine eher geringe Menge Trinkmilch wurde in 20-Liter-Kannen abgefüllt und in dem Geschäft von Helmut und Anna Wilker in der Hersfelder Straße lose verkauft. Neben Trinkmilch wurden dort auch alle anderen Produkte der Molkerei wie Buttermilch, Sahne, Quark und Käse angeboten.
Alle bei der Produktion anfallende Molke wurde teilweise in Kannen gefüllt und an die Milcherzeuger zurückgeliefert oder aber von größeren Schweinemastbetrieben in Fässern selbst abgeholt.

Die Sechziger Jahre waren durch körperlich schwere Arbeit geprägt. Die Möglichkeit aber, alle anfallenden Arbeiten in der Milchwirtschaft „handwerklich" erlernen zu dürfen, haben mir in meiner beruflichen Entwicklung gute Dienste erwiesen.

Verarbeitung der angelieferten Milch

Walter Theis, geboren 1947, Grebenau

****

Abenteuer: Schwimmende Äpfel

****

Bad Vilbel ist rechts und links der Nidda entstanden. Die rechte Seite war ursprünglich deutlich kleiner als die linke. Der Grund dazu liegt im Hochwasser, das die Nidda regelmäßig im Frühjahr mit sich brachte, bis die Regulierung des Flusses in den Sechziger Jahren dieses Problem beseitigte. Die linksseitig gelegene Frankfurter Straße war immer hochwasserfrei, die rechtsseitige Friedberger Straße hatte in der Regel zumindest einmal pro Jahr mit einer Überschwemmung zu kämpfen.

Es ist mir eine große Freude, dass ich mich zu den wenigen Menschen zählen darf, die tatsächlich in Bad Vilbel (und nicht in Frankfurt) geboren sind. Mein Geburtshaus, das auch heute noch nahezu unverändert steht, ist die Friedberger Straße 24. Kurz dahinter hörte die Bebauung im späten Mittelalter auf, danach gab es nur noch eine Weggabelung in Richtung Friedberg bzw. Bad Homburg. Bis hierher stand in der Regel auch das Wasser im Frühjahr in der Straße und natürlich in den Kellern. Unser Keller hatte zwar schon eine kleine Hebeanlage, die aber oftmals das eindringende Wasser nicht vollständig abpumpen konnte. Meine Familie hatte dann immer viel zu tun. Das gelagerte Obst – insbesondere Äpfel – und andere Waren mussten dann ins Trockene gebracht werden. Viel Aufwand also, dazu musste der Keller danach wieder getrocknet und gereinigt sein, bevor er wieder zu nutzen war.

Am Ende rechts das Geburtshaus von Claus-Günther

Also ein ziemliches Ärgernis, insbesondere für meinen Vater. Mir hingegen hat es viel Freude gemacht. Ich konnte in Gummistiefeln durch die Kellerräume laufen. Das war für mich immer ein kleines Abenteuer – manchmal schwamm sogar ein Apfel obenauf – und hat sich mir tief ins Gedächtnis eingegraben.

Zumindest in gleicher Weise erinnere ich mich aber auch an die vielen amerikanischen Soldaten. Motorisierte Kolonnen, teilweise auch Panzer, fuhren durch die Stadt. Dann haben immer die Wände gewackelt und die Gläser im Wohnzimmerschrank geklirrt. Als kleiner Junge habe ich oft am Straßenrand gestanden und den Vorbeifahrenden gewunken, die häufig nett zurückgrüßten.

Besonders erinnere ich mich daran, dass das gegenüber meinem Geburtshaus gelegene Walderdorf'sche Anwesen, ein aufgegebenes großes Hofgut, von amerikanischen Pionieren abgerissen wurde. Das konnte ich gut aus unserem Wohnzimmerfenster beobachten. Einen Soldaten, er hieß Kelly, mochte ich besonders gerne, er fuhr die große Planierraupe und war ausgesprochen freundlich zu mir. Weniger schön war, dass über der Stadt ständig die Lärmkulisse von Maschinengewehren lag. Der Vilbeler NS-Bürgermeister hatte im Größenwahn 1936 im Stadtwald einen Schießplatz anlagen lassen. Er wollte damit den ersten Schritt hin zu einer Garnisonsstadt einleiten. Nach dem Ende der Nazizeit blieb uns die Schießanlage erhalten, die natürlich von den in Frankfurt stationierten Amerikanern genutzt wurde und einen unerträglichen Krach verursachte.

Das Walderdorf'sche Anwesen wenige Jahre vor dem Abriss

Links das Geburtshaus von Claus-Günther in der Friedberger Straße 24

Claus-Günther Kunzmann, geboren 1957, Bad Vilbel

****

Yeah! Mashed Potatoes

****

„Die Sechziger Jahre waren Musik." Ich weiß nicht mehr, wo ich diesen Satz gelesen oder gehört habe, aber er trifft für viele der damaligen Jugendlichen und auch für mich zu. Zwar war die Rock ‚n' Roll-Begeisterung der Fünfziger Jahre etwas abgeebbt, aber an ihrer Stelle kamen zu Anfang der Sechziger eine ganze Reihe neuer Wellen, die sich schnell abwechselten und immer mit einem Modetanz verbunden waren. Es ist fast unmöglich, die einzelnen Stile, die sich manchmal kaum unterschieden, aufzuzählen. Twist, Slop, Monkey, Hully Gully, Let Kiss, oder Wiggle? Doch war dies alles nur ein Vorgeplänkel, ein Vorgeschmack auf die endgültige Musiksensation, die 1962 wie ein Orkan über die Welt hereinbrach: Das waren die Beatles, und mit ihnen kam der Beat.
Das Besondere war eigentlich nicht die Musik als solche, die viele Rückgriffe auf Vorhandenes nahm, es war der Umstand, dass die Musik von den britischen Inseln kam, da vorher Amerika die Musikszene beherrschte. Auch die kleine Besetzung mit nur vier Musikern, die mit Gitarren, Elektrobass und Schlagzeug spielten, war ungewöhnlich sparsam im Vergleich zu den amerikanischen Gruppen.
Selbst in unseren ländlichen Regionen griff das Beatfieber um sich. Auch ich hing abends vor meinem kleinen Transistorradio – Marke Mambo von Grundig – um die „Schlagerbörse" des Hessischen Rundfunks mit Hanns Verres zu hören. Zunächst vereinzelt, dann aber immer häufiger wurden die neuesten Hits der englischen Bands gespielt. Eine besondere Quelle war Radio Luxemburg mit seiner „Hitparade" unter Camillo Felgen. Zwar war der Empfang grauenhaft und die Titel waren manchmal wegen des ständigen Rauschens und der heftigen Tonschwankungen kaum zu identifizieren, aber das wurde in Kauf genommen, um die neuesten Hits zu kennen. Und tatsächlich war fast jede Woche eine neue Gruppe zu hören. Beatbands mit ihren oft selbst komponierten Songs schossen wie Pilze aus dem Boden. Neben den Beatles, die einen großen Erfolg nach dem anderen produzierten, waren dies, um nur ein paar wenige zu nennen, die Swinging Blue Jeans, die Searchers, die Kinks, The Who, Dave Clark Five und The Rolling Stones.

Ich war Mitglied der Niddaer Pfadfinder, die im Sommer 1963 zusammen mit Pfadfindern aus Herbstein und Lauterbach zu einem Zeltlager an der Schwarzach zwischen Schlechtenwegen und Blankenau im Vogelsberg aufbrachen. Zum Abschluss des Treffens veranstaltete die Gruppe einen sogenannten Lagerzirkus, zu dem auch die Bevölkerung der benachbarten Dörfer eingeladen wurde. Da damals noch jede Abwechslung willkommen war, kamen auch viele Besucher aus der Gegend. Es wurden Sketche vorgeführt, bei denen Wasser eine große Rolle spielte, da meist zumindest ein Akteur die Bühne durchnässt verließ. Es wurden Lieder gesungen und kleine akrobatische Kunststücke dargeboten. Zusammen mit meinen Freunden Franz Josef Langheinrich und Karl „Charlie" Flauger aus Nidda und einem „Herbsteiner" kam ich auf die Idee, eine Beatles-Parodie vorzuführen. Die Beatles befanden sich damals gerade in ihrer Anfangszeit und es waren in Deutschland die ersten Schallplatten und ihre ersten Langspielplatten „Please please me" und „With the Beatles" erschienen, die bei der Jugend einen durchschlagenden Erfolg hatten. Auch unsere „Show" hatte einen enormen Erfolg und wir erschienen sogar mit Bild in der Regionalpresse. Dabei war unsere Darbietung sicherlich nicht gerade ein Ohrenschmaus. Ich erinnere mich, dass sie vor allem daraus bestand, dass wir immer wieder mit erheblicher Lautstärke „Yeah, yeah" schrien und dabei wie wild herumtanzten. Unkritisch, wie Jugendliche manchmal sind, stieg uns der Applaus zu Kopf, und wir drei aus Nidda beschlossen, eine Band zu gründen. Es war eigentlich eine Schnapsidee, denn uns fehlten alle Voraussetzungen. Keiner von uns konnte ein Instrument spielen, abgesehen von etwas Blockflöte, die wir in der Schule gelernt hatten. Selbstverständlich besaßen wir auch keine Instrumente. Die Rollenverteilung war dagegen recht schnell klar. „Joe" Langheinrich interessierte sich für das Schlagzeug, sodass für „Charlie" Flauger und mich die Gitarren übrig blieben. Irgendwie gelang es uns, zunächst Wandergitarren zu besorgen, während „Joe" auf Töpfen herumdengelte. Dann ging es ans eigentliche Üben. Wir ließen uns ein paar Grundgriffe zeigen und unsere ganze Freizeit verbrachten wir damit, diese einzuüben und das Wechseln von einem Akkord zum nächsten zu trainieren. Schnell wurde uns auch bewusst, dass wir das Transponieren der Griffe, das heißt, das Barreespielen beherrschen mussten, um wenigstens annähernd die angesagten Hits spielen zu können. Der Enthusiasmus, den wir damals hatten und den man sich im Nachhinein kaum noch vorstellen kann, half uns auch über diese Hürde hinweg. Es ging nun an die einzelnen Lieder. Wir verbrachten Stunden vor unseren Plattenspielern, um herauszuhören, in welcher Tonart und mit welchen Harmoniewechseln die Lieder gespielt wurden. Mit der Zeit bekamen wir eine gewisse Übung, und die Stücke klangen den Originalen immer ähnlicher.

„Mashed Potatoes, Yeah"

Eine weitere Hürde waren die Texte. Da ich der einzige von uns dreien war, der in der Schule Englisch lernte, fiel mir die Aufgabe zu, die Texte herauszuhören, aufzuschreiben und meinen Mitstreitern beizubringen. Wer dies schon einmal versucht hat, weiß, was das bedeutet. Die Songs werden oft in einem Kauderwelsch gesungen, der es, wie ich später erfahren konnte, selbst Engländern schwer bis fast unmöglich macht, den Text zu verstehen. Ich kann mich daher als einen der größten Texter der Beatgeschichte bezeichnen, da ich immer wieder unverständliche Passagen mit eigenen Sätzen ergänzte. Es ist daher auch kein Zufall, dass unser erstes Stück, das wir dann einübten, „Mashed Potatoes" von der bekanntesten deutschen Beatgruppe, den Rattles, war. Der gesamte Text beschränkte sich auf den Ausruf „Mashed Potatoes, yeah" und es waren nur drei Akkorde notwendig, die dem sogenannten Bluesschema folgten, also genau das Richtige für Anfänger. Als wir nun soweit waren, wagten wir den Sprung ins kalte Wasser, das heißt, wir kauften uns „brauchbare" Instrumente.

Es war nicht das Edelste und keine amerikanischen Gitarren, die damals sehr teuer waren, aber immerhin eine deutsche Elektrogitarre von „Höfner" und eine von „Framus". Natürlich brauchten wir auch Verstärker, da es beim Beat nicht zuletzt darauf ankommt, Krach zu machen. Während meine beiden Kumpel schon in der Lehre waren und über – wenn auch wenig – Geld verfügten, musste ich mir die notwendigen „Kröten" von meinem Vater erbetteln, der darauf bestand, dass ich ihm die Auslagen zurückzahle, sobald ich mit meiner Musik etwas Geld verdienen würde. Wir waren damals alle grenzenlose Optimisten, vielleicht auch ein Zeichen der Zeit. So nach und nach schafften wir uns eine Gesangsanlage an und es stieß Werner Reichel aus Wallernhausen zu uns, der bereits etwas Gitarre spielte und den Bass übernahm.

Keine beatfreie Zone mehr

„Yeah, Yeah": Zeltlager an der Schwarzach

Als Übungsraum diente uns zur Freude der Nachbarschaft die Garage meines Vaters. Auch einen Namen für unsere Gruppe hatten wir gefunden. Wir nannten uns „The Roosters" – „Die Hähne", nach einem Bluesstück, das von den Rolling Stones veröffentlicht worden war.
Seit dem Zeltlager war ein gutes halbes Jahr vergangen und wir begannen nun, öffentlich aufzutreten, zunächst bei kleineren Gelegenheiten und auf eigene Kosten. Wir kassierten einen kleinen Obolus von den Zuhörern und der Wirt kam durch den Umsatz auf seine Kosten. Dann kamen die ersten richtigen Engagements, zu denen uns unsere Väter transportierten, denn wir waren erst zwischen fünfzehn und siebzehn Jahre alt, hatten natürlich noch keine Führerscheine und keine Autos. Auftrittsmöglichkeiten waren zahlreich vorhanden, in vielen Dörfern gab es Gaststätten mit einem kleinen oder größeren Saal, oft einer umgebauten Scheune, in denen sogenannte Beat-Partys veranstaltet wurden. Ich erinnere mich besonders gern an Auftritte im „Vogelsberger Hof" in Kefenrod, wo wir die „Hausband" waren, und natürlich an den sagenumwobenen „Saalbau Stoll" in Echzell, wo es nach dem Auftritt immer einen gewaltigen Hackbraten für die Musiker gab. Die Veranstaltungen, bei denen zur Musik getanzt wurde, waren immer sehr gut besucht. Für damalige Verhältnisse verdienten wir auch gar nicht schlecht. Im Durchschnitt gab es zehn Mark pro Musiker und Stunde, sodass wir am Abend zwischen vierzig und fünfzig Mark verdienten. Bald war ich in der Lage, meine Schulden bei meinem Vater zurückzuzahlen und hatte noch ein gutes Taschengeld, das natürlich in die neuesten Schallplatten angelegt wurde. Meistens spielten wir an einem Ort das gesamte Wochenende, oft also am Freitag, Samstag und Sonntag, wobei sich die Auftritte meist bis 1 Uhr nachts hinzogen. Man kann sich vorstellen, wie mein schulisches Verhalten am Montag aussah.

Einen besonders erfolgreichen Auftritt hatten wir in Schotten. Lange hatten sich die politisch Verantwortlichen in Schotten dem Drängen der Jugendlichen verweigert, in der „Festhalle" eine Beat-Veranstaltung zuzulassen, sodass Schotten eine „beatfreie" Zone war. Es gab deshalb sogar eine Schlagzeile in der „Bild"-Zeitung, die darüber berichtete, dass „The Roosters" es schafften, als erste Band – auf eigene Rechnung – in Schotten aufzutreten. Hinterher berichtete die Regionalzeitung über das Ereignis und kam zu dem Schluss, dass sich die „Beats" gar nicht so übel verhalten hatten, wie dies wohl im Vorfeld befürchtet worden war.

Unsere Band hatte mittlerweile einen ganz guten Bekannt- und Beliebtheitsgrad erreicht und wir hatten auch in der weiteren Umgebung bis nach Gießen Auftritte. Ende 1966, nach knapp drei Jahren, war es dann mit diesem Lebensabschnitt vorbei. Ich hatte die

Das große Erlebnis für die Beat-Fans

Die „alten Herren" waren gar nicht so – die Jugend aber auch nicht

Schotten (ghw). Weder zerschlagene Stühle noch umgeworfene Tische und zerbrochene Gläser gab es bei der ersten Beat-Party, die am Sonntag in der Schottener Festhalle stattfand. Es war vielmehr eine betont ruhige Show, wenn man von dem ohrenbetäubenden Lärm der Roosters absieht, der jedoch notwendig war, um die Teenager und Twens, die zu Hunderten aus weiter Umgebung nach Schotten gekommen waren, in Verzückung zu versetzen.

Es war interessant, dem jungen Völkchen bei seinem Treiben in der Festhalle zuzusehen und manche Eltern, die den Kopf einmal zur Information durch die Eingangstüre streckten, hatten nur ein Kopfschütteln übrig. Vor ihnen tat sich ein lebendiger Ameisenhaufen auf, der sich in rhythmischen Bewegungen über der Tanzfläche bewegte. Geübte Beater konnte man an ihren unbefangenen „nervösen Zuckungen" beobachten. Anfänger erweckten den Eindruck, als ob sie auf dem Parkett ihre Schuhe reinigen wollten.

Ein gefühlvolles Tänzchen ...

Anscheinend war die erste Beat-Show in der Schottener Festhalle jedoch das große Erlebnis, und die Beat-Fans aus Schotten, die sich diese Veranstaltung schon seit langem wünschten, waren überglücklich. Sie sprechen bereits von neuen Beat-Veranstaltungen.

Ein richtiger Beat trägt lange Haare.

Unter den Besuchern des Beat in Schotten konnte man auch Profi-Beats entdecken, die mit ihren langen Mähnen — eher Mädchen- als Pilzköpfe — die große Schau abzogen. Leider kamen sie jedoch nicht richtig zum Zuge, da man sie nicht gewähren ließ: Es waren Mitglieder der Frankfurter Beat-Band „Black Point", die gerne etwas zur Stimmung der Vogelsberger Beat-Anhänger beigetragen hätten. Der Veranstalter gab jedoch keine Genehmigung dazu.

Was die Stimmung ansonsten anbetrifft, sie war gut, obwohl sich die Jugend vorwiegend an Cola und Limo labte. Nur die Älteren wagten sich an Bier oder Schnäpse heran.

Man sieht, die Befürchtungen, die man vor der Veranstaltung gehegt hatte, waren umsonst. Die Jugend bewies wieder einmal, daß sie besser ist als ihr Ruf. Wenn sie ihre überschüssigen Kräfte beim Beat ausläßt, dann ist dies besser, als wenn sie als Zerstörungswut an einer anderen Seite zutage tritt.

Ihre große Freude über das Zustandekommen der Beat-Party in Schotten drückten einige Jugendliche in einem Gedicht aus, das sie unserem Mitarbeiter übergaben:

Herr Bürgermeister und Herr Bauer,
es tut uns schrecklich leid,
wir sind jetzt wohl um vieles schlauer
nach dieser Bildaffärenzeit.

„Echte" Pilzköpfe. (KA-Fotos: Wenzel)

Wir haben endlich eingesehen,
die „alten Herren" sind nicht so,
daß sie auf unserer Seite steh'n,
das macht uns wirklich froh.

Wir warten nur auf Möglichkeiten,
'ne Beat-Band muß nach Schotten her.
Vergessen sind die trüben Zeiten,
glaubt nur, die Festhall' bleibt nicht leer.

Wir möchten einmal nur beweisen,
„Beat" heißt nicht unbedingt Radau.
Wir werden sicher nicht entgleisen
und trotzdem wird's 'ne große Show.

Mittwoch, 9. Februar 1966

Schule abgeschlossen und musste zur Bundeswehr, sodass keine Möglichkeit bestand, noch in einer Band zu spielen. Hinzu kam, dass eine neue Musikrichtung, der „Soul", aufkam, der von den Beatbands, die ja nur eine kleine Besetzung hatten, nicht mehr gespielt werden konnte, da man Bläser und Tasteninstrumente benötigt. Auch waren die Gesangparts für ausgesprochen „schwarze" Stimmen ausgelegt. Die Gastwirte gingen dazu über, sogenannte Disco-Veranstaltungen durchzuführen, bei denen Schallplatten aufgelegt wurden. Bands, die „live" auftraten, waren nicht mehr so gefragt, da sie ja auch im Vergleich zu den Schallplatten teurer waren.

Christoph Hössl, geboren 1948, Nidda

****

Anstößig: Entblättert im Stern

****

Für mich begannen die Sechziger Jahre damit, dass mein Onkel Paul zu uns nach Gießen zog. Er war der jüngere Bruder meiner Mutter und hatte vor dem Düsseldorfer Standesamt im entscheidenden Moment „Nein" gesagt. Das hört sich heute lustiger an als es damals war. Nach Momenten von Ratlosigkeit und Stille folgten Tränen, Beschimpfungen und Gewalt – das volle Programm, wenn man so will. Wenn es nach der Familie der Braut gegangen wäre, hätten sie Onkel Paul auf der Stelle gelyncht.

Er hatte diese Notbremse gezogen, weil während des vorangegangenen Polterabends Dinge zur Sprache gekommen waren, die ihn ernsthaft an der Treue seiner Braut zweifeln ließen. Was aber letztendlich nichts daran ändern konnte, dass das Kind, das sie damals unter ihrem Herzen trug, von meinem Onkel stammte – wie sich später herausstellen sollte.

Während meine Eltern das möblierte Zimmer räumten, wo mein Onkel bis dahin zur Untermiete gewohnt hatte und seine Habseligkeiten in unseren Renault Dauphine verfrachteten, hatte er sich mit mir in den Außenbereich des „Mövenpick" verzogen. Wir waren die einzigen Gäste an diesem späten Vormittag, und soweit ich mich erinnern kann, habe ich in den vier Stunden, die wir da am Warten waren, fünf Tassen Kakao mit Sahne weggetrunken.

Außerdem erinnere ich mich noch, dass sein Anzug ziemlich schräg an ihm hing. Er hatte nämlich die rechte Tasche seiner Jacke bis obenhin mit Ein- und Zweipfennigmünzen vollgestopft. Die hatten zum einen ein ziemliches Gewicht und galten zum anderen als

Glücksbringer für eine sorglose Ehe.
Der Umzug meines Onkels in unsere Gießener Dreizimmerwohnung machte eine neue Raumaufteilung erforderlich. Onkel Paul und ich bewohnten fortan gemeinsam das bisherige Schlafzimmer meiner Eltern, während diese mein Kinderzimmer übernahmen. Obwohl mein Onkel siebzehn Jahre älter war als ich, verband uns ein eher brüderliches Verhältnis, weil wir eine Reihe gemeinsamer Interessen hatten.
Diese hatten wir in erster Linie einer Erbschaft zu verdanken, die ein Großonkel namens Hans-Wolf uns hinterlassen hatte. Er war zeitlebens alleinstehend gewesen und hatte – jedenfalls, soweit mir das bekannt war – weder Freunde noch Laster.
Das meiste Geld, das Großonkel Hans-Wolf als Arbeiter in der Gießener Werkzeugmaschinenfabrik Heyligenstedt verdiente, hatte er in eine umfangreiche Fotoausrüstung gesteckt. An den Wochenenden unternahm er bevorzugt mit einem seiner beiden Fahrräder Ausflüge in die hessische Natur, um selbige umfangreich fotografisch zu dokumentieren.
Die Ergebnisse füllten zahllose Alben mit eingeklebten Schwarzweiß-Fotos mit gezackten Rändern. Darunter befanden sich erklärende Beschriftungen, die mit weißer Tinte in gestochen scharfer Schrift hinzugefügt waren. Sie waren tatsächlich ausgesprochen hilfreich, um den Bildinhalt zumindest tendenziell erahnen zu können.

Charlys Konfirmation 1964 vor der Pankratius-Kapelle Gießen, links außen mit großer Fliege

Wenn etwa unter einem der Fotos „Eichelhäher am Waldrand nach Lich" stand, hatte man schon seine liebe Mühe, den besagten Vogel in der Totalen des fotografierten Waldsaums ausmachen zu können. Es war also eine klare Sache, dass diese Fotografien nur für Onkel Hans-Wolf von Bedeutung waren, weil sie ihn an die Momente der Aufnahme erinnerten. Für uns hatten sie eher den Charakter von Suchspielen.
Onkel Paul hatte schon lange vor seinem Umzug zu uns einen Fotoapparat besessen. Und zwar eine Voigtländer Basso Mittelfomat mit ausklappbarem Balgkompendium; seinerzeit ein echtes Schmuckstück. Weil damals noch nicht im Traum an ein automatisches Belichtungssystem zu denken war, gehörte zu der Kamera ein externer Belichtungsmesser. Damit wurde das auf das zu fotografierende Objekt einfallende Licht gemessen, um anschließend mithilfe einer komplizierten Skala die Blende und die Belichtungszeit zu bestimmen.
Weil uns das oft zu aufwendig war, bedienten wir uns zur Vereinfachung zweier alter Fotografenweisheiten, die da hießen: „Wenn die Sonne lacht, nimmst du Blende acht", sowie „Blende vier im Zimmer – stimmt immer." Immerhin erhielten wir mit diesen Formeln in der Regel recht zufriedenstellende Ergebnisse.

Im Laufe der nachfolgenden Jahre schaffte ich mir alles drauf, was ich über die Kunst der Fotografie in Erfahrung bringen konnte; wie zum Beispiel Tiefenschärfe, Vordergrund-Hintergrund-Inszenierung, Cadrage, Blickwinkel, Lichteinbindung und Kontrastgestaltung.
Darüber hinaus interessierte ich mich aber am meisten für Semiotik, die Lehre von der Sprache der Bilder, und dafür, wie es hinzukriegen war, mit den Bildern Geschichten zu erzählen oder zumindest die Frage aufzuwerfen, wie es zu dem Foto kommen konnte.
Mit diesem Engagement im Rücken gab es für mich keinen Zweifel, dass ich Fotograf werden, dass ich diesen Beruf erlernen wollte. Dann fanden allerdings zwei Ereignisse in meinem Leben statt, die mich doch von diesem Berufswunsch abrücken ließen.
Zum einen hatte ich einen Termin bei einem Fotografen, der mir einen Ausbildungsplatz in Aussicht gestellt hatte; zum anderen hatte ich den Film „Blow Up" von Michelangelo Antonioni gesehen. Der Termin bei dem Fotografen machte mir unmissverständlich klar, dass die anvisierte Ausbildung zwar einen akzeptablen Fotofachverkäufer aus mir würde machen können, mich aber meinem Wunsch, anspruchsvolle Fotos zu machen, keinen Schritt näher bringen würde.

Und was „Blow Up" anging, so war dieser Film für mich eine Offenbarung schlechthin. So wie David Hemmings da durch die Geschichte ging bzw. langhaarig mit seinem offenen Rolls-Royce durch swinging London fuhr, so wollte ich mich auch durch mein Leben bewegen. Und vor allen Dingen wollte ich auch mit so einer tollen Nikon F2 mit Photomic-Sucher-Aufsatz fotografieren, die fortan über Jahre hinweg das Objekt meiner Begierde war. Ich hatte „Blow Up" im Wetzlarer Rex Kino gesehen, wo ich mehrmals die Woche meine Nachmittage verbrachte, weil es dort eine sehr nette Platzanweiserin gab.
In der Zwischenzeit waren meine Eltern nämlich nach Wetzlar umgezogen und mein Onkel Paul hatte sich einer anderen Dame zugewandt, mit der er es in seinem zweiten Anlauf dann doch in den Hafen der Ehe geschafft hatte.

In der letzten Zeit, bevor Onkel Paul mit seiner neuen Liebe in die Gänge kam, waren wir bevorzugt mit einer anderen Gerätschaft beschäftigt, die Onkel Hans-Wolf uns ebenfalls hinterlassen hatte. Das war ein Tonband Grundig TK42, das ein grün leuchtendes Magisches Auge besaß und einen Eingang zum Einstöpseln eines dreipoligen Mikrofons. Onkel Hans-Wolf hatte das Gerät zur Konservierung unzähliger Tierstimmen gedient, die er – wo auch immer – aufgenommen hatte.
Onkel Paul und ich setzten das TK42 ein, um bevorzugt donnerstagabends Musik der Radiosendung „Frankfurter Schlagerbörse" des Hessischen Rundfunks aufzunehmen. Dafür war es nötig, mit gedrückter Aufnahmetaste den Augenblick zu erahnen, in dem die Moderation von Hanns Verres endete und das nachfolgende Lied begann. Dann musste die Pause-Taste entsperrt und erst dann wieder gedrückt werden, wenn das jeweilige Lied zu Ende und Hanns Verres noch nicht wieder zu hören war.
Während der Aufnahmen, bei denen man das handflächengroße Mikrofon vor den Lautsprecher des Radios hielt, durfte niemand zur Tür reinkommen oder sich anderweitig störend bemerkbar machen, weil ansonsten umgehend mit einem ruheeinfordernden „Pscht" Einhalt geboten werden musste.
Nachdem wir über längere Zeit an Schlagern wie Ricky Shanes „Ich sprenge alle Ketten", Soeur Sorines „Dominique" oder Bill Ramseys „Ohne Krimi geht die Mimi nie ins Bett" unseren Spaß hatten, erschien mit „A hard days night" ein Planet am Musikhimmel, der uns alle um den Verstand brachte. Die Kapelle, oder, wie es von da an hieß, die „Band" waren die Beatles und sie zogen die Jugend rund um den Erdball in einen nie zuvor für möglich gehaltenen Bann. Wir kämmten uns die Haare ins Gesicht, was erstmal ziemlich bescheuert aussah, schrien „Yeah, yeah, yeah, ..." und ließen uns lieber von unseren Eltern für unsere länger und länger wachsenden Haare verprügeln oder als „Gammler" beschimpfen, als weiterhin von ihrer biederen Spießigkeit unterjocht zu werden.

Weil mein Onkel Paul sowohl sehr fleißig als auch sparsam war, hatte er es bald zu einem Opel Rekord P2 gebracht. Ein echter Hingucker, das Design voll dem Zeitgeist entsprechend amerikanischen Luxuslimousinen nachempfunden, mit 3-Gang-Lenkradschaltung und durchgehender vorderer Sitzbank.
Unterwegs in einen Urlaub an den Bodensee hatte Onkel Paul sich an einer Tankstelle die aktuelle Ausgabe des „Stern" gekauft. Nachdem er an einer roten Ampel ein wenig in der Illustrierten geblättert hatte, legte er sie zwischen uns auf die Sitzbank. Was ich in dem aufgeklappten Heft zu sehen bekam, hat mir fast den Atem abgeschnürt. Unter der Überschrift „Neue Bademode: Oben ohne" war eine Dame abgebildet in einer gestrickten Badehose, gehalten von zwei Trägern, die sich zwischen ihren blanken Brüsten kreuzten. Als Onkel Paul bemerkte, dass mein Blick in die Fänge dieser anstößigen Abbildung geraten war, drehte er die Illustrierte umgehend und wortlos um, sodass ich nichts mehr sehen konnte. In unserer Unterkunft am Bodensee hat er den besagten „Stern" dann unter seinen Hemden im Kleiderschrank verstaut und heimlich abends darin geblättert, wenn ich vermeintlich schon am Schlafen war.
Vor diesen Fotografien eines nackten Busens hat es – jedenfalls meines Wissens nach –

noch nie eine Veröffentlichung gegeben, die an diese Freizügigkeit herangereicht hätte. Ganz offensichtlich war damit ein Tabu gebrochen worden. Und ebenfalls wurde damit ein neues Zeitalter eingeläutet, was die Erforschung des anderen Geschlechts und die sexuelle Freiheit betraf.

Bis dahin hatte ich mich bevorzugt eines medizinischen Handbuchs aus dem Wohnzimmerschrank meiner Eltern bedient, was bei meinen Freunden einen gewissen Neid hervorrief, weil diese sich mit Fotografien afrikanischer Stämme behelfen mussten, auf denen mehr oder weniger unbekleidete weibliche Eingeborene abgebildet waren.

Was die Befriedigung dieser Interessen im deutschen Film anging, so kam man da eher nicht auf seine Kosten. Einzig hervorzuheben wären da der Aufklärungsfilm „Helga" von Oswalt Kolle sowie „Winnetou 1". „Winnetou 1" versprach in seiner Werbung, Marie Versini springe dort als Winnetous Schwester Nscho-tschi nackt von einem Felsvorsprung in den Silbersee.

Nachdem ich den Film zweimal von der letzten Reihe des Rex-Kinos aus gesehen hatte, hatte ich mich für einen dritten Durchgang in die erste Reihe platziert in der Hoffnung, dort vielleicht etwas mehr erkennen zu können. Aber dem war nicht so. Auch von dort aus hätte man meinen können, dass ein Postsack mit Sägespänen von dem Felsen hinuntergeworfen worden war.

Bevor „Blow Up" in mein Leben getreten war, hatte es bereits einen anderen Film gegeben, der mich ebenfalls unauslöschlich in seinen Bann gezogen hatte. Das war „La Strada" von Federico Fellini, mit dem wunderbaren Anthony Quinn als Großer Zampano und der ebenso wunderbaren Giulietta Masina als seine Begleiterin Gelsomina in den Hauptrollen. Ich glaube, das war der erste Film, bei dem mir aufgefallen war, dass die Handlung über weite Strecken filmisch erzählt wurde, ohne Dialoge, ohne Kommentar, nur über das abgebildete Geschehen. Nachdem Onkel Paul und ich „La Strada" 1962 im Fernsehen gesehen hatten, haben wir uns von da an gegenseitig Zampano genannt. Ich hatte Anthony Quinn dafür bewundert, wie er nur mit der Kraft seiner Lunge eine Eisenkette zu sprengen vermochte.

So stark wie der Große Zampano wäre ich auch gerne gewesen. Aber leider war ich seit meiner Einschulung stets der Kleinste und Schwächste in meiner Klasse. Das sollte sich erst ändern, als ich mit dreizehn – gewissermaßen zur Mobilmachung – in den Gießener Ruderclub Hassia eintrat. Mit ein wenig Glück hatte ich bereits wenige Wochen später an einem ersten Rennen erfolgreich als Steuermann teilgenommen.

Als Steuermann fungiert man – jedenfalls zu meiner Zeit war das so – während eines Rennens als verlängerter Arm des Trainers. Entsprechend hat man im Boot das Sagen in allen Belangen wie Schlagzahl, Rhythmus, Krafteinteilung. Später bekam ich deshalb immer mal wieder zu hören, dass damit der Grundstock für meine spätere Tätigkeit als Filmregisseur gelegt worden sei; nämlich anderen vorzugeben, was sie zu tun hätten.

Darüber hinaus hat mein Engagement für den Rudersport dazu geführt, dass ich innerhalb von knapp zwei Jahren so ziemlich zum Größten und Stärksten in meiner Klasse mutiert war. Diese Erfahrung war für mich immer wieder ein Hoffnungsbringer in schwierigen Situationen, weil ich wusste, dass Dinge sich ändern können.

Wenn es daneben noch etwas gab, was mich neben den politischen Ereignissen wie der Ermordung Kennedys, des Vietnamkriegs und der Studentenunruhen spektakulär beeindruckte, so war es meine Hausarbeit in Deutsch zur Mittleren Reife.
Wir hatten zur Aufgabe bekommen, eine Hausarbeit über einen Literaten und eines seiner Werke anzufertigen. Ich hatte mich für Mark Twain entschieden. Allerdings nicht für seinen großen Erfolg „Tom Sawyer und Huckleberry Finn", sondern für eine seiner späten Geschichten mit dem Titel „Der mysteriöse Fremde". Diese Geschichte hatte mich über die Maßen fasziniert, weil ich darin erstmals darauf gestoßen bin, wie in der Literatur landläufige moralische Werte und Betrachtungen aus bis dahin für mich ungewohnten Blickwinkeln beleuchtet wurden.
Ich weiß noch, wie ich mit der Arbeit fertig war. Das war an einem Abend, an dem ich allein zu Hause war. Meine Eltern hatten einen Kurzurlaub eingelegt und mir Geld zur Verpflegung dagelassen. Ich hatte alle Seiten mit Schreibmaschine fertig getippt und bin anschließend durch das abendliche Wetzlar in die Altenberger Straße zur Gastwirtschaft Förster gegangen. Das war eine sehr einfache Wirtschaft mit eng nebeneinanderstehenden Resopal-Tischen im Stil griechischer Tavernen.
Die Schnitzel, die es dort zu essen gab, waren, wie man damals sagte, „riesige Lappen, die rechts und links über den Tellerrand hingen." Außerdem waren sie in der Pfanne mit Butter gebacken und entsprechend unübertrefflich in ihrem Geschmack.
An diesem Abend, während ich da durch die Wetzlarer Dunkelheit unterwegs war, war ich durch und durch von dem Wunsch beseelt, ebenfalls Schriftsteller werden zu wollen, ebenfalls so wunderbare Geschichten zu schreiben wie Mark Twain.
Und tatsächlich: Gerade mal etwas mehr als 45 Jahre später hatte ich auch schon meinen ersten Roman fertig: „Eulenkopf".

Charly Weller, geboren 1951, Fernwald

****

Gedroht: Mit der Heckenschere

****

Ich bin in Gießen geboren und bis zu meinem neunten Lebensjahr dort aufgewachsen, bevor ich mit meinen Eltern 1958 aus unserer 35 Quadratmeter großen Zwei-Zimmer-Wohnung in unser neu gebautes Eigenheim in Krofdorf-Gleiberg zog. Mein Vater war neben seiner Funktion als Leiter der Gießener Volkshochschule ein Musiker mit Leib und Seele, der alle möglichen Instrumente spielen konnte. Ich weiß noch, dass meine

Mutter mitunter sehr darunter litt, dass seine Lippen während der „Kirmes-Saison" von der von ihm produzierten ergiebigen Blasmusik häufig wund und geschwollen waren. Dann half oft nur das tagelange Auftragen einer dicken Schicht Nivea-Creme.
Man kann leicht nachfühlen, dass mein musikbegeisterter Vater es gern gesehen hätte, wenn ich, was die Musik anbelangt, in seine Fußstapfen getreten wäre; leider scheiterten alle seine Versuche, mich für ein Instrument zu begeistern nach jeweils sehr kurzer Zeit. Zum einen fehlten mir grundsätzlich Geduld und Durchhaltevermögen, zum anderen konnte mich keine der mir angebotenen Alternativen (zum Beispiel Akkordeon, Blockflöte oder „Melodica") so richtig begeistern. Das sollte sich allerdings an einem Frühlingsnachmittag des Jahres 1963 grundlegend ändern.

Vielleicht war es so etwas wie eine Fügung des Schicksals, dass an das Gießener Gymnasium, auf das ich ging, unter die vielen engstirnigen und „verstaubten" Lehrkräfte ein junger Referendar entsandt wurde, der unter anderem für das Fach Musik zuständig war. Irgendwann hatte dieser begeisterungsfähige Mann die Idee, man könne sich einmal nachmittags in der Aula zum „Jammen" treffen (diesen Ausdruck gab es allerdings meines Wissens damals noch nicht). Wir hatten nämlich einen Mitschüler, der eine E-Gitarre besaß, und dieser Referendar selbst konnte seinen Stehbass beisteuern. Das besagte Treffen kam zustande, die beiden spielten und sangen einige Klassiker des Rock ‚n' Roll und der noch tief in den Kinderschuhen steckenden Popmusik (damals „Beatmusik" genannt); und ich wurde an diesem denkwürdigen Nachmittag für den Rest meines Lebens unheilbar mit dem Virus dieser Art von Musik infiziert.

Dieter alias Jerry auf der Vespa

Gitarre vor Schule

Natürlich war es nach meinem regelmäßigen Scheitern im Hinblick auf das Erlernen eines Instruments nicht ganz einfach, meine Eltern von der jetzt absoluten Notwendigkeit einer E-Gitarre zu überzeugen. Schließlich muss es mir mithilfe einer gewissen Hartnäckigkeit dann doch wohl gelungen sein, denn zu meinem vierzehnten Geburtstag lag das ersehnte Instrument tatsächlich „auf dem Gabentisch" und ich war überglücklich.
Nachdem mir erwähnter Mitschüler ein paar Griffe und Tricks gezeigt hatte, fing ich an, jede freie Minute zu üben, was allerdings langfristig notgedrungen zu einer drastischen Verringerung des Stellenwertes schulischer Belange mit entsprechenden Konsequenzen führte. Erschwerend kam hinzu, dass ich nun passend zur Musik meine Haare lang wachsen ließ, was erhebliche, heute wohl kaum noch nachvollziehbare Probleme mit sich brachte. Zum einen war ich in der Schule bald durch mehrere erzkonservative Lehrer etlichen Repressalien und Erniedrigungen ausgesetzt. So ließ sich mein damaliger Klassenlehrer während einer Lehrprobe mit hoher Prominenz aus Darmstadt völlig unvermittelt zu dem Zwischenruf verleiten: „Der Faust sieht von hinten aus wie ein Mantelpavian!" Oder ein anderer Lehrer machte vor der Klasse die Bemerkung, dass er bei meinem Anblick immer das Gefühl habe, jeden Moment kämen Würmer aus meinen Haaren hervorgekrochen (bemerkenswert, dass ich mir täglich die Haare gewaschen habe, wohingegen die des betreffenden Lehrers stets dreckig und fettig aussahen). Auch ist es wohl nur unserem treuen Boxer-Hund Bengo zu verdanken, dass ich das eine oder andere Mal im wahrsten Sinne des Wortes „ungeschoren" an so mancher Baustelle vorbei kam, wo mir regelmäßig der Einsatz einer Heckenschere angedroht wurde.

Die Misfits: Walter, Mick, Jerry und Robbi

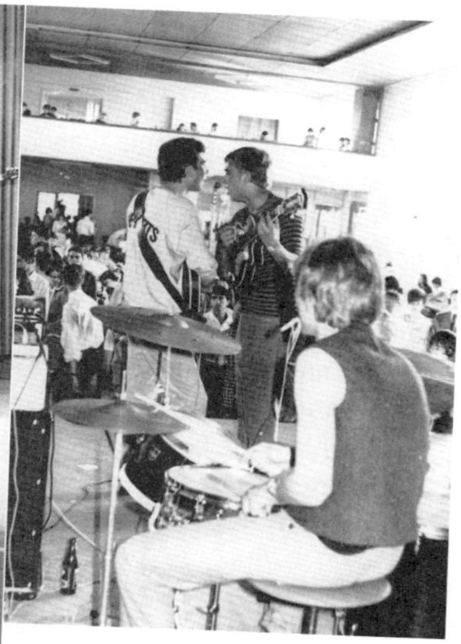

Ja, und dann kam es zu dem wirklich denkwürdigen Frühjahr 1965. Ich weiß nicht mehr genau, wie alles zustande kam, aber damals wurde die später fast schon legendäre Band „The Misfits" aus der Taufe gehoben. Ich („Jerry") war bereits eine Zeit lang mit dem Gitarristen und Sänger Walter Woll zusammen, und irgendwie kamen dann der Schlagzeuger Robert Richter („Robbi") mit dem Bassisten und Sänger Michael Keller („Mick") hinzu. Natürlich gingen unserem ersten gemeinsamen Auftritt etliche Proben in einem kleinen Kellerraum bei uns zu Hause voraus (ich bin meiner Mutter heute noch „posthum" überaus dankbar, dass sie die sicherlich erhebliche Lautstärke – der Proberaum befand sich exakt unter ihrer Küche! – so weitgehend klaglos akzeptiert und darüber hinaus noch unser Wirken gegenüber der ebenfalls akustisch in Mitleidenschaft gezogenen Nachbarschaft verteidigt hat); aber schließlich war es dann soweit: Im Juni des Jahres 1965 betraten wir im Rahmen einer Tanzveranstaltung das erste Mal gemeinsam eine Bühne. Manche Begleitumstände dieses Auftritts und seine Atmosphäre sind mir tatsächlich noch in erstaunlich guter Erinnerung. Dieser Abend mit unserer (Spiel-) Freude, meinem Glücksgefühl sowie der Ausgelassenheit der Gäste war ein ganz besonderer Tag in meinem Leben und hatte auf irgendeine Weise zum Teil tatsächlich fast etwas Unwirkliches, Traumhaftes. Damals konnten wir allerdings noch nicht im geringsten ahnen, was sich aus unserem Zusammenkommen noch alles entwickeln würde.

In dieser Gründungsformation würden wir in den kommenden ungefähr drei Jahren so manchen Saal „unsicher machen", es würde Fans geben, die aus Musikbegeisterung in halsbrecherischer Weise auf hohen Balustraden tanzen, Auftritte „auf eigene Kappe" mit für uns damals atemberaubender Gage (aber auch solche „für kleines Geld"), Auftritte zusammen mit prominenten Bands wie beispielsweise den Rainbows, Monks oder den Rattles; einmal würde vor vollem Haus mein Gitarrenverstärker unter erheblicher Rauchentwicklung seinen Geist aufgeben, woraufhin man uns „die Band, bei der die Verstärker qualmen" nennen würde; wir würden einen liebenswerten „Roadie" haben („Gnomi"), der uns überall mit hin begleiten würde (und der ganz nebenbei dafür verantwortlich sein würde, dass ich meine spätere Frau kennengelernt habe!), wir würden eine Menge treuer Fans haben, die unseren etwas härteren Stil in Richtung Stones, Kinks usw. besonders schätzen, weshalb man uns auch die „Hessischen Rolling Stones" nennen würde – und noch vieles, vieles mehr.

Dieter Faust, geboren 1949, Biebertal

****

Gewitzt: Spickzettel im Hosenaufschlag

****

Das neue Jahrzehnt begann für mich mit der Aufnahmeprüfung fürs Gymnasium. Eine Woche Tests, Arbeiten – dann war es geschafft! Ich war Sextanerin. Fast 40 Schülerinnen und Schüler in einer Klasse – das war nichts Besonderes. Unsere Lehrerinnen und Lehrer, zum Teil in den „Dreißigern", kamen uns uralt vor. Wie es so ist – man suchte immer etwas, womit man den Unterricht etwas interessanter gestalten konnte. Da fiel uns schon so einiges ein. Unser Lateinlehrer trug Hosen mit Umschlag. Das war sehr günstig, weil wir unsere Spickzettel während einer Klassenarbeit darin verstecken konnten. Er trug diese Mitteilungen durch den Klassenraum zur Unterstützung und Belustigung für die Klasse.

1961
Ich war gerade 12 Jahre alt geworden, hatte Sommerferien und war mit meiner zwei Jahre jüngeren Schwester Birgit mit dem Zug zu meinen Großeltern nach Apolda in Thüringen in der damaligen DDR gefahren. Sechs Wochen vorher musste eine Aufenthaltsgenehmigung beantragt werden. Hatte man die endlich, ging es auf die Reise. Während der Zugfahrt gab es etliche Kontrollen. Sogar unsere Koffer musste ich aufmachen. Da hat mein Herz schon ganz schön geklopft. Es war zwar nichts Unerlaubtes im Koffer, aber trotzdem ... Ich hatte ganz schön Angst. In Apolda angekommen, mussten wir uns zuerst beim Rat der Stadt Apolda melden. An lächelnde Gesichter auf dem Amt kann ich mich nicht erinnern. Wir waren froh, als wir das hinter uns hatten.
Am 13. August 1961 wurde die Mauer gebaut. Meine Schwester und ich bekamen damals eigentlich nicht so viel davon mit. Zehn und zwölf Jahre – wir hatten anderes im Sinn. Waren vor allem überglücklich, endlich wieder bei den Großeltern zu sein, die wir hier in Hessen sehr vermissten. Meine Mutter hat später immer wieder erzählt, dass sie an diesem Tage vor Angst fast gestorben sei, da sie ja nicht wusste, wie es weiterginge und ob man uns ohne Probleme wieder ausreisen lassen würde, da mein Vater 1953 die DDR unerlaubt verlassen hatte. Aber alles ist gutgegangen – Gott sei Dank.
Ich war in den Sechzigern noch mehrmals in Apolda, weil ich noch einen gleichaltrigen Cousin hatte, mit dem ich mich prächtig verstanden habe. Er wohnte nur zwei Häuser weiter. Die Eltern hatten eine Strickwarenfabrik, die zu dieser Zeit aber nicht mehr das Eigentum, sondern verstaatlicht worden war. Trotzdem konnten wir dort auch spielen und Matthias, so hieß mein Cousin, hatte immer gute Ideen. So hatte er sich ganz hinten im Lager, wo kaum jemand hinkam, eine Höhle gebaut. Aus vielen kleinen und großen Kartons. Da saßen wir oft drinnen, mit Taschenlampe und Pfefferminzschokolade und machten Pläne. Diese Höhle hatte von meinem sehr kreativen Cousin natürlich einen Namen bekommen. Und nur derjenige, der diesen Namen auswendig konnte, durfte mit hinein. Noch heute kann ich diesen Namen im Schlaf aufsagen.

In den nächsten Jahren bekamen wir Kinder von meinen Eltern zwei Shetland-Ponys geschenkt. Wir waren alle sowieso sehr tierlieb, und nach Katzen, Hühnern, Schafen, Meerschweinchen usw. ging unser Herzenswunsch mit den beiden Ponys in Erfüllung. Wir kauften sie von einem älteren Ehepaar im Schwabenland. Dort angekommen, wollte ich das mir zugedachte Pony, einen weißen kleinen Hengst, gleich testen. Aber Pascha, so hieß er, hatte natürlich auch seinen Willen und so warf er mich ab. Meine Schwester Birgit, die dabei war, beschwor ich, bei den folgenden Kaufverhandlungen nichts davon

zu sagen, weil ich Angst hatte, mein Vater würde vielleicht vom Kauf absehen. Gut, es hat alles geklappt und wir waren fortan die Besitzerinnen von Pascha und Junker genannt Jonko, einem schwarzen Wallach, der Birgit gehörten sollte.
Wir verbrachten viel Zeit mit den beiden Ponys, und wenn wir im Fernsehen den „Immenhof" sahen, gingen wir anschließend nach draußen und machten alles so nach, wie vorher gesehen.
Es waren schöne, glückliche, aber auch arbeitsreiche Jahre. Pascha und Jonko waren der Anfang und eine Herde von zeitweise bis zu 40 Ponys entwickelte sich daraus in den nachfolgenden Jahren. Teddy war eine kleine Shetland-Fuchsstute, die auch an das Kutschenfahren gewöhnt war.
Als mein achtjähriger Bruder Hardy im Zeltlager in Landenhausen eine Ferienzeit verbrachte, wollten meine Schwester und ich ihn dort besuchen. Es hat auch gut geklappt und wir waren ganz stolze Kutschenfahrerinnen. Auf dem Rückweg nach Lauterbach hatte Teddy aber auf einmal keine Lust mehr, und wir hatten Mühe, bis wir wieder schweißgebadet im Stall angekommen sind.
Mitte der Sechziger Jahre begann ich auf Wunsch meines Vaters eine Ausbildung in unserer Baby- und Kinderbekleidungsfabrik zur Industriekauffrau. Damals hieß es natürlich noch Industrie-Kaufmann. Ich wäre so gerne Grundschullehrerin geworden, das war mein Herzenswunsch, aber es gab keine Diskussion. So durchlief ich alle Abteilungen unserer Firma und machte nach zweieinhalb Jahren meine Abschlussprüfung. Ich musste viel lernen, aber ich hatte auch viele Freiheiten im elterlichen Betrieb.

Ein Himmel voller Geigen

Pascha im Winterfell

Heikes erstes Pony Pascha

6. März 1968
Dieser Tag sollte für mich ein entscheidender Tag werden. Als ich mit meiner Freundin gegen Abend durch den Steinweg in Lauterbach fuhr, sah ich den gut aussehenden jungen Mann mit seiner sehr ansprechenden Figur wieder, der mir die Tage vorher schon in einem Café aufgefallen war. Er war mit einem Kumpel unterwegs, den zufälligerweise meine Freundin kannte. Als ich zu ihr sagte, „du, das ist ja der aus der Traube" – so hieß das entsprechende Café vorher –, hielt sie spontan an, weil sie ja den anderen kannte. So nahm das Schicksal seinen Lauf. Karl-Dieter, so hatte sich der hübsche, sportliche Kerl vorgestellt, hatte gerade Zwischenexamen gemacht und war eigentlich nur ein paar Tage in Lauterbach bei seinen Eltern. Er machte nach seiner Bundeswehrzeit als Fallschirmjäger in Nagold ein Architekturstudium in Frankfurt. So waren wir bis Ende der Sechziger Jahre oft getrennt. Ein Auto hatte er nicht. Er kam samstags mit dem Zug und ich holte ihn am Bahnhof ab. Sonntagabend fuhr er wieder nach Frankfurt zurück und es floss so manche Träne. Es blieben uns nur die Wochenenden, die ich schon montags herbeisehnte und immer wieder mal das Telefon. In diesen Jahren war telefonieren noch sehr teuer und man musste immer wieder auf die Uhr schauen. Deshalb haben wir uns oft und viel geschrieben. Jede Woche gingen Briefe von Lauterbach nach Frankfurt und wieder in umgekehrter Richtung. So sind es zwei prall gefüllte DIN-A4-Leitz-Ordner mit handgeschriebenen Briefen geworden. Zwei weiße Ordner mit je einem roten Herz haben uns bisher begleitet.

31. Dezember 1968
Ein wunderschöner Wintertag. In der Nacht hatte es viel geschneit und wir fuhren mit meiner Oma nach Mümling-Grumbach im Odenwald. Dort wollten wir uns am letzten Tag des Jahres verloben. Oma Lenchen wurde von meinem Vater als „Anstandswauwau" mitgeschickt. So war das damals. Ich war neunzehneinhalb Jahre und Karl-Dieter fast 24 Jahre alt. Karl-Dieter war dort geboren und hatte im Odenwald noch viel Verwandtschaft. Tante Erika bereitete für uns eine wunderschöne Verlobungsfeier vor. Sie war erst Mitte 30 und hatte viel Verständnis für ein glückliches Paar und hat so manches Auge zugedrückt.

Heike Saller, geboren 1949, Lauterbach

****

Verloren: Der Sandmann

****

Sich an die eigene Kindheit zu erinnern, ist gar nicht so einfach. Warum? Viele Jahre sind seitdem vergangen. Vielleicht ist es so, dass man erkennt, an welchem Abschnitt man in seinem Leben steht und nun zu der Generation gehört, die aus einer „anderen Zeit" erzählen kann. Dabei habe ich doch eben noch meinen Eltern und Großeltern zugehört, die von ihrer Kindheit und Jugend erzählten ...

Meine Kindheit – da wehen zunächst natürlich sehr persönliche Momente an mich heran. An meinen Bruder, denn der war ja der erste und beste Freund in den Kindheitstagen. Nur ein Jahr älter als ich, war er mein Vertrauter. Ein ständig lachender und zu Späßen aufgelegter Junge, der über ein schier unermessliches Maß an Phantasie verfügte. Unser Hund Flappi wurde so zum Prinzen, die Katze Leila, in Puppenkleidern, zur Prinzessin. Wir wohnten in einer uralten Burg mit vielen geheimnisvollen Gegenständen, zumindest für uns Kinder. Da gab es alte Kanonen aus Stein, Elefantenohren und ausgestopfte Krokodile; es gab eine Schatztruhe mitten im Flur, zahlreiche Geweihe, exotische Schmuckstücke. Ahnenbilder hingen von hohen Wänden und wir machten uns einen Spaß daraus zu erzählen, dass die Porträtierten um Mitternacht aus den Gemälden steigen würden. Zwischen all diesem Inventar war unserer Phantasie unendlich viel Platz gegeben und wir reisten in Gedanken durch Zeiten und Geschichten, genährt von den Märchen, die unsere Mutter uns abends vorlas. Unter der Holztreppe war unsere Wohnung, dahin wurden Decken und Kissen geschleppt, Kakao und Zwieback. Mein Bruder brachte Schwerter und Pistolen, ich Puppenbetten und Porzellangeschirr. Hier saßen wir stundenlang und spielten. Der Boden bestand aus schwarz und weiß gekachelten Steinfliesen, eisig kalt, das Muster diente als Straße oder Eingrenzung. Die Eingangshalle, in der wir spielten, war sehr dunkel, alle Schränke dunkelbraun gestrichen. Eine Holzwand trennte den riesigen Raum in zwei Hälften. Die Wand hatte einen Rundbogen als Durchgang und diente uns als Portal für den Bollerwagen, in dem der Hund als Prinz auf Kissen thronte, um in ein imaginäres Schloss einzuziehen.

Eine andere unauslöschliche Erinnerung: Auf dem Dachboden fand sich ein Puppenhaus aus dem vorigen Jahrhundert. Aus einem uralten verstaubten Karton, in feinstes Seidenpapier oder zarte Servietten verpackt, kamen Puppen mit Porzellanköpfen, Porzellanhänden und Porzellanfüßchen zum Vorschein. Feine, spitzenbedeckte Kleidchen, feinstes Geschirr, weiß und mit Rosen bemalt, Mobiliar, alles passend für die Püppchen und die Zimmer zauberten wir aus dieser Wunderkiste. Aber das Phantastischste war ein Bad mit einer richtigen Badewanne, in die aus einem Boiler warmes Wasser fließen konnte. Es wurde ein kleines, weißes Stückchen, das aussah wie Zucker, unter den Boiler gelegt und

mit einem Streichholz entzündet. Das Wasser wurde so erhitzt und floss dann lauwarm in die winzige Wanne! Konnte es etwas Schöneres zum Spielen geben als dieses Puppenhaus?
Eine weitere prägende Erinnerung: der Besuch des Kindergartens. Die Spiele veränderten sich, man gewann erste Freunde außerhalb der Familie. Die Kindergartentante spielte eine wichtige Rolle und ihr Wort war Gesetz! Mittags gab es ein Ruhestündchen auf kleinen Klappbetten. Irgendwann durfte man den Weg von zu Hause in den Kindergarten alleine gehen, die Auffahrt hoch, über die Straße, an der Kirche vorbei, eine kleine Mauer entlang, auf der man wunderbar balancieren konnte. Unterhalb der Mauer lagen wunderschöne Bauerngärten mit den schönsten Blumen, vor allem im Herbst eine Freude. Hier verlor ich meinen Sandmann, dem Sandmann aus der abendlichen Gute-Nacht-Serie im Fernsehen liebevoll nachgebildet, mit einem goldenen Schlüssel am Gürtel. Ewig habe ich diesen Verlust bedauert und noch heute ertappe ich mich dabei, in diese Gärten zu spähen, ob mein Sandmann nicht doch noch irgendwo zu finden ist.

Einschulung: Ich erinnere mich nicht, aber sehe mich auf dem Foto von damals mit Schultüte und erwartungsvollen Augen. Die Lehrerin war streng, aber gerecht. Endlich hatte ich eine beste Freundin, die schon auf dem Schulweg auf mich wartete und unsere Spiele waren Gummitwist und Kreidekästchen, Murmeln und sehr beliebt: einen Verkaufsstand im Hof zu eröffnen. In diese Zeit, zum Ende der Grundschule, fällt auch der Tod meiner Großmutter. Ihr Haus am Waldrand war ein Paradies für uns Enkelkinder. Hier herrschte der gleiche freie Geist wie zu Hause, jedoch erschien mir meine geliebte Großmutter immer viel fortschrittlicher als meine Eltern. Man durfte sich im Keller eine kleine Flasche aus festem Glas holen: eine Sinalco! Und immer gab es eine Dose mit Duplo – welche Köstlichkeiten! Auf dem blauen Sofa im Wohnzimmer sitzend verfolgten wir manchmal am Samstagnachmittag „Erkennen Sie die Melodie" mit Ernst Stankovski, bereits in Farbe – das gab es bei uns zu Hause nicht!

Der Eintritt in die weiterführenden Schulen ist auch in meiner Erinnerung eine Zäsur, denn unsere Grundschulklasse löste sich auf und wir verteilten uns auf die umliegenden Schulen. Die Kindheit war zu Ende. Die Siebziger Jahre begannen.

Vera Yvonne Kissner, geboren 1959, Echzell

Aufgenommen: Der Sound aus Luxemburg

Anfang der Sechziger Jahre zeltete ich mit einigen Freunden am Bärensee in der Nähe von Hanau. Wir lernten dort zufällig einige Leute kennen, die sich in der Musikszene gut auskannten. Sie empfahlen, unbedingt ein Konzert der indonesischen Band „Thilmann Brothers" zu besuchen, die in einer Bar spielt. Damals sind viele Indonesier nach Holland emigriert und so kam es, dass viele indonesische Bands in deutschen Städten aufgetreten sind. Früher kannte ich fast ausschließlich Dicke-Backen-Musik von der Kirmes und ähnlichen Festen. Was ich da aber hörte, war für mich umwerfend, ein ganz neuer Sound, der maßgeblich durch die E-Gitarren und Verstärker bestimmt wurde.

Ich erzählte von meinen Erlebnissen auch in meinem Bekanntenkreis und traf Siegfried Eisenlohr, der schon einige Zeit Gitarre spielte. Er meinte: „Wir gründen gerade eine Band, wenn du Lust hast, kannst du mitmachen." Bis dahin hatte ich hauptsächlich Akkordeon gespielt und hatte mit der Gitarre nichts am Hut.

Ich arbeitete damals in einer Bank in Frankfurt und erzählte einer befreundeten Kollegin von dem Konzert in Hanau und von der bevorstehenden Bandgründung. Daraufhin brachte sie mir anderntags eine alte Wandergitarre mit. Damit konnte ich zunächst nicht viel anfangen, denn wir wollten ja den neuen Sound mit den E-Gitarren erreichen. Aber immerhin konnte ich auf dem „alten Stück" meine ersten Griffe üben.

Mit drei und 150 PS: Die Starfighters

Dann ging es los: Siegfried Eisenlohr, Karlheinz Woytke, Günter Zeh und ich zählten im Spätsommer zu den Gründungsmitgliedern der Starfighters, später gab es auch mal Wechsel in der Besetzung. Wir alle waren getragen von einem unglaublichen Enthusiasmus, die neue Musik in unserem Umfeld zu präsentieren.
Diese Musik konnte man meistens nur bei Radio Luxemburg hören. Wir haben uns vor den Radioapparat gesetzt, die Lieder auf kleinen Tonbandcassetten aufgenommen und dann mühselig die Texte herausgeschrieben. Dann versuchten wir, die Songs nachzuspielen, was uns offensichtlich auch gut gelungen ist. Was wir anfangs aus finanziellen Gründen noch nicht hatten, waren Fender-Verstärker. Einer der Bandmitglieder hat sogar aus einer alten Musikbox den Verstärker und die Lautsprecher ausgebaut, über die wir dann spielten, später benutzten wir dann Fendergitarren und -Verstärker. Geübt haben wir im Keller des „Odinclubs", der unter der Steinhauer-Passage in Friedberg lag. Den ersten Auftritt hatten wir in dem kleinen Saal der Gaststätte Wilhelmshöhe in Butzbach. Dann ging das munter weiter für die nächsten fünf Jahre. Wir spielten in der ganzen Wetterau, besonders waren die „Teenager-Partys" in und um Friedberg gefragt.

An den Sonntagnachmittagen war im ersten Stock des Hotels Trapp in Friedberg zwischen 16 und 19 Uhr die Hölle los. Der Eintritt kostete 99 Pfennige und es kamen teilweise bis zu 400 Jugendliche. Wenn wir loslegten und die Lautstärke langsam steigerten, war die Begeisterung groß und es wurde bis zum Umfallen getanzt. Ein absolutes „Muss" war der Skiclub-Maskenball im Kurhaus Bad Nauheim, bei dem wir große Erfolge feierten. In Erinnerung geblieben ist auch unser Auftritt im Casino in Friedberg mit dem englischen Superstar Casey Jones, der bekannt geworden war durch den Song „Don't ha ha".
Neben den Beatniks und den Magics gehörten wir zu den bekanntesten Bands der Wetterau. Zu den Veranstaltungen wurden wir teilweise von gut einhundert Fans begleitet. Das wussten auch die Veranstalter, weswegen wir gerne engagiert wurden. Wir spielten alles, was aktuell war, Rolling Stones, Kinks, Beatles, aber auch melodiöse Gitarrenstücke von den Shadows, Ventures und den Spotnicks.
Die Band gibt es übrigens heute noch, wenngleich in anderer Besetzung.

Günther Keller, geboren 1939, Bad Nauheim

****

Inspektion: Aufgeröppelt

****

Nein, ich habe noch keinen 3D-Drucker. Aber ich habe ein wachsames Auge auf die neue Technologie geworfen, denn sie ruft längst vergessene Gedankenexperimente wieder ins Bewusstsein aus einer Zeit, in der wir gern unsere Double Bubbles ad infinitum dupliziert hätten.
Das Sechziger Jahre-Pendant zum 3D-Drucker war Daniel Düsentriebs Duplikator. Ältere Semester erinnern sich an die Wundermaschine des quirligen Erfinders aus Entenhausen. Der Duplikator benötigte keine Kunstharze und konnte alles von Brotschmiermaschinen bis hin zu Gespenstern und anderen Lebewesen in einem Sekundenbruchteil klonen („klonen" hieß das damals allerdings noch nicht). Fragte man damals ein Kind, was es sich am meisten wünsche, kam die Antwort wie aus der Pistole geschossen: „Einen Duplikator." Das war die cleverste Antwort nach „Zauberstab". Wir wussten natürlich, dass fast alle Erfindungen des Entenhausener Erfinders in einem Desaster endeten. Doch die Idee war geboren und ging uns nicht mehr aus dem Kopf. Fortan unterteilte man die Welt in Dinge und Personen, die man gern replizieren würde und solche, die bereits als Einzelexemplare schwer zu verdauen waren. Meine Matchbox- und Schneckensamm-

lung waren beispielsweise „potenzielle Duplikator-Kandidaten", während meine Handarbeitslehrerin in der Grundschule definitiv ein Fall für die „Bloß nicht!"-Kategorie war.

Jene Dame verstand es, uns wöchentlich zu demoralisieren, wenn wir uns mit unseren Häkelarbeiten in einer Reihe zur Inspektion aufstellen mussten. Während dieser Prozedur blieb meist kein Auge trocken, da sie mit gezieltem Blick immer – irgendwo weit unten – einen zu eng oder zu lasch gehäkelten Teil ausmachte und daraufhin das gesamte Werk „aufröppelte." Dass ich weder zum Häkeln noch zum Stricken geboren war, wurde mir früh klar, also übernahm meine Oma die Handarbeiten. Das ging auch eine Weile ganz gut, bis sie drei Wochen in Kur war und ich meinen nun gezwungenermaßen selbstgestrickten Schal nächtelang unter schweren Möbelstücken langziehen musste, um der erforderten Länge ein wenig näher zu kommen. Es half aber alles nichts, das löchrige Produkt maß am Ende der Woche kaum zwanzig Zentimeter. Es war jedoch inzwischen so festgezogen, dass es sich sogar dem wöchentlichen „Aufröppeln" widersetze. Bei den Pfadfindern hätten mir solch unlösbare Knoten großes Lob beschert, nicht jedoch bei besagtem Lehrkörper.
Aber zurück zur Welt der Literatur. Daniel Düsentrieb war nicht der einzige Comic-Held, der begehrenswerte Objekte besaß. Auch Kater Felix hatte eine Tasche, die wie ein schwarzes Loch, vom Butterbrot bis zum Kleinwagen, alles in sich aufnehmen konnte. Aber mit einer schwarzen Handtasche herumzulaufen war auch damals äußerst uncool.

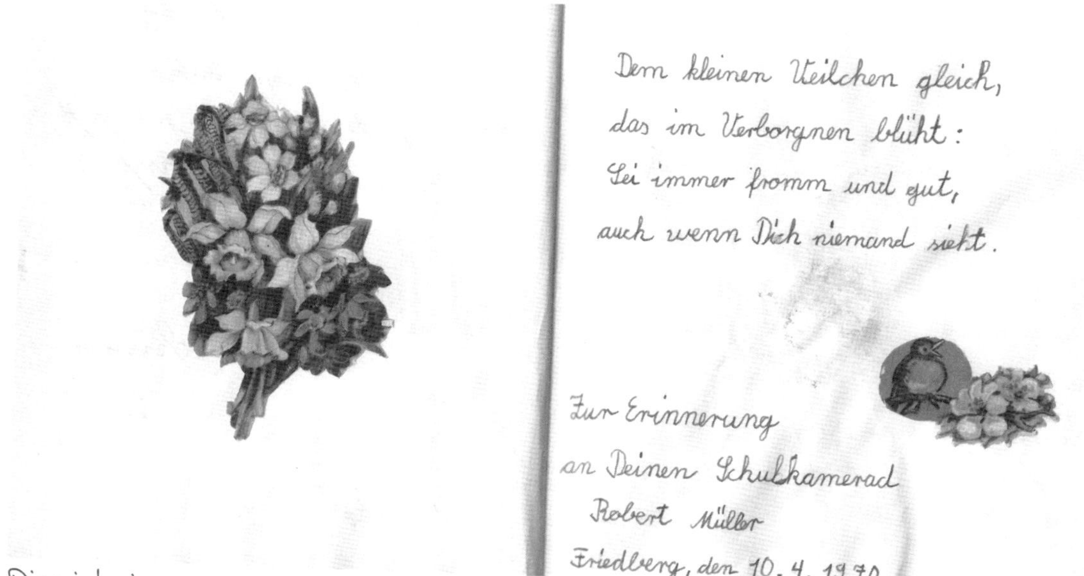

Dies ist eine von zwanzig Geschichten aus den Sechziger und Siebziger Jahren, geschrieben von Susanne Vrobel und erhältlich unter dem Titel „Wetterauer Geschichten" in der Bindernagelschen Buchhandlung in Friedberg, im Delikatus in Friedberg sowie den Bad Nauheimer Buchhandlungen.

Und so sahen wir uns nach passenderen Helden um. Plastic Man aus den Marvel Comics war nur bedingt nachzuspielen – man musste jeweils ankündigen, wie weit Arme oder Beine ausgestreckt waren, um den Bösewicht zu erwischen: „Plastic Man – ich habe dir ein Bein gestellt!" Doch nur die ganz Unerfahrenen ließen sich daraufhin zu Boden fallen. Viertklässler verwandelten sich sofort in Invisible Woman und waren rückwirkend unsichtbar.

Neben den in ganz Friedberg herumgereichten und meist schon leicht zerfledderten Comicheftchen hüteten wir jedoch auch literarische Schätze ganz anderer Art: Jedes Kind hatte ein Poesiealbum, in das Familie und Freunde tiefsinnige Verse eintrugen, die mit eingeklebten bunten Bildchen und Zeichnungen verziert wurden. In die vier Ecken der linken Seite malte man kleine Dreiecke mit kurzen Texten: „Blaue Augen, roter Mund, liebe Susi, bleib' gesund!" Manchmal wurden die Ecken zu kleinen Täschchen gefaltet, die man aufklappen konnte, um ganz persönliche Nachrichten zu lesen oder eher redundante Einträge („Fürs Poesiealbum"). Auf der rechten Seite standen die Ratschläge fürs Leben. "Wer sich an and're hält, dem wankt die Welt. Wer auf sich selber ruht, steht gut." „Pahradis" tauchte fast in jedem Gedicht auf, auch wenn es keiner so richtig buchstabieren konnte.
Ich habe mein Poesiealbum noch immer. Neben Lebenshilfe und ermahnenden Versen finden sich dort auch pädagogisch weniger wertvolle Einträge wie die meines Vaters („Wer Ordnung hält, ist nur zu faul zum Suchen") und meines Bruders („Nachts ist's kälter als draußen"). Mit diesem Schatz an Lebensweisheiten konnte ja nichts mehr schief gehen. And so it goes.

Doch zurück zu Daniel Düsentrieb, der uns allen einen alternativen Berufswunsch vorlebte (falls man nicht Astronaut werden konnte). Ich selbst habe eine Rühreimachmaschine erfunden und gebaut, mit Wartesaal für die Eier. Und eine Schuhputzmaschine mit blauen Gummimäusen. Nun, die Prototypen sind dem Sperrmüll zum Opfer gefallen und weitere Versionen gab es nicht. Einen Duplikator habe ich leider nie konstruieren können, und so sind die 3-D Drucker eine Art verspätete Erfüllung meiner damaligen Aspirationen. Heute würde ich mir statt duplizierter Häkelreihen oder Weinbergschnecken wohl eher viertägige Wochenenden wünschen. Bisher klappt es mit der Zeitdilatation noch nicht, aber ich bin optimistisch.
Denn damals war halt alles langsamer.

Susanne Vrobel, geboren 1961, Bad Nauheim

****

Endspiel: Sonderbare Ruhe

****

Die Fußballweltmeisterschaft 1966 war die erste, die viele Menschen am häuslichen Fernseher verfolgten. Ich war damals gerade sieben Jahre alt geworden und interessierte mich mehr für Klicker, Matchboxautos und Abenteuerspiele als für ein Weltmeisterschaftsendspiel. Eine Fußballbegeisterung hat sich erst später bei mir ausgeprägt und sich bis heute gehalten, obwohl ich viele Jahre lang aktiver Handballer war.
In Wölfersheim war Fußball Trumpf. Da hat der halbe Ort im Kraftwerk oder im Bergbau gearbeitet, und gerade bei den Bergleuten war die Fußballbegeisterung riesig. Während Hans Tilkowski, Helmut Haller, Siegfried Held, Uwe Seeler und Franz Beckenbauer bejubelt wurden und die Sammelbildchen in der Schulpause getauscht wurden, habe ich mich mehr für meine Matchboxautos begeistert.

Samstag der 30. Juli 1966 ist mir unvergesslich in Erinnerung. Regen kündigte sich an. Es war nicht besonders warm an diesem vorletzten Julitag, an dem auch in unserem Haus ziemliche Aufregung herrschte. Die Tante und der Onkel hatten sich angekündigt und die Nachbarn sollten auch noch kommen. Man wollte das Endspiel unter deutscher Beteiligung gemeinsam anschauen.
In der Vorrunde hatte sich Deutschland gegen die Schweiz und Spanien durchgesetzt und gegen Argentinien unentschieden gespielt. Im Viertelfinale gab es dann einen hohen Sieg gegen Uruguay und einen knappen Sieg gegen die Sowjetunion. Die Engländer als Endspielgegner hatten zuvor Argentinien und Portugal besiegt und galten im Ort wie auch weltweit als Favoriten.
Für mich mit meinen gerade mal sieben Jahren war das alles fremd und hat mich nicht wirklich angerührt. Ich wollte nur raus. Ich hatte zwar noch gute Erinnerungen an das Spiel gegen Russland, das damals noch Sowjetunion hieß. Das Wohnzimmer am heutigen Tage war mir aber zu voll mit aufgeregten, angespannten Menschen. Bier wurde getrunken, und die anwesenden Männer brüllten den Spielern im Fernsehen zu, als könnten sie es auf diese Distanz und dann auch noch über das Fernsehgerät ins Wembley Stadion hineinbrüllen. Das alles hat mich befremdet. Ich wollte nur raus auf die Straße zum Spielen. Und damals wurde und konnte man noch gefahrlos auf der Straße spielen. Ich stürmte also aus dem Haus und da war sie, eine mir bis heute unvergessliche Ruhe, die Georgenstraße war wie leergefegt, keine Menschen in den Gassen rings umher, keine Autos und Traktoren unterwegs, kein Hämmern, Sägen und Werkeln. Nur immer wieder wurde diese sonderbare Ruhe durch kollektive wilde Schreie aus allen Häusern gleichzeitig jäh unterbrochen, wenn ein Tor fiel oder dicke Chancen verpasst wurden. Und so habe ich als Siebenjähriger ein für uns Deutsche noch heute mitreißendes, dramatisches und unvergessliches Fußballereignis in den Sechziger Jahren alleine auf der Straße träumerisch spielend verlebt.

Deutschland ging 1:0 durch Helmut Haller in Führung. Geoff Hurst glich in der 18. Minute aus. 12 Minuten vor Schluss gingen die Engländer in Führung. Noch in der Nachspielzeit glich Wolfgang Weber aus. Dann aber wurde es vollends dramatisch: Das legendäre Wembley-Tor von Geoff Hurst in der 101. Minute sollte noch Generationen von Fußballfachleuten beschäftigen. Der Ball knallte an die Unterkante der Latte und von dort senkrecht nach unten, bevor Weber den Ball über das Tor köpfte. Der Schiedsrichter entschied nach Rücksprache mit dem Linienrichter auf Tor.

Die Stimmung brodelte vor den Fernsehern, im Stadion, auf dem Platz – und ich fuhr davon völlig unberührt über die Georgenstraße mit meinen Matchboxautos, mutterseelenallein und gedankenversunken. Alle meine in der Regel älteren Spielkameraden ließen sich vom Eifer ihrer noch älteren Geschwister, von der Anspannung ihrer Eltern und Großeltern anstecken. Ich erinnere mich, dass es Tage danach kein anderes Gesprächsthema gab als das dritte Wembley-Tor. Erst da dämmerte mir allmählich, dass ich offensichtlich etwas Wichtiges verpasst hatte.

Spielte sein eigenes Endspiel

Joachim Arnold, geboren 1959, Wölfersheim

****

Musterung: Auf geht's

****

Meine Sechziger Jahre fangen eigentlich schon mit dem Ende der Fünfziger an. Mit der Musterung zur Feststellung meiner Wehrdiensttauglichkeit, die jeder männliche Jugendliche über sich ergehen lassen musste. Ein gewaltiger Einschnitt in mein persönliches Empfinden. Alles konnte und durfte man bisher in seinem Dasein mit der Familie freiwillig bestimmen, aber nun fing damit der Ernst und die Pflicht des Erwachsenwerdens an. Man „musste" plötzlich. Der 1942 geborene Jahrgang wurde Ende des 17. Lebensjahres im September/Oktober 1959 gemustert. Von den Kumpels der älteren Jahrgänge hatte man sich schon im Vorfeld den Ablauf dieser Musterung erklären lassen, aber dennoch wuchs die Spannung trotz gut gemeinter Ratschläge von Tag zu Tag. Einige geladene Friedberger kannte ich bereits von der Schule oder dem Sport her.

Die Musterung war in der Turnhalle in Fauerbach angesetzt. Immer, wenn ich daran zurückdenke, geht mir das „obligatorisch Urin lassen" nicht mehr aus dem Sinn. Jeder von uns bekam einen kleinen Becher mit dem Kommando „auf geht's" in die Hand gedrückt. Wir standen barfuß auf Turnmatten und mühten uns, dem Auftrag zu folgen. Plötzlich fingen welche an lauthals zu lachen, was zur Folge hatte, dass bei dem ein oder anderen gar nichts mehr kam und andere nicht mehr stoppen konnten, die Becher liefen über und über, ein Gaudi hoch drei.
Da ich im September 1959 auch meine Schulzeit beendete und erst eine Berufsausbildung starten wollte, wurde ich vom Wehrdienst zurückgestellt. Eine Berufswahl stand an. Diese große Auswahl, wie sie heutige Jugendliche kennen, war uns fremd. Der Berufsberater, der zu uns in die Schule kam, meinte zu mir: „Alles wird elektrisch, die Waschmaschine, der Eisschrank, der Fernseher. Bub, werd Elektriker, da wirst du nie arbeitslos." Er sollte es wissen. Und da ich von meiner beruflichen Zukunft keine genaue Vorstellung hatte, suchte ich mir eben eine Lehrstelle als Elektriker bei der Firma G. Roth KG in Frankfurt/Rödelheim.

Damit begann mein Erwachsenwerden Anfang der Sechziger. Morgens um sechs ging der Zug nach Frankfurt, umsteigen in West nach Rödelheim, zu Fuß noch fast drei Kilometer zur Firma. Bei Wind und Schmuddelwetter im Winter auf einer vielbefahrenen Einfallstraße nach Frankfurt, dreieinhalb auch samstags, denn es gab noch die 45-Stundenwoche und Überstundenpflicht für die Gesellen. Mehr tot als lebendig und Krankheitstage? Fehlanzeige.
Hier spielte mir zum Glück das Schicksal gewaltig in die Karten. Da ein Elektriker außer Strippen ziehen auch mal ein Loch bohren, sägen und etwas feilen können sollte, steckte man mich kurzerhand erst einmal mit den Werkzeugmacherlehrlingen zusammen in den Werkzeugbau. Hier erlernte ich nicht nur die gestellten Anforderungen, sondern bekam

schnell einen Überblick über das Arbeitsfeld eines Werkzeugmachers. Mein Lehrvertrag wurde geändert, ich wurde Werkzeugmacher mit Herz und Seele. Nach vier Gesellenjahren begann ich berufsbegleitend samstags, sonntags sowie in den Abendstunden meine Weiterbildung zur Meisterprüfung im Werkzeugmacherhandwerk, welche ich mit Erfolg ablegte. Am 1. Dezember 1967 wurde ich als Meister bei dem weltbekannten Motorradkonstrukteur Friedel Münch in Ossenheim angestellt. Es sollte in alten Gemäuern und neuen Hallen in Altenstadt zum schönsten Arbeitsplatz meiner beruflichen Laufbahn werden. Durch unglückliche Umstände endete eine tolle Zeit auf tragische Weise 1971/72.

Da das Leben nicht nur aus Arbeit und Maloche besteht, wendete ich mich zu Beginn der Sechziger dem weiblichen Geschlecht zu. Neben den beruflichen lernte ich auch die zwischenmenschlichen Annehmlichkeiten des Lebens kennen. Als Elvis-Presley-verseuchte Generation wurde die „Oase" auf der Kaiserstraße zu unserer zweiten Heimat. Rock ‚n' Roll sowie alle Filmklassiker der Sechziger ließen uns die Zeit miteinander nie langweilig werden. Etliche wie auch ich lernten ihren späteren Ehepartner in der „Horn-Herberge" kennen.

Gleich mit Beginn der Sechziger wurde unsere Familie leider oder Gott sei Dank etwas aus dem alten Trott gezogen. Meine ältere Schwester verließ das heimische Nest und startete der Liebe wegen in ein neues Abenteuer. Etwa gleichzeitig lernte ich meine spätere Ehefrau kennen.

Auch für mich blieb die Uhr nicht stehen. Am 1. Oktober 1963 musste ich zur Ableistung meines Wehrdienstes in Gießen in der Bergkaserne antreten. Jäh wurden meine beruflichen und privaten Aktivitäten unterbrochen. Ich konnte dem ganzen Militärschlamassel noch etwas Gutes abgewinnen, denn mein Vater lag zu dieser Zeit bereits krank im Klinikbett in Gießen. Jeder, der das mitmachen musste, weiß, was es heißt, frisch verliebt seinen Schatz zurücklassen zu müssen. Aber weil mein Schicksal es wieder sehr gut mit mir meinte, wurde ich schon zum 1. Dezember 1963 nach Hause entlassen.

Das kam mir stark entgegen, denn die Zeit zur Vorbereitung meiner Eheschließung am 24./25. Januar 1964 drängte. Wohnungssuche, Möbelkauf und Haushaltsaufbau wurden ohne das nötige Kleingeld zur Mammut-Aufgabe. Aber Gott sei Dank besaß ich zwei gesunde Hände, einen tollen Beruf und Arbeit von früh bis nachts.

Manfred Schuster, geboren 1942, Niddatal-Assenheim

****

Es reicht: Marmor, Stein und Eisen

****

Als ich drei Jahre war, zogen meine Eltern von Friedberg aufs Land – nach Ockstadt, weil sie dort eine Wirtschaft übernahmen. Das war das Beste, was mit passieren konnte, denn ich erlebte dort eine sehr schöne und unbeschwerte Kindheit.

Da meine Eltern sehr beschäftigt waren – mein Vater ging noch seinem Beruf nach und meine Mutter kümmerte sich im Wesentlichen um die Gastwirtschaft – bin ich fast jeden Tag ausgebüxt, denn es gab in der Nachbarschaft gut und gerne fünfzehn Kinder. Dort lernte ich den Bauernhof kennen, Tiere, Traktor – und den Misthaufen. Besonders den fand ich toll. Meine Mutter fand das weniger. Fluchte mal kurz, dass wir aufs Land gezogen waren, kaufte mir dann aber ein paar Gummistiefel.

Jedenfalls wurden wir als Hinzugezogene herzlich aufgenommen. All die Erwachsenen, die um uns wohnten, waren für mich „Onkel" und „Tante" – das ist übrigens bis heute so geblieben.

Conny hinter dem Tresen

Was für mich auch neu war: Wir waren evangelisch, Ockstadt war streng katholisch. Im Kindergarten arbeiteten Nonnen in ihrer Ordenstracht, einige von ihnen gingen dann auch nach Afrika zur Mission. Im Kindergarten wurde zweimal am Tag gebetet. Das habe ich zu Hause auch gemacht. Meine Mutter sagte irgendwann einmal, dass wir Evangelische nicht so häufig beten. Aber das Rituelle des katholischen Gottesdienstes hat mich fasziniert. Da wir in der Klasse unter 32 Schülern nur zwei Evangelische waren, hatten wir auch keinen eigenen Religionsunterricht, hatten also eine Freistunde oder sind eben in den katholischen Religionsunterricht gegangen. Meine Freundinnen haben mich auch in den katholischen Gottesdienst mitgekommen, der hat sonntags um 14 Uhr begonnen. In der Zeit, als sie sich auf ihre Kommunion vorbereitet haben, haben sie jedes Mal ein Bildchen für ihr Gesangbuch bekommen. Das hat mir besonders gefallen.
Auf dem Kirchhof haben wir gerne Klicker gespielt, die Löcher haben wir dort selbst hineingebuddelt. Es gab Klicker aus Lehm, Glass und Eisen. Man musste eine bestimmte Anzahl als Spieleinsatz geben. Das war ein wenig wie Roulette.

Die Gaststätte der Eltern

Klein-Conny

Begehrt war die Einladung zu meiner Geburtstagsfeier – die hat nämlich an einem freien Tag in der Wirtschaft stattgefunden. Da gab es all das, was es sonst nicht unbedingt in Hülle und Fülle gab: Fanta, Cola, Eis und Naschereien. Und jeder meiner Gäste bekam einige Pfennige für den Spielautomaten und die Musikbox. In einem Jahr war der absolute Hit „Marmor, Stein und Eisen bricht". Der lief gut und gerne 25-mal hintereinander. Bis meine Mutter rief: „Jetzt reicht's!"

Cornelia Grimmel, geboren 1958, Friedberg-Ockstadt

****

Steh-Blues: Wabernde Hormone

****

Die Sechzigerjahre waren für mich die Zeit des Lernens – für die Schule – und die Zeit meines geistigen, emotionalen, körperlichen und politischen Erwachens. Wie kein anders Jahrzehnt waren sie geprägt von Gegensätzen: So wurden wir einerseits noch von Alt-Nazis unterrichtet, andererseits durften immer mehr Mädchen höhere Schulen besuchen und später studieren; dem Motto „make love not war" stand Polizeigewalt gegenüber und auf die Doppelmoral der Elterngewalt reagierten wir mit Demonstrationen, Wohngemeinschaften und Partnertausch. Wir trampten durch Europa, staunten über fremde Gebräuche und genossen die Gastfreundschaft der Bevölkerung und erweiterten auf diese Weise unseren Horizont. Die Sechziger stehen für mich auch für Kofferradios, Miniröcke, erste Strumpfhosen, erste Zigaretten, erste Joints und erste Erfahrungen mit dem anderen Geschlecht, aber auch für Ablehnung gängiger Konventionen und heftige Auseinandersetzungen mit Eltern und Lehrern. Vor allem aber erinnere ich mich an die wunderbare Musik und an die aufkeimende Hoffnung auf ein anderes, freieres Leben als das meiner Eltern.
Ich wurde in eine antimilitaristische Familie geboren und wuchs in einer hessischen Kleinstadt auf, einer Garnisonstadt der U.S. Streitkräfte. Ich hatte Angst vor den Soldaten, denn in meiner Kindheit hatte ich sie als gewalttätig und rücksichtslos erlebt. Einzige Ausnahme waren junge Afro-Amerikaner, die uns Kindern mit einem freundlichen Lächeln Kaugummis und Schokolade schenkten. Im Faschingsumzug waren sie es, die die amerikanischen Laster fuhren, auf denen sich Vertreter des lokalen Karnevalsvereins präsentierten (einem weißen Soldaten hätte man diesen zusätzlichen Sonntagsdienst nie zugemutet). Ich glaube, Umstände und Zustände wie diese haben – ohne dass es

mir damals bewusst war – meinen Sinn für Gerechtigkeit und Toleranz geprägt und geschärft.
Da ich die Sprache nicht verstand, habe ich schon früh beschlossen, möglichst schnell und gut Englisch zu lernen, um die Soldaten verstehen zu können. 1962 durfte ich zum ersten Mal an einem Schüler-Austausch mit einer englischen Schule teilnehmen und dieser erste Englandaufenthalt war in vieler Hinsicht die Initialzündung für meine künftige Entwicklung. Als ich in Derby ankam, war ich ein naives, schüchternes Kind mit langen Zöpfen, biederer Kleidung und politisch völlig unbedarft. England war ein positiver Kulturschock für mich und mit meiner Gastfamilie hatte ich das große Los gezogen, schließlich war es siebzehn Jahre nach Kriegsende keineswegs selbstverständlich, als ursprünglich jüdische Familie eine deutsche Schülerin aufzunehmen. Diese Form von Toleranz hat mich tief beeindruckt.
Meine Austauschfreundin Lindy und ich schwärmten für die Beatles, die Rolling Stones und alle damals bekannten Beat-Gruppen. Wir kannten fast alle Songtexte auswendig, sangen mit und tanzten uns die Seele aus dem Leib. Lindy war außerdem Mitglied eines Folk-Clubs und dort habe ich zum ersten Mal begriffen, dass alte Volkslieder die politischsten Lieder überhaupt sind, weil sie – abgesehen von Klagen unglücklich Liebender oder Beschreibungen der Heimat – Machtmissbrauch anprangern, Gerechtigkeit fordern, Folgen des Krieges verurteilen, Chroniken wichtiger Ereignisse sind und durch die Schilderung bedrückender Verhältnisse junge Menschen vor bestimmen Fehlern warnen und bewahren wollen. Durch Lindys älteren Bruder lernte ich auch junge Intellektuelle kennen, die mir eine völlig fremde amerikanische Musik vorspielten. Ich hörte zum ersten Mal Künstler wie Woody Guthrie, Pete Seeger, Joan Baez und Bob Dylan, aber auch B.B. King, Howlin´ Wolf, Leadbelly, Billie Holiday, Nina Simone, The Golden Gate Quartet und viele, viele mehr. Zu meiner Überraschung erfuhr ich, dass auch Großbritannien Bluesmusiker zu bieten hatte, allen voran Altmeister Alexis Korner und blutjunge Gitarristen wie Eric Clapton, Jeff Beck, Jimmy Page und viele andere, die später weltberühmt wurden.

Diese Vielfalt eröffnete mir eine neue Welt und ich war kaum vom Plattenspieler wegzubringen, denn von Deutschland kannte ich außer klassischer Musik und Operetten nur langweilige und/oder tendenziöse Schlager. Lediglich Fred Metzler präsentierte freitags im Hessischen Rundfunk Jazz, und im Südwestfunk gab es mittwochs eine Sendung, die Schüler mit ihren Lieblingstiteln selbst gestalten durften, was damals ein Novum war.
Nach meiner Rückkehr wollte ich auch in Deutschland die Musik hören, die mich in England so begeistert hatte. Dazu waren die Nachmittage bestens geeignet, denn die gehörten mir ganz allein, da meine Eltern beide berufstätig waren. Ich gurkte mich so lange durch alle Radiostationen, bis ich Sender fand, die „meine" Musik spielten. In kürzester Zeit waren AFN und BBC Radio tagsüber und Radio Caroline und Radio Luxemburg abends integrale Teile meines Lebens geworden. Ein Leben ohne die anglo-amerikanische Musik der damaligen Zeit war für mich jedenfalls nicht mehr denkbar, auch wenn meine Familie heftig gegen die „Negermusik" wetterte. Wir schätzten und bewunderten Singer/Songwriter und lernten erfolgreich Englisch anhand der Songtexte.

Überall schossen Bands wie Pilze aus dem Boden, deren Sänger und Gitarristen wir anhimmelten. Es waren hauptsächlich die Songs der britischen Beat-, Pop- und Blues-Bands, zu denen wir uns verliebten, den ersten Steh-Blues tanzten und zum ersten Mal geküsst wurden, die das Wabern der Hormone und unsere Entjungferung begleiteten und die uns in unserem Liebeskummer trösteten. Der Beat traf ins Herz und ging in die Beine, wir tanzten ausgelassen und fühlten uns jung und unbeschwert. Diese Musik prägte in jeder Hinsicht meine frühe Teenagerzeit bis zur Mitte der Sechzigerjahre, als die Haare länger, die Röcke kürzer und die Mode bunter wurde. Es machte sich unter uns Jugendlichen eine zunehmende Aufbruchsstimmung breit.

Je mehr wir über die Nazi-Zeit erfuhren, desto wütender wurden wir auf unsere Eltern und desto heftiger stellten wir ihre Glaubwürdigkeit sowie die Autorität bestimmter Einrichtungen in Frage. Kuba-Krise, Mauerbau und Spiegel-Affäre haben mich aufgeschreckt, der Kalte Krieg hockte wie eine fette Kröte über uns, die uns die Luft abdrückte, doch nichts, aber auch gar nichts war vergleichbar mit dem Schock und der Verunsicherung, die die Ermordung John F. Kennedys auslösten. Damals wussten wir noch nichts von Kennedys Verstrickungen mit der Unterwelt, er war für uns einfach ein junger, sympathischer Hoffnungsträger. Ich erinnere mich an erste Ostermärsche und Protestsongs und in der Schule diskutierten wir über den Rüstungswettlauf. Wir waren uns einig in unserer Ablehnung von Gewalt und Krieg. Wir demonstrierten gegen die USA und den Vietnam-Krieg und trugen Parkas, bestickte Schaf- oder Ziegenfellwesten und Hush Puppies bzw. Cowboystiefel. Den Widerspruch zwischen dieser Uniformierung und unseren antimilitaristischen Ansprüchen sahen wir erst Jahre später.

Je weiter die Sechziger voranschritten, umso wichtiger wurde die Politik. Es gab mittlerweile die APO und in vielen Großstädten sorgten Hippies für Aufsehen und Unmut. In vielen Familien gab es heftige Auseinandersetzungen, denn unsere Eltern erwarteten von uns den gleichen Kadavergehorsam, der ihnen in ihrer Jugend abverlangt worden war. Mit wachsendem politischen Bewusstsein wollten wir einfach raus aus der bürgerlichen Enge unserer Elternhäuser, denn mit den dort gängigen bigotten Forderungen konnten wir nichts anfangen.

Die USA hatten den Vietnam-Krieg ausgeweitet, die Rassenkrawalle hatten sich verschärft, Polizei und Nationalgarde gingen mit unvorstellbarer Brutalität gegen die Bürgerrechtler vor. Da ich selbst ein Ethno-Mix bin, habe ich mich natürlich mit den Schwächeren identifiziert. Das Selbstbewusstsein der schwarzen Bevölkerung war im Laufe der Zeit gestiegen, es gab Vereinigungen wie die Black Muslims, die Black Power-Bewegung und die Black Panther Party. Ich war zutiefst beeindruckt von dem Mut der Menschen, die unbeirrt ihre Rechte einforderten. Im Umfeld von Dr. Martin Luther King demonstrierten immer mehr Künstler und Prominente für die Gleichberechtigung von Schwarz und Weiß und propagierten Gewaltlosigkeit. Nicht zuletzt die Wut der Afro-Amerikaner und ihr neues Selbstbewusstsein bescherten uns die unglaublich kraftvolle, mitreißende, zum Nachdenken anregende, sinnliche Soul-Musik von Interpreten wie Marvin Gaye, Wilson Pickett,

Otis Redding, Steve Wonder und vielen anderen, ohne die die Sechziger nicht denkbar sind. Wenn der Beat in die Beine gefahren war, so schlug der Soul in Kopf, Bauch und Hüften ein, denn neben sozialkritischen Themen und politischen Inhalten wurden auch Körperlichkeit und Sexualität offen angesprochen.

Im April 1967 begann ich mein Studium, im Juni wurde Benno Ohnesorg ermordet. Nach diesem Fanal nahm ich an meiner ersten Demonstration teil und wollte meinen Augen nicht trauen, als unsere Professoren sich in den Demonstrationszug einreihten bzw. bei Sit-ins neben uns auf der Straße hockten. Mit jeder Demonstration bauten wir unsere Furcht vor Obrigkeitswillkür ein wenig mehr ab, indem wir uns geradezu mantra-artig vorbeteten, lediglich unsere verfassungsmäßig garantierten Rechte in Anspruch zu nehmen. Wir begrüßten die Nachricht von Studentenunruhen in Frankreich und Italien, es war für uns die Bestätigung, nur durch Gewaltlosigkeit, Respekt und Völkerverständigung mit anderen Nationen und nicht durch Aufrüstung und Drohgebärden den Frieden erhalten zu können. Die zweite Hälfte der Sechziger bescherte uns love and peace, Protest-Songs, psychedelische Musik und Ausbrüche aus dem bürgerlichen Leben auf der einen und Straßenschlachten, Häuserbesetzungen und Notstandsgesetze auf der anderen Seite. Die Morde an Medgar Evers, Malcolm X, Che Guevara, Dr. Martin Luther King und Robert Kennedy läuteten ab 1963 eine dunkle Zeit ein, Rudi Dutschke wurde bei einem Attentat schwer verletzt und im August 1968 marschierten sowjetische Truppen in Prag ein. Ich war von all diesen Ereignissen erschüttert und verängstigt. Einziger Lichtblick: die Olympischen Spiele 1968 in Mexico, wo schwarze Athleten durch sensationelle Leistungen Geschichte schrieben und schwarzes Selbstbewusstsein demonstrierten.

Trotz aller Tragödien und Katastrophen empfinde ich heute die Sechziger als erfolgreich absolvierte Lehrjahre, die für mich hauptsächlich von den Themen Musik, Politik und neuen Lebensreformen geprägt waren. Aus meiner Sicht haben unsere Aufsässigkeit und unsere Anstrengungen sich gelohnt, denn in dieser Zeit wurden etliche Grundsteine für spätere erfolgreiche politische Veränderungen gelegt. Und alle Ereignisse wurden begleitet von der tollsten Musik, die wir uns vorstellen konnten und die unser Leben bereichert hat. Wie schön, dass uns Künstler wie Janis Joplin, Jimi Hendrix, Santana etc. sowie das Woodstock-Festival einen unvergesslichen Ausklang dieses turbulenten Jahrzehnts geschenkt haben.

Cornelia Dietz, geboren 1948, Butzbach

****

Neu: Der öffentliche Kuss

****

„Bei den Jugendtanzveranstaltungen wird geknutscht", rief empört eine Gemeindevertreterin. Die kleine Gemeinde Ober-Schmitten bei Nidda im nördlichen Zipfel des Wetteraukreises hatte 1964 ein Gesprächsthema: die Teenager-Bälle im neu erbauten Bürgerhaus. Schuld an allem und damit Vorreiter für die Erschütterung des ländlichen Raumes mit den neuen Rhythmen war ein Herr im blauen Anzug, der damalige Bürgermeister Helmut Schmollack. Der Sozialdemokrat hatte 1963 seinem 1100-Seelen Dorf das erste Bürgerhaus im Altkreis Büdingen beschert und überlegte mit dem örtlichen Gastwirt Hugo Bingel, wie sie den Laden voll bekämen. Bingel wusste Rat. Er war gerade in Frankfurt gewesen und hatte dort eine ganz abenteuerliche Gruppe aus England gehört. „Sonny Stewart and his Dynamos" hießen jene „crazy" Jungs, deren Chef Sonny großmäulig verkündete: „Wir schlagen die Beatles!" Sein absolut sicheres Erfolgsrezept für die Show: „Man muss dem Publikum richtig einheizen – erst eine langsame Nummer, beispielsweise eine Ballade, dann etwas zum zärtlichen Tanzen und dann eine Twist-Bombe." Die Gruppe die damals „bunt wie die Ostereier" auf dem Podium des Teenager-Tanzlokals Arcadia in Frankfurt die Jugendlichen in Ekstase versetzte, wurde nach Ober-Schmitten eingeladen – und sagte tatsächlich zu.

Gespannt erwarteten die Bewohner des Ortes am Pfingstmontag 1964 den Auftritt. Von weit her kamen die Jugendlichen zu Fuß in die Nidda-Gemeinde gewandert. Auf den Bänken vor dem Bürgerhaus hatten sich erwartungsfroh ältere Männer zusammengefunden, um der Jugend beim „Knutschen" zuzusehen. „Wenn die Jugendlichen schon so motorisiert gewesen wären, wie heutzutage, dann hätte es das Dreifache an Besuchern gegeben", meint Helmut Schmollack. Damals stand er an der Türe des Bürgerhauses und dachte bange: „Hoffentlich kommen genug Leute, damit wenigstens die Unkosten gedeckt sind." In Ober-Schmitten standen an jenem denkwürdigen 18. Mai 1964 die Fenster fast aller Häuser offen. Nicht nur, weil es so ein schöner und warmer Tag war. Wenn man schon nicht hinging, so wollte man doch wenigstens hören, was sich zutrug. Und Gastwirt Hugo Bingel, der hatte ja so einiges zu berichten gewusst. Über den Hilly Billy, Dixieland und Rock ´n' Roll der Gruppe – und natürlich über die ausgefallene Kleidung: Sonny als Boss glitzerte silbern, John mit den roten Stirnlocken und der Olympia-Rolle im Nacken glänzte weinrot. Im giftgrünen Smoking saß Jeff am Klavier, kornblumenblau leuchtete Leslie und brikettschwarz Gitarrist Rob. „Da habe selbst ich gestaunt, wie die musikalisch drauf waren", sagt der Ex-Bürgermeister, obwohl er doch kein Fan dieser Musik gewesen sei. Als Jahrgang 1925 sei er damals fast 40 Jahre alt gewesen. „Wenn ich 17 Jahre alt gewesen wäre, hätte ich das auch gut gefunden."

Auf das Klavier sei dieser Sonny geklettert, habe sich vom Publikum mitreißen lassen, die Jacke ausgezogen und mit wilden Verrenkungen auf die Seite gelegt. „Sowas hatten die Jugendlichen hier noch nicht gesehen."

Herbert Schreiner war für den Kreisanzeiger zum denkwürdigen Konzert angereist. „Das große Toben packt selbst den Kellner neben mir", berichtete er seinen Lesern. Und: „Die Lichteffekte, die von der Tribüne aus in die wogende Menge geschleudert werden, steigern die Vehemenz der Tanzenden." Nur vom „Knutschen" bekam er nichts mit – behauptete er zumindest. „Das war auch neu, dass in der Öffentlichkeit geküsst wurde", sagt Schmollack heute offen. In einem dicken ledergebundenen Buch hat er auf Büttenpapier die Veranstaltungen der 60er Jahre fein säuberlich eingetragen. Nur beim ersten Konzert fehlt die Angabe, wie viele Besucher gekommen waren. Aber es müssen enorm viele gewesen sein, denn im Buch ist vermerkt, dass Sonny Stewart am Pfingstmontag 1964 „alles bisher auf diesem Gebiet Dagewesene in den Schatten stellte. Das Bürgerhaus war brechend voll".

Beat-Fan: Bürgermeister Helmut Schmollack mit Autogrammbuch

Im August 1964 zogen Sonny's Dynamos 363 Besucher an. Die lokale Gruppe „The Ritzies" brachte es ein paar Monate später sogar auf 498 begeistert tobende Gäste. Die Teenager-Bälle wurden nun zur festen Einrichtung im Ober-Schmittener Bürgerhaus. Rund 300 Besucher werden meistens gezählt. Eine normale Tanz-Combo jener Tage, die „Sieben Solinos" bringt da gerade mal 140 Besucher ins Bürgerhaus. Die „Ritzies", „The White Stones", die „Bunglers" gaben sich 1965 quasi die Klinke in die Hand. Bei einer Veranstaltung mit den „German Bonds" wurden magere 52 Karten verkauft und die Veranstaltung „The Top of the Pop" im März 1967 musste gar wegen mangelnder Besucherresonanz abgebrochen werden. Da konnte selbst Deutschlands Beat-Band Nummer 1 nichts mehr retten. Die krisengeschüttelten Rattles – im April 1966 war Joachim Reichel zur Bundeswehr eingezogen worden – lockten gemeinsam mit der Wetterauer Gruppe „The Starfighters" gerade noch einmal 130 beatbegeisterte Jugendliche ins Bürgerhaus.

von Karl-Heinz Karisch
aus dem Buch „Die Wetterau" (Hrsg. Keller/Mühler)

****

Die Autoren und ihre Geschichten

****

****
Chronik der Sechziger Jahre
****

(... ohne Anspruch auf Vollständigkeit oder Objektivität ...)

1960

• Nikita Chruschtschow, Staatschef der UdSSR, trommelt in der UN-Versammlung in New York mit seinem Schuh auf den Tisch, verlangt die Aufnahme von China. *** Armin Hary läuft die 100 Meter in 10,0 Sekunden. *** Die Lebenserwartung Neugeborener beträgt in der Bundesrepublik 66,7 Jahre (männlich) bzw. 71,9 Jahre (weiblich). *** Die Erdbevölkerung beträgt 3 Milliarden Menschen. *** Der ehemalige SS-Obersturmbannführer Adolf Eichmann wird von israelischen Agenten in Argentinien festgenommen, in Jerusalem vor Gericht gestellt, zum Tode verurteilt und 1962 hingerichtet. *** Walter Ulbricht wird Vorsitzender des Staatsrats der DDR. *** Frankreich zündest in der Sahara seine erste Atombombe und betreibt die Politik einer selbstständigen Atommacht („Force de frappe").

1961

• Die DDR errichtet am 13. August die Mauer in Berlin. *** Juri Gagarin umkreist im Raumschiff „Wostok I" als erster Raumpilot einmal die Erde und landet sicher *** Der Twist kommt als Gesellschaftstanz aus den USA nach Europa.

1962

• U Thant wird einstimmig als UN-Generalsekretär bestätigt. *** Der Artikel „Bedingt abwehrbereit" führt zur „Spiegel"-Affäre und diese unter anderem zum Rücktritt von Bundesverteidigungsminister Franz Josef Strauß. *** Die Bundesregierung verabschiedet die Notstandsgesetze. *** Es stellt sich mehr und mehr heraus, dass das Schlafmittel Contergan zu Missbildungen von Neugeborenen führt. *** In der Bundesrepublik gibt es 632 Tageszeitungen mit einer Gesamtauflage von 18 Millionen Exemplaren. *** Die Verhandlungen in Evian führen zu einem Waffenstillstand im französisch-algerischen Krieg und einem unabhängigen Algerien. *** Marilyn Monroe begeht Selbstmord. *** Die USA blockieren Kuba, um den Aufbau sowjetischer Raketenstützpunkte zu verhindern. Nach vier Tagen höchster weltpolitischer Spannungen lenkt die UdSSR ein und baut Stützpunkte ab. *** Die rezeptpflichtige Antibaby-Pille wird in der Bundesrepublik verkauft.

1963 • Der Auschwitz-Prozess beginnt in Frankfurt und dauert bis 1965. *** Das Internationale Olympische Komitee entscheidet, dass bei den Olympischen Spielen 1964 und 1968 eine gesamtdeutsche Mannschaft antritt. *** Ludwig Erhard wird neuer Bundeskanzler. *** Marika Kilius und Hans Jürgen Bäumler gewinnen in Cortina d´Ampezzo die Weltmeisterschaft im Eiskunst-Paarlauf. *** Hunderttausende von Schwarzen demonstrieren in Washington gegen Rassendiskriminierung. *** US-Präsident J. F. Kennedy hält in Berlin eine Rede vor dem Rathaus Schöneberg, die in dem Satz gipfelt „Ich bin ein Berliner". Kennedy wird auf einer Fahrt durch Dallas durch Schüsse ermordet. *** Die Fußball-Bundesliga nimmt ihren Spielbetrieb auf.

1964 • Leonid Breschnew wird Nachfolger von Chruschtschow als Staatsoberhaupt der Sowjetunion. *** Die Beatles verändern musikalisch und modisch den Geschmack der Jugend. *** Der Boxer Bubi Scholz gewinnt die Europameisterschaft im Halbschwergewicht.

1965 • Über 1,8 Millionen Rentenbesucher kommen aus der DDR in der BRD im ersten Jahr dieser Möglichkeit. *** 26 Starfighter der Bundeswehr stürzen im Laufe des Jahres ab und führen zu der Diskussion, ob die Wiederbewaffnung der Bundeswehr übereilt geschah. *** Installierte Computer in den USA 25.000, in der BRD 2.000. *** 67 Millionen Fernsehempfänger in den USA, 10,6 Millionen in der BRD. *** Beginn der Luftangriffe der USA auf Nordvietnam, die schnell an Häufigkeit und Intensität zunehmen. *** Craig Breedlove erreicht mit dem düsengetriebenen Kraftwagen „Spirit of America" absoluten Weltrekord für Landfahrzeuge mit 966,570 km/h.

1966 • Studenten und linksgerichtete Jugendorganisationen demonstrieren in West-Berlin gegen den Vietnamkrieg der USA. *** Hochzeit der niederländischen Thronfolgerin Prinzessin Beatrix mit dem deutschen Diplomaten Claus von Amsberg. *** England gewinnt das Endspiel der Fußball-Weltmeisterschaft in London gegen Deutschland mit 4:2 (mit dem umstrittenen Tor von Wembley). *** München wird als Ausrichtungsstätte der Olympischen Spiele 1972 gewählt. *** Blutige Rassenunruhen in Alabama und Chicago. *** In der sogenannten „Kulturrevolution" mobilisiert Mao in der Volksrepublik China die Jugend unter anderem gegen eine unbewegliche Organisation der kommunistischen Partei.

1967 • Christian Barnard gelingt in Kapstadt die erste Herztransplantation. *** Der Staatsbesuch des Schahs von Persien in West-Berlin führt zu Demonstrationen, bei denen der Student Benno Ohnesorg von einem Polizisten erschossen wird. Dieser Tag wird zum Ausgangspunkt starker studentischer Unruhe und Solidarisierung in der BRD. *** Israel schlägt in einem Sechs-Tage-Krieg seine arabischen Nachbarn, die ihm seit dem Bestehen Israels völlige Vernichtung angedroht haben. *** Weil er den Wehrdienst verweigert, wird Box-Weltmeister Muhammad Ali zu fünf Jahren Gefängnis verurteilt und bekommt den Weltmeistertitel aberkannt. *** Che Ernesto Guevara wird in Bolivien getötet, wahrscheinlich von Regierungstruppen, und avanciert zum Idol der revolutionären Jugend in aller Welt. *** Start des Farbfernsehens in Deutschland.

1968 • Schwere Studentenunruhen unter anderem in Paris, Rom, Kopenhagen, Tokio und Deutschland. *** Attentat in Berlin auf den Studentenführer Rudi Dutschke. Danach heftige Studentenunruhen in Deutschland, die sich vor allem gegen den Zeitungskonzern Springer richten. *** Trotz heftiger Demonstrationen vor allem Jugendlicher verabschiedet der Bundestag mit verfassungsändernder Mehrheit die Notstandsverfassung. *** Der Warschauer Pakt unternimmt Manöver in der CSSR, die sich später als Vorphase der Besetzung erweisen („Prager Frühling"). *** Erstaufführung des Hippie-Musicals „Hair". *** Der Vietkong besetzt nach einer Großoffensive in Südvietnam zeitweise Teile von Saigon und Hué. Die USA erhöhen ihre Truppenstärke auf eine halbe Million Soldaten. In diesem Jahr fallen in Vietnam rund 14.500 GIs. US-Präsident Johnson verkündet Einstellung aller Luftangriffe gegen Vietnam und die Teilnahme an den Pariser Friedensgesprächen. *** Durch Attentate sterben in den USA Martin Luther King und Senator Robert Kennedy.

1969 • Gustav Heinemann wird zum neuen Bundespräsidenten gewählt. *** Erste SPD-FDP-Koalition im Bundestag mit Willy Brandt als neuem Bundeskanzler. Brandt kündigt an, „mehr Demokratie wagen" zu wollen und eine Außenpolitik der Verständigung zwischen West und Ost. *** Die BRD und die UdSSR beginnen in Moskau Gespräche über Gewaltverzichtserklärungen. *** Neil Armstrong betritt als erster Mensch den Mond mit den Worten: „Das ist ein kleiner Schritt für den Menschen – aber ein großer Schritt für die Menschheit." *** Der Arbeitsmarkt der BRD erreicht einen Rekord mit 861.000 offenen Stellen, über 1,5 Millionen „Gastarbeitern" und 0,5 Prozent Arbeitslosigkeit. *** 400.000 Besucher beim Woodstock-Festival.

****
Die Hits eines Jahrzehnts
****

(... auf den Schallplattenspielern ... in den Musikboxen)

1960

• **Nana Mouskouri** – Ein Schiff wird kommen *** **Lolita** – Seemann, deine Heimat ist das Meer *** **Vico Torriani** – Kalkutta liegt am Ganges *** **Ramona Blue** - Diamonds *** **Rocco Granata** – Marina *** **Heidi Brühl** – Wir wollen niemals auseinandergehen *** **Lale Andersen** – Ein Schiff wird kommen *** **Connie Francis** – Die Liebe ist ein seltsames Spiel *** **Peter Alexander** – Ich zähle täglich meine Sorgen *** **Ray Charles** – Georgia on my mind *** **Elvis Presley** – Are you lonesome tonight

1961

• **Ralf Bendix** – Babysitter Boogie *** **Ivo Robic** – Mit 17 fängt das Leben erst an *** **Ricky Nelson** – Hello, Mary Lou *** **Elvis Presley** – It's now or never *** **Bert Kaempfert** – Wonderland by night *** **Billy Ramsey** – Pigalle

1962

• **Bill Ramsey** – Die Zuckerpuppe aus der Bauchtanzgruppe *** **Ivo Robic** – Morgen *** **Cornelia Froboess** – Zwei kleine Italiener *** **Rex Gildo** – Speedy Gonzales *** **Peter Kraus** – Schwarze Rose Rosemarie *** **Günter-Kallmann-Chor** – Elisabeth-Serenade *** **Conny Froboess** – Lady Sunshine and Mister Moon *** **Caterina Valente & Silvio Francesco** – Quando, Quando *** **Chubby Checker** – The Twist *** **Ray Charles** – I can't stop loving you *** **Tornados** – Telstar *** **Henry Mancini** –Breakfast at Tiffany's

1963

• **Freddy Quinn** – Junge, komm bald wieder *** **Gerhard Wendland** – Tanze mit mir in den Morgen *** **Mina** – Heißer Sand *** **Manuela** – Schuld war nur der Bossa Nova *** **Bibi Johns** – Bella Bimba *** **Bill Haley & His Comets** – Crazy Man, Crazy *** **Gitte** – Ich will 'nen Cowboy als Mann *** **Bill Mo** – Ich kauf mir lieber einen Tirolerhut *** **Paul & Paula** – Hey Paula *** **Little Peggy March** – I will follow him

1964 • **Cliff Richard** – Rote Lippen soll man küssen *** **Trini Lopez** – America *** **Bernd Spier** – Das kannst du mir nicht verbieten *** **Ronny** – Oh my Darling Caroline *** **Beatles** – I want to hold your hand *und* She loves you *** **Roy Orbison** - Oh, pretty woman *** **Paul Kuhn** – Es gibt kein Bier auf Hawaii *** **Louis Armstrong & The All Stars** – Hello, Dolly! *** **Dean Martin** – Everybody loves somebody *** **The Swinging Blue Jeans** – The hippy hippy shake

1965 • **Nini Rossi** – Il Silenzio *** **Petula Clark** – Downtown *** **France Gall** – Poupee de cire, Poupee de son *** **Rolling Stones** – (I Can't Get No) Satisfaction *** **Rainbows** – My Baby balla balla *** **Beatles** - Help! *und* Yesterday *** **Peggy March** – Mit 17 hat man noch Träume *** **Diana Ross & The Supremes** – Stop! In the name of love *** **The Byrds** – Mr. Tambourine Man *** **Françoise Hardy** – Frag den Abendwind *** **Drafi Deutscher** – Marmor, Stein und Eisen bricht *** **Sony & Cher** – I got you babe

1966 • **Al Martino** – Blue spanish eyes *** **Frank Sinatra** – Strangers in the night *** **Chris Andrews** – Yesterday Man *** ... **The Mamas & The Papas** – Monday, Monday *** **Nancy Sinatra** – These boots are made for walking *** **Udo Jürgens** – 17 Jahr, blondes Haar *und* Merci, Chérie *** **Beach Boys** – Barbara-Ann *** **Beatles** – Yellow Submarine *** **Roy Black** – Ganz in Weiß *** **Graham Bonney** – Super Girl *** **Troggs** – Wild Thing *** **Los Bravos** – Black is Black *** **Simon and Garfunkel** – The sound of silence *** **Percy Sledge** – When a man loves a woman *** **Rolling Stones** – Paint it black *** **Beach Boys** – Good vibrations *** **Dave Dee, Dozy, Beaky, Mick & Tich** – Bend it *** **Tom Jones** – Green green grass of home

1967 • **Orchester Maurice Jarre** – Schiwago Melodie *** **Cindy Shaw** – Puppet on a string *** **Scott McKenzie** – San Francisco *** **Bee Gees** – Massachusetts *** **Peggy March** – Romeo und Julia *** **Monkees** – I´m a believer *** **Herman's Hermits** – No milk today *** **The Lords** – Gloryland *** **Beatles** – All you need is love *und* Penny Lane *** **Procol Harum** – A whiter shade of pale *** **Nancy und Frank Sinatra** – Something stupid *** **The Doors** – Light my fire *** **Simon and Garfunkel** – Mrs. Robinson

1968 • **Tom Jones** - Delilah *** **Heintje** - Mama *und* Du sollst nicht weinen *** **Beatles** - Hey Jude *** **Esther & Abi Ofarim** - Morning of my life *** **Mary Hopkin** - Those where the days *** **Ohio Express** - Yummy Yummy Yummy *** **Dorthe** - Sind Sie der Graf von Luxemburg *** **Manfred Man** - Mighty Quinn *** **Arthur Brown** - Fire *** **Alexandra** - Sehnsucht (Das Lied der Taiga)

1969 • **Michael Holm** – Mendocino *** **Christian Anders** – Geh nicht vorbei *** **Archies** – Sugar, Sugar *** **Bary Ryan** – Eloise *** **Serge Gainsbourg & Jane Birkin** – Je t'aime *** **Adamo** – Es geht eine Träne auf Reisen *** **Shocking Blue** – Venus *** **Elvis Presley** – In the ghetto *** **Chris Andrews** – Pretty Belinda *** **Beatles** – Ob-La-Di, Ob-La-Da *** **Rolling Stones** – Honky Tonk Woman *** **Fifth Dimension** – Aquarius (Let the Sunshine in) *** **Creedence Clearwater Revival** – Proud Mary

****

Neu auf der Leinwand ...

****

1960

• Wir Kellerkinder *** Das Spukschloss im Spessart *** Psycho *** Nicht gesellschaftsfähig *** Frühstück bei Tiffany *** Die 1000 Augen des Dr. Marbuse *** Das Appartement *** Außer Atem *** Der brave Soldat Schwejk *** Exodus *** Fabrik der Offiziere *** Die glorreichen Sieben *** Im weißen Rößl *** Nur die Sonne war ihr Zeuge *** Rocco und seine Brüder *** Mitternachtsspitzen *** Schachnovelle *** Spartacus *** Das süße Leben *** Das schwarze Schaf *** Wenn die Heide blüht

1961

• Das Urteil von Nürnberg *** West Side Story *** 16 Uhr 50 ab Paddington *** Die Abenteuer des Grafen Bobby *** El Cid *** Eins, Zwei, Drei *** Hochwürden Don Camillo *** Lieben Sie Brahms? *** Ein Pyjama für zwei *** Scheidung auf italienisch *** Der Teufel kommt um vier *** Die toten Augen von London *** Unsere tollen Tanten *** Die unteren Zehntausend

1962

• Lulu *** Der Leopard *** Er kann's nicht lassen *** Das Gasthaus an der Themse *** Der Gefangene von Alcatraz *** Das Halstuch *** Hatari! *** James Bond – 007 jagt Dr. No *** Jules und Jim *** Der längste Tag *** Lawrence von Arabien *** Lolita *** Der Mann, der Liberty Valance erschoss *** Max, der Taschendieb *** Das Messer *** Meuterei auf der Bounty *** Das süße Leben des Grafen Bobby *** Der Teufel mit der weißen Weste

1963 • Das Schweigen *** Die Vögel *** Der Kardinal *** Tom Jones *** Achteinhalb *** Charleys Tante *** Cleopatra *** Gesprengte Ketten *** Das indische Tuch *** James Bond 007 – Liebesgrüße aus Moskau *** Das Mädchen Irma La Douce *** Der rosarote Panther *** Schloß Gripsholm *** Der schwarze Abt *** Der verrückte Professor *** Der Wachsblumenstrauß *** Winnetou *** Der Zinker *** Die zwölf Geschworenen

1964 • Yeah! Yeah! Yeah! *** Alexis Sorbas *** Mary Poppins *** Dr. Seltsam: Wie ich lernte, die Bombe zu lieben *** Fantomas *** Freddy, Tiere, Sensationen *** Für eine Handvoll Dollar *** Der Hexer *** James Bond 007 – Goldfinger *** Marnie *** Polizeirevier Davidswache *** Robinson Crusoe *** Topkapi *** Wiegenlied für eine Leiche *** Der Zug

1965 • Der junge Törless *** Wer hat Angst vor Virginia Woolf? *** Doktor Schiwago *** Lemy Caution gegen Alpha 60 *** Cincinnati Kid *** Der Flug des Phoenix *** Für ein paar Dollar mehr *** Heidi *** James Bond 007 – Feuerball *** Schüsse aus dem Geigenkasten *** Der Spion, der aus der Kälte kam *** Tante Frieda, neue Lausbubengeschichten *** Was gibt´s Neues Pussy?

1966 • Blow up *** Django *** Fahrenheit 451 *** Die Gentlemen bitten zur Kasse *** Kommissar X *** Rififi in Paris *** Die Schatzinsel *** Der zerrissene Vorhang *** Zwei glorreiche Halunken *** Spur der Steine

1967 • Zur Sache Schätzchen *** Bonnie und Clyde *** Die Stunde der Komödianten *** Rosemaries Baby *** Asterix der Gallier *** Balduin, der Ferienschreck *** Doktor Dolittle *** Das dreckige Dutzend *** Das Dschungelbuch *** Gott vergibt – Django nie! *** Helga – Das Werden von menschlichen Leben *** James Bond 007 – Man lebt nur zweimal *** In der Hitze der Nacht *** Die Nibelungen *** Die Reifeprüfung *** Tanz der Vampire *** Tatis herrliche Zeiten

1968 • 2001: Odyssee im Weltraum *** Agenten sterben einsam *** Bullitt *** Draculas Rückkehr *** Hängt ihn höher *** Morgens um sieben ist die Welt noch in Ordnung *** Oswalt Kolle: Das Wunder der Liebe *** Spiel mir das Lied vom Tod *** Ein toller Käfer *** Tom Sawyers und Huckleberry Finns Abenteuer *** Tschittschi Tschittschi Bäng Bäng *** Planet der Affen

1969 • Asphalt Cowboy *** Der Blaumilchkanal *** Die Brücke von Remagen *** Der Clan der Sizilianer *** Easy Rider *** Hurra, die Schule brennt *** James Bond 007 – Im Geheimdienst ihrer Majestät *** Die Lederstrumpferzählungen *** Leichen pflastern seinen Weg *** Pippi Langstrumpf *** Der Swimmingpool *** Z *** Zwei Banditen

****

Deutsche Fernsehserien in den Sechziger Jahren

****

- **Alfred Hitchcock zeigt**
- **Alle meine Tiere**
  mit Gustav Knuth und Volker Lechtenbrink
- **Am Fuß der blauen Berge**
  lief in den USA unter dem Titel „Laramie"
- **Auf der Flucht**
  Der Lauf des Dr. Kimble auf der Suche nach dem wahren Mörder seiner Frau
- **Bezaubernde Jeannie**
  mit ihrem Meister Tony Nelson (Larry Hagman)
- **Big Valley**
  Barbara Stanwyck als resolute Farmersfrau Victoria Barkley
- **Bonanza**
  Unvergessen: Die brennende Landkarte zum Beginn
- **Daktari**
  Marsh Tracy als Tierarzt in Afrika mit Clarence, dem schielenden Löwen und dem Affen Judy. Wurde aber in einem Tierpark bei Los Angeles gedreht.
- **Das Kriminalmuseum**
  Fahrplan, Mütze, Schlüssel, Barockengel, Schuh –
  profane Gegenstände führten zu einem Verbrechen.
- **Dem Täter auf der Spur**
  Erfolgsregisseur Jürgen Roland schickte Günter Neutze
  auf Verbrecherjagd nach Paris.
- **Der Bumerang**
  mit geheimnisvollen Kräften als Waffe bei der Jagd nach bösen Buben.
- **Der Chef**
  Lange vor Dr. Dressler in der „Lindenstraße":
  Der Hauptdarsteller, Detektiv Robert T. Ironside, aus dem Rollstuhl agierend.
- **Der Forellenhof**
  am Rande des Schwarzwalds und Hans Sönker als Hotel-Patriarch.
- **Der Kommissar**
  Nicht zu zählende Zigaretten, Alkohol im Dienst, der Chef, Rehbein, und Harry bevor er für einen anderen Chef das Auto holen musste.
- **Dezernat M**
  Spezialagenten im verbissenen Kampf gegen das organisierte Verbrechen.
- **Die Familie Hesselbach**
  Karl, mei Drobbe!
- **Die seltsamen Methoden des Franz Josef Wanninger**
  nicht immer nach den Buchstaben des Gesetzes,
  aber immer an der Seite von Assistent Fröschl.

- **Die Unverbesserlichen**
  Niveauvolle Unterhaltung mit Inge Meysel und Joseph Offenbach in den Hauptrollen. Pro Jahr eine Folge!
- **FBI**
  Entführung, Geldfälscherei, Spionage nach wahren fällen mit Efrem Zimbalist als Ermittler Lewis Erskine
- **Flipper**
  Wasserschutzpolizist Porter Ricks und seine Söhne Sandy und Bud machten an der Küste Floridas öfter Bekanntschaft mit kriminellen Elementen. Glücklicherweise gibt es den klugen Delphin. „Man ruft nur Flipper, gleich wird er kommen..."
- **Förster Horn**
  Heinz Engelmann im grünen Revier.
- **Funkstreife Isar 12**
  Zwei Polizisten – ein Bayer und ein Preiss´... im täglichen Einsatz.
- **Geächtet**
  Cuck Conners wird im Vorspann dramatisch aus dem Fort gejagt.
- **Graf Yoster gibt sich die Ehre**
  Zusammen mit seinem Chauffeur Johann (Wolfgang Völz) löst der Schriftsteller von Kriminalgeschichten nebenbei skurrile Kriminalfälle.
- **High Chaparral**
  Big John Cannon und sein Kampf gegen die Apachen und neidische Nachbarn in der Einöde von Arizona.
- **Kobra übernehmen, Sie!**
  In besonderen Fällen erteilten die USA einem Team Spezialisten heikle Aufträge, inoffiziell. Wenn´s rauskommt, leugnet es die Regierung.
- **Kommissar Freytag**
  Mit kriminologischem Sachverstand löst Konrad Georg alle Fälle vom Raub bis zum Mord.
- **Königlich Bayerisches Amtsgericht**
  Über Streitigkeiten, die nicht allein mit guten Worten aus der Welt zu schaffen sind und hernach noch am Stammtisch besprochen wurden.
- **Lieber Onkel Bill**
  Was macht ein Junggeselle, wenn er auf einen Schlag dreifacher Vater wird?
- **Maverick**
  James Garner zieht von Stadt zu Stadt, von Saloon zu Saloon, um sein Glück zu machen. Bekanntermaßen bringt Glückspiel aber nicht nur Freunde, weswegen öfter der Colt gezogen wird.
- **Mein Freund Ben**
  Nach Furie, Flipper und Lassie nun ein Schwarzbär als gutes Tier in den Everglades.
- **Mit Schirm, Charme und Melone**
  Die Bekämpfung besonders schwieriger Verbrechen, stellt die Spezialagenten ihrer Majestät, Emma Peel und John Steed, vor besondere Herausforderungen.
- **Percy Stuart**
  „...das ist unser Mann, unser Mann, der alles kann." Claus Wilcke möchte als amerikanischer Sonnyboy dem erlauchten „Club der 13" beitreten, muss dafür aber dreizehn absonderliche Prüfungen erfüllen.

- **Rauchende Colts**
  Marshall Mat Dillon, der kauzige Festus, Doc Adams und Saloon-Girl Kitty in Dodge City und der längsten Westernserie des amerikanischen Fernsehens überhaupt, von 1955 bis 1975, in der ARD von 1967 bis 1972.
- **Raumpatrouille Orion**
  Im Raumkreuzer durch die Galaxien im Kampf gegen die Frogs bedienen Commander McLane, Tamara Jagellovsk und Mario de Monti Alltagsgegenstände wie Bügeleisen und Chromknäufe, die sensationell auf Science-Fiction getrimmt sind.
- **Renn Buddy, renn!**
  heißt es für Buddy, nur weil er zufällig in der Sauna Zeuge eines Gesprächs zwischen Mafiosi wurde und das Geheimnis um „Klein Hühnchen". Bei der Verfolgung stellen sich die Verfolger manchmal aber auch zu dämlich an.
- **Rinaldo Rinaldini**
  Der einstige Adlige und jetzige Räuberhauptmann im Kampf gegen Graf von Ticino um Recht und Gerechtigkeit.
- **77 Sunset Strip**
  Kookie steigt vom Parkplatzanweiser zum Privatdetektiv auf und reißt die deutschen Zuschauer zu Begeisterungsstürmen hin.
- **Salto Mortale**
  Die Geschichte der Artistenfamilie Doria quer durch Europa.
- **Simon Templar**
  Roger Moore probte schon mal für 007. Als Privatdetektiv gerät er oftmals in Bedrängnis ... wobei schöne Frauen eine wichtige Rolle spielen.
- **Solo für O.N.C.L.E.**
  Untypisch für diese Zeit: Russische und Amerikanische Agenten kämpfen gemeinsam gegen das internationale Syndikat D.R.O.S.S.E.L.
- **Stahlnetz**
  Jürgen Roland inszenierte Fälle aus Polizeiakten. Die martialische Titelmusik versprach Hochspannung.
- **Tammy – Das Mädchen vom Hausboot**
  wohnt dort mit Opa und Bruder, nimmt eine Stelle als Sekretärin bei einem angesehenen Geschäftsmann an was eine neidische Nachbarin auf den Plan ruft.
- **Tennis-Schläger und Kanonen**
  Profi-Tennisspieler Kelly arbeitet nebenbei für den amerikanischen Geheimdienst. Sein Trainer und Kollege (Bill Cosby) erweist sich als Sprachwunder, was den beiden bei ihren vielen Reisen zum Vorteil gereicht.
- **Till, der Junge von nebenan ...**
  macht sich schmutzig, prügelt sich mit anderen Jungs, muss so manche Mutprobe bestehen.
- **Wells Fargo**
  Jim Hardie kümmert sich um die Aufklärung von Postkutschenüberfällen, verschwundene Fracht und Probleme mit den Kunden.
- **Westlich von Santa Fe**
  Nachdem er „geächtet" wurde (siehe oben) muss sich Chuck Conners nun in New Mexico mit üblen Banditen und Indianern herumschlagen.

****

Quiz, Quiz, Quiz

****

Die Vorläufer von „Wer wird Millionär?" gingen in den Sechziger Jahren an den Start. Fragen über Fragen ... mit Belohnungen im Taschengeldbereich.

- **18-20-nur nicht passen**

Damit Skatfeinde nicht völlig verschreckt wurden, dienten Musiknummern zwischen den Spielrunden für Auflockerung und Abwechslung

- **Alles oder nichts**

in den 60ern mit Moderator Erich Helmersdofer. Fragen aus dem Hobby eines Kandidaten. Ohne Hilfestellung des Moderators.

- **Einer wird gewinnen**

Quiz mit Kandidaten aus den EWG-Ländern. Mit charmierenden Fragen und charmierenden Blicken des Moderators Hans-Joachim Kulenkampff - gegenüber den Kandidatinnen. Am Ende brachte Butler Martin Jente Mantel, Schal und Schirm.

- **Der goldene Schuss**

mit „Mr. Wunnebar" Lou van Burg. Nachdem ein außereheliches Verhältnis mit seiner Assistentin zu Tage kam, übernahm Vico Torriani den Bolzen.

- **Gut gefragt, ist halb gewonnen**

Erster Fernsehauftritt für Hans Rosenthal. Zwei Promi-Teams mussten mit möglichst wenigen Fragen einen bestimmten Begriff erraten.

- **Hätten Sie´s gewusst?**

Die Kandidaten saßen nebeneinander in jeweils schalldichten Kabinen. Ein bierernstes Quiz´ mit ultraschweren Fragen, mit der Strenge eines Oberlehrers vorgetragen von Heinz Maegerlein. Gewinnaussichten: Bügeleisen und dergleichen.

- **Sag die Wahrheit**

Drei Menschen behaupteten eine bestimmte Person zu sein, zwei allerdings waren Schwindler. Dies galt es vom Rateteam herauszubekommen.

- **Die 6 Siebeng'scheiten**

Lange vor PISA-Studie wurde hier das Wissen von Schülern abgefragt, flott moderiert von Jürgen Graf.

- **Spiel ohne Grenzen**

Jede Menge Schmierseife, Wasser und Schaumgummi, der Joker, den eine der Nationen aus den EWG-Gründerländern setzen konnte. Sollte der Völkerverständigung dienen, hatte den Hauch von Mini-Olympischen Spielen. Moderiert von Camilo Felgen und Frank Elstner.

- **Vergißmeinnicht**

ein Motto dem der Deutschen Bundespost entlehnt, die damit das neue System der Postleitzahlen bekannt machen wollte. Ein didaktisches Ziel verfolgte auch dieses Quiz - in jeder Folge galt es drei deutsche Städte zu erraten. Peter Frankenfeld in großkarierter Jacke und mit komischen Effekten.

- **Was bin ich?**

Robert Lembke und die Schweinderl in die für jedes „Nein" für den Gast ein Fünfer plumpste. Das „Kollegium" mit „Ratefuchs" Guido Baumann, Staatsanwalt Hans Sachs (der mit der Fliege), Annette von Aretin (noblesse obliège) und Marianne Koch (die mit der Goldkante). Nicht zu vergessen: Die typische Handbewegung - aus heutiger Sicht jene mit dem I-like-it-Daumen.

****
Fernsehprogramm
****

Lange ersehnt – seit 1963 ging ein zweites Programm, das ZDF, auf Sendung. Hier, repräsentativ für eine Woche im Jahr 1965, das Programm der beiden Sender:

Sonntag, 25. April 1965

ARD

11.00 Uhr: Die Vorschau
11.30 Uhr: Indem wir dienen ...
12.00 Uhr: Frühschoppen
12.45 Uhr: Wochenspiegel
13.15 Uhr: Magazin der Woche
14.30 Uhr: Wir lernen Englisch
14.45 Uhr: Die Brüder Krabums
15.15 Uhr: Sportübertragung
16.45 Uhr: Hannover-Messe 1965
17.45 Uhr: Die Einvernahme
19.00 Uhr: Weltspiegel
19.30 Uhr: Die Sportschau
20.00 Uhr: Die Tagesschau
20.15 Uhr: Hofball für den Walzerkönig – Ein Melodienreigen von Johann Strauß
22.00 Uhr: Nachrichten
22.05 Uhr: Denk ich an Deutschland ...

ZDF

13.30 Uhr: Die Vorschau
14.00 Uhr: Tischtennis-Meisterschaften
17.45 Uhr: Nachrichten
18.00 Uhr: Welt im Wassertropfen
18.30 Uhr: Lied mit Karolin
19.00 Uhr: Alte Menschen und Kirche
19.30 Uhr: Heute
20.00 Uhr: Sodom und Gomorrha
21.40 Uhr: Johann Sebastian Bach
22.05 Uhr: Flug über dem Nordpol

Montag, 26. April 1965

ARD

16.15 Uhr: Messe-Rundschau

16.45 Uhr: Was wir von unseren Pflanzen oft nicht wissen

17.10 Uhr: Unser Heim

18.00 Uhr: Nachrichten

18.25 Uhr: Regionalprogramme

20.00 Uhr: Die Tagesschau

20.15 Uhr: Panorama

21.00 Uhr: Holiday on Ice mit Sjoukje Dijkstra

21.45 Uhr: Die Tagesschau

22.00 Uhr: Amerikanischer Bürgerkrieg - Dokumentation

22.45 Uhr: Goyescas Ballett nach Goya-Motiven

23.15 Uhr: Nachrichten

ZDF

18.15 Uhr: Nachrichten

18.25 Uhr: Drehscheibe

18.55 Uhr: Alarm in den Bergen Harte Fäuste - Raue Sitten

19.30 Uhr: Heute

20.00 Uhr: Tagebuch

20.15 Uhr: Hannover-Messe 1965

21.00 Uhr: Dein Schicksal in meiner Hand – Amerikanischer Spielfilm

22.30 Uhr: Heute

Dienstag, 27. April 1965

ARD

16.15 Uhr: Messe-Rundschau

16.45 Uhr: Cyrus, das Seepferd

16.55 Uhr: Erzählen, spielen, basteln

17.25 Uhr: Lassie

18.00 Uhr: Nachrichten

18.25 Uhr: Regionalprogramme

20.00 Uhr: Tagesschau

20.15 Uhr: Dreizehn bei Tisch – Oper von Ibert

21.15 Uhr: Kennwort: Gewalt Jahrmarkt des Todes

22.00 Uhr: Hallo Nachbarn, Televisionen

22.30 Uhr: Tagesschau

22.45 Uhr: Gestatten Sie? Tanzunterricht Heute: Wiggle Twist

ZDF

18.15 Uhr: Nachrichten

18.25 Uhr: Drehscheibe

18.55 Uhr: Blick zurück im Film

19.30 Uhr: Heute

20.00 Uhr: Tanzende Welt – Wiener Eisrevue 1965

21.05 Uhr: Der Sport-Spiegel

21.40 Uhr: Das Wirtschaftsinterview

22.00 Uhr: Heute

Mittwoch, 28. April 1965

ARD

16.15 Uhr: Messe-Rundschau
16.45 Uhr: Der Leierkasten
17.05 Uhr: So sah sie Alfred Brehm
17.15 Uhr: Von A bis Z
18.00 Uhr: Nachrichten
18.25 Uhr: Regionalprogramme
20.00 Uhr: Die Tagesschau
20.15 Uhr: Ein Platz für Tiere mit Prof. Grzimek
21.00 Uhr: Françoise Hardy
21.45 Uhr: Du heiratest ja doch - Die junge Industriearbeiterin
22.30 Uhr: Tagesschau
22.45 Uhr: Wirtschaft im Spannungsfeld der Außenpolitik
23.30 Uhr: Nachrichten

ZDF

17.45 Uhr: Hannover-Messe
18.15 Uhr: Nachrichten
18.25 Uhr: Drehscheibe
18.55 Uhr: Wagen 54 bitte melden ...
19.30 Uhr: Heute
20.00 Uhr: Oma vom anderen Stern - Utopischer Puppenfilm
20.30 Uhr: Millionen in Europas Hörsälen
21.00 Uhr: Keine Angst vor der Hölle?
22.40 Uhr: Heute

Donnerstag, 29. April 1965

ARD

16.15 Uhr: Messe-Rundschau
16.45 Uhr: Cyrus, das Seepferd
16.55 Uhr: Die Sache mit dem Wilddieb
17.10 Uhr: Ein Zoo-Direktor fährt nach Afrika
17.25 Uhr: Das Cownchen
18.00 Uhr: Nachrichten
18.25 Uhr: Regionalprogramme
20.00 Uhr: Tagesschau
20.15 Uhr: Die Gegenprobe – Fernsehspiel
21.45 Uhr: Der Kollege im Aufsichtsrat – Eine Zwischenbilanz der Mitbestimmung
22.30 Uhr: Tagesschau

ZDF

18.15 Uhr: Nachrichten
18.25 Uhr: Drehscheibe
18.55 Uhr: Kannten Sie den? Kleine Singspielerei
19.30 Uhr: Heute
20.00 Uhr: Der goldene Schuss mit Lou van Burg
21.30 Uhr: Die Diktatoren - ein kritischer Vergleich
22.15 Uhr: Heute

Freitag, 30. April 1965

ARD

16.15 Uhr: Messe-Rundschau
16.45 Uhr: Jugendmagazin
17.15 Uhr: Jugend diskutiert über aktuelle Politik
17.55 Uhr: Vorschau
18.00 Uhr: Nachrichten
18.25 Uhr: Regionalprogramme
20.00 Uhr: Die Tagesschau
20.15 Uhr: Die sogenannte DDR – Sowj. Deutschlandpolitik
21.00 Uhr: Ein Echo von Barbara – Kriminalfilm
21.50 Uhr: Die Tagesschau
22.20 Uhr: Berichte von den Bundesliga-Spielen
22.45 Uhr: Meine beste Freundin
0.10 Uhr: Nachrichten

ZDF

17.45 Uhr: Hannover-Messe
18.15 Uhr: Nachrichten
18.25 Uhr: Drehscheibe
18.55 Uhr: Alle machen Musik
19.30 Uhr: Heute
20.00 Uhr: Drei leichte Fälle
21.35 Uhr: Jeder Dritte ist organisiert
22.05 Uhr: La Sirène
22.30 Uhr: Heute

Samstag, 1. Mai 1965

ARD

10.15 Uhr: Übertragung der Kundgebung zum 1. Mai aus Berlin
14.15 Uhr: Die Oberrealisten
14.55 Uhr: Ausgerechnet Tatsachen: Der 1. Mai
15.30 Uhr: Der Mai ist gekommen
16.15 Uhr: Hans Böckler
16.45 Uhr: Musik mit Marionetten
17.15 Uhr: Maiandacht
17.45 Uhr: Die Sportschau
18.30 Uhr: Zum blauen Bock

ZDF

17.30 Uhr: Vorschau
18.00 Uhr: Maikundgebung
19.00 Uhr: Protest in schwarz-weiß
19.30 Uhr: Heute
20.00 Uhr: Schaufenster Deutschland – Künstler, Stars, Prominente
20.45 Uhr: Der Kommentar
21.00 Uhr: Kommissar Maigret
21.55 Uhr: Der Königsbauer
22.15 Uhr: Nachrichten

20.00 Uhr: Tagesschau
20.15 Uhr: Die Pfingstorgel
22.05 Uhr: Nachrichten
22.15 Uhr: Mit Melone und Glacéhandschuhen
23.45 Uhr: Nachrichten

****

Das Rundfunkprogramm des Hessischen Rundfunks

****

hr hessischer rundfunk

Sonntag, 25. April 1965

6.05 Uhr: Hafenkonzert *** 7.05 Uhr: Frühkonzert
8.15 Uhr: Katholische Morgenfeier *** 8.40 Uhr: Welt der Kirchen
9.05 Uhr: Evangelische Morgenfeier *** 9.30 Uhr: Franz Schubert
10.00 Uhr: Dante Alighieri *** 12.10 Uhr: Mit Sang und Klang
14.30 Uhr: Brautkauf kommt aus der Mode
15.00 Uhr: Rendezvous mit Musik *** 18.30 Uhr: Die Sportrundschau
20.00 Uhr: Sonntagabendständchen *** 21.00 Uhr: Dirigenten der Welt

2. Programm

11.30 Uhr: Bach-Kantate *** 13.00 Uhr: Hessische Chöre singen
14.10 Uhr: Aus Opern *** 19.00 Uhr: Claude Debussy
20.05 Uhr: Drehscheibe Frankfurt

Montag, 26. April 1965

5.30 Uhr: Deutsche Fragen *** 6.05 Uhr: Zuspruch am Morgen *** 6.10 Uhr: Morgenmusik
9.40 Uhr: Klaviermusik *** 12.20 Uhr: Gern gehört *** 15.30 Uhr: Zur Kaffeestunde
17.05 Uhr: Stell' dich ein auf Musik *** 19.30 Uhr: Unterhaltende Klänge
20.00 Uhr: Hörspiel *** 21.00 Uhr: Verleihung des Kriegsblindenpreises 1965
21.15 Uhr: Musik mit Reg Owen *** 22.20 Uhr: Sportecho

2. Programm

9.05 Uhr: Und die Musik spielt dazu *** 12.30 Uhr: Ludwig van Beethoven
16.35 Uhr: Für Musikfreunde *** 20.05 Uhr: Die Musikbox
21.30 Uhr: Konzert an zwei Klavieren

Dienstag, 27. April 1965

5.30 Uhr: Deutsche Fragen *** 6.05 Uhr: Zuspruch am Morgen *** 6.10 Uhr: Morgenmusik
9.40 Uhr: Zur guten Besserung *** 12.20 Uhr: Gern gehört *** 15.30 Uhr: Zur Kaffeestunde
17.05 Uhr: Stell' dich ein auf Musik *** 19.30 Uhr: Unterhaltende Klänge
20.00 Uhr: Wenn auch die Rille kratzt – Schlager, Schnulzen
21.15 Uhr: Aus französischen Opern *** 22.20 Uhr: Abendstudio
23.20 Uhr: Kammermusik *** 0.10 Uhr: Nachtexpress

2. Programm

11.05 Uhr: Johann Sebastian Bach *** 16.35 Uhr: Für Musikfreunde
18.00 Uhr: Fröhlicher Feierabend *** 20.05 Uhr: Sinfonie-Orchester *** 22.00 Uhr: Die Kurbel

Mittwoch, 28. April 1965

5.30 Uhr: Deutsche Fragen *** 6.05 Uhr: Zuspruch am Morgen *** 6.10 Uhr: Morgenmusik
9.30 Uhr: Aus dem religiösen Leben *** 12.20 Uhr: Gern gehört
15.30 Uhr: Zur Kaffeestunde *** 17.05 Uhr: Stell' dich ein auf Musik
18.30 Uhr: Kultur und Kritik *** 19.30 Uhr: Zur Unterhaltung
21.30 Uhr: Raten Sie mit *** 22.20 Uhr: Musik vor Mitternacht
0.10 Uhr: Bis zum frühen Morgen viel Musik

2. Programm

10.00 Uhr: Unser Hausarzt meint ... *** 11.05 Uhr: Chormusik
16.35 Uhr: Für Musikfreunde *** 18.30 Uhr: Teenager-Melodie
20.05 Uhr: Streichquartett

Donnerstag, 29. April 1965

5.30 Uhr: Deutsche Fragen *** 6.05 Uhr: Zuspruch am Morgen *** 6.10 Uhr: Morgenmusik
9.30 Uhr: Suchmeldungen *** 12.20 Uhr: Gern gehört *** 15.30 Uhr: Zur Kaffeestunde
16:45 Uhr: Kultur und Kritik *** 17.05 Uhr: Stell´ dich ein auf Musik
19.30 Uhr: Schlager-Abc *** 21.00 Uhr: Vergessene Wildnis *** 22.20 Uhr: Der Jazzclub
23.00 Uhr: Musik zur Mitternacht *** 0.10 Uhr: Bis zum frühen Morgen Musik

2. Programm

9.05 Uhr: Und die Musik spielt dazu *** 15.30 Uhr: Ludwig van Beethoven
19.00 Uhr: Orchesterkonzert *** 21.00 Uhr: Mozart-Stunde *** 23.05 Uhr: Beliebte Melodien

Freitag, 30. April 1965

5.30 Uhr: Deutsche Fragen *** 6.05 Uhr: Zuspruch am Morgen *** 6.10 Uhr: Morgenmusik
9.40 Uhr: Zur guten Besserung *** 12.20 Uhr: Gern gehört *** 15.30 Uhr: Zur Kaffeestunde
16:45 Uhr: Lebendiges Wissen *** 17.05 Uhr: Stell´ dich ein auf Musik
19.30 Uhr: Zur Unterhaltung *** 20.00 Uhr: Feierstunde des DGB zum 1. Mai
21.00 Uhr: Goethe-Plakette der Stadt Frankfurt für Carl Orff *** 21.15 Uhr: Orff-Konzert

2. Programm

11.05 Uhr: Thüringer Landschaft *** 16.35 Uhr: Für Musikfreunde
18.00 Uhr: Fröhlicher Feierabend *** 20.05 Uhr: Äther leicht gewellt
22.15 Uhr: Jazzstudio Frankfurt

Samstag, 1. Mai 1965

6.05 Uhr: Beschwingte Morgenmusik *** 7.05 Uhr: Frühkonzert *** 7.55 Uhr: Zum 1. Mai
8.15 Uhr: Der Mai, der lustige Mai *** 9.30 Uhr: Eile mit Weile
11.00 Uhr: Mozart - Beethoven 13:15 Uhr: Heitere Klänge *** 15.00 Uhr: Heitere Ouvertüre
15.40 Uhr: Der tote Mann *** 16.00 Uhr: Viel Vergnügen *** 19.10 Uhr: Maimelodie
22.05 Uhr: Mitternachtscocktail *** 0.10 Uhr: Musik bis zum frühen Morgen

2. Programm

10.00 Uhr: Konzertante Musik *** 13.15 Uhr: Opernkonzert
18.00 Uhr: Swing-Party *** 21.15 Uhr: Carmina burana

BILD-Schlagzeilen

1952 erschien die erste Ausgabe der „Bild"-Zeitung, die fortab die Medienlandschaft in Deutschland verändern sollte. Bis heute ist sie geliebt, gehasst, umstritten, viel kritisiert und wird täglich von Millionen gelesen. Hier einige Schlagzeilen aus den Sechziger Jahren.

28. Januar 1960

Nach dem Blutvergießen
in Algier
Wird de Gaulle DIKTATOR
von Frankreich??

25. Mai 1960

Judenvernichter
durch drei Kontinente
gejagt.
SS-Eichmann wurde
nach Israel entführt.

26. August 1960

Deutsche Seite an Seite!

Im Olympia-Stadion von Rom: Unsere Mannschaft herzlich begrüßt

9. Februar 1961

Mitten im Fasching
mahnt die Kirche
mit dem 6. Gebot:

Du sollst nicht
ehebrechen!

28. Oktober 1960

Skandal in Wiener
Kabarett
CURD JÜRGENS
ohrfeigt seine Frau
Simone

1. März 1961

Endlich:
Bildschirm frei für das
Zweite Programm
Adenauer-Fernsehen
ist verfassungswidrig

18. April 1961

„Krieg gegen Fidel Castro!"

KUBA Invasion hat begonnen

12. Juni 1961

Seit Sonntag null Uhr wissen wir:
Chruschtschow will
ganz Berlin
ganz Deutschland
ganz Europa

11. September 1961

Graf Trips raste
in den Tod
Wagen in die Menge
geschleudert
8 Tote

28. Oktober 1961

Zum ersten Mal auf
Schuß-Nähe
Sowjet-Panzer und
US-Panzer -
gestern in Berlin

16. Dezember 1961

Gestern 8 Uhr 21 hörte
Eichmann den Spruch:
„Das Gericht verurteilt
Sie zum Tode!"

1. Februar 1961

Frecher Plan:
3 DM Rundfunk-Gebühren

2. Juni 1962

Schluchzend brach
Vera Brühne zusammen
Lebenslänglich!

2. August 1962

**Die Monroe ist tot
Sie nahm Tabletten
Sie starb mit der
Hand am Telefon**

6. November 1962

Affäre SPIEGEL
Hohe Offiziere verhaftet?
31. Oktober 1962
Auch für 1 Million Augstein
nicht frei
Richter lehnen Kaution ab

3. Januar 1962

Allgemeine Wut
über Programm-Start 1963
Fernsehen wird zum
Ärgernis!

27. Juni 1963

**Kennedy auf deutsch:
Ich bin ein Berliner!
1 250 000 riefen:
Kennedy! Clay! Konny!**

17. September 1963

USA: Gebete gegen
Rassenterror
Angst vor Aufstand
der Farbigen

18. März 1964

Preissturz
Weiße Hemden für
jedermann
Sieg der Importe aus
Italien und Hongkong

24. April 1964

45-Stunden-Woche für Männer
80-Stunden-Woche für die Frauen
Männer, schont eure Frauen!

6. August 1964

Die Welt hält den Atem an:
Bomben auf Nordvietnam

8. September 1964

Deutscher Geheimplan?
Kauf den Russen die
Zone ab!
Aber Bonn sagt:
Es ist noch zu früh

17. Dezember 1964

In Auschwitz:
Verteidiger brach
weinend zusammen!
„So etwas Schreckliches
habe ich nicht für
möglich gehalten..."

19. März 1965

**Ein Russe zu Fuß
im Weltraum
In 250 km Höhe
ausgestiegen**

29. Juni 1965

Beatrix: Es war Liebe auf
den ersten Blick

27. April 1966

Olympia 1972
Hurra! Wir haben die Spiele!
München siegte nach Stichwahl

30. Juni 1966

Kommt es jetzt zum Krieg
China - Amerika?
USA bombardieren Hanoi

15. Juli 1966

Hochzeit um
Mitternacht
Brigitte Sachs
Im Film heißt sie
weiter Bardot

2. August 1966

Das ist der Beweis
Der Ball war nicht drin

24. Dezember 1966

**Riesenproteste gegen die Anti-Baby-Pille
frei Haus
Eltern Pfarrer Ärzte fordern:
Die Pille muss unter Kontrolle bleiben**

27. Januar 1967

Nach der Orion-Serie:
Eine Frau zittert:
Fernseh-Frogs verfolgen
mich!

7. Juni 1967

Nassers Lügen sollen
Russen in den Krieg
ziehen Israelis über-
rennen die Araber

25. Juli 1967

Rassenkrieg erschüttert die USA
US-Negerführer: Die schwarze Revolution hat begonnen

26. August 1967

Dieser Knopfdruck startet Europas Zeitalter in Farbe
Es ist einfach herrlich!
Die farbige Matt-scheibe verzaubert

11. November 1967

Justizminister: Ändert den Kuppelei-Paragraphen!

Liebe über 18 ist Privatsache

17. Februar 1968

Das paßt den Deutschen nicht:
Lange Haare Mini-Röcke Lockenwickler
Flirten am Steuer Frauen in Hosen
Rauchen auf der Straße

28. März 1968

Regierung beschließt: Doch 0,8! Dürfen Autofah-rer nur noch am Schnapsglas riechen?

13. April 1968

Er malte Hitler und Napoleon und schoss auf Rudi Dutschke

22. August 1968

Notruf aus Prag, als die Panzer kamen: Es geht bei uns um alles! Seien Sie mit uns!

31. Oktober 1968

Einstimmiger Beschluss in Bonn: Ehebruch nicht mehr strafbar

8. November 1968

Die Frau, die den Kanzler ohrfeigte Schlag mit dem Handrücken verletzte Kiesingers linkes Auge

28. Dezember 1968

Sie umflogen den Mond und wissen jetzt: Unsere Erde ist ein Paradies

2. April 1969

Sommer-Sensation 1969

Trotz Bikini: Braun am ganzen Körper

21. Juli 1969

Der Mond ist jetzt ein Ami

29. September 1969

47% : 41%
CDU bleibt vorn
SPD holt auf
Der Verlierer ist die FDP

KUKIDENT-HAFT-PULVER
für sicheren Halt
Ihrer Zahnprothese.
Wer es kennt — nimmt
Kukident

Die ersten Worte auf dem Mond: Der Adler ist gelandet!

Schutz vor Zahnfleischentzündung!
Nur 1 Tropfen
ONE DROP ONLY GMBH · 1 BERLIN 31

Montag, den 21. Juli 1969 · 15 Pf

Bild Zeitung

heute Mond Zeitung

Der Mond ist jetzt ein Ami

„Wir sehen in einen Krater, fast so groß wie ein Fußballfeld"

Houston, 21. Juli

Für die Menschheit hat eine Sternstunde geschlagen. Die Amerikaner Neil Armstrong und Edwin Aldrin sind auf dem Mond gelandet. Damit haben die Vereinigten Staaten endgültig vor den Sowjets den Wettlauf im Weltall gewonnen. Ein NASA-Techniker scherzhaft: „Der Mond ist jetzt ein Ami!" Gestern abend um 21.17 und 46 Sekunden (MEZ), eine Minute früher als im Flugplan vorgesehen, setzte das Apollo-Landeboot auf einem Kraterfeld im „Meer der Ruhe" auf. Die ersten Worte der Raumfahrer: „Der Adler ist gelandet!"

Im Weißen Haus in Washington war um diese Zeit US-Präsident Nixon mit führenden amerikanischen Politikern und persönlichen Freunden zum Gebet versammelt. Auf der ganzen Welt brach jubelnde Begeisterung aus.

Alles über die Monderoberung auf den Seiten 2 und 3, auf den Farbseiten 4 und 5 und auf der letzten Seite

ERSTER MANN IM MOND: Der 38jährige Amerikaner Neil Armstrong, verheiratet, zwei Kinder.

ZWEITER MANN IM MOND: Der 39jährige Amerikaner Edwin Aldrin, verheiratet, drei Kinder

Ein neues Jahrtausend hat begonnen

Der Mensch hat — was auch noch geschehen mag — den Mond erobert. Selbst wenn noch etwas schiefgehen sollte — und ein banges Gefühl bleibt bis zur geglückten Heimkehr — der Mensch ist oben. Mitten in einem Jahrhundert hat ein neues Jahrtausend begonnen.

- Vielleicht und hoffentlich wird es eine Zeit der Völkerverständigung.
- Vielleicht und hoffentlich werden die Raumschiffe zu friedlichen Schlachtschiffen gegen nationale Engstirnigkeit und kleinkariertes Spießertum.
- Vielleicht und hoffentlich lernt der Mensch mit den größeren Entfernungen im Flug zu den Sternen auch auf Erden großzügiger zu denken.

Das wäre noch wichtiger als der technische Fortschritt. Und kein Dollar, kein Rubel und keine Mark wären dafür zu schade.

Es ist ein amerikanischer Sieg. Nach einem harten Wettlauf mit den Russen.

Bei allem Respekt vor den russischen Sputniks und der automatischen Genossin Luna 15:

Amerika — nicht allein Amerika —, aber Amerika mehr als jedes andere Land, soll und wird die Menschheit in eine neue technische und wissenschaftliche Zukunft führen.

Peter Boenisch

Braun sixtant
In Deutschland Nr. 1: meistgekauft

Braun sixtant 83,-
Braun sixtant S 97,-
Braun sixtant BN 130,-

****

Klassiker der Werbung

****

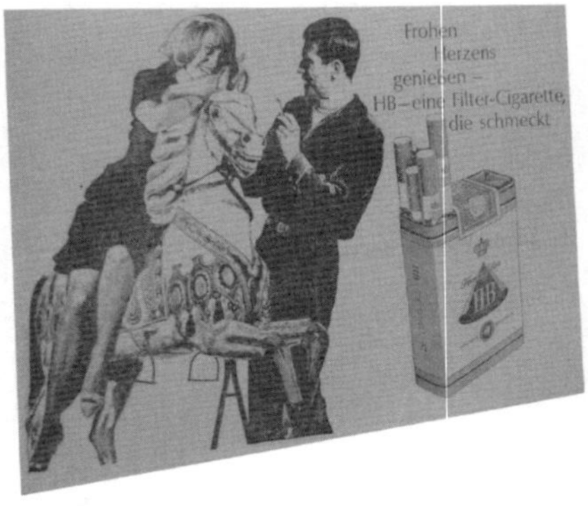

„Sagen Sie den Frauen zu Hause,
lass niemand so guten Kaffee kocht
wie sie!"
mas, der junge Verwalter aus Deutschland, t dem TCHIBO-Experten über die Heimat chen. Über die Stadt, aus der er kommt. seine alten Freunde und über den guten gskaffee zu Hause.
ar hier", lächelt Thomas, „spricht man von tschen Gemütlichkeit und von dem herrli- affee,den die deutschen Frauen kochen." freut sich der TCHIBO-Experte. Denn ein s Lobes gilt ja immer auch für TCHIBO,
Deutschlands meistgetrunkenen Kaffee.
„Ich werde die Heimat von Ihnen grüssen", sagt der Experte zum Abschied, „leben Sie wohl!
Und gute Ernte!"
Dann kümmern sich beide wieder um ihren Kaffee. Jeder auf seine Art.
Tchibo

Je mehr Sie von diesen Nuß-
Pralinen essen, desto sympathi
werden Sie die Welt finden.
EDLE TROPFEN IN NUSS
Williams Birnengeist
Kirschwasser
Himbeergeist
Denn Trumpf hat da etwas hineinget
das Sie in keiner anderen Nuß-Praline fi
Vier edle Schnäpse. Und 110 Jahre Erfah

ONKO-GOLD
Edel und erlesen
ONKO-Mild
Fein und leicht
ONKO-MOCCA
Kräftig und würzig
ONKO KAFFEE
GOLD
Edel und erlesen

Ihr Lieblings-
frühstück–
Tag für Tag
Kellogg's
CORN FLAKES
Knusprige, goldbraune Kellogg's Corn Flakes aus sonnengereiftem Getreide, nach dem von Kellogg's entwickelten Original-Rezept – das ergibt den unnachahmlichen Kellogg's-Geschmack. Original Kellogg's Corn Flakes mit Milch und ein bißchen Zucker – ein naturnahes Frühstück, wie Sie sich's schon lange wünschen: leicht, nahrhaft, bekömmlich – und dabei im Handumdrehen zubereitet.
Kellogg's

Mars
Sahnige Milch in Butterkaramel erhöht die Ausdauer.
Traubenzucker in Candy-Creme schenkt rasch frische Energie.
Feine Vollmilch-Schokolade gibt neue Kraft.
40 Pf
bringt verbrauchte Energie sofort zurück

Hier fließt
ein wunderbarer
Quell
... für das Glück
Ihres Kindes
Die lebensnotwendigen Lebertran-, Malz- und Orangen-Vitamine A + D3 + B1 + C braucht Ihr Kind, um gesund zu bleiben und kräftig zu werden.
Darum tun Sie viel Gutes für Ihr Kind, wenn Sie ihm jeden Tag zweimal einen Löffel SANOSTOL geben.
SANOSTOL stärkt die Abwehrkräfte Ihres Kindes bei Entwicklungsstörungen, Krankheit und Erschöpfung. SANOSTOL kräftigt den Knochenbau und festigt die Zähne. SANOSTOL, mit dem köstlichen Geschmack reifer Orangen, wirkt auf natürliche Weise. Ihr Kind braucht es täglich, fangen Sie noch heute damit an! Jeden Tag zweimal vom ersten Lebensjahre an.
Für größere Kinder gibt es
jetzt auch SANOSTOL Dragees
NATÜRLICHE VITAMINE
SANOSTOL
macht Kinder
kräftig

Pfanni
Knödel oder rohe Klöße
erschiedene Geschmacks-
gen stehen zur Wahl – jede
Art vorzüglich: Neben den
en Pfanni-Knödeln bringt
jetzt auch rohe Klöße. Der
ssene Kloß verträgt fette
esonders gut und macht die
lt bekömmlicher. So kommt
gen gut über die Festtage.
ch etwas spricht für Pfanni:
aren viel Zeit in der Küche.
ird Ihnen wohl gerade an
iertagen recht lieb sein . . .
Pfanni
Knödel
die bekannten
Knödel nach bayrischer Art
Pfanni
rohe Klöße
Neu!
geriebenen rohen Kartoff
ZUM FESTBRATEN Pfanni

Schluß
mit dem
Schirm-Ärger
Ab sofort: Garantie auf jeden Schirm mit rotem Punkt
Der rote GARANTIE Punkt
Knirps

Reine
frische
gesunde
Haut
NIVEA Creme
NIVEA milk

Erfrischung kann man
leichter haben...
Langnese
EISKREM
Köstlich erfrischenden
Langnese-Eiskrem finden Sie
immer in Ihrer Nähe!
Langnese-weil's mehr Freude macht!

Dir und mir
„SCHORSCH, GEH NET SO WEIT
VON DER WERTSCHAFT WEG –
WIE SCHNELL KANNSTE
DORSCHT KRIEGE!"
Binding-Bier
BINDING-EXPORT
ein Bier mit Charakter

nutella
NUSS NUGAT CREME
Prima Mutti,
gut gekauft!
nutella

Weich und weiß
ist seine
kleine
Welt
Lenor
Lenor spült weich und weiß zugleich

Schwarzer Kater,
die fruchtige Freude!
Ein bekömmliches Weihnachtsgeschenk!
SCHWARZER
KATER

Vergleichen Sie Livio
mit jedem anderen Öl!
Vergleichen Sie's beim grünen Salat, testen Sie's beim Braten
Livio
Besser und gesünder essen mit Livio

AKTUELL
UND
MODISCH
Verarbeitung - erstklassig
Qualität - hervorragend
Preise - sehr günstig
Sehen wir uns am langen „Mantel-Samstag"?
del mod
MODEHAUS
Rübner

Pack den Tiger in den Tank!
Die moderne Qualitätsformel von ESSO EXTRA spüren Sie in dreifacher Hinsicht:
Fahren Sie zur Esso-Station!
ESSO

Niemals zuvor
in seiner Geschichte
hat Ihnen Mercedes-Benz
ein größeres
und stärkeres Programm
geboten als heute

Bellinda
Leisten Sie sich
den Chic
dieser modischen
Strümpfe
Das sind
die Favoriten
der neuen
Strumpfmode
Bellinda Cantrece
bestechende Eleganz
und höchster Tragekomfort dank dem neuen
naturelastischen Garn
Cantrece. Erhältlich in
den Stärken: hauchfein
und mittelkräftig. nur DM 3.90
Bellinda 30 den. grand chic
phantastisches Aussehen,
faltenfreier Sitz
durch die Bellinda
Spezialferse »accurat«.
Immer chic in den neuen
Modefarben. DM 2.95

Auf vieles ist kein Verlass –
doch Leibwächter ist immer bereit,
uns wohlzutun
LEIB WÄCHTER

LICHER
Spezial Export
LICHER
...einfach Klasse!

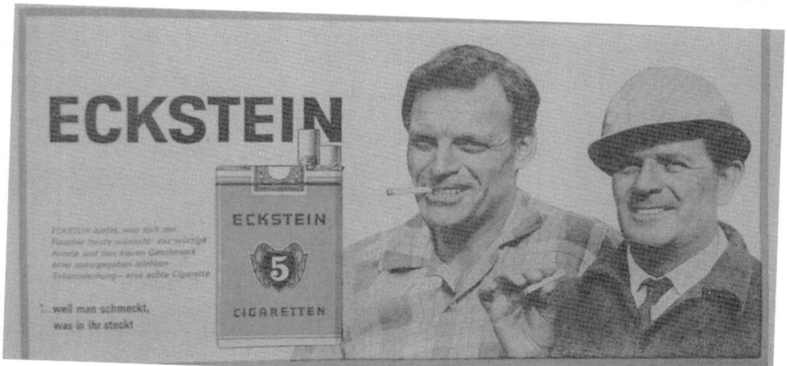
ECKSTEIN
ECKSTEIN
5
CIGARETTEN
...weil man schmeckt,
was in ihr steckt

Erinnerungen an Kindheit und Jugend in den 50er Jahren.
Des is' kein Fräulein, des is' e aalt' Hex
Oberhessen erzählt.

****

Bisher erschienen

****

„Wir spielten, wir wären Amis. Wenn uns jemand entgegen kam, taten wir so, als kauten wir Kaugummi, und redeten irgendein Kauderwelsch, das amerikanisch klingen sollte."

Des is' kein Fräulein, des is' e aalt' Hex

Erinnerungen an Kindheit und Jugend in den 50er Jahren .

Gedankensplitter, Mosaiksteine und Erzählungen als Klammer eines besonderen Jahrzehnts. Hier erzählen Menschen aus Oberhessen, wie sie dieseZeit erlebt haben. Persönlich, authentisch, aufregend, anrührend, humorvoll. Zeitgeschichte von unten geschrieben.

272 Seiten, mit vielen Fotos, Hardcover
mit Schutzumschlag und Lesebändchen

18 Euro zzgl. Versand

Erhältlich im Buchhandel oder unter
06031 6848-1118 (ovag Energie AG)
3. Auflage!

ISBN 978-3-9815015-6-8

Ein Jahrzehnt, das Weltgeschichte schrieb. Das Jahrzehnt, das dem furchtbaren Krieg und den Nachkriegswirren folgte, ist im kollektiven Gedächtnis tief verankert. Bei jenen, die diese bewegte Zeit erlebt haben, aber auch bei den Nachgeborenen dank sich ständig wiederholender, ausführlicher Berichte in Zeitungen und im Fernsehen.

Nicht dokumentiert sind jedoch in der Regel die Erlebnisse und die Gedanken jener Menschen, die fern der Großstadt in den Fünfziger Jahren aufgewachsen sind. Sie tauchen so gut wie nie in fetten Schlagzeilen oder Dokumentationen auf.

Hier nun erzählen Menschen aus Oberhessen, wie sie diese Zeit erlebt haben. Persönlich, authentisch, aufregend, anrührend, humorvoll. Zeitgeschichte, von unten geschrieben.